Escapades en Camping-car

Europe

Édito

Ont contribué à la réalisation de ce guide :

- **Édition et rédaction** : Michel Chaput, Sylvie Gillet, Chloé Tassel avec Nadia Bosquès, Catherine Brett, Béatrice Brillion, Catherine Guégan, Adriana Malgahaes, Philippe Orain
- **Relecture :** Auriane Vigny
- **Cartographie** : Iorga Alexandru, Philippe Cannot, Spiridon Claudiu, Pandrea Leonard, Sandrine Tourari
- **Couverture et maquette intérieure** : Jean-Luc Cannet et Pascal Grougon
- **Régie publicitaire et partenariats** : michelin-cartesetguides-btob@fr.michelin.com
- **Contacts :** Michelin Cartes et Guides Camping-Car 46, av. de Breteuil 75324 Paris cedex 07 Mail : Camping-Car@fr.michelin.com
- **Remerciements :** Jutta Chaput, Grace Coston

Votre avis nous intéresse

Vous souhaitez donner votre avis sur nos publications ou nous faire part de vos expériences ?
Rendez-vous sur **www.votreaviscartesetguides.michelin.fr**
Nous vous en remercions par avance.

Escapades en Camping-car
Europe

Toujours mobile et encore plus loin !

L'Europe en camping-car *vous tente : n'hésitez plus ! Michelin a conçu ce guide de* ***70 Escapades en camping-car*** *pour faciliter vos déplacements à l'étranger et votre découverte des patrimoines européens. Nous vous apportons des idées, des recommandations et des connaissances récentes et indispensables pour chaque destination.*

En toute ***sérénité****, à bord de votre camping-car, explorez le Cap Nord, les villages andalous, la campagne roumaine, les ports grecs, les forêts polonaises, les plages belges, les musées autrichiens, la route allemande des Alpes, les cascades croates, les grottes slovènes, les îles danoises, les églises toscanes, les châteaux anglais, les festivals lettons... Partez à la* ***rencontre d'autres cultures*** *et appréciez les nombreuses richesses naturelles, culturelles et gastronomiques que l'Europe recèle.*

Ce nouveau compagnon de voyage vous propose ***70 circuits de découverte*** *à travers* ***24 pays d'Europe*** *du sud au nord, de l'est à l'ouest.* ***4 grandes zones européennes*** *orienteront vos escapades.*

Au menu : une ***présentation*** *de chaque pays, des recommandations routières, des conseils appropriés, un lexique de conversation, des* ***itinéraires d'une semaine à un mois*** *(si vous les combinez), de 310 km à 2 040 km, un découpage par journée,* ***des étapes*** *essentielles, une* ***carte*** *par circuit, et, pour chaque escapade, une* ***sélection d'aires de service et de stationnement****, de campings, de bonnes tables et de produits du terroir.*

Un guide tout en un pour encore plus de mobilité.

Bonne route !

Michel Chaput

Camping-cariste
et inspecteur de guides Plein Air Michelin

More mobile than ever!

Does a trip through Europe by camper van sound appealing? Now's the time! Michelin has created this guide with 70 differents get-away trips to make it easier than ever to travel abroad and discover the cultural heritage of Europe. The guide includes ideas, recommendations and up-to-date information for each destination.

Care-free in your camper van, explore the North Cape of Norway, the villages of Andalusia, the Hungarian countryside, Greek ports, Polish forests, Belgian beaches, Austrian museums, the German Alps, Croatian waterfalls, the Danish isles, Tuscan churches, English castles, festivals in Latvia and more. Encounter other cultures and admire the rich natural, cultural and culinary diversity of Europe.

This guide is your travel companion, offering 70 discovery trips across 24 European countries, from north to south, east to west.

Included for each country: a general presentation, driving recommendations, useful advice, a guide to conversation, itineraries varying in length from 7 days to one month, from 310 to 2040 km, day-by-day planning, must-see stopovers, a map for every trip, and of course a selection of service and parking areas, camp grounds, good restaurants and local specialities.

An all-in-one guide to make you more mobile than ever.

Happy motoring!

Mobiler den je!

Michelin hat diesen Führer mit seinen 70 Eskapaden geschaffen, um Ihnen das Reisen mit dem Wohnmobil im Ausland zu erleichtern und damit Sie das Kulturgut Europas kennenlernen können. Der Führer vermittelt Ihnen Ideen, er gibt Empfehlungen und die neuesten Informationen für jedes Reiseziel.

So können Sie in Ihrem Reisemobil in aller Ruhe Europa erforschen: das Nordkap, die andalusischen Dörfer, die ungarische Landschaft, die griechischen Häfen, die polnischen Wälder, die belgischen Strände, die Museen in Österreich, die Deutsche Alpenstraße, die Wasserfälle in Kroatien, die dänischen Inseln, die Kirchen der Toskana, englische Schlösser, Festivals in Lettland ... Begegnen Sie anderen Kulturen und genießen Sie die zahlreichen Reichtümer Europas, was Natur und Kultur betrifft, aber auch die Gastronomie.

Dieser neue Reisebegleiter bietet 70 Entdeckungsreisen quer durch Europa an, von Süden nach Norden, von Osten nach Westen.

Jedes einzelne Land wird zunächst allgemein vorgestellt; wir geben Straßenbeschreibungen, nützliche Ratschläge und ein Konversationlexikon. Die Reisen mit einer Dauer von 7 Tagen bis zu einem Monat, zwischen 310 km und 2040 km, sind auf Tagestouren verteilt. Wichtige Sehenswürdigkeiten, eine Karte per Tour mit einer Auswahl an Serviceeinrichtungen und Parkplätzen, Campingplätze, Adressen für gute Küche und lokale Spezialitäten ergänzen die Informationen.

Ein Führer, der alles in einem bietet, für noch mehr Freiheit.

Gute Fahrt !

Escapades en Europe

Europe occidentale

- France
- Belgique
- Pays-Bas
- Allemagne
- Suisse
- Autriche

Europe septentrionale

- Grande Bretagne
- Irlande
- Danemark
- Norvège
- Suède
- Estonie
- Lettonie
- Lituanie

Europe orientale

- Rép. Tchèque
- Pologne
- Hongrie
- Roumanie

Europe méridionale

- Portugal
- Espagne
- Italie
- Slovénie
- Croatie
- Grèce

SUÈDE
NORVÈGE
Oslo
Stockholm
Tallinn
ESTONIE
Riga
LETTONIE
DANEMARK
LITUANIE
Vilnius
Copenhague
PAYS-BAS
Varsovie
Berlin
Amsterdam
Londres
ALLEMAGNE
POLOGNE
Bruxelles
Prague
BELGIQUE
RÉP. TCHÈQUE
Paris
Vienne
Budapest
AUTRICHE
ROUMANIE
HONGRIE
FRANCE
Berne
Ljubljana
Bucarest
SUISSE
SLOVÉNIE
Zagreb
CROATIE
ITALIE
Rome
GRÈCE
Athènes

Sommaire

Europe septentrionale

Europe orientale

Sommaire

Europe méridionale

12 - LA MAISON DU PLEIN AIR
ZAE Horts de Nadal - Rte. de St Afrique
12230 LA CAVALERIE
Tél. 05 65 60 14 40 - Fax 05 65 60 14 19
E.mail : lamaisondupleinair@wanadoo.fr

17 - CAMPING-CAR SERVICES
ZI du Chêne « Les Gonds » RN 137
17100 SAINTES
Tél. 05 46 93 36 17 – Fax 05 46 94 14 11
E.mail : ccs17@aliceadsl.fr

25 - MERLE LOISIRS
Z.A. de la Savoureuse
25600 VIEUX-CHARMONT
Tél. 03 81 94 01 45 – Fax 03 81 94 01 01
E.mail : merleloisirs@wanadoo.fr

30 - NIMES LOISIRS
ZA Trajectoire – 30540 MILHAUD
Tél. 04 66 37 18 76 et 06 25 15 72 52
Fax 04 66 74 33 69
E.mail : nimes-loisirs@wanadoo.fr

34 - C J L EVASION 1
Aux portes de Béziers - ZAE Le Monestie
34760 BOUJAN SUR LIBRON
Tél : 04 67 31 18 73 - Fax : 04 67 11 94 83
E.mail : cjl.evasion@orange.fr

35 - BONJOUR CARAVANING
Z.A. de l'Hermitière
35230 ORGERES
Tél : 02 99 42 39 39 - Fax : 02 99 42 35 79
E.mail : rennes@destinea.fr

38 - CARAVANES
10 rue de la Résistance, RN 85
38340 VOREPPE
Tél. : 04 76 50 27 58 – Fax 04 76 50 07 36
E.mail : 38caravane@wanadoo.fr

54 - LORRAINE CAMPING-CAR LOISIRS
ZA l'Ecosseuse
54300 MONCEL LES LUNEVILLE
Tél. 03 83 73 28 36 – Fax 03 83 73 28 36
E.mail : lcl.services@orange.fr

62 - CAR AVENTURE
ŽI de la Liane - Resurgat 1
62230 OUTREAU
Tél. 03 21 10 46 46 – Fax 03 21 80 41 59
E.mail : caraventure@aol.com

71 - TOURISME EVASION
26, ZI Ste Elisabeth
71300 MONTCEAU LES MINES
Tél. 03 85 57 23 07 – Fax 03 85 57 05 74
E.mail : tourisme-evasion@club-internet.fr

76 - CARAVANES LOISIRS 76
767, route de Rouen RN 14
76 520 BOOS
Tél. 02 35 79 85 80 – Fax 02 35 79 88 42
E.mail : saunierc176@wanadoo.fr

77 - HORIZON VOYAGES LOISIRS
Actipark Senart 3 – 240, Rue de la motte
77550 MOISSY CRAMAYEL
Tél. 01 60 63 77 92
E.mail : horizon.voyages.loisirs@gmail.com

81 - LA MAISON DU PLEIN AIR
Route d'Albi lieu dit « La Verdarié »
81100 CASTRES
Tél. 05 63 59 09 25 – Fax 05 63 72 49 69
E.mail : lamaisondupleinair@wanadoo.fr

83 - MISTRAL LOISIRS
Lieu dit Piche – RN 7
83520 ROQUEBRUNE sur ARGENS
Tél 04 93 90 28 98 Fax 04 93 47 02 38
E.mail : info@mistral-loisirs.com

85 - CHALLANS CAMPING-CAR
Rue Gustave Eiffel P.A. de la Bloire
85300 CHALLANS
Tél. 02 51 39 72 60 – Fax 02 51 26 06 52
E.mail: challanscampingcar@hotmail.fr

95 - LES ATELIERS DU CAMPING-CAR
ZA des Terres Rouges
95830 CORMEILLES EN VEXIN
Tél. 01 34 66 72 36 – Fax 01 34 46 97 87
E.mail : infos@acc95.fr

FENDT
MOBIL

Documentation gratuite sur simple demande à :

JPKM
80247 Woerth
67892 NIEDERBRONN LES BAINS CEDEX
Tél. : 03 90 55 10 06
Fax : 03 90 55 10 07
E.mail : jpkm0264@orange.fr

Pour chaque pays

Une présentation des paysages, du climat, du patrimoine culturel.

Le pays
The Country
Das Land

Espagne

Nom local : *España* Capitale : *Madrid*
Population : *45,11 millions d'habitants* Superficie : *504 783 km²* Monnaie : *Euro*

Y. Duhamel/Michelin

Corrida, flamenco, bar à tapas… derrière les clichés qui s'imposent quand on évoque l'Espagne se cache un pays complexe qui possède quatre langues officielles et des paysages plus différenciés qu'aucun autre pays d'Europe. S'il existe un …alentendu à l'égard de ce pays aux diffé- …es saisissantes, c'est sans doute parce … les Espagnols sont eux-mêmes tiraillés …entre deux Espagne, traditionnelle et moderne, sobre et exubérante, à l'image des actrices du cinéaste Pedro Almodóvar. Il convient de prendre le temps de parcourir l'Espagne pour découvrir ses côtes, tourmentées sur l'Atlantique avec les falaises abruptes de Galice, chaudes et cristallines sur la Méditerranée, atteindre les sommets des Pyrénées ou de la sierra Nevada, contempler le plateau castillan ou les vastes oliveraies andalouses, s'enfoncer dans les campagnes solitaires du centre, la Meseta, ou dans les villes trépidantes.

Le pays le plus visité dans le monde, après la France est aussi un pays de contrastes architecturaux.

L'Espagne a amassé tout au long des siècles de splendides œuvres d'art : de belles églises romanes, d'impressionnantes cathédrales gothiques, des sanctuaires baroques à couper le souffle, d'étonnants monuments hispano-musulmans, de magnifiques châteaux, de somptueuses peintures et sculptures.

On pourrait résumer en trois mots son climat : lumineux, sec et tempéré mais ce serait négliger nombre de nuances propres à chaque région. Des neiges de la sierra Nevada aux printemps délicieux des Baléares en passant par l'aridité de l'Estrémadure.

Les traditions espagnoles demeurent vivaces et chacun participe intensément aux fêtes, célébrées tout au long de l'année. Renseignez-vous sur le calendrier des festivités et si le cœur vous en dit joignez-vous aux Sanfermines de Pampelune, Fallas de Valence, fêtes de Noël à Madrid, au pélerinage à Huelva, carnaval de Cadix, à la Semaine sainte à Séville.

92

Carte d'identité du pays
Country ID Card
Landeseigene Daten

Présentation du pays
Introduction to The Country
Vorstellung des Landes

For each country a landscape, climate, cultural heritage.
Für jedes Land eine Darstellung der Landschaft, des Klimas, des kulturellen Erbes.

Des recommandations spécifiques à chaque pays
Specific recommendations for each country
Besondere Empfehlungen für jedes Land

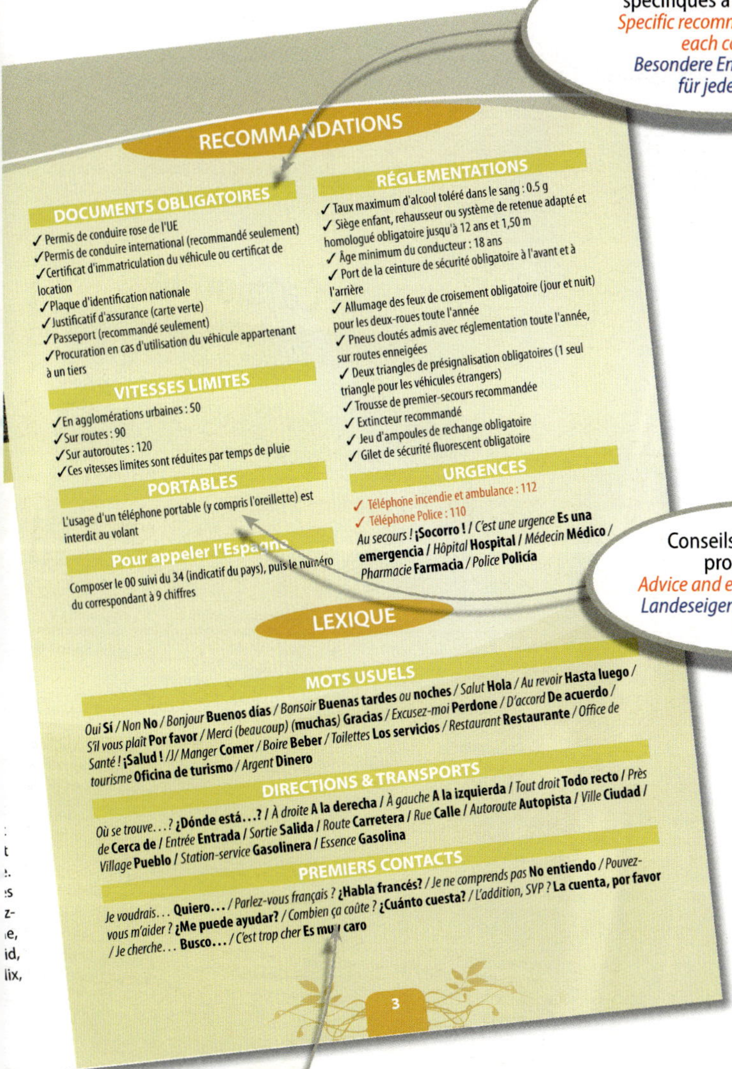

RECOMMANDATIONS

DOCUMENTS OBLIGATOIRES

✓ Permis de conduire rose de l'UE
✓ Permis de conduire international (recommandé seulement)
✓ Certificat d'immatriculation du véhicule ou certificat de location
✓ Plaque d'identification nationale
✓ Justificatif d'assurance (carte verte)
✓ Passeport (recommandé seulement)
✓ Procuration en cas d'utilisation du véhicule appartenant à un tiers

VITESSES LIMITES

✓ En agglomérations urbaines : 50
✓ Sur routes : 90
✓ Sur autoroutes : 120
✓ Ces vitesses limites sont réduites par temps de pluie

PORTABLES

L'usage d'un téléphone portable (y compris l'oreillette) est interdit au volant

Pour appeler l'Espagne

Composer le 00 suivi du 34 (indicatif du pays), puis le numéro du correspondant à 9 chiffres

RÉGLEMENTATIONS

✓ Taux maximum d'alcool toléré dans le sang : 0.5 g
✓ Siège enfant, rehausseur ou système de retenue adapté et homologué obligatoire jusqu'à 12 ans et 1,50 m
✓ Âge minimum du conducteur : 18 ans
✓ Port de la ceinture de sécurité obligatoire à l'avant et à l'arrière
✓ Allumage des feux de croisement obligatoire (jour et nuit) pour les deux-roues toute l'année
✓ Pneus cloutés admis avec réglementation toute l'année, sur routes enneigées
✓ Deux triangles de présignalisation obligatoires (1 seul triangle pour les véhicules étrangers)
✓ Trousse de premier-secours recommandée
✓ Extincteur recommandé
✓ Jeu d'ampoules de rechange obligatoire
✓ Gilet de sécurité fluorescent obligatoire

URGENCES

✓ Téléphone incendie et ambulance : 112
✓ Téléphone Police : 110
Au secours ! **¡Socorro !** / *C'est une urgence* **Es una emergencia** / *Hôpital* **Hospital** / *Médecin* **Médico** / *Pharmacie* **Farmacia** / *Police* **Policía**

LEXIQUE

MOTS USUELS

Oui **Sí** / *Non* **No** / *Bonjour* **Buenos días** / *Bonsoir* **Buenas tardes** *ou* **noches** / *Salut* **Hola** / *Au revoir* **Hasta luego** / *S'il vous plaît* **Por favor** / *Merci (beaucoup)* **(muchas) Gracias** / *Excusez-moi* **Perdone** / *D'accord* **De acuerdo** / *Santé !* **¡Salud !** /J/ *Manger* **Comer** / *Boire* **Beber** / *Toilettes* **Los servicios** / *Restaurant* **Restaurante** / *Office de tourisme* **Oficina de turismo** / *Argent* **Dinero**

DIRECTIONS & TRANSPORTS

Où se trouve... ? **¿Dónde está...?** / *À droite* **A la derecha** / *À gauche* **A la izquierda** / *Tout droit* **Todo recto** / *Près de* **Cerca de** / *Entrée* **Entrada** / *Sortie* **Salida** / *Route* **Carretera** / *Rue* **Calle** / *Autoroute* **Autopista** / *Ville* **Ciudad** / *Village* **Pueblo** / *Station-service* **Gasolinera** / *Essence* **Gasolina**

PREMIERS CONTACTS

Je voudrais... **Quiero...** / *Parlez-vous français ?* **¿Habla francés?** / *Je ne comprends pas* **No entiendo** / *Pouvez-vous m'aider ?* **¿Me puede ayudar?** / *Combien ça coûte ?* **¿Cuánto cuesta?** / *L'addition, SVP ?* **La cuenta, por favor** / *Je cherche...* **Busco...** / *C'est trop cher* **Es muy caro**

3

Conseils ou interdictions propres au pays
Advice and enforceable restrictions
Landeseigene Empfehlungen oder Verbote

Un lexique de conversation
Conversation guide
Kleine Wortkunde

Pour chaque escapade

La description de l'itinéraire, avec carte et photos

Le titre de l'escapade
Trip title
Titel des Ausflug

Le pays
The Country
Das Land

N° 14 **Espagne**

Barcelone festive et les trésors de la **Catalogne**

➲ *Départ de Barcelone*
➲ *10 jours*
840 km
Carte Michelin n° 574

Gaudi au parc Guell

Jours 1 & 2

Barcelone, deuxième ville d'Espagne vaut assurément à elle seule une longue visite. Il faut découvrir un à un les trésors de la ville, se laisser séduire par l'architecture attachante du modernisme et par les mille et une facettes de l'art contemporain qui s'expose généreusement partout en ville. Il faut prendre le temps de flâner sur les grandes artères commerçantes de part et d'autre du passeig de Gràcia et voir les dernières tendances de la mode dans l'incontournable El Corte Inglès. Ensuite, on appréciera certainement un repos bien mérité au parc Güell au milieu des drôles de créations de Gaudí ou vous irez paresser sur les plages de la Barceloneta. Certains, et ils sont nombreux, ne voudront pas quitter Barcelone sans visiter la fondation Miró et le musée d'Art de la Catalogne à Montjuïc, que l'on peut atteindre depuis la Barceloneta en empruntant un curieux téléphérique. Allez aussi jeter un coup d'œil à l'impressionante Sagrada Familia, à laquelle Gaudí consacra près de quarante ans mais sans pouvoir l'achever. Le soir et fort tard dans la nuit, Barcelone c'est aussi une incomparable atmosphère de fête, à l'image de ce qui se vit sur la célèbre Rambla et dans les bars à tapas aux alentours.

Jour 3

Le circuit se poursuit vers le nord jusqu'à **Empúries**, site archéologique gréco-romain de premier plan. **Castelló d'Empúries** sera la prochaine étape puis vous poursuivrez votre route jusqu'au splendide site recelant les impressionnantes ruines du **monastère Sant Pere de Rodes**.

Jour 4

À **Figueres**, vous vous rendrez à l'extravagant musée Dalí et flânerez dans la vieille ville avant de rejoindre **Gérone**, chef-lieu de la province. Gérone est une ville aux multiples attraits : vous pourrez y visiter la cathédrale gothique, le musée d'Art, les bains arabes ainsi que la collégiale Sant Feliu et le monastère Sant Pere de Galligants.

Jour 5

La suite de notre itinéraire traverse l'une des plus belles régions de l'arrière-pays de la province de Gérone. Cette région possède une grande

94

Ville de départ
Durée
Kilométrage
Town of departure
Duration
Mileage
Ausgangspunkt
Dauer
Länge in km

Un découpage par journée
Day-by-day details
Tagestouren

For each trip, an itinerary description with map and photos
Für jeden Ausflug : die Beschreibung der Reiserouten mit Landkarte und Photos

Une carte avec l'itinéraire
et les étapes localisées
Map, your itinerary and main overnight stays
Eine Landkarte mit Reiserouten und Rastorten

variété de paysages et une grande richesse artistique et gastronomique. Passez par **Besalú** qui est l'un des plus beaux petits villages de la Catalogne. Vous continuerez par la N 260, qui passe à côté de l'impressionnante coulée basaltique de 60 m de haut à laquelle s'accroche le village de **Castellfollit de la Roca**. Faites un crochet jusqu'à **Camprodon**, connue pour ses fameux biscuits et son pont médiéval. En poursuivant votre chemin par la C 26, vous atteindrez **Sant Joan de les Abadesses**, où vous serez fasciné par la splendide Descente de croix qui préside l'abside de l'église de son monastère roman. Non loin de là, à **Ripoll**, se trouve un autre joyau de l'art roman, le portail sculpté de la magnifique collégiale Santa Maria.

Jour 6

Prenez la N 152, puis la N 260 en parcourant la comarca pyrénéenne de la Cerdagne, encerclant l'impressionnante serra del Cadí et le parc naturel Cadí Moixeró jusqu'à **La Seu d'Urgell** et rejoignez Lerida en descendant la vallée du Segre.

Jour 7

De Lerida, rendez-vous dans le delta de l'Èbre pour y découvrir ses vins, ses plantations de riz et peut-être aussi faire une excursion en bateau dans le delta.

Jour 8

Tarragone conserve un des ensembles archéologiques romains les plus importants de la péninsule. Vous ne quitterez pas la ville sans vous être promené dans ses rues médiévales et sans avoir visité sa magnifique cathédrale.

Jour 9

Vins et moines sont le binôme indissociable de cette journée qui vous offrira l'occasion de déguster quelques-uns des meilleurs crus de Catalogne, tout en découvrant l'un des ensembles de monastères cisterciens les plus beaux et les plus importants de toute l'Espagne. **Reus** conserve un intéressant ensemble d'édifices modernistes, et doit également sa célébrité à ses fruits secs et à ses confiseries. **Poblet**, fondé en 1151, est à lui seul un véritable musée d'histoire architecturale qui renferme dans le cloître et l'église ses meilleurs exemples. Depuis Poblet, et après la visite de L'Espluga de Francolí, vous rencontrerez la cité médiévale de **Montblanc**, encerclée par ses intemporelles murailles, et arriverez à **Santes Creus**, l'autre grand monastère cistercien de Catalogne.

Jour 10

De retour à Barcelone, faites halte à la moderniste **Sitges**, joyeuse station touristique dont le Museu del Cau Ferrat, résidence du peintre Santiago Rusiñol, mérite une visite.

95

Un conseil pratique
Tips
Praktischer Ratgeber

Les points intéressants du parcours :
patrimoine, musée, artisanat, gastronomie, nature
Points of interest along the way :
architecture, museums, crafts, gastronomy, wildlife
Sehenswürdigkeiten auf der Strecke Kulturgut, Museum, Handwerk, Gastronomie, Natur

Pour chaque escapade

Un carnet pratique proposant une sélection d'adresses :
aires de service, campings et les bonnes adresses de Bib

For each trip, a convenient address selection :

Service areas, campings, Bib's selection.

Für jeden Ausflug, Ein praktisches Handbuch mit einer Auswahl an Adressen :

Serviceeinrichtungen, Campingplätzen, die vom Bib empfohlenen Adressen.

Carnet pratique

Les bonnes **adresses** de Bib

ionnement

cells – *Carrer de Canalet – Ouv. tte*
Gratuit.
orisé
e du parc naturel du delta de l'Ebre.

- en camping – Payant 3 €.
,50 €/j.
ervices :

g Salatà
-256086
anv. à déb.-fév. 4 ha (240 empl.)
diurne (plage)
sèche-linge
eria

renç de Montgai

oguera
973420334
nt 2,5 ha (110 empl.)
(plage)
sèche-linge

gone

mping Torre de la Mora
40 km 1171
34 977-650277
orredelamora.com
rs à oct. 16 ha (450 empl.)
diurne
sèche-linge
ces :
k
Transports en commun pour le centre-ville.

Barcelone

El Portalón (Tapas)
Banys Nous, 20 - ✆ 933 021 187 - tlj sf dim. et j. fériés 9h-0h, cuisine 13h-16h, 19h30-22h30 - fermé 15 j. en août - menu 8/10 €, tapas 5/16 €, carte 15 € env.
Une des rares adresses encore authentiques du Barri Gòtic. Dans une vaste salle de pierres apparentes, tapas et plats du jour sont servis sur des petites tables bistrot. Ambiance touristique en salle, mais très catalane au bar.

Els Quatre Gats
Montsió, 3 bis - ✆ 933 024 140 - 25/35 € - tlj sf dim. 17h-2h.
Symbole de la Barcelone moderniste et bohème, ce café classique, réalisé par Puig i Cadafalch, fut le rendez-vous des artistes tels que Picasso, Casas et Utrillo. Formule du midi intéressante.

La Boqueria
Rambla, 91.
Marché central installé dans un bâtiment en verre et fer de la fin du 19e s. On y trouvera les denrées d'excellente qualité, les plus variées de Barcelone.

Mercat deSant Antoni
Comte d'Urgell, 1.
Installé à l'extérieur du marché municipal du même nom, il n'ouvre que le dimanche matin. Indispensable pour les amateurs de vieux magazines, journaux d'époque, bandes dessinées, timbres-poste et toutes sortes de livres hors catalogue, à des prix très attractifs.

Blanes

Terrasans
Ample, 1 - ✆ 972 330 081 - tapas 1/15 - 7h-1h.
Taverne prestigieuse où l'on vient autant prendre son petit-déjeuner que des tapas à midi. Terrasse ombragée dans un patio paisible.

Cambrils

Macarrilla
Barques, 14 - ✆ 977 36 08 14 -fermé mar., de mi-fév. à fin fév., de mi-nov. à fin nov.
Restaurant central tenu en toute simplicité par une famille. Sa salle qui jouit d'une entrée indépendante est bien aménagée et séparée du bar. Une bonne adresse pour goûter un bon repas en se détendant.

Camprodon

Cal Xec
Isaac Albèniz, 1 - ✆ 972 740 357.
En entrant dans cette charcuterie, vous ressentirez immédiatement le désir de déguster ses produits qui embaument dans toute la maison. Ouverte depuis 1870, elle n'a eu de cesse d'accroître sa renommée et ses amateurs, grâce à la qualité de son *fuet* (saucisson sec), de ses saucisses, de ses *botifarres*, boudins catalans, et de ses *chorizos*.

Castello d'Empuries

Portal de la Gallada
Pere Estany, 14 - ✆ 972 250 152 - tlj 13h-16h, 19h30-23h ; fermé le mar. hors saison.
Spécialités de grillades dans une jolie bâtisse du 12e s. dotée d'une terrasse superbe embrassant une partie du parc naturel dels Aiguamolls.

Gerone

Le Bistrot
Pujada Sant Domènec, 4 - ✆ 972 218 803 - tlj 13h-16h, 19h-1h.
Le restaurant est doté d'une agréable terrasse à l'intersection des deux escaliers menant à l'église Sant Martí Sacosta. Savoureux plats de viande et poisson mais peu de plats froids l'été.

Lérida

L'Esmolet
Pl. de Ricard Vinyes, 3 - ✆ 973 221 812.
Bar à tapas chaleureux à la déco tout en bois, où les habitants aiment se retrouver autour de grandes tartines frottées à la tomate.

Salou

Albatros
Brusel.les, 60 - ✆ 977 385 070 – fermé 2-20 janv., dim. soir et lun. sf j. fériés.
Le propriétaire est aux fourneaux ! La salle du restaurant ne cesse de gagner en confort comme la cuisine qui ne cesse de s'améliorer et dont vous savourerez les recettes élaborées. Terrasse animée les nuits d'été.

Tarragone

El Tiberi
Martu d'Adenyà, 5 - ✆ 977 235 403 - fermé dim. soir., lun. - 10,16/71 €.
Belle sélection de spécialités catalanes salées et sucrées présentées sur un grand buffet, dans un décor champêtre. Excellent rapport qualité-prix.

Une sélection de restaurants,
de loisirs, de produits du terroir et d'artisanat

Selected restaurants,
leisure spots and local produce and crafts

Eine Auswahl an Restaurants,
Freitzeitangeboten, typischen Erzeugnissen der
Gegen und des Handwerks

Pour le sens des symboles voir p.18 *Conventional signs, p. 18* *Zeichenerklärung s.S.18*

Signification des symboles

Catégories *Categories* *Kategorien*

Camping : de très confortable jusqu'à simple mais convenable
Camping from very comfortable to simple but suitable
Komfortabel bis einfach, aber ordentlich

Agrément & Tranquillité *Peaceful atmosphere & setting* *Besonders schöne & ruhige Lage*

Camping très agréable pour le cadre, la qualité et la variété des services proposés
Particularly pleasant setting, quality and range of services available
Landschaftlich schöne Lage, gutes und vielfältiges Serviceangebot

Terrain très tranquille, isolé — tranquille surtout la nuit
Remote, isolated - at night particularly calm
Ruhig, abgelegen – nachts besonders ruhig

Sélections particulières *Special features* *Besondere Merkmale*

Camping équipé pour les séjours d'hiver
Equipped for winter camping
Campingplatz für Wintercamping ausgestattet

Structure adaptée à l'accueil des enfants
Child-friendly facility
Kinderfreundliches Konzept

Situation & fonctionnement *Location & services* *Lage & Dienstleistungen*

Présence d'un gardien
Presence of a guard
Wachpersonal

Accès interdit aux chiens
Dogs prohibited
Für Hunde verboten

Parking obligatoire pour les voitures en dehors des emplacements
Cars must be parked away from pitches
Parken nur auf Parkplätzen außerhalb der Stellplätze

Cartes bancaires
Credit cards accepted
Kreditkarten werden akzeptiert

Chèques-vacances
«Chèques-vacances» accepted
«Chèques-vacances» werden akzeptiert

Confort *Comfort* *Komfort*

Sanitaire moderne
Site with modern facilities
Moderne Sanitäreinrichtungen

Installations chauffées
Heated facilities
Beheizte sanitäre Anlagen

Accessibles aux handicapés
Sanitary installations for the physically handicapped
Sanitäre Einrichtungen für Körperbehinderte

Lavabos en cabines individuelles
Individual wash rooms
Individuelle Waschräume

Salle de bains pour bébés
Baby changing facilities
Wickelraum

Distributeurs d'eau chaude
Warm water
Warmwasser

Conventional Signs Zeichenerklärung

Services *Facilities* *Dienstleistungen*

Eau potable
Drinking water
Trinkwasser

Électricité
Electricity
Stromanschluss

Vidange eaux grises
Waste water change
Grauwasserentleerung

Vidange eaux noires (cassettes)
Mobil toilet disposal
Entsorgung Mobiltoilette

Borne
Site equipped for camper
Versorgungsanschluss für Wohnmobil

5 Nombre d'emplacements
Number of pitches
Anzahl der Stellplätze

À savoir
Worth knowing
Wissenswertes

Formule Stop accueil camping-car FFCC
Special price for camper on the site
Sonderpreis für Wohnmobil auf dem Campingplatz

Centre d'information
Tourist information
Informationsstelle

WC Public
Public toilets
Öffentliche Toiletten

Bar - Café
Bar – Coffee-house
Bar – Café

Laverie
Laundry – washing machines
Waschmaschinen

Téléphone
Telephone
Öffentliches Telefon

Borne internet
Internet point
Internetanschluss

Wifi
Wifi
Wifi

Supermarché
Supermarket
Supermarkt

Commerce traditionnel
Food shop
Lebensmittelgeschäft

Restaurant
Restaurant
Restaurant

Plats à emporter
Take away meals
Fertiggerichte zum Mitnehmen

Tarif en € *Charges in €* *Preise in €*
Redevance journalière *Daily charge* *Tagespreise*

5€ Par personne
Per Person
Pro Person

2€ Pour le véhicule
Per vehicle
Pro Fahrzeug

Pour l'emplacement (tente/caravane) 6€
Per pitch (tent/caravan/camper)
Platzgebühr (Zelt/Wohnwagen/Reisemobil)

Pour l'électricité (nombre d'ampères) 6,50€ (4A)
Electricity (by number of amperes)
Stromverbrauch (Anzahl der Ampere)

Redevance forfaitaire *Rates included* *Pauschalgebühren*

25€ (10A) Emplacement pour 1 ou 2 personnes, véhicule et électricité compris
Pitch for 1 or 2 persons including vehicle and electricity
Stellplatz für 1 oder 2 Personen, Fahrzeug und Strom inklusiv

Signification des symboles
Conventional Signs *Zeichenerklärung*

Loisirs *Recreational facilities* *Freizeitmöglichkeiten*

Jeux pour enfants
Playground
Kinderspielplatz

Club pour enfants
Children's club
Kinderfreizeitklub

Animations diverses
Miscellaneous activities
Diverse Freizeitangebote

Salle d'animations
Recreation room
Freizeitraum

Salle de remise en forme
Fitness room
Fitnessraum

Sauna
Sauna
Sauna

Tennis
Tennis courts open air
Tennisplatz

Tennis couvert
Tennis court covered
Hallentennisplatz

Baignade
Bathing allowed
Baden erlaubt

Piscine
Swimming pool
Freibad

Piscine couverte
Swimming pool covered
Hallenbad

Toboggan
Water slide
Wasserrutschbahn

Sports nautiques
Water sports
Wassersport

Canoë / Kayak
Canoe/Cajak
Kanu/Kajak

Pêche
Fishing
Angeln

Mini-golf
Mini golf
Minigolfplatz

Tir à l'arc
Archery
Bogenschiessen

Location de vélos
Cycle hire
Fahrradverleih

Centre équestre
Riding
Reitzentrum

Ski nordique
Cross-country skiing,
Langlauf

Pistes de ski alpin
Alpine ski pistes
Pisten für Abfahrtslauf

Téléphérique
Cable car
Kabinenbahn

Nouveau FordTransit
avec voie arrière élargie
Le meilleur porteur
de tous vos projets !
VOIE ELARGIE
Le FordTransit ouvre la voie à des aménagements toujours plus variés ! Les nouveaux porteurs avec voie arrière élargie et structure allégée complètent une collection riche de versions fourgons, châssis ou plancher-cabines. A la diversité, Ford ajoute l'efficacité de motorisations au couple élevé, épaulées par une boîte 6 vitesses. Les équipements de sécurité et de confort disponibles en série renforcent encore les arguments de toute la gamme.
Toujours à vos côtés, Ford et ses 7 000 réparateurs agréés, dont 1 100 spécialistes des camping-cars, vous réservent un accueil spécifique partout en Europe. Vous serez désormais reconnu là-bas comme chez vous. Renseignez-vous, le FordTransit sera le porteur efficace de tous vos projets !
FordTransit
Camping-car
Feel the difference
Ford
Transit

Les vérifications

Avant de partir, vous devez bien vérifier l'état de votre camping-car. C'est une question de sécurité et de confort. Quelques conseils en forme de check-list !

Le porteur

✔ Les pneus

Ils sont un des organes de sécurité essentiels de votre véhicule. Vous devez leur porter toute votre attention.

Le pneu doit tout d'abord être adapté au camping-car. Conçu spécialement pour les camping-cars, le pneu **Michelin Agilis Camping** vous permettra de voyager très longtemps en toute sécurité. Ses atouts majeurs sont la longévité, la robustesse, et la polyvalence.

Une architecture bi-carcasse renforcée permet d'utiliser des pressions de gonflage plus élevées. Huit boucliers de protection sont disposés sur chaque flanc du pneumatique, renforçant ainsi la résistance contre les chocs trottoir. Une sculpture avec plus de lamelles et fortement entaillée, associée à des gommes fonctionnant dans un domaine de température étendu, permettent une adhérence suffisante lors de roulages occasionnels dans des conditions difficiles (pistes, boue, neige).

Autre point important :
Avant de partir, contrôlez le **bon état** des pneus et vérifiez **la pression**. Cette dernière doit être de 5,5 bars.

☞ *Pour ces pressions, des valves métalliques sont impératives.*

✔ Sont également à contrôler

- Le niveau d'huile
- Le liquide des freins
- Le frein à main
- Le liquide du lave-glace
- Les balais d'essuie-glace
- Les serrures
- La batterie
- Les phares
- Les clignotants

☞ *Pour plus de sécurité, une partie de ces contrôles (comme celui des plaquettes de freins) peut être fait par votre garagiste.*

☞ *Penser à se munir d'un kit d'ampoules de rechange.*

☞ *En cas de panne, vous devez disposer d'un gilet et d'un triangle de signalisation. Pensez-y !*

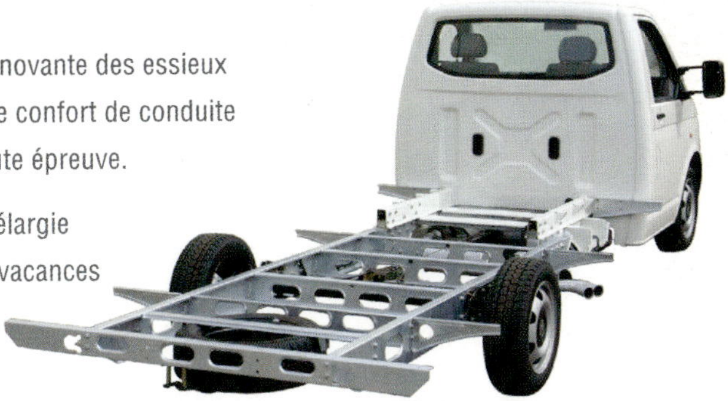

Les vérifications

La cellule

✔ Circuit d'eau

Eau propre : rincer et faire le plein. **Eaux usées** : verser un produit de nettoyage et de désinfection. Pour éviter les mauvaises odeurs, préférer les produits du commerce ou le vinaigre plutôt que l'eau javellisée.

✔ Electricité

Faire fonctionner tous les postes électriques du véhicule. Si vous avez des panneaux solaires, vérifiez qu'ils sont propres. Leur efficacité en dépend.

☞ ***Garder les références des ampoules, tubes et fusibles pour pouvoir les remplacer en cas de problème.***

✔ Extincteur

S'assurer que la date de validité de l'extincteur n'est pas dépassée.

✔ Fermeture

Contrôler la fermeture des ouvrants (lanterneaux, baies, portillons, portes et placards). Vérifier qu'il n'y a pas de fuite aux portes, lanterneaux et baies vitrées.

✔ Gaz

Vérifier le contenu des bouteilles de gaz (surtout en période hivernale) et le fonctionnement de tous les appareils à gaz. Avant le départ, fermer l'arrivée générale du gaz.

☞ ***Les tuyaux à gaz doivent être changés régulièrement.***
Vérifier la date de péremption.

✔ Hiver

Si vous partez en hiver, assurez-vous de la qualité du liquide dans le circuit de refroidissement ainsi que celle de l'huile moteur qui doit être adaptée aux températures hivernales.

Vérifiez l'état de la batterie.

Contrôlez le bon fonctionnement du chauffage et de tous les accessoires participant à la bonne visibilité.

Ne pas oublier de prendre les chaînes et apprendre à les mettre en place avant le départ ! Penser également à emporter des plaques de « désenlisement » et une pelle.

✔ Rangement

Le rangement des objets dans les placards et la soute doit être fait méthodiquement. Vous devez également veiller à bien répartir la charge.

☞ ***Les objets lourds sont toujours placés en bas.***

✔ Surcharge

Les camping-cars sont limités en charge utile.

En règle générale, le **poids total** ne doit pas dépasser **3,5 t** (sauf pour les véhicules classés poids lourds).

☞ ***La surcharge est passible d'une contravention.***

✔ Dans vos bagages

Penser à emporter un nécessaire à pharmacie et une trousse de secours aux premiers soins d'urgence ! Si vous voyagez avec un **animal domestique**, n'oubliez pas son **carnet de santé**. Il vous sera demandé dans les campings.

✔ Vélos

Vérifier qu'ils sont parfaitement fixés au porte-vélo. Il en va de la sécurité des autres véhicules.

✔ Juste avant le départ

Ne pas oublier de rentrer le **marchepied** (si vous n'avez pas de système d'alerte sonore). Rabattre les **antennes** (TV, parabole).

NOUVEAU ! DISPONIBLE EN BELGIQUE, AU LUXEMBOURG, ET AUX PAYS-BAS.
Voyagez en toute tranquillité avec votre camping-car
Enfin un contrat d'assistance adapté à vos attentes !
L'assurance d'être écouté, informé, rassuré et aidé par un technicien 24h/24 et 7j/7 en France et dans le monde entier.
Une assistance sur porteur, cellule et tous les équipements de votre camping-car.
Star Mobil Services
ASSISTANCE AUX CAMPING-CARS
24h/24 et 7j/7
appelez-nous au 03 29 39 62 80
depuis l'étranger +33 3 29 39 62 80
Star Mobil Services
ASSISTANCE MOTORHOME BIJSTAND
24h/24u et/en 7j/7d
appelez-nous au / bel ons op 02 385 43 68
depuis l'étranger / van het buitenland +32 2 385 43 68
Nos partenaires
MONDIAL ASSISTANCE
RAPIDO
ESTEREL
FLEURETTE
ITINEO
AUTOSTAR
KNAUS
PhoeniX
CLC
evasia
Direct CampingCar
Direct Motorhome
PLANETE HOLIDAYS
AST
Cetelem
KENWOOD Listen to the Future
Renseignez-vous :
France
BP 30016 - F - 88151 THAON LES VOSGES - TÉL. +33 (0)3 29 39 62 80
Benelux
RUE DES FRÊNES 7 - B-1421 OPHAIN - TÉL. +32 (0)2 385 43 68
www.starmobilservices.com - info@starmobilservices.com
Star Mobil Services
ASSISTANCE AUX CAMPING-CARS
ASSISTANCE MOTORHOME BIJSTAND
Avec vous partout, avec vous toujours.

Bien conduire

Conduire un camping-car n'est pas difficile.
Tout titulaire du permis auto a la possibilité de le faire.
Toutefois intégraux, capucines et autres profilés présentent des particularités dont vous devez tenir compte afin de prendre la route dans de bonnes conditions.

On s'attache !

Est-il utile de rappeler que les passagers doivent impérativement boucler leur ceinture de sécurité, qu'ils voyagent dans la cabine ou en cellule (si celle-ci en est équipée)? De même, les effets personnels et les vivres doivent être rangés, pendant le voyage, dans des placards fermés.

Une bonne marge de distance

L'inertie au freinage demeure plus importante avec un camping-car que sur une voiture, en raison du poids en mouvement, et ce malgré les systèmes de freinage sophistiqués actuels (ABS, EPS, etc).

Préservez ainsi toujours une marge de distance confortable par rapport aux véhicules qui vous précèdent.

Surveiller le gabarit

Pensez aux autres véhicules : afin que la **largeur** de votre camping-car ne les gêne pas, veillez à bien tenir votre droite.

Sur les petites routes de campagne, soyez vigilants au moment où vous croisez tracteurs, cars et autres camions. Vous devez ralentir et vous déporter encore plus sur la droite. Vigilance accrue lorsque vous doublez un cycliste !

Gardez en tête la **hauteur** du véhicule. Le mieux est encore de noter les dimensions de votre véhicule et son PTAC sur un papier fixé sur le tableau de bord.

En **montagne**, pensez aux routes à encorbellement, surtout si vous roulez en capucine. Les véhicules les plus imposants risquent en effet d'accrocher les parois. Mais rassurez-vous ! Nos circuits ont pris en compte ce risque.

☞ ***Lors de la descente des cols, utilisez au maximum votre frein moteur.***

En ville, des mésaventures du même type peuvent se produire avec certains **balcons en encorbellement**.

Sur l'autoroute, méfiez-vous des **barrières de péage**. Certains couloirs réservés aux voitures sont parfois équipés de barre de hauteur.

Attention également aux **branches basses** des arbres.

Au moment de doubler et de se rabattre, vous devez bien avoir en tête la **longueur** de votre camping-car. Certains véhicules ayant un porte-à-faux important peuvent rencontrer des difficultés lors des manœuvres de stationnement et d'accès sur les ferries ou les bacs.

Contrer les appels d'air

Si vous conduisez une grande capucine ou un intégral, pour éviter les appels d'air générés en dépassement, vous devez compenser par un léger mouvement du volant en sens inverse.

Se garer avant d'entrer dans le centre-ville

La circulation dans les villes et les villages nécessite une grande prudence. Soyez attentifs aux nombreuses barres de hauteur qui limitent parfois les accès. Et avant de pénétrer dans le vieux quartier de telle cité médiévale aux ruelles étroites, prenez vos précautions.

☞ ***Vous trouverez dans « Le conseil de Bib » les lieux où se garer facilement avant d'entrer dans des centres-ville impraticables.***

Évaluer le terrain

Lorsque vous sortez des routes aménagées, vous devez ne pas sous-estimer le poids de votre camping-car et évaluer la praticabilité du terrain.

Sur un camping-car, l'essentiel du poids se trouvant concentré vers la partie arrière, mieux vaut, pour éviter le patinage des roues, faire une reconnaissance à pied.

Le stationnement

Camping car à St-Pourçain-sur-Sioule © M. Chaput / MICHELIN

Le stationnement des camping-cars est régi par le code de la circulation routière, le code de l'urbanisme et le code des collectivités territoriales.
Vous devez connaître et respecter leurs règles.

Stationnement sur la voie publique

En ville, garez-vous sur les parkings extérieurs au centre-ville ou sur les parkings réservés aux camping-cars, en faisant attention de ne pas empiéter sur d'autres places, ni sur la voie publique.

☞ ***Si la sécurité ou l'ordre public l'exigent, les maires sont en droit de prescrire des mesures plus rigoureuses en matière de stationnement.***

Stationnement sur le domaine privé

Si vous voulez stationner sur une propriété privée, vous devez en demander l'autorisation aux propriétaires.

Il est interdit de stationner sur les rivages de la mer, dans des sites classés ou inscrits et leur proximité, dans un rayon de moins de 200 m d'un point d'eau captée pour la consommation, dans les bois, forêts, parcs classés comme espaces boisés à conserver.

Les structures d'accueil adaptées

Ci-dessous, exemple de borne industrielle © M. Chaput / MICHELIN

Aire de service de Barbotan © M. Chaput / MICHELIN

Aires de service

Leur première vocation est de proposer ces services :

La vidange des eaux grises (eaux ménagères)

La vidange des eaux noires (WC chimiques)

L'alimentation en eau potable

Le dépôt des ordures

Et accessoirement, l'approvisionnement en électricité.

En plus de ces services, l'aire peut proposer un stationnement.

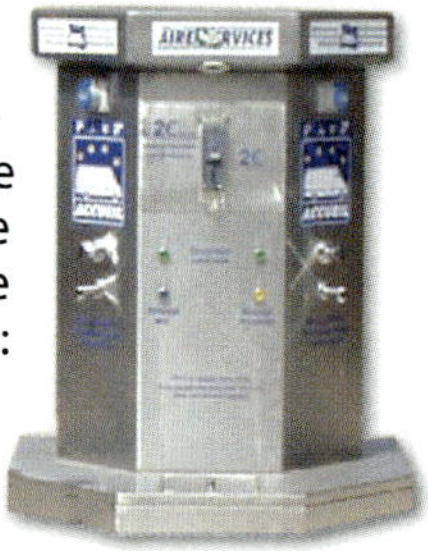

L'eau et les vidanges peuvent être fournies par l'intermédiaire d'une borne artisanale ou d'une borne de type industriel : Flot bleu, Raclet, Eurorelais, etc.

La gratuité de l'aire de service dépend en grande partie de l'activité touristique de la région.

Il faut donc s'attendre à payer pour le stationnement et / ou les services.

Ces prix, indiqués dans nos adresses, varient entre 1,50 et 6 € pour les services, et entre 2 et 10 € pour le stationnement.

Aires de stationnement

Il s'agit de lieux publics autorisés pour le stationnement, situés ou non, à proximité d'une aire de service.

Le stationnement peut être limité dans le temps à certains endroits (24h/48h). Il peut être gratuit ou payant.

L'aménagement de ces aires peut aller du plus sommaire à très confortable (aménagement de loisirs, grands espaces).

Campings

Tous les camping-cars peuvent stationner dans un camping, mais tous les campings ne sont pas encore équipés de structures spécifiques, même si leur nombre est en forte augmentation.

A l'étranger, certains campings proposent des formules adaptées aux camping-caristes à l'image de la formule française Stop Accueil Camping-Car FFCC : comme le « Quick Stop » au Danemark.

☞ ***La majorité des campings sélectionnés offrent des structures adaptées aux camping-cars.***

Les initiatives personnelles

Certains agriculteurs, éleveurs, vignerons, fermes-auberges ou châtelains par exemple, vous invitent à stationner gratuitement sur leur propriété pendant une nuit, et à découvrir leurs produits et leur savoir-faire. Cette formule d'accueil est signalée **en France, en Italie et en Allemagne.**

FIAT DUCATO CAMPING-CAR
L'EXCELLENCE N'A PAS DE LIMITE.

FIAT DUCATO. LE CAMPING-CAR CONÇU POUR VOUS ET POUR VOUS OFFRIR UN UNIVERS DE SERVICES.

www.fiatcamper.com
Enregistrez-vous dès maintenant !

Fiat Ducato Camping-Car a été conçu en collaboration avec les principaux carrossiers et équipementiers pour répondre parfaitement à vos exigences et vos attentes. Afin de vous apporter une réponse encore plus adaptée, nous avons mis en place un réseau exclusif, pour des vacances sans souci et un voyage en toute sécurité. Qui d'autre peut vous en offrir autant ?

Les caractéristiques et les équipements d'origine Fiat Camper sont au choix des équipementiers.
*Numéro Vert Universel : appel gratuit depuis un poste fixe. Depuis un téléphone mobile, les coûts varient en fonction des tarifs appliqués par votre opérateur téléphonique. **Coût d'un appel international vers l'Italie.

PROFESSIONAL

Savoir vivre!

Respecter la nature et l'environnement, respecter les autres, se comporter toujours comme un « invité » : invité des communes et des particuliers. C'est à ce prix que le tourisme en camping-car pourra se développer et avoir la réputation qu'il mérite !

RESPECT

C'est le nom donné à la charte de bonne conduite des camping-caristes, éditée par le Sicverl. En respectant ces valeurs, vous permettez de renforcer le bon accueil des camping-cars dans les communes.

Pour le bon usage du Camping-car

Respecter la nature
Eviter le regroupement
Stationner dans des lieux appropriés
Privilégier le commerce local
Etre courtois et discret
Communiquer avec autrui
Tenir l'ensemble de ces engagements

Sur la route

Pendant les déplacements en groupe, éviter de former des files, pour ne pas perturber le trafic.

Ne pas effectuer la vidange des eaux noires ou grises pendant le déplacement. Le faire uniquement dans les endroits réservés à cet effet et dans le respect de la nature et des principes écologiques.

☞ ***Il est interdit de vidanger des WC chimiques dans un réseau de tout-à-l'égout.***

À l'arrêt

Pour le stationnement de nuit, utiliser de préférence les aires d'accueil prévues à cet effet.

Ne pas stationner en travers des parkings.

☞ ***Occuper l'espace de stationnement sur la voie publique avec des chaises, des tables ou tout autre équipement personnel est interdit.***

À l'arrêt, de jour comme de nuit, éviter de stationner en obstruant la vue des monuments, des fenêtres d'habitation ou des commerces.

Eviter les bruits excessifs dus à la voix, à la télévision, la radio ou au moteur. De même, utiliser le générateur d'électricité seulement en cas de nécessité absolue, et dans ce cas, l'éloigner des autres véhicules et des habitations voisines.

Utiliser les toilettes du véhicule !

Déposer vos ordures ménagères dans des conteneurs appropriés. Ne les dispersez pas !

Plus de 100 000 clients font déjà confiance au réseau Masters
Réseau masters 20 ans 1991-2011
Rejoignez-nous...
Réseau
masters
62
76
60
14
51
29
35
45
88
56
72
37
39
18
86
69
74
38
33
13
1er
réseau de distributeurs de camping-cars
Vous ?
www.masters-france. com

France

Nom local : *France* **Capitale :** *Paris*
Population : *63,60 millions d'habitants* **Superficie :** *551 501 km²* **Monnaie :** *Euro*

DR/Michelin

L'Hexagone se prête bien au tourisme itinérant. Nous n'égrènerons pas ici la longue liste des cathédrales, châteaux, sites, musées, villes historiques, parcs naturels qui méritent que vous en empruntiez le chemin. Nous avons choisi de mettre plus particulièrement en avant six circuits qui vous feront découvrir ou redécouvrir la France des saveurs. Car ne dit-on pas que les « spécialités françaises » font partie de notre patrimoine, au même titre que les églises? Il n'est pas un petit coin de France qui n'ait son vin, son fromage, ses gourmandises, entretenus avec soin et fierté par ses producteurs pour le régal de nos palais. Les fêtes de notre calendrier sont souvent associées à des spécialités, lesquelles ne sont jamais très loin… mais il n'y a pas besoin d'excuse pour goûter quelques douceurs au détour des routes : à Montélimar, les fameux nougats ; en Provence, les calissons d'Aix, les fruits confits d'Apt, les berlingots de Carpentras…

Dans l'Est, vous aurez l'embarras du choix entre les bergamotes et les macarons de Nancy, les dragées de Verdun et les bonbons au miel des Vosges.

Dans le Nord, les bêtises de Cambrai ; en Normandie, les plus célèbres caramels sont à base de beurre d'Isigny, bien que fabriqués à Carentan. En Bretagne, biscuits et gâteaux se fabriquent avec le beurre breton : galettes de Pont-Aven ou traou-mads. De la côte atlantique, vous rapporterez de la confiture de lait, des caramels au beurre salé, des berlingots nantais ; plus au sud, les canelés de Bordeaux, les chocolats de Bayonne et de Biarritz, les tourons basques et la fameuse confiture de cerises noires d'Itxassou. Dans l'intérieur des terres, vous trouverez les pruneaux d'Agen. En Corse, des confitures élaborées des riches vergers : figue, abricot, orange, châtaigne, et, plus original, myrte, arbouse ou cédrat. Quant aux pâtisseries, elles se dégustent sur place, et si vous passez à St-Tropez, ne ratez pas la fameuse tarte tropézienne.

RECOMMANDATIONS

DOCUMENTS OBLIGATOIRES

✓ Permis de conduire rose de l'UE
✓ Permis de conduire international (recommandé seulement)
✓ Certificat d'immatriculation du véhicule ou certificat de location
✓ Plaque d'identification nationale
✓ Justificatif d'assurance (carte verte)
✓ Passeport (recommandé seulement)
✓ Procuration en cas d'utilisation du véhicule appartenant à un tiers

VITESSES LIMITES

✓ En agglomérations urbaines : 50
✓ Sur routes : 90
✓ Sur routes à chaussées séparées : 110
✓ Sur autoroutes : 130
✓ Ces vitesses limites sont réduites par temps de pluie

RÉGLEMENTATIONS

✓ Taux maximum d'alcool toléré dans le sang : 0,5 g
✓ Âge minimum des enfants admis à l'avant : 10 ans
✓ Siège enfant, rehausseur ou système de retenue adapté et homologué obligatoire jusqu'à 10 ans
✓ Port de la ceinture de sécurité obligatoire à l'avant et à l'arrière
✓ Allumage des feux de croisement obligatoire (jour et nuit) toute l'année
✓ Pneus cloutés admis avec réglementation de mi-novembre à fin mars. Vitesse limite pour un véhicule équipé de pneus cloutés : 90km/h. Signe « pneus cloutés » obligatoire sur la vitre arrière
✓ Triangle de présignalisation obligatoire
✓ Trousse de premiers secours et extincteur recommandés
✓ Gilet de sécurité fluorescent obligatoire

URGENCES

✓ Téléphone incendie et ambulance : 112
✓ Téléphone Police : 110

G. Corbic

Le pays d'**Arbois,** de caves en fruitières

*La faiblesse pour le **vin d'Arbois** que le bon roi Henri ne cherchait nullement à dissimuler, les travaux de l'enfant du pays, Pasteur, et le mystère qui entoure la vinification du **vin jaune** : rien d'étonnant à ce que les vins du Jura soient reconnus et appréciés, d'autant plus lorsqu'on les associe aux **fromages** régionaux, au premier rang desquels le **comté** !*

➲Départ de Lons-le-Saulnier
➲4 jours 140 km

R. Mattes / MICHELIN

Le village d'Arbois, entouré de vignes.

Jour 1

Promenez-vous dans la vieille ville de **Lons-le-Saunier** et amusez-vous à retracer son passé. Retrouvez la porte des anciennes salines qui ont fait le renom de Lons et partez à la recherche de la source du Puits-Salé, déjà utilisée dans l'Antiquité romaine et qui est à l'origine de son développement. Parcourez les 146 arcades de la rue du Commerce et arrêtez-vous au n° 24 : c'est la maison natale de Rouget de Lisle, enfant du pays, célèbre auteur de La Marseillaise.

S. Sauvignier / MICHELIN

Vins du Jura.

Jour 2

Reprenez la route pour rejoindre **Arlay**, son domaine et son château du 18e s. N'oubliez pas de visiter le centre de reproduction des espèces de la faune sauvage du Jura, qui met l'accent sur la préservation des rapaces diurnes et nocturnes. Vous pourrez assister, dans le cadre romantique des ruines du château, à une démonstration de vol des rapaces de Jurafaune. Rejoignez ensuite **Poligny**. Pour le plus grand plaisir des gastronomes avertis, Poligny associe avec bonheur la production de **vins réputés** à celle du **comté**, dont la ville est devenue la capitale. Emme-

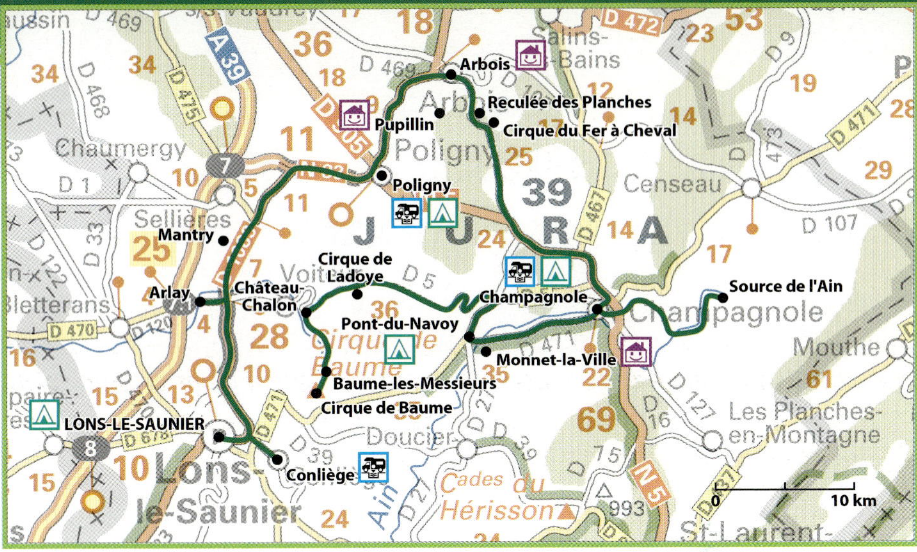

nez les enfants à la Maison du comté : ils pourront découvrir, toucher, sentir, et goûter ce merveilleux produit du terroir. Les adultes s'attarderont au Caveau des Jacobins. Poligny possède aussi plusieurs caveaux de vignerons réputés comme les domaines Xavier Reverchon et Benoît Badoz.

Le conseil de Bib

Le premier week-end de février, assistez à la « Percée du Vin Jaune ». Elle a lieu chaque année dans un village différent situé dans la zone AOC..

Jour 3

Quittez Poligny à la fraîche et promenez-vous dans les vignes autour de **Pupillin** par exemple. Arrêtez-vous ensuite à **Arbois.** Vous y visiterez l'église St-Just, le musée de la Vigne et du Vin, et la maison de Louis Pasteur. Par ses recherches et ses conseils, Pasteur a largement contribué à la renaissance du vignoble dévasté par le phylloxéra. Arbois est aussi une halte gastronomique réputée, avec la table de Jean-Paul Jeunet et le chocolatier Claude Hirsinger. Côté cave, vous apprécierez l'accueil chaleureux de la célèbre Maison Henri Maire, ou celui des domaines Jacques Tissot et Rolet Père et fils. Avant de regagner **Champagnole** pour l'étape du soir, consacrez votre après-midi à un site naturel unique : celui de la **reculée des Planches** et de **ses grottes**, superbe laboratoire de l'érosion souterraine. Ne manquez pas non plus de vous arrêter à Molain pour découvrir l'univers magique des concrétions des **grottes des Moidons**.

Jour 4

Quittez Champagnole vers l'ouest par la D 471 et la D 5, faites un détour vers le **belvédère du cirque de Ladoye** et poursuivez jusqu'à **Château-Chalon**. Le charme de ce village et les vues magnifiques sur les vignes vous enchanteront. En regagnant Lons-le-Saulnier, découvrez l'exceptionnel site naturel constitué par la reculée du **cirque de Baume**, né du confluent minéral de trois vallées. L'extraordinaire belvédère des roches de Baume, formé par le bord de la falaise, vous laissera une impression inoubliable. Les courageux pourront descendre au fond de l'abîme par les **Échelles de Crançot**. Ne manquez pas, dans le village de **Baume-les-Messieurs**, l'abbatiale et son retable anversois.

Aires de **service** & de **stationnement**

Champagnole

Aire de Boÿse – ***R. Georges-Vallerey, face au camping – 03 84 52 00 32 – Ouv. tte l'année – P 6.***
Borne eurorelais. Payant.
Stationnement : autorisé
Loisirs : Services :

Poligny

Aire de Poligny – ***Rte de Lons-le-Saunier – 03 84 73 71 71 – Ouv. tte l'année – P 2.***
Borne artisanale. Gratuit.
Stationnement : autorisé
Services :
Services extérieurs au camping.

Conliège

Aire de Conliège – ***R. du Saugeois – Ouv. tte l'année – P***
Borne flot bleu. Gratuit.
Stationnement : autorisé.
Loisirs : Services :

Campings

Champagnole

Municipal de Boyse
20 rue Georges Vallerey, sortie NO par D 5, rte de Lons-le-Saunier.
03 84 52 00 32
camping.boyse@wanadoo.fr . www.camping.champagnole.com
De déb. juin à mi-sept. 7 ha (240 empl.)
Tarif : 17,50 € (2A) – pers. suppl. 4,50 €
borne artisanale 3,50 €
Loisirs : snack
Services :
sèche-linge
accès direct à l'Ain

Lons-le-Saunier

La Marjorie
640, bd de l'Europe, au NE de la localité en dir. de Besançon par bd de Ceinture.
03 84 24 26 94
info@camping-marjorie.com . www.camping-marjorie.com
De fin mars à mi-oct. 9 ha/3 campables (204 empl.)
Tarif (prix 2009) : 14,90 € (2A) – pers. suppl. 3 €
borne artisanale 3,50 €– 38 14,90 €
Loisirs : nocturne (juil.-août)
Services :
sèche-linge

Poligny

La Croix du Dan
Rte de Lons, 1 km par N 83 direction Lons-le-Saunier.
03 84 73 77 58
cccgrimont@wanadoo.fr . cc-comte-grimont.fr
De mi-juin à mi-sept. 1,5 ha (87 empl.)
Tarif (prix 2009) : 1,80 € 1,80 € 2,20 € – (10A) 6,50 €
borne artisanale
Loisirs :
Services :

Pont-du-Navoy

Le Bivouac
Accès : 0.5km au sud par D 27, rte de Montigny-sur-l'Ain, bord de l'Ain.
03 84 51 26 95
kawayet@aol.com . www.bivouac-jura.com
2,3 ha (90 empl.)
1 borne artisanale – 10
Loisirs : snack
Services :

Les bonnes **adresses** de Bib

Arbois

La Cave de Comté

44 Grande-Rue - ✆ 03 84 66 09 53 - 8h45-19h - fermé 8-15 janv., 28 juin-4 juil., lun. et merc. apr.-midi.

Les patrons de cette fromagerie, logée dans une magnifique maison du 18e s., choisissent eux-mêmes leurs fromages : comté doux ou fruité, morbier, bleu de Gex, mont d'or, époisses, chèvres et autres produits laitiers…

Hirsinger

38 pl. de la Liberté - ✆ 03 84 66 06 97 - www.chocolat-hirsinger.com - vend.-mar. 8h-19h30 ; du 14 juil. à déb. sept. : tlj.

Il serait impardonnable de traverser Arbois sans rendre une petite visite à ce Meilleur Ouvrier de France 1997 qui décline avec brio une succulente gamme de chocolats (à la menthe, au gingembre, aux épices, etc.) dominée par quelques spécialités de renom comme les galets d'Arbois ou les Bouchons.

Henri Maire, Les Deux Tonneaux

Pl. de la Liberté - ✆ 03 84 66 15 27 - 9h-19h mais variable selon sais. - fermé 1er Janv.

Impossible de manquer l'enseigne Henri Maire à Arbois, car les publicités et ses immenses et alléchantes vitrines sont à la mesure de son implantation dans la région. Films, dégustations et possibilités de visite de caves et de domaines.

Lons-le-Saunier

Maison du Vigneron

23 r. du Commerce - ✆ 03 84 24 44 60 - tlj sf dim. et lun. 10h-12h, 14h-19h - fermé j. fériés.

Cette cave qui s'ouvre en face de la maison de Rouget de Lisle regroupe la production d'environ 150 viticulteurs. La diversité du vignoble jurassien s'y exprime à travers une riche gamme de crus AOC : côtes-du-jura, arbois, vin jaune, vin de paille...

Poligny

Caveau des Jacobins/château de Bethanie

1 r. Hyacinthe-Friand- ✆ 03 84 37 14 58 - 9h30-12h, 14h-18h30, dim. 10h-12h - fermé 1er janv. et 25 déc.

Les murs de l'église des Jacobins, datant de 1248, veillent désormais sur des foudres de chêne où mûrissent les côtes-du-jura des vignerons du Caveau. Un cadre exceptionnel pour des crus typiques de la région et vinifiés dans les règles de l'art par la dizaine de producteurs regroupés dans cette coopérative.

Pupillin

Le Grapiot

R. Bagier - 3 km au sud d'Arbois par D 246 - ✆ 03 84 37 49 44 - fermé lun. et mar. - réserv. conseillée - 14/38 €.

Au cœur d'un village vigneron, sympathique petite auberge reflétant bien le style architectural du pays. En hiver, vous dégusterez des recettes franc-comtoises auprès de la grande cheminée et, en été, une cuisine de type « plancha et grillades ».

Sur les traces des **chevaliers cathares**

Ce circuit prend des allures de voyage à travers l'Histoire. ***Peyrepertuse, Quéribus, Puilaurens, Aguilar*** *: toutes ces « citadelles de vertige » se gagnent au prix de quelques dénivelés audacieux qui promettent un séjour tout aussi sportif que culturel. En les visitant, vous comprendrez la force de cette hérésie venue d'Orient, le catharisme, qui mit à feu et à sang, aux 12e et 13e s., les terres du comte de Toulouse.*

➲Départ de Carcassonne
➲7 jours
450 km

Le château de Peyrepertuse sur son promontoire.

D. Pazery / MICHELIN

Jour 1

Notre épopée dans l'histoire commence à **Carcassonne**. Si vous venez par l'autoroute, vous découvrirez la cité médiévale dans sa totalité, derrière les vignes des Corbières. Ici, on marche ! Entrez dans la cité par la porte de Narbonne, et flânez le nez au vent dans les petites rues. Attention aux boutiques et restaurants attrape-touristes, ils pullulent ! Le midi, mieux vaut donc manger sur le pouce ; quelques tapas par exemple feront l'affaire. Visitez le Château comtal et la basilique St-Nazaire, avant de faire le tour des remparts par les lices. Restez dormir sur place et profitez des festivités. En juillet, le festival de Carcassonne vous entraînera dans un tourbillon de spectacles de théâtre, danse, musique et, en août, vous pourrez assister à d'inoubliables spectacles médiévaux.

Jour 2

Rejoignez **Limoux** où vous irez voir **le Catha-Rama**, belle entrée en matière pour aborder les châteaux cathares. Avant de partir en direction d'Alet-les-Bains, une flûte de blanquette s'impose. Après l'abbaye romane d'**Alet-les-Bains**, mettez le cap sur le **donjon d'Arques** puis sur **Rennes-le-Château**, où fut prétendument trouvé le fabuleux trésor de l'abbé Saunière. Si vous souhaitez vous mettre à table dans un

décor exceptionnel, choisissez le château (16e s.) des Ducs de Joyeuse à **Couiza**. Direction l'ouest, pour faire connaissance avec le **château de Puivert** qui fut attaqué durant la croisade contre les Albigeois.

Jour 3

Vous voyez aujourd'hui les hauts lieux du catharisme : **Puilaurens** puis **Quéribus**. La matinée vous transporte au temps des croisades. Entre chicanes et meurtrières, de somptueux panoramas s'offrent à vous. Vous pourrez vous restaurer à **Cucugnan** car il vous faudra encore un peu de courage pour grimper à l'assaut du **château de Peyrepertuse**. Une fois en haut, vous ne regretterez pas votre effort. Restez dormir à proximité.

Jour 4

Depuis Tuchan, pensez à vous rendre à **Tautavel** pour y découvrir le centre européen de Préhistoire. Quelques kilomètres vous séparent des ruines des **châteaux de Padern et d'Aguilar** au nord-est, puis de **Durban-Corbières** au nord, eux aussi acteurs dans la lutte cathare. Gagnez à l'ouest le château de **Villerouge-Termenès**, que vous visiterez avant d'aller dévorer un plat médiéval à la rôtisserie installée dans les anciennes écuries. Si vous voulez vous dégourdir les jambes, grimpez jusqu'au **château de Termes.**

Jour 5

Départ pour la **Montagne noire** dont les magnifiques forêts se parent de couleurs fauves une fois l'automne venue. Tout d'abord, passez à **Caunes-Minervois** pour découvrir les marbres rouges de son église et de la carrière du Roy. Côté nature, vous pénétrerez dans le **gouffre de Cabrespine**. Revenez à Villeneuve-Minervois avant de visiter la **grotte de Limousis**, avec son grand lustre blanc. À flanc de montagne, les quatre **châteaux de Lastours** témoignent des combats qui y eurent lieu durant la croisade contre les Albigeois. Autres châteaux, plus ou moins en ruine, ceux du **Mas-Cabardès** et de **Saissac** donnent à leur village un charme indéniable. Passez la nuit en Montagne noire, près de **Revel**.

Jour 6

Du Moyen Âge, vous passez au 17e s. avec le système d'alimentation du **canal du Midi** créé par Riquet dont les bassins et retenues sont visibles à **St-Ferréol** puis, plus loin, au **seuil de Naurouze**. Vous voilà descendus de la montagne pour atteindre la plaine du Minervois à travers laquelle serpente le canal du Midi. Déjeunez vers **Le Ségala** pour déguster quelques **confits** maison ou regagnez **Castelnaudary**, capitale incontestée du **cassoulet**.

Jour 7

Le lendemain, plus au sud, vous marcherez sur les pas de saint Dominique à **Fanjeaux** avant de retourner déambuler dans les rues de la cité de Carcassonne, où vous finirez la journée.

France

Aires de service & de stationnement

Carcassonne

Aire de la Cité – *R. Gustave-Nadaud – 04 68 10 24 30 – Ouv. tte l'année – P 80.*
Borne flot bleu. Payant.
Stationnement : 10 €/j.
Services : sèche-linge
Site idéal pour la visite de la ville.

Duilhac-sous-Peyrepertuse

Aire de Duilhac-sous-Peyrepertuse – *Rte de Cucugnan – 04 68 45 40 55 – Ouv. tte l'année – P 20.*
Borne artisanale. Payant 2 €.
Stationnement : 24h maxi.
Services :

Félines-Termenès

Aire de Félines-Termenès – *Rte de Monthoumet – 04 68 70 00 97 – Ouv. tte l'année – P 3.*
Borne artisanale. Gratuit.
Stationnement : autorisé
Loisirs : Services :

Quillan

Aire de Quillan – *Bd Charles-de-Gaulle – 04 68 20 07 78 – Ouv. tte l'année – P 10.*
Borne artisanale. Payant 2 €.
Stationnement : autorisé
Loisirs : Services : sèche-linge

La Redorte

Aire de la Redorte – *Lieu-dit « La Fabrique », près de la halte nautique – 04 68 27 80 80 – Ouv. tte l'année – P 10.*
Borne artisanale. Gratuit.
Stationnement : 24h maxi.
Loisirs : Services :

Villeneuve-Minervois

Aire de Villeneuve-Minervois – *Av. du Jeu-de-Mail, en face de la Mairie – 04 68 26 16 19 – Ouv. tte l'année – P 15.*
Borne artisanale. Gratuit.
Stationnement : 48h maxi.
Loisirs : Services :

Campings

Axat

La Crémade
Accès : NE : 2,8 km par D 118, D 117, rte de Perpignan et chemin du château à droite.
04 68 20 50 64
De mi avr. à fin sept. 4 ha (95 empl.)
Tarif (prix 2009) : 13,70 € (6A) – pers. suppl. 3,80 €
1 borne – 4 11,40 €
Loisirs :
Services :
dans un agréable site boisé de moyenne montagne

Brousses-et-Villaret

Le Martinet-Rouge Birdie
Chemin departemental 203, 0,5 km par D 203 et chemin à dr., à 200 m de la Dure.
04 68 26 51 98
De déb. mars à fin oct. 2,5 ha (63 empl.)
Tarif : 17,50 € (2A) – pers. suppl. 7 €
borne artisanale – 3 14 €
Loisirs : snack terrain omnisports
Services : GB

Puivert

Municipal du Lac
Accès : S : 0,5 km par D 16, rte de Lescale, bord d'un plan d'eau.
04 68 20 00 58
mairie.puivert@libertysurf.fr . www.puivert.net
27 avr.-30 sept. 1 ha (62 empl.)
Tarif (prix 2009) : 11 € – (10A) 2,50 € – pers. suppl. 2 €
1 borne flot bleu 2 €
Loisirs :
Services :

Revel

Municipal du Moulin du Roy
Rte de Soréze, sortie SE par D 1, rte de Dourgne et à droite.
05 61 83 32 47
mairie@mairie-revel.fr . www.revel-lauragais.com
De déb. juin à mi-sept. 1,2 ha (50 empl.)
Tarif (prix 2009) : 2,70 € 1,80 € 2,20 € – (10A) 3 €
Services :
décoration arbustive et florale des emplacements

Les bonnes **adresses** de Bib

Alet-les-Bains

Alet Eau Vive
Allée des Thermes - ✆ 04 68 69 92 67 - aleteauvive@libertysurf.fr - 9h-19h.
Sport d'eau vive sur l'Aude (hydrospeed, rafting, canoë, kayak) et parcours acrobatiques forestiers (balades dans les arbres).

Carcassonne

La Tête de l'Art
37 bis r. Trivalle - ✆ 04 68 47 36 36 - tilcke@wanadoo.fr - fermé dim. en hiver ; - réserv. conseillée le w.-end - 10/30 €.
Tête de lard ou tête de l'art ? Les deux, puisque ici l'on fait ripaille autour de belles cochonnailles dans ce restaurant tenu par un amateur d'art qui expose dans ses salles tableaux et sculptures modernes… au milieu des figurines de l'animal fétiche !

Castelnaudary

Escudier
9 r. de Dunkerque - ✆ 04 68 23 12 79 - fermé dim.
Cette agréable boutique à l'ambiance traditionnelle et à la belle devanture en bois est tenue depuis trois générations par les Escudier. Sa spécialité ? Le cassoulet frais en terrines de deux à huit parts. Ce même mets s'achète également en conserve, à côté de charcuteries et plats préparés peu susceptibles de décevoir l'amateur : fouet, saucisse de foie, chorizo, pâtés, foie mi-cuit, tripes, museau en salade… Toutes les bêtes à l'origine de ces fabrications proviennent de deux élevages de la région suivis par la maison.

Caunes-Minervois

Cellier du Palais Abbatial
✆ 04 68 78 00 98 - juin-sept. : tlj sf dim. 10h-12h, 16h-18h ; oct.-mai : mar. et vend. 14h-18h.
C'est dans l'abbaye du 13e s. que se trouve le caveau où se déroulent dégustations commentées et visites, pour tout savoir du Minervois, son histoire et son élaboration. L'occasion de découvrir également le Costos Roussos et la Cuvée du Palais Abbatial, issus de cépages Syrah, Carignan et Grenache.

Limoux

La Maison de la Blanquette
46 bis prom. du Tivoli - ✆ 04 68 31 01 63 - fermé merc. soir hors sais. - 16/36 €.
Les boissons sont incluses dans les menus de ce restaurant : une bonne occasion de découvrir, ou de redécouvrir, la blanquette de Limoux et autres crus locaux, tout en dégustant de pétillantes recettes du terroir. Avant de repartir, prévoyez un crochet par la boutique des vins, richement pourvue.

Stations thermales des Vosges

Vittel, Contrexéville, Bourbonne-les-Bains, Luxeuil-les-Bains, Bains-les-Bains *: que d'eaux, que d'eaux… Mais attention, pas le temps de profiter de leurs vertus réparatrices, à moins que vous n'ayez un mois devant vous. En suivant la* ***route des stations thermales vosgiennes****, vous constaterez que chacune possède un caractère propre et bien trempé (deux effets aquatiques !).*

➲Départ de Vittel
➲4 jours 330 km

Le pavillon des Sources, Contrexéville.

R. Mattes / MICHELIN

Jour 1

Ce petit périple « santé » commence à Vittel. « Buvez, é-li-mi-nez ! » « Avec Vittel, retrouvez la vitalité qui est en vous ! » Ces slogans font maintenant partie de la mémoire collective. La spécialité de Vittel, aujourd'hui, c'est la forme. Les cures, le plaisir des bains, la verdure, le golf, la randonnée, l'air pur, les promenades en forêt… Les promoteurs de la station ont fait appel aux meilleurs architectes et artistes, dont Charles Garnier, alors qu'il venait juste d'achever l'Opéra de Paris, puis Bluysen et César. L'établissement thermal, le casino, les parcs fleuris, les grands hôtels et les villas aux façades toutes blanches rappellent les meilleures heures de la Belle Époque. Déjeunez à Vittel. Pour continuer dans les eaux minérales, rejoignez le centre thermal de **Contrexéville**, dont le nom, lui, est associé au régime minceur. La station thermale vaut le détour pour son architecture. Rhumatismes et voies respiratoires au programme de **Bourbonne-les-Bains, la station de « l'eau qui guérit les os »**… Pour une promenade ou pour distraire vos enfants, passez quelques heures au **parc animalier de la Bannie**, avant de faire étape pour la nuit.

Le conseil de Bib

Eaux minérales et thermales sont pour la plupart très instables et s'altèrent sitôt sorties de terre. Il est donc indispensable pour en tirer un profit thérapeutique maximum, d'en user sur place ! C'est la principale raison de l'existence des stations thermales.

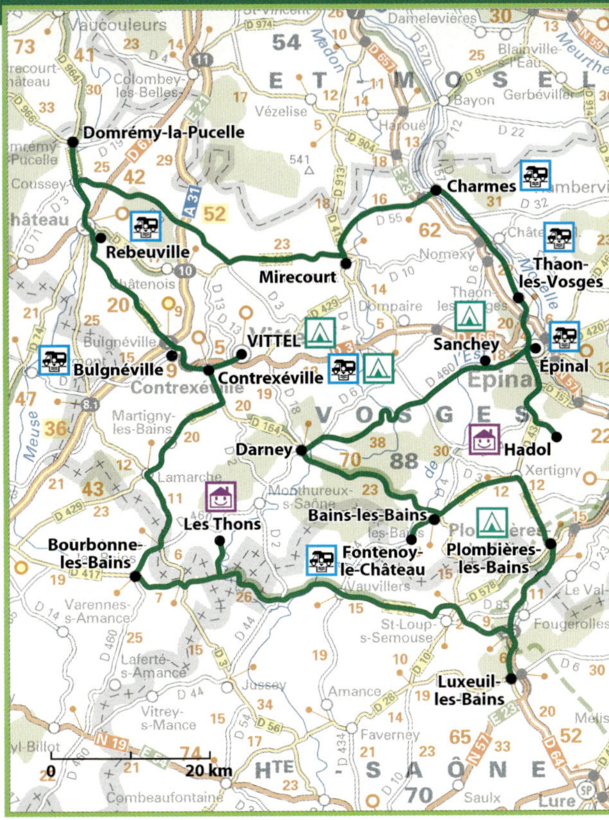

Jour 2

Luxeuil-les-Bains est thermal, mais aussi culturel : hôtels particuliers du 16e s., ancienne abbaye St-Colomban, Conservatoire de la dentelle. Lors de votre passage à **Plombières-les-Bains**, ne résistez pas à la glace locale… Puis rejoignez **Bains-les-Bains** pour y faire étape.

Jour 3

Ici, le thermalisme se décline aussi au rythme des randonnées pédestres et du vélo. Ne partez pas de Bains-les-Bains sans aller vous promener dans la légendaire **forêt de Darney.** Ensuite, étape autour de l'artisanat régional et de l'image à **Épinal.** Ici, tout est affaire d'images : image papier, mais également image de marque… Paradoxe en milieu urbain, Épinal est la ville la plus boisée de France et elle accumule les récompenses nationales de fleurissement. Des fleurs à tous les coins de rues, des cactus et des palmiers place Clemenceau, des roses blanches à la maison romaine, des géraniums, des pétunias, des bidens et des héliotropes sur les berges de la Moselle, et le long du canal. Vous retiendrez également d'Épinal, le musée départemental d'Art ancien et contemporain et la basilique St-Maurice.

R. Mattes / MICHELIN

Robinet en forme de griffon dans le pavillon des Sources à Contrexéville.

Jour 4

Autre style, autre savoir-faire, **Mirecourt** se distingue par son art de la lutherie, au point d'y avoir une école nationale : amateurs de musique, appréciez. Petit interlude historique, car vous ne pouvez manquer la maison où naquit Jeanne d'Arc, à **Domrémy-la-Pucelle**. Tradition artisanale encore à **Vannes-le-Châtel** qui accueille le Centre européen de recherche et de formation aux arts verriers. On peut y voir des créations contemporaines et une démonstration des différentes techniques de soufflage.

Le conseil de Bib

Lors de la visite d'Épinal stationnez au port, en bordure de la Moselle. Le cadre est verdoyant et agréable, à proximité immédiate du musée de l'Imagerie et à 1,5 km du centre-ville.

France

Aires de **service** & de **stationnement**

Bulgnéville

Aire de Bulgnéville – ***Rue des Récollets, à proximité de l'étang des Récollets – Ouv. tte l'année – P 10.***
Borne artisanale. Gratuit.
Stationnement :
Loisirs : Services :

Charmes

Aire de Charmes – ***Rue de l'Abattoir, port de plaisance, en bordure du canal de l'Est – 03 29 38 85 85 – Ouv. tte l'année – P 100.***
Borne artisanale. Gratuit.
Stationnement : 6€/j.
Loisirs : Services : WC
sèche-linge

Contrexéville

Aire de Contrexéville – ***Rue des Magnolias – 03 29 08 09 35 – Ouv. avr.-sept.***
Borne flot bleu. Gratuit.
Services :

Épinal

Aire du camping municipal – ***37, chem. du Petit-Chaperon-Rouge – Ouv. tte l'année***
Borne flot bleu. Gratuit.
Services :

Fontenoy-le-Château

Aire de Fontenoy-le-Château – ***R. de la Chenale – 03 29 36 33 09 – Ouv. tte l'année – P 15.***
Gratuit.
Stationnement :
Loisirs : Services :

Rebeuville

Aire de Rebeuville – ***D 164 – Ouv. tte l'année – P***
Borne artisanale. Gratuit.
Stationnement :
Services :

Thaon-les-Vosges

Aire de Thaon-les-Vosges – ***R. du Coignot, près de la base fluviale – 03 29 39 15 45 – Ouv. mi-mars-oct. – P 20.***
Borne artisanale. Gratuit.
Stationnement :autorisé
Loisirs : Services : WC

Campings

Contrexéville

Le Tir aux Pigeons
Accès : 1 km au SO par D 13 rte de Suriauville.
03 29 08 15 06
secretariat@ville-contrexeville.fr
Permanent 1,8 ha (80 empl.)
Tarif : 15 € (2A) – pers. suppl. 5 €
Loisirs :
Services :
À l'orée d'un bois

Plombières-les-Bains

L'Hermitage
54, r. du Boulot, 1,5 km au NO par D 63 rte de Xertigny puis D 20, rte de Ruaux.
03 29 30 01 87
1er avr.-15 oct. 1,4 ha (60 empl.)
Tarif : 13,90 € – 5,30 €
1 borne artisanale 4 €
Loisirs : snack
Services : GB

Sanchey

Lac de Bouzey
19, r. du Lac.
03 29 82 49 41
Permanent 3 ha (160 empl.)
Tarif : 34 € – (10A) 4 € – pers. suppl. 10 €
1 borne flot bleu
Loisirs : nocturne salle de spectacle, discothèque canoë
Services : GB
sèche-linge

Vittel

Aquadis Loisirs
270, r. Claude-Bassot.
03 29 08 02 71
Avr.-oct. 3,5 ha (120 empl.)
Tarif : 16,20 € (6A) – pers. suppl. 4,50 €
1 borne artisanale
Loisirs :
Services : GB sèche-linge

Les bonnes **adresses** de Bib

Épinal

Le Bagatelle
12 r. des Petites-Boucheries - ✆ 03 29 35 05 22 - www.le-bagatelle.com - fermé 2e quinz. de juil. et dim. (sf sur réserv.) - 11,50/40 €.
Sur la petite île d'Épinal, coincée entre deux bras de la Moselle, cette maison pimpante des années 1940 est aux premières loges pour regarder les compétitions de canoë-kayak... en savourant une cuisine inspirée dans sa salle lumineuse, décorée de meubles modernes.

Marché couvert
1 r. de la Comédie.
Chaque mercredi et samedi matins, on se presse joyeusement autour de la cinquantaine d'éventaires installés sous ces halles de type Baltard. Fruits et légumes, poissons, charcuteries, viandes, plats cuisinés, spécialités lorraines, volailles, gourmandises italiennes, fromages et articles de crémerie : vous trouverez ici l'essentiel des produits de bouche.

Pâtisserie du Musée
2 quai du Musée - ✆ 03 29 82 10 73 - tlj sf lun. 7h30-19h, w.-end 7h30-12h30, 14h30-19h.
Située à proximité du musée, dans un écrin de verdure, cette pâtisserie-salon de thé est sans doute l'une des plus agréables de la ville. À moins d'être un monomaniaque en matière de sucreries, il vous sera difficile de ne pas barguigner entre le désir des Îles, le délice à la mirabelle ou à l'edelweiss, le pain d'anis maison, et les fameuses « charbonnettes des Vosges » (spécialité de chocolat praliné).

Bourbonne-les-Bains

Casino de Bourbonne-les-Bains
1 pl. des Bains - ✆ 03 25 90 90 90.
Lieu incontournable de la station, avec ses machines à sous, sa roulette anglaise, ses tables de boule ou de black-jack, le casino programme par ailleurs un riche éventail d'animations tout au long de l'année : dîner spectacle ou musical, thé dansant, restauration à thème (avec gibier au menu, en saison).

Darney

Fabrique de confiserie Delisvosges
20 r. des Fabriques- ✆ 03 29 09 82 40 - magasin : tlj sf dim. et lun. 10h-12h, 14h-18h ; visite fabrication : pdt vac. scol. tlj sf dim. et lun. 14h30-17h30 - fermé 15 janv.-15 fév. et j. fériés.
Après avoir pris connaissance de l'histoire du sucre et de ses transformations, vous pourrez assister à la fabrication artisanale des bonbons des Vosges. À Noël et à Pâques, les chocolats sont à l'honneur. La visite se termine par une dégustation.

Luxeuil-les-Bains

Conservatoire de la dentelle
Pl. de l'Abbaye - ✆ 03 84 93 61 11 - www.dentelledeluxeuil.com - mar. et vend. 14h-17h30 - fermé 25 déc.-1er janv.
La dentelle de Luxeuil eut son heure de gloire au 19e s. Progressivement tombée dans l'oubli au cours du 20e s. elle renaît depuis quelques années grâce à ce conservatoire qui maintient savoir-faire et tradition.

Vittel

Au Péché Mignon
36 pl. du Gén.-de-Gaulle - ✆ 03 29 08 01 07 - tlj sf lun. 7h45-12h30, 14h-19h30, dim. 4h30-12h30, 15h-19h - fermé 2 sem. fin juin-déb. juil.
Outre les grands classiques tels le pâté lorrain et le vittellois, ce maître pâtissier vous invite à découvrir ses spécialités de chocolats : la Creuchotte (petite grenouille en chocolat fourré praliné), la « route thermale du chocolat » (quatre chocolats différents comme les quatre stations thermales des Vosges) ou encore le Vosgiens, entremets à base de myrtilles et de mirabelles.

De la **cité des Papes** à la **Camargue**

Avignon, les Alpilles, Aigues-Mortes, Arles, Nîmes *: pas de doute, vous êtes en* ***Provence****. Sous un ciel d'un bleu intense, le vert des pins et des cyprès se mêle à celui de la garrigue et des feuilles d'oliviers. Plus au sud, les immenses étendues lacustres ou « sansouires » au sol craquelé se déroulent, dessinant le profil de la* ***Camargue****, entre une manade de taureaux et quelques flamands roses.*

➲Départ d'Avignon
➲6 jours 255 km

Ferrade en Camargue.

D. Pazery / MICHELIN

Jour 1

Dans la cité des Papes, **Avignon**, il est des étapes obligées ! Le Palais des Papes, bien entendu, que vous visiterez dès votre arrivée. Un petit tour au Rocher des Doms qui réserve un beau point de vue et il faudra déjà penser à déjeuner. L'un des restaurants avec terrasse aux alentours du Palais semble tout indiqué, pour rester dans le quartier. Car ensuite, vous rejoindrez le musée du Petit Palais qui abrite de somptueuses collections, dont des toiles italiennes du 13e au 18e s. Enfin, dernier incontournable : le pont Saint-Bénezet, plus connu sous le nom de pont d'Avignon. Le soir, vous pourrez opter pour un dîner-croisière sur le Rhône ou une table en ville. Quittez Avignon par le sud pour rejoindre Arles, sans oublier de faire étape sur les sites incontournables de **St-Rémy** et des **Baux-de -Provence**.

Jours 2 & 3

Arles va vous faire tourner la tête ! Première étape, le théâtre antique et les arènes, qui ne devront pas vous faire oublier le déjeuner dans l'un des restaurants du quartier. En guise de balade digestive, une promenade le long du quai, en direction du musée de l'Arles et de la Provence Antiques. Là, vous verrez notamment des sarcophages provenant des **Alyscamps**, où vous vous rendrez avant un dîner bien mérité. Rien de tel qu'un bon steak de taureau, la spécialité locale, pour vous remettre d'aplomb. Le lendemain s'annonce hétéroclite : l'église Saint-Trophime et la Fondation Van-Gogh le matin, suivi d'un déjeuner ensoleillé à la terrasse de l'un des restaurants postés à proximité de l'agréable place du Forum. Gardez l'après-midi pour découvrir le musée Réattu et sa donation Picasso. Partez enfin vers **la Camargue** aux multiples facettes. D'abord celle des marais, maîtrisée par l'homme, avec la découverte du domaine du Vigueirat, dans la **Crau** humide ; après avoir rejoint le delta par le **bac de Barcarin**, découvrez en fin d'après-midi celle des salines à **Salin-de-Giraud**.

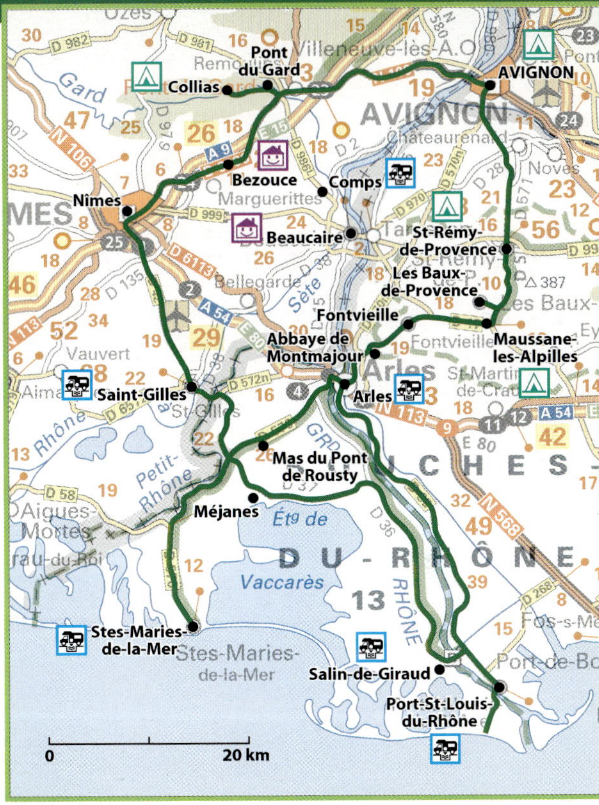

Jour 4

Commencez la journée en arpentant les sentiers du domaine non endigué de **la Palissade** (possibilité de randonnée accompagnée à cheval d'avril à octobre), avant de profiter de l'immense plage de **Piémanson**, près de l'embouchure du Grand Rhône. Après un pique-nique sur la plage, consacrez l'après-midi à la découverte de la faune et de la flore au domaine de **la Capelière,** ou des traditions de la « bouvine », au domaine de **Méjanes.** Visitez ensuite le Musée camarguais, consacré aux mœurs et coutumes locales, puis dans la foulée le **château d'Avignon**, avant de vous offrir une bonne nuit.

Jour 5

Consacrez la matinée à vous promener sur les sentiers du **parc ornithologique du Pont-de-Gau**, l'occasion unique de faire connaissance avec les oiseaux aperçus de loin dans les étangs. Vers midi, partez arpenter les ruelles des **Saintes-Maries** dont les maisons blanches se blottissent autour de l'imposante église fortifiée. Dès le printemps, vous déjeunerez les pieds dans le sable dans l'un des restaurants de plage, avant de gagner, par le pont de Sylvereal ou le bac du Sauvage, la belle cité fortifiée d'**Aigues-Mortes**. Vous y flânerez, puis irez déguster quelques tellines et une soupe de poissons en guise de dîner sur le port du **Grau-du-Roi**. Le retour vers Arles s'effectuera par l'étang de Scamandre, tout envahi de roselières, et **Saint-Gilles**, où vous détaillerez, dans la lumière du couchant, les sculptures du portail de l'abbatiale, chef-d'œuvre du roman provençal.

Jour 6

La journée est consacrée à **Nîmes**, la « Rome française », que vous parcourrez des arènes au temple de Diane, en passant par la Maison carrée. Suivez le tracé des remparts, dont le vestige le plus impressionnant est la fameuse tour Magne. Le Castellum, où aboutissaient les eaux puisées dans la fontaine de l'Eure, près d'Uzès, sera un excellent prélude à la découverte, en fin d'après-midi, du majestueux **Pont du Gard**, partie la plus spectaculaire d'un aqueduc qui courait dans la garrigue sur près de 50 km !

France

Aires de service & de stationnement

Arles

Aire d'Arles – *Quai du 8-Mai-1945 – Ouv. tte l'année* – P
Borne eurorelais. Gratuit.
Stationnement : autorisé sur parking à proximité.
Services : WC

Comps

Aire de Comps – *Pl. des Arènes – 04 66 74 50 99 – Ouv. tte l'année* – P *30.*
Gratuit.
Stationnement : 3 €/j.
Loisirs : Services : WC
Au bord du Gardon

Port-Saint-Louis-du-Rhône

Aire de Port-Saint-Louis-du-Rhône – *Quai Bonnardel – 04 42 86 90 00 – Ouv. tte l'année* – P *60.*
Gratuit.
Stationnement : 48h maxi. 5 €/j.
Loisirs : Services :
Stationnement obligatoire avenue de la 1re DFL, proche du port

Saint-Gilles

Aire de Saint-Gilles – *Quai du canal – Ouv. tte l'année* – P *35.*
Payant 3 €.
Stationnement : autorisé
Loisirs : Services :

Saintes-Maries-de-la-Mer

Aire de Saintes Maries de la Mer – *Parking de la plage- Est – 04 90 97 82 55 – Ouv. tte l'année* – P *80.*
Borne artisanale. Gratuit.
Stationnement : 8,50 €/j.
Loisirs : Services : sèche-linge
En bord de mer.

Salin-de-Giraud

Aire de Salin-de-Giraud – *R. de la Bouvine – 04 90 49 47 00 – Ouv. avr.-oct.* – P *12.*
Borne flot bleu. Payant 2 €.
Stationnement : autorisé
Services : WC

Campings

Avignon

Le Pont d'Avignon
10 chemin de la Barthelasse, sortie NO rte de Villeneuve-lès-Avignon par le pont Édouard-Daladier et à dr., dans l'île de la Barthelasse.
04 90 80 63 50
De mi-mars à fin oct. 8 ha (300 empl.)
Tarif : 26,90 € (2A) – pers. suppl. 4,75 €
Loisirs : snack
Services : GB sèche-linge

Collias

Le Barralet
6 chemin du Grès, à 1 km par D 3 rte d'Uzès et chemin à dr.
04 66 22 84 52
De déb. avr. à mi-sept. 2 ha (120 empl.)
Tarif (prix 2009) : 22 € (2A) – pers. suppl. 6,50 €
borne raclet
Loisirs : pizzeria terrain omnisports, canoë
Services : GB

Maussane-les-Alpilles

Municipal les Romarins
Rte de St-Rémy-de-Provence, sortie N par D 5.
04 90 54 33 60
De mi-mars à mi-oct. 3 ha (144 empl.)
Tarif (prix 2009) : 23 € (2A) – pers. suppl. 4,40 €
Loisirs :
Services : GB

Saint-Rémy-de-Provence

Mas de Nicolas
Quartier Lavau, sortie N rte d'Avignon puis 1 km par D 99 (déviation) rte de Cavaillon, à dr. et r. Théodore-Aubanel à gauche.
04 90 44 17 13
De mi-mars à fin oct. 4 ha (140 empl.)
Tarif (prix 2009) : 24 € (2A) – pers. suppl. 7 €
borne artisanale 5 €
Loisirs : hammam jacuzzi
Services : GB

Les bonnes **adresses** de Bib

Arles

Les Étoffes de Romane

10 bd des Lices - ✆ 04 90 93 53 70 - nov.-mai : mar.-vend. 9h30-13h, 14h-19h, sam. 9h30-13h30, 15h30-19h.

Tissus provençaux (habillement et ameublement).

Le Criquet

21 r. Porte-de-Laure - ✆ 04 90 96 80 51 - fermé de fin déc. à fin fév. et merc. - 17 € déj. - 22/25 €.

Préférez la salle à manger de ce petit restaurant voisin des arènes : avec ses pierres apparentes et ses poutres, elle a davantage de charme que la terrasse. Tranquillement attablé, vous pourrez y savourer la bourride du jeune chef et autres spécialités.

Avignon

Le Grand Café

Cours Maria-Casarès, la Manutention - ✆ 04 90 86 86 77 - fermé janv., dim. et lun. sf juil.-août - réserv. conseillée - 20/34 €.

Cette ancienne caserne adossée aux contreforts du palais des Papes est devenue un lieu incontournable de la vie locale. Avignonnais et touristes s'y retrouvent pour découvrir une cuisine inventive aux accents provençaux. Agréable terrasse, calme et fraîche en été.

Distillerie de la liqueur de Saint-Michel-de-Frigolet

26 r. Voltaire - ✆ 04 90 94 11 08 - www.frigoletliqueur.com - 9h-12h, 14h-18h - fermé w.-end sf sur réservation pr les groupes.

Cette distillerie détient la recette du Frigolet, encore appelé élixir du père Gaucher, son créateur. On y produit aussi de l'eau-de-vie de poire Williams, du marc de Provence ou des confiseries à la liqueur Frigolet. La visite des lieux est très intéressante : découverte du « secret » de fabrication de l'élixir (composé de 30 plantes) et petit musée de l'Alambic.

Les Baux-de-Provence

Mas de la Dame

RD 5 - ✆ 04 90 54 32 24 - 8h30-19h - fermé 1er janv. et 25 déc.

Cette propriété du 16e s. immortalisée en 1889 par Van Gogh est une des rares exploitations à produire à la fois du vin (rouges et rosés sous l'appellation « Les Baux-de-Provence », deux vins blancs AOC coteaux-d'aix-en-provence).

Salin-de-Giraud

Restaurant Chez Juju

Rte de Vaccarès, D 36C - 6 km au nord-est par D 36 et D 36C - ✆ 04 42 86 83 86 - fermé merc. soir et jeu. ; hors sais. sur réserv. - 10 .

Les habitués ne viennent pas ici pour le décor, très simple, mais pour l'assiette. Loup, sole ou pageot, on s'intéresse avant tout au poisson. Dès qu'on a choisi sa pièce, celle-ci est pesée, grillée (flambée à la table sur demande) et servie avec un plat de riz, à la bonne franquette.

L'estuaire de **la Seine**

*En visitant **Rouen**, vous allez prendre la mesure – et peut-être même la démesure – de l'architecture sacrée. Discrètement tapies entre verdure et falaises, les **abbayes normandes** vous feront découvrir les premiers pas du monachisme et parcourir le **Parc naturel des Boucles de la Seine normande**. Vous longerez la Seine, suiverez ses méandres, traverserez la **forêt de Brotonne** et le **marais Vernier**, vous laissant porter jusqu'au débouché de son estuaire, **Le Havre**.*

➲ Départ de Rouen

➲ 5 jours 300 km

L'abbaye de Jumièges.

S. Sauvignier / MICHELIN

Jour 1

Découvrez **Rouen**, « Ville d'art et d'histoire », en commençant par la visite de la cathédrale. Vous pouvez ensuite parcourir les rues animées du vieux Rouen, admirer ses innombrables façades à colombages, ses multiples églises et les monuments du centre. Remémorez-vous aussi le souvenir de Jeanne d'Arc, son procès et l'emplacement de son bûcher, place du Vieux-Marché où, le samedi matin, se tient un agréable marché. Après avoir déjeuné sur place, vous choisirez, selon vos centres d'intérêt, entre les différents musées de Rouen : peinture au musée des Beaux-Arts, arts décoratifs au musée de la Céramique, ferronnerie du musée Le Secq des Tournelles, archéologie au musée départemental des Antiquités.

Le conseil de Bib

À Rouen, stationnement autorisé sur les quais bas, rive gauche en bord de Seine, sauf en octobre et novembre (fête foraine) et place du Boulingrin toute l'année.

Jour 2

Cette journée se place sous le signe des abbayes qui jalonnent la rive droite de la Seine, en aval de Rouen. La première, celle de **St-Martin-de-Boscherville**, mérite le détour pour sa très belle église et son domaine abbatial. La suivante,

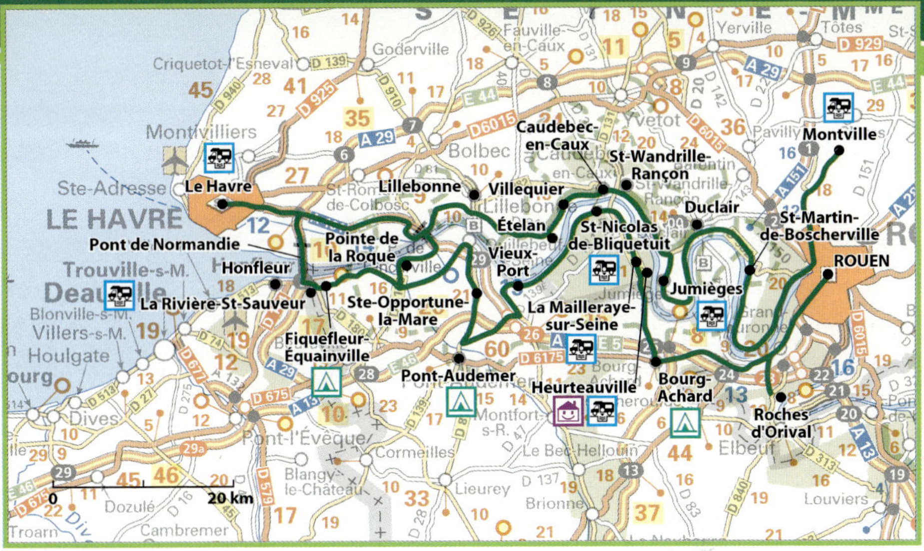

Jumièges, impressionne par la splendeur de ses ruines. Entre les deux, prenez le temps de suivre quelques sentiers de randonnées aux abords de **Duclair**. Vous terminerez votre tournée par la visite du cloître et de l'église de **St-Wandrille**, avant de faire étape à **Caudebec-en-Caux**.

Jour 3

Partagez votre matinée entre l'église Notre-Dame de Caudebec et le musée Victor-Hugo de **Villequier**, puis occupez agréablement votre après-midi au **château d'Ételan** et à **Lillebonne**. Rejoignez ensuite Le Havre. Une flânerie dans le centre du Havre afin de s'imprégner du style architectural d'Augustin Perret. Une halte au musée Malraux, renommé pour sa collection de toiles d'Eugène Boudin et pour la donation Senn Foulds, précédera un déjeuner pris vers le marché couvert. Après la passionnante visite guidée de l'appartement témoin Auguste-Perret (s'inscrire au préalable), vous quittez Le Havre en empruntant le pont de Normandie pour profiter d'une soirée à **Honfleur**.

S. Sauvignier / MICHELIN

Le marais Vernier.

Jour 4

La découverte du **Parc naturel des Boucles de la Seine** débute par le **marais Vernier**, au point d'observation de **Ste-Opportune-la-Mare**, plus en amont de l'estuaire. Poussez jusqu'à **Quillebeuf** et revenez-en par la pointe de la Roque. De beaux sentiers pédestres balisés n'attendent ensuite que vous, aux abords de **Foulbec**, **Conteville** et **St-Sulpice-de-Grimbouville**, de l'autre côté de la Risle. Le soir, faites route au sud-est et ralliez **Pont-Audemer**.

Jour 5

Après avoir admiré les vitraux de l'église St-Ouen, tournez le dos à Pont-Audemer et regagnez les berges de la Seine pour découvrir **Vieux-Port**, **Vatteville-la-Rue** et **N.-D.-de-Bliquetuit**, où se trouve la maison du parc. Là, vous trouverez toutes les informations voulues sur les différents sentiers de randonnée de la **forêt de Brotonne**. Revenez vers Rouen en suivant les méandres, ou bien coupez directement vers l'est par l'A 13, afin de rejoindre les **Roches d'Orival**, au nord d'Elbeuf. Ils offrent une vue dégagée sur la Seine.

Aires de service & de stationnement

Le Havre

Aire du Havre – *Bd Clemenceau – 02 35 19 45 45 – Ouv. tte l'année – P 20.*
Borne flot bleu. Payant 5 €.
Stationnement : autorisé
Loisirs : Services :
Au bord de la plage et du port de plaisance.

Heurteauville

Aire « les Cerisiers » – *55, quai Édouard-Salmon – 06 13 56 05 06 – Ouv. avr.-oct., le reste du temps sur réservation. – P 12.*
Borne artisanale. Payant 3 €.
Stationnement : 5€/j.
Loisirs : Services :
En bord de Seine, emplacements délimités de 60 m^2

Jumièges

Aire de Jumièges – *Au bourg – 02 35 37 24 15 – Ouv. tte l'année – P 10.*
Borne artisanale. Payant 3 €.
Stationnement : autorisé
Loisirs : Services :

La Mailleraye-sur-Seine

Aire de La Mailleraye-sur-Seine – *Quai Paul-Girardeau – 02 35 37 12 04 – Ouv. tte l'année – P 20.*
Borne raclet. Payant 1,50 €.
Stationnement : autorisé
Loisirs : Services :

Montville

Aire de Montville – *02 32 93 91 00 – Ouv. tte l'année – P 8.*
Borne eurorelais. Payant 3 €.
Stationnement : autorisé
Loisirs : Services :
À visiter le musée des sapeurs-pompiers de France.

La Rivière-Saint-Sauveur

Aire de La Rivière-Saint-Sauveur – *Chemin du Banc – 02 31 98 70 06 – Ouv. tte l'année – P 5.*
Borne eurorelais. Payant 5 €.
Stationnement : autorisé
Loisirs : Services :

Saint-Nicolas-de-Bliquetuit

Aire de Saint-Nicolas-de-Bliquetuit – *Cale du Bac – 02 35 96 21 53 – Ouv. tte l'année – P 12.*
Borne raclet. Payant 2 €.
Stationnement : autorisé
Services :

Campings

Bourg-Achard

Le Clos Normand
235, rte de Pont-Audemer, sortie ouest.
02 32 56 34 84
1,4 ha (85 empl.)
Loisirs :
Services :
Cadre verdoyant et fleuri

Fiquefleur-Équainville

Domaine Catinière
Rte d'Honfleur, 1 km au S de Fiquefleur par D 22, entre deux ruisseaux.
02 32 57 63 51
info@camping-catiniere.com . www.camping-catiniere.com
De déb. avr. à fin sept. 3,8 ha (130 empl.)
Tarif : 27,50 € (2A) – pers. suppl. 6 €
Loisirs :
Services :

Pont-Audemer

Municipal Risle-Seine - Les Étangs
19, rte des Étangs - Toutainville, 2,6 km au NO, près de la base nautique.
02 32 42 46 65
camping@ville-pont-audemer.fr . http://www.ville-pont-audemer.fr/tourisme/
De mi-mars à mi-nov. 2 ha (61 empl.)
Tarif : 16,50 € (2A) – pers. suppl. 3,10 €
5 16,50 € – 10.5€
Loisirs : (bassin)
Services :

Les bonnes **adresses** de Bib

Jumièges

Auberge des Ruines
17 pl. de la Mairie - ✆ 02 35 37 24 05 - www.auberge-des-ruines.fr - fermé 15-28 fév., 16-29 août, 23 déc.-4 janv., lun. soir et jeu. soir du 15 nov. au 15 fév., dim. soir, mar. et merc. - 18/62 €.
Juste à côté des ruines, cette auberge rustique tenue par un jeune couple sympathique ponctuera agréablement votre visite. La cuisine qu'ils y servent est inventive et leur carte attrayante, même si elle est un peu chère. La formule-déjeuner est intéressante.

Duclair

Le Bistrot du Siècle
75 r. Jules-Ferry - ✆ 02 35 37 62 36 - fermé 25 déc.-1er janv. dim. et lun. - formule déj. 10 € - 17/22 €.
Ce petit bistrot, qui jouit d'une bonne réputation locale, cultive la convivialité. Deux salles au choix : l'une, rustique, est décorée d'affiches anciennes, l'autre est en véranda. La cuisine privilégie les grillades cuites au feu de bois. Également quelques plats réunionnais.

Le Havre

La Halle aux Poissons
Quartier St-François, quai de l'Île - tlj 14h30-19h.
On ne vient pas dans ces halles pour leur architecture, mais pour leur marée hyper-fraîche et l'atmosphère extraordinaire qui y règne. Cet ensemble de 21 box en béton desservant chacun un bateau différent sert d'escale aux pêcheurs de la côte normande qui ramènent leurs prises du petit matin. L'ambiance est plus qu'animée et certains viennent même ici sans rien avoir à acheter…

Pissy-Pôville

Les Vergers du Quesnay
740 Le Quesnay - ✆ 02 35 91 51 08 - jplambard@aol.com - tlj sf dim. 9h-12h, 14h-19h.
C'est dans un cadre rustique et authentique que l'on peut goûter et acheter les bons produits à base de pommes des Vergers du Quesnay. Propriétaire de 10 ha plantés de pommiers, Monsieur Lambard élabore du jus de pomme, des eaux-de-vie, des apéritifs, du vinaigre et surtout du cidre bouché, médaillé de bronze en 2000 et 2004 au Salon de l'agriculture.

Rouen

La Toque d'Or
11 pl. du Vieux-Marché - ✆ 02 35 71 46 29 - fermé merc. hors sais. - 10 € déj. - 15/43 €.
Bien située face à la place du Vieux Marché, cette belle demeure à colombages, typiquement normande, abrite en fait deux restaurants en un. Au rez-de-chaussée une grande salle cossue propose des menus raffinés (mention spéciale à la tête de veau sauce gribiche) et à l'étage, une formule grill plus simple mais correcte.

Chocolatier Auzou
163 r. du Gros-Horloge - ✆ 02 35 70 59 31 - 9h30-19h15, dim. 9h30-13h, lun. 14h-19h15 ; juil.-août : tlj sf dim - fermé 1er janv. et 1er mai.
Parmi les spécialités de ce célèbre pâtissier : le Pavé Rouennais (praline en coque de nougatine), les Larmes de Jeanne d'Arc (amandes grillées nougatinées enrobées de chocolat), les Zouzous d'Auzou (friandise) et les célèbres macarons de Grand'Mère Auzou. Il vous fera en outre assister au turbinage des larmes de Jeanne d'Arc et découvrir, au fond du magasin, le laboratoire où se fabrique le chocolat.

Faiencerie Augy-Carpentier
26 r. St-Romain - ✆ 02 35 88 77 47 - tlj sf dim. 9h-19h, lun. 10h-18h. Visite de l'atelier sur RV.
Le dernier atelier de fabrication artisanale de faïence à Rouen. Créations originales et reproductions de nombreux motifs traditionnels, bleus ou polychromes, comme le lambrequin ou la corne d'abondance.

Lyon et les étangs de la **Dombes**

*Au nord-est de Lyon, la **Dombes** doit sa physionomie originale et son charme très particulier à la présence d'environ un **millier d'étangs** qui parsèment sa surface. Les **fermes en pisé**, les **châteaux en carrons** (briques rouges) et les villages fleuris agrémentent les vastes paysages que survolent toutes sortes d'**oiseaux** venus pêcher ou se reposer sur les étangs.*

➲ ***Départ de Lyon***
➲ ***5 jours 195 km***

Symbole de la région, la tour du Plantay surveille les vastes étangs de la Dombes.

A. de Valroger / MICHELIN

Jours 1 & 2

En arrivant à **Lyon**, stationnez au camping, à Dardilly, et adoptez sur place les transports en commun ou le vélo si vous ne redoutez pas les montées de Fourvière et de la Croix-Rousse. Vous verrez, c'est un bon conseil ! Commencez par consacrer votre matinée aux **rues, traboules et cours du quartier St-Jean**, puis montez à **Fourvière**, pour visiter la basilique et le site archéologique. Le soir, vous n'avez que l'embarras du choix pour trouver un « bouchon » (dans le Vieux-Lyon, sur la Presqu'île du côté de l'Opéra, ou vers la rue Mercière). La vie culturelle est très animée, de la musique lyrique aux groupes underground. Renseignez-vous à l'office de tourisme ou dans les magazines gratuits (dans les bars). Le lendemain, si c'est un dimanche, profitez du marché de la place des Tapis à la **Croix-Rousse**, afin de vous imprégner de l'ambiance presque villageoise du quartier avant d'y déambuler. Sinon, rendez-vous aux halles de Lyon, véritable centre gastronomique de la ville. L'après-midi laissera un peu de repos à vos jambes, avec l'incontournable découverte des musées, au moins ceux des Beaux-Arts et des Tissus. N'hésitez pas à revenir à Lyon, pour un séjour plus long qui vous donnera la possibilité d'ajouter à votre découverte quelques incontournables de l'atmosphère lyonnaise : les boutiques hétéroclytes du Vieux-Lyon ; les achats de soie

Le conseil de Bib

▸ Découvrez Lyon de façon originale et écologique : Vélo'V propose un système de location de vélos en libre-service.

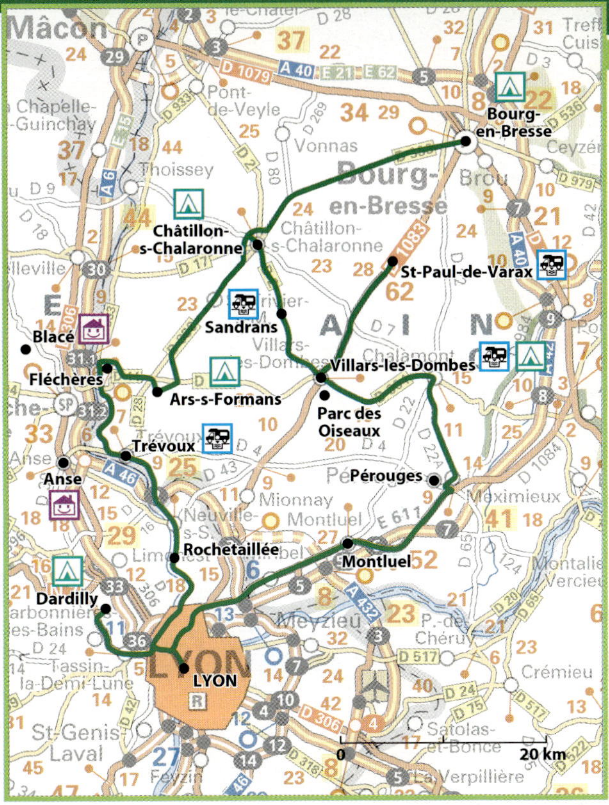

ou de charcuterie; le **parc de la Tête d'Or**, avec les attraits de sa grande roseraie (l'été), de ses belles serres et de son parc animalier; la Cité internationale et son architecture d'avant-garde.

Jour 3

Dirigez-vous vers le musée de l'Automobile de **Rochetaillée**, cité fière des tours féodales de son château. Vous êtes tout près du restaurant de Paul Bocuse à **Collonges**. Autre château, autre temps, rendez-vous ensuite à **Flécheres**, superbe bâtiment du 17e s. dont l'architecture et les fresques sont riches de significations. Arrivé à **Ars**, admirez le contraste entre la petite église de l'humble et saint curé d'Ars et l'étendue de sa célébrité, symbolisée par la basilique qui englobe aujourd'hui le frêle bâtiment. Le souvenir d'un autre grand homme vous attend à **Châtillon-sur-Chalaronne** : saint Vincent de Paul y séjourna. Profitez-en pour visiter la vieille ville et l'apothicairerie. Faites halte ici.

Jour 4

Vous passez par l'église très typique de **Sandrans**, avant de vous consacrer à la découverte combinée des oiseaux et des dizaines d'**étangs de la Dombes**. Omniprésents, changeant d'aspect en fonction des saisons : ces étangs sont embrumés à l'automne (c'est d'eux que viendrait le brouillard lyonnais), recouverts de glace en hiver et resplendissants avec les beaux jours. Le magnifique **parc ornithologique de Villars-les-Dombes**, à visiter en famille, vous permettra une approche plus serrée de leurs habitants ailés, mais aussi d'un grand nombre d'oiseaux du monde entier (prévoyez au moins 2h sur place). Vous y trouvez ce qu'il faut pour déjeuner ou pique-niquer. Passez par l'abbaye N.-D.-des-Dombes, fondée au 19e s., connue pour sa contribution à l'assainissement de la région; un coup d'œil sur le **château de Montellier** et vous voici à **Pérouges**.

Jour 5

Consacrez une partie de votre matinée à profiter du charme de **Pérouges**, petite ville médiévale. Ses ruelles, enserrées dans des fortifications, sa place pavée, ont un charme fou, au point de servir de décor à des films historiques. Déjeunez, puis reprenez la route en direction de Lyon en faisant une halte à **Montluel**.

S. Sauvignier / MICHELIN

Guignol est, lui, le symbole de Lyon.

Aires de **service** & de **stationnement**

Saint-Paul-de-Varax

Aire de la base de loisirs – *SE : 2 km par D 708 – 04 74 42 50 13 – Ouv. tte l'année –* P
Borne artisanale. Payant.
Stationnement : autorisé
Loisirs : Services :

Sandrans

Aire de Sandrans – *Sortie nord du bourg par D2 – Ouv. tte l'année –* P
Borne raclet. Payant.
Stationnement : autorisé
Loisirs : Services : WC

Trévoux

Aire de Trévoux – *Chemin de halage – Ouv. tte l'année – P 5.*
Payant 2 €.
Stationnement : autorisé
Services : sèche-linge
En bord de Saône.

Villars-les-Dombes

Aire de Villard-les-Dombes – *Sortie sud sur D1083, proche de la réserve naturelle des Dombes – Ouv. tte l'année –* P
Borne eurorelais. Gratuit.
Stationnement : 24 h maxi

Campings

Ars-sur-Formans

Municipal le Bois de la Dame
Chemin du Bois-de-la-Dame, 0,5 km à l'O du centre bourg, près d'un étang.
04 74 00 77 23
mairie.ars-sur-formans@wanadoo.fr
De déb. avr. à fin sept. 1 ha (103 empl.)
Tarif (prix 2009) : 13,65 € (10A) – pers. suppl. 1,85 €
Loisirs :
Services :

Bourg-en-Bresse

Municipal de Challes
5 allée du centre nautique, sortie NE par rte de Lons-le-Saunier.
04 74 45 37 21
camping-municipal-bourgenbresse@wanadoo.fr
De déb. avr. à mi-oct. 1,3 ha (120 empl.)
Tarif (prix 2009) : 14,70 € (2A) – pers. suppl. 3,60 €
20 13,40 €
Loisirs : snack
Services :
Emplacements agréablement ombragés

Châtillon-sur-Chalaronne

Municipal du Vieux Moulin
R. Jean-Jaurès, sortie sud-est par D 7 rte de Chalamont, bord de la Chalaronne, à 150 m d'un étang (accès direct).
04 74 55 04 79
campingvieuxmoulin@orange.fr . www.camping-vieuxmoulin.com
De déb. mai à fin sept. 3 ha (140 empl.)
Tarif (prix 2009) : 4,60 € 2,50 € 4 € – (10A) 4 €
borne flot bleu – 17 19,70 €
Loisirs :
Services :
Cadre verdoyant et ombragé en bordure de rivière

Dardilly

Indigo Lyon
Porte de Lyon, par A 6 : sortie Limonest.
04 78 35 64 55
Permanent 6 ha (150 empl.)
Tarif (prix 2009) : 25,20 € (2A) – pers. suppl. 4,40 €
borne artisanale 4 €
Loisirs : snack
Services : sèche-linge
Transports en commun pour le centre de Lyon.

Villars-les-Dombes

Municipal les Autières
Av. des Nations, sortie SO, rte de Lyon et à gauche.
04 74 98 00 21
5 ha (238 empl.)
Loisirs : snack
Services :
Cadre agréable au bord de la Chalaronne

Les bonnes **adresses** de Bib

Ambérieux-en-Dombes

Auberge des Bichonnières

Rte d'Ars-sur-Formans - 11 km à l'ouest de Villars-les-Dombes par D 904 - ✆ 04 74 00 82 07 - www.aubergedesbichonnieres.com - fermé 15 déc.-15 janv., dim. soir de sept. à juin, lun. sf le soir en juil.-août et mar. midi - réserv. obligatoire - 24/32 €.

Cette ancienne ferme typique de la Dombes est une étape plutôt agréable pour se restaurer autour de spécialités régionales concoctées par le jeune chef. Plusieurs menus vous permettront de les découvrir, attablé en terrasse aux beaux jours.

Lyon

Le Mercière

56 r. Mercière - ✆ 04 78 37 67 35 - www.le-merciere.com - réserv. conseillée - 14 €déj. - formule déj. 12,60 € - 26,50/45 €.

Vieille maison pittoresque à débusquer dans une « traboule » (passage) s'ouvrant sur l'une des rues de bouche les plus animées de la ville. Cuisine traditionnelle cent pour cent régionale servie dans l'atmosphère typique des bouchons lyonnais.

Chez Disagn'Cardelli - Petit musée fantastique du Guignol

6 r. St-Jean, Vieux Lyon St-Jean - ✆ 04 78 37 01 67 - www.lamaisondeguignol.fr - 11h-13h, 14h30-19h, dim. 11h-13h, 15h-18h ; lun. apr.-midi 14h30-19h - fermé 1er janv., 1er Mai et 25 déc.

Au sous-sol, le Petit musée fantastique de Guignol vous révèlera l'univers passionnant des marionnettes lyonnaises, automates et autres boîtes à musique en vente à la boutique. La visite est audio-guidée en plusieurs langues (anglais, espagnol, japonais, etc.) et auto-illuminée sur le passage. À voir également le nouveau spectacle de marionnettes traditionnelles lyonnaises (se renseigner pour les horaires).

La Maison des Canuts

10-12 r. d'Ivry - ✆ 04 78 28 62 04 - www.maisondescanuts.com - tlj sf dim. et lun. 10h-18h30 ; visite guidée : 11h et 15h30 - fermé j. fériés.

Il n'y a qu'ici que vous pourrez voir fonctionner les métiers à tisser la soie. La visite de l'atelier permet de découvrir la fabrication du fameux velours de Lyon, et d'admirer de vieilles machines, dont un « Jacquard » d'avant 1804. On vous y racontera le cycle du ver à soie ainsi que la vie des Canuts au 19e s.

Pérouges

Auberge du Coq

R. des Rondes - ✆ 04 74 61 05 47 - www.membres.lycos.fr/aubergeducoq - fermé fév., dim. soir, mar. midi d'avr. à nov. et dim. soir, lun., mar. de déc. à avr. - 15,90/45 €.

Dans une ruelle pavée de galets, ce restaurant évoque les échoppes d'autrefois. Le patron, un italien gourmand natif de Pérouges, défend à sa table quelques belles spécialités comme le gâteau de foies blonds à la crème d'écrevisses, les grenouilles fraîches ou le poulet fermier aux morilles… à découvrir.

Sandrans

Auberge de la Voûte

Le Village - ✆ 04 74 24 53 50 - www.laubergedelavoute.fr - fermé janv., mar. soir et merc. - 12 €déj. - 19/41 €.

Très prisée dans la région, cette petite auberge à l'ancienne n'essaiera pas de vous bluffer avec une décoration extravagante. Les habitués savent bien qu'ici l'important se trouve dans l'assiette. Au menu, gibier ou poissons frais selon la saison, cuisinés à partir de produits locaux essentiellement.

Belgique

Nom local : *België / Belgique* **Capitale :** *Bruxelles*
Population : *10,47 millions d'habitants* **Superficie :** *30 513 km²* **Monnaie :** *Euro*

Y. Duhamel/MICHELIN

Il était une fois… la Belgique, pays de taille relativement modeste mais aux paysages différents, à l'histoire politique parfois mouvementée et aux qualités artistiques incontestables, de la peinture à la BD, du polar à la chanson.

De la mer du Nord en terre flamande aux forêts profondes des Ardennes, la diversité géographique est de mise. Plages de sable fin, cordons de dunes, polders, régions vallonnées, terres de bruyère, vallées et plateaux se fondent harmonieusement.

Née officiellement en 1830, la Belgique a connu plusieurs tutelles étrangères. À peine réalisée, l'unité entre Wallons et Flamands apparaît bientôt comme un défi permanent à l'unité. Mais ce petit pays fédéral, où siègent les institutions européennes, est incontestablement une destination touristique de choix.

Les meilleurs moments pour arpenter la Belgique en camping-car sont les mois de juin, juillet, août et septembre quand il fait doux. Pour les inconditionnels de la plage – celle qui longe la mer du Nord de la Panne à Knokke – les deux mois d'été sont préférables. Au printemps et en automne, les forêts d'Ardenne prennent de magnifiques couleurs. L'hiver est la période idéale pour découvrir les villes d'art et de création que sont Bruxelles, Anvers, Gand, Bruges et Liège.

Car la Belgique, qui a vu confluer sur son territoire des peuples porteurs de grands courants artistiques (bourguignon, espagnol, autrichien, français et hollandais) possède une richesse extrême en musées et merveilles architecturales. Les peintres Van Eyck, Bruegel, Rubens, Ensor, Magritte, Spilliaert, Alechinsky… nous ont donné de splendides chefs-d'œuvre.

Et sur le plan gastronomique, la Belgique n'est pas seulement le pays des moules et des frites… Les Belges, bons vivants, savent apprécier les mérites d'une table bien garnie que les provinces wallonnes et flamandes sauront vous faire découvrir en l'arrosant d'une des 400 bières commercialisées sous plus de 800 noms.

RECOMMANDATIONS

DOCUMENTS OBLIGATOIRES

✓ Permis de conduire rose de l'UE
✓ Permis de conduire international (recommandé seulement)
✓ Certificat d'immatriculation du véhicule ou certificat de location
✓ Plaque d'identification nationale
✓ Justificatif d'assurance (carte verte)
✓ Passeport (recommandé seulement)
✓ Procuration en cas d'utilisation du véhicule appartenant à un tiers

VITESSES LIMITES

✓ En agglomérations urbaines : 50 km/h
✓ Sur routes : 90 km/h
✓ Sur routes à chaussées séparées : 120 km/h
✓ Sur autoroutes : 120 km/h
✓ Ces vitesses limites sont réduites par temps de pluie

INFOS

✓ Interdiction de rester en stationnement plus de 24 heures consécutives sur la voie publique
✓ Les autoroutes sont gratuites. Elles ne disposent que de très peu d'aires de repos

RÉGLEMENTATIONS

✓ Taux maximum d'alcool toléré dans le sang : 0,5 g
✓ Siège enfant, rehausseur ou système de retenue adapté et homologué obligatoire jusqu'à moins d'1,35 m
✓ Âge minimum du conducteur : 18 ans
✓ Port de la ceinture de sécurité obligatoire à l'avant et à l'arrière
✓ Allumage des feux de croisement obligatoire (jour et nuit) pour les deux-roues toute l'année
✓ Pneus cloutés admis avec réglementation du 1er novembre au 31 mars
✓ Triangle de présignalisation obligatoire
✓ Trousse de premiers secours obligatoire
✓ Extincteur obligatoire
✓ Gilet de sécurité fluorescent obligatoire

URGENCES

✓ Téléphone incendie et ambulance : 112
✓ Téléphone Police : 110

Pour téléphoner en Belgique

Composez le 00 + 32 + l'indicatif de la zone sans le 0 puis le numéro de l'abonné

Lexique

Se reporter au lexique des Pays-Bas pour la langue flamande

Y. Duhamel / MICHELIN

De la Belgique du sud à **Bruxelles**

➲Départ de Liège
➲8 jours
470 km
Carte Michelin n° 716

Grand-Place à Bruxelles

Y. Duhamel / MICHELIN

Jour 1

Liège, ville chaleureuse et accueillante, au riche passé historique, possède de magnifiques églises et musées. Vous admirerez les fonts baptismaux de l'église St-Barthélemy, le trésor de la cathédrale St-Paul, les voûtes de l'église St-Jacques. À **Blégny-Trembleur**, visitez l'ancien charbonnage avant de filer vers le village de **Theux**. Ensuite, gagnez **Spa**, la seule ville thermale que compte la Belgique.

Jour 2

Pour un bol d'air, allez au parc naturel des **Hautes Fagnes** avant de prendre la direction de **Malmedy** formant jadis avec **Stavelot** une principauté ecclésiastique. Taillé sur mesure pour les amoureux de la nature, le trajet suit la vallée de l'Amblève, puis la vallée de l'Ourthe pour atteindre **La Roche-en-Ardenne**, haut lieu du tourisme estival. Vous partez à la découverte du monde mystérieux de la grotte de **Han** et de la ville de **St-Hubert**, capitale de la chasse. La route descend vers l'Euro Space Center, consacré à la navigation spatiale, puis vers **Florenville**. On arrive à **Orval**, connue pour ses ruines et sa célèbre bière d'abbaye, puis à **Bouillon**, dominé par son château médiéval.

Jour 3

Gagnez ensuite la petite localité de **Vresse-sur-Semois**, jadis un important centre de la culture du tabac. L'itinéraire remonte vers **Dinant** où vous visiterez la citadelle. La route longe la Meuse pour atteindre **Namur,** capitale politique de la Wallonie. Faites halte dans cette paisible cité pour visiter la citadelle et l'un des musées de la ville comme le musée Félicien Rops.

Jour 4

On arrive au cœur du pays des « gueules noires » : **Charleroi**, **Marcinelle** et son ancien charbonnage du Bois du Cazier, **Binche**, la cité du carnaval. La route se dirige vers **La Louvière**, capitale de la région du Centre, et le domaine de Mariemont puis rejoignez **Soignies**, capitale de la pierre bleue. Faites un petit crochet à **Écaussinnes-Lalaing** et son impressionnant château fort, puis au château de Seneffe qui vous présente sa belle collection d'argenterie. Regagnez **Tournai** en passant par **Mons** chef-lieu du Hainaut, dominé par son beffroi d'ou

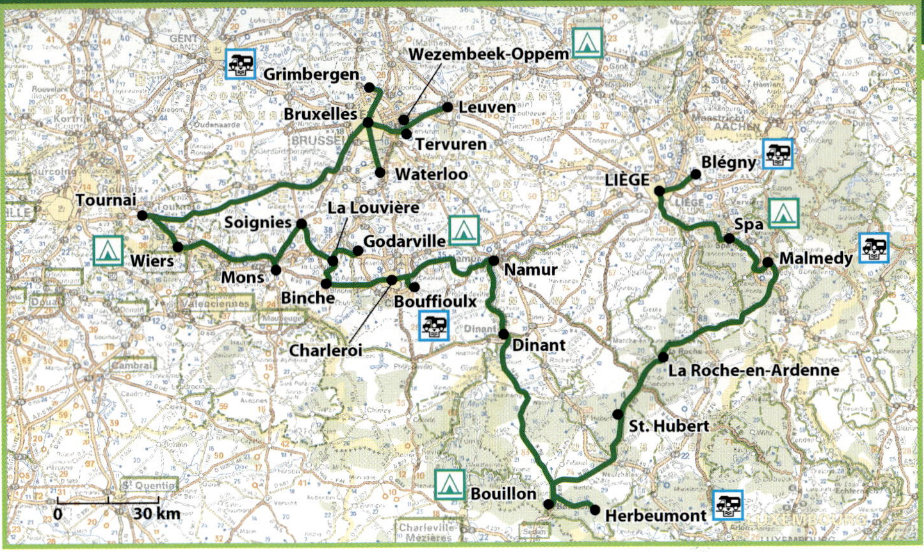

vous aurez de superbes vues sur la ville et les environs.

Jour 5

Passez la journée à Tournai, fleuron du patrimoine belge où vous ne manquerez pas de visiter la cathédrale Notre-Dame, le beffroi, le musée des Beaux-Arts sans oubliez de flâner dans les petites rues du centre historique. Rejoignez **Bruxelles** par la route qui passe par Ath, cité des Géants.

Jours 6 & 7

Située au cœur de la Belgique, **Bruxelles** est une ville pleine de contrastes et de paradoxes. Cité flamande à l'origine, elle s'est presque entièrement francisée au cours des siècles passés. En dépit des vagues de démolitions successives, dont Bruxelles fut victime, la ville a su conserver son caractère chaleureux et convivial. Capitale de l'Art nouveau par excellence, la cité est riche en monuments et musées. Mais Bruxelles la cosmopolite ne se limite pas au « pentagone ». Les 19 communes dont se compose la Région de Bruxelles-Capitale incitent à la découverte : Laeken et ses serres royales, les quartiers animés d'Ixelles, St-Gilles à l'ambiance décontractée, Koekelberg et son imposante basilique, les quartiers chic du sud. Au moins deux journées entières sont nécessaires pour faire connaissance des principales curiosités de la capitale. Consacrez ces deux jours à la visite de la Grand-Place, des Galeries St-Hubert, des (Laeken), de la cathédrale des St-Michel-et-Gudule, du musée d'Art ancien, du musée des Instruments de Musique et de l'Atomium sans oubliez de déambuler dans les petites rues proches de la Grand-Place (comme la rue des Bouchers, la rue de l'Écuyer…). Vous tomberez forcément sur le Manneken Pis.

Jour 8

Après avoir visité le Jardin botanique de **Meise**, vous vous dirigez sur **Louvain**. Faites étape au musée royal de l'Afrique centrale à **Tervuren** et arrêtez-vous à la Fondation Folon à **La Hulpe**. Qui ne connaît pas **Waterloo** avec sa butte du Lion, son champ de bataille et son musée Wellington ? La dernière partie de l'itinéraire est consacrée à la découverte des ruines de l'abbaye de **Villers-la-Ville**, de la collégiale Ste-Gertrude à Nivelles, de la basilique de Hal, fleuron du gothique brabançon, et pour terminer des châteaux de **Beersel** et de **Gaasbeek**.

Belgique

Aires de service & de stationnement

Blégny

Blégny-Mine – *R. Lambert-Marlet 23 – 04/3879811 – Mars-nov. – P 20.*
Stationnement : autorisé

Bouffioulx

Centre d'interprétation de la Poterie – *Rue Général-Jacques – 071/400688 – Ouv. tte l'année sf fin déc. et déb. janv. – P 3.*
Borne eurorelais. Payant.
Stationnement : autorisé
Services :

Grimbergen

Parking du centre sportif – *Pastoor Wautersstraat – 02/2601299 – P 3.*
Stationnement : autorisé
Services :

Herbeumont

Aire d'Herbeumont – *Av. René-Demarteau – 061/311229 – Ouv. tte l'année – P 50.*
Borne artisanale. Gratuit.
Stationnement : autorisé
Services :

Malmedy

Aire de Malmedy – *Av. de la Gare – Ouv. tte l'année – P 5.*
Borne artisanale. .
Stationnement : autorisé
Services :

Campings

Bouillon

Moulin de la Falize
Vieille route de France, 62
061/466200
www.moulindelafalize.be
Avr.- mi-nov.
10
Loisirs : bowling, jeux pour adultes
Services : sèche-linge brasserie, cafétéria

Godarville

Camping des voies d'eau du Hainaut
R. de Clémenceau 31
065/360464
Mars-oct. (270 empl.)
Loisirs : (plan d'eau) aire de sports
Services : sèche-linge cafétéria

Spa

Parc des Sources
R. de la Sauvenière 141
087/772311
Permanent
Loisirs :
Services : sèche-linge
cafétéria, snack

Wezembeek-Oppem

Paul Rosmant
Warandeberg 52
027/821009
Avr.-sept. (69 empl.)
Loisirs : aire de sports
Services : brasserie

Wiers

Château du Biez
R. du Prince d'Espinoy 11
069/772126
www.chateaudubiez.com
Permanent (107 empl.)
Loisirs : aire de sports
Services : cafétéria, brasserie

Les bonnes **adresses** de Bib

Bruxelles/Brussel

Kelderke
Grand Place 15 - ✆ 02 513 73 44 - menu 10/28 €.
Découvrez la cuisine belge populaire dans un cadre original sur la Grand Place. Parmi les spécialités figurant à la carte, stoemp (potée), carbonades flamandes, boudin noir et rognons sauce moutarde.

Atomium Restaurant
Square de l'Atomium - ✆ 02 479 58 50 - menu 10/30 €.
Ce restaurant se trouve dans le monument le plus connu de Belgique, l'Atomium. On y mange à 100 m de hauteur, ce qui permet de découvrir Bruxelles d'une manière originale. Certes, les prix sont un peu trop élevés pour la qualité proposée, mais la vue et l'expérience offrent une compensation.

Chocolatier Pierre Marcolini
Rue des Minimes (Grand Sablon) 1 - ✆ 02 514 12 06 - www.marcolini.be - ouvert tlj.
Bruxelles compte un grand nombre de chocolatiers, mais celui-ci se démarque par son originalité dans la combinaison de saveurs et l'esthétique de ses pralines. Ce tenant du commerce équitable réalise également des desserts, des biscuits et des sorbets.

Buvrinnes

Le Beau Séjour
Rue de Merbes 408 - ✆ 064 22 32 42 - fermé mar. - menus 20 €.
Ce restaurant agréable à l'atmosphère familiale est une des adresses préférées des habitants de Binche. Préparations classiques de cuisine française et prix abordables. Outre la carte des vins, le restaurant propose également une carte des bières variée.

Bouillon

La Vieille Ardenne
Grand Rue 9 - ✆ 061 46 62 77 - fermé merc. (sf pdt les mois d'été) - menu 12/25 €.
Agréable petit restaurant également apprécié par les habitants de Bouillon. Collection remarquable de pots à bière suspendus au plafond. La carte propose surtout des plats régionaux. Grand choix de bières belges.

Charleroi

La Bruxelloise
Place Émile Buisset 9 - ✆ 071 32 29 69 - menu 25 €.
Le meilleur de la cuisine belge avec des plats de viande et de poisson et, cela va de soi, des moules et des huîtres. Ce restaurant est ouvert tous les jours et offre la qualité à des prix abordables dans un cadre moderne et intime.

Dinant

Maison Jacobs
Rue Grande 147 - ✆ 082 22 21 39 - tlj en sais.
Ce boulanger est l'un des fabricants de la célèbre « couque de Dinant », réputée pour son goût particulier, mais aussi pour les figures qui la décorent.

Liège

Amon Nanesse
Rue du Stalon 1-3 - ✆ 04 250 67 83 - menu le midi 15/20 €.
Les murs en briques et le grand foyer ouvert sont garants d'une ambiance authentique intime et agréable. Les plats typiques de la région figurent à la carte. Prix attrayants et service chaleureux.

Malmedy

Au Petit Louvain
Chemin-rue 47 - ✆ 080 33 04 15 - fermé lun. soir, merc. - 25/50 €.
Petite table familiale discrètement installée dans la rue commerçante de Malmedy. Traditionnelle et assez engageante, la carte propose du gibier en saison de vénerie. L'assiette, souvent bien garnie, ne manque pas de saveur !

Mons

No Maison
Grand-Place 21 - ✆ 065 31 11 11 - tlj cuisine ouverte jusqu'à 23h le w.-end.
Agréable taverne, proposant deux étages et terrasse, avec, à la carte, un grand choix de petites préparations et de boissons. Cet établissement est réputé pour ses plats régionaux particulièrement savoureux, surtout à base de bière.

Namur

Le Chapitre
Place du Carillon 1 - ✆ 0485 12 38 06 - fermé dim. - menu 15 €.
Dans ce sympathique estaminet, vous découvrirez ce que sont les « stoemp », les « ravioli al djote » ou les « ravioli à la bière trappiste » ! Petite restauration belge authentique dans le vieux centre de Namur. La carte des boissons propose 100 bières belges différentes, beaucoup en provenance de petites brasseries artisanales.

N° 8

Belgique

La Belgique du **nord** et sa côte

➲Départ d' Anvers
➲7 jours
405 km
Carte Michelin n° 716

Y. Duhamel/ MICHELIN

Façades d'Anvers

Jours 1 & 2

Cet itinéraire débute à **Anvers**, (Antwerpen) « métropole de la Flandre », ville dynamique et attachante. Berceau des jeunes créateurs belges, ville portuaire de premier ordre, plaque tournante du commerce du diamant, Anvers a su conserver le charme typique des cités flamandes. C'est un véritable plaisir de flâner dans les ruelles et sur les vastes places de la vieille ville. Les nombreux monuments historiques, les théâtres, les boutiques à la mode, les restaurants dernier cri et les galeries d'art lui confèrent un charme incomparable. Après la découverte du vieux centre, de la cathédrale Notre-Dame, de la Grand-Place, des Musées (Plantin-Moretus/ Cabinet des estampes, royal des Beaux-Arts), dirigez-vous vers **Brasschaat,** aux villas cossues, et la réserve naturelle de **Kalmthout**. Remontez dans le temps au béguinage de **Hoogstraten** superbement restauré, puis longez la frontière belgo-hollandaise en passant par **Baarle-Nassau**, petite enclave belge aux Pays-Bas. Il est alors temps de faire une halte à **Turnhout,** capitale de la carte à jouer. Pour la suite, deux petites villes agréables au cœur de la Campine anversoise : **Geel** et **Herentals**. Le périple se poursuit en passant à **Lierre**, charmante petite ville connue pour ses délicieuses tartelettes.

Jour 3

Dirigez-vous vers **St-Nicolas**, au centre du pays de Waas en passant par **Tamise**, qui possède le plus long pont métallique de Belgique, et **Bornem**, couronné de son imposant château. Poursuivez ensuite vers **Gand**. La visite de la vieille ville ne saura vous laisser indifférent. Citadelle spirituelle de la Flandre, ville universitaire, second port belge, Gand dégage une impression de grande vitalité. La cité natale de Charles Quint, chargée d'histoire et de monuments, offre aussi, entre la cathédrale et le château des Comtes, la poésie intime de ses vieux quartiers et de ses quais. Les illuminations rendent la promenade nocturne extraordinaire.

Jour 4

Avant de prendre la direction de **Courtrai**, passez par **Audenarde**, renommé pour ses verdures. La Lys parcourt

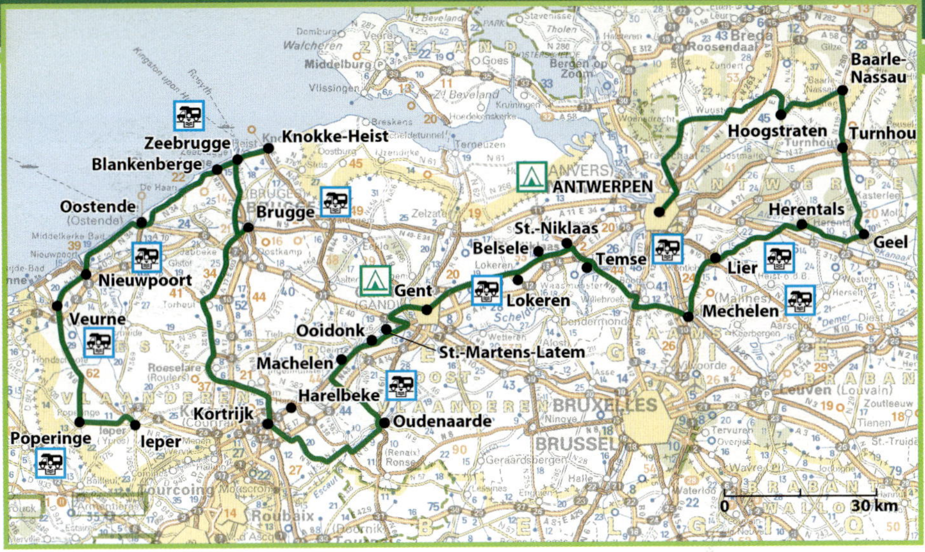

un paysage verdoyant et idyllique, parsemé de petits villages charmants : **Machelen** et son musée Raveel, **Deinze, Ooidonk** avec son château de style hispano-flamand, **Deurle** et **Laethem-St-Martin** qui ont inspiré de nombreux artistes.

Jours 5 & 6

De Courtrai gagnez **Bruges.** Son vieux centre a vraiment tout pour vous séduire : monuments historiques (dont son béguinage), musées renommés et canaux romantiques. L'hiver, ou au clair de lune, Bruges paraît véritablement sortie du Moyen Âge, avec ses vieilles demeures aux briques patinées par les siècles, ses nobles édifices, ses églises au clair carillon et ses canaux où évoluent les cygnes. Son centre historique est d'ailleurs inscrit depuis l'an 2000 au patrimoine mondial de l'Unesco. L'été, ou même le week-end, la ville se métamorphose. Celle qu'on appelle la Venise du Nord est alors bourdonnante d'activité et d'animation. Deux traditions importantes font également la réputation de Bruges : d'une part le véritable artisanat d'art qu'est la dentelle au fuseau, et d'autre part les festivités célébrés le jour de l'Ascension avec la procession du Saint-Sang. À faire avant de repartir : la promenade en bateau sur les canaux.

Jour 7

Ne ratez pas la petite ville de **Damme**, cité d'Uylenspiegel, avant d'aborder le littoral. Les inconditionnels de la plage auront l'embarras du choix entre **Knokke-Heist**, **Blankenberge**, **Le Coq**, **Ostende**. Ostende est à la fois une station balnéaire très fréquentée et une ville dotée d'un riche passé royal. Les souverains belges, notamment Léopold II, aimaient y séjourner. La station balnéaire s'étend entre le Casino-Kursaal, inauguré en 1953, et le Thermae Palace Hôtel, le long du promenoir qui borde la plage. Tout près se situent les Galeries royales et vénitiennes, où il fait bon flâner. À proximité du chenal du port et de l'avant-port, l'ancien quartier des pêcheurs forme un quadrillage de rues plus étroites, limité au sud par les bassins du port de plaisance. Les célèbres huîtres sont élevées à Ostende dans un bassin de 80 ha, le Spuikom, au sud-est de la ville. La suite de l'itinéraire vous amène à découvrir la région du Westhoek avec **Furnes** et sa superbe Grand-Place, et **Poperinge**, cité du houblon. Faites une halte à **Ypres**, fortement touché par la Grande Guerre, et **Torhout**, dominé par son église St-Pierre.

Le conseil de Bib

Le centre-ville de Gand est inaccessible en camping-car.

Belgique

Aires de **service** & de **stationnement**

Brugge/Bruges

Aire de Bruges – *Bargeweg – Ouv. tte l'année – P 4.*
Payant.
Stationnement : 22.50 €/j.
Services :

Harelbeke

Aire de Parc des Sports – *Stasegemsesteenweg 21 – 056/733460 – Ouv. tte l'année – P 2.*
Gratuit.
Stationnement : autorisé
Loisirs : Services :

Lier

Aire du Cultureel Centrum De Mol

– Aarschotsesteenweg – 03/8000555 – Ouv. tte l'année – P 2.
Borne eurorelais. .
Stationnement : autorisé
Services :

Lokeren

Parking Heirbrugkerk – *Veerstraat – 09/3409474 – Ouv. tte l'année – P*
Stationnement : autorisé
Services :

Mechelen

Parking De Nekker – *Nekkerspoel-Borcht 19 – 015/157005 – Ouv. tte l'année – P 10.*
Stationnement : 24h maxi.
Loisirs : Services :

Nieuwpoort

Kampeerautoterrein De Zwerver – *Brugsesteenweg 29 – 047/4669526 – Ouv. tte l'année – P 28.*
Payant.
Stationnement : 12.50 €/j.
Loisirs : Services : sèche-linge

Poperinge

Parking Oudstrijdersplein – *Oudstrijdersplein – 057/346677 – Ouv. tte l'année – P 5.*
Stationnement : autorisé
Loisirs : Services :

Temse

An der Schelde – *Wilfordkaai – 03/7715131 – Ouv. tte l'année – P 5.*
Stationnement : autorisé
Loisirs : Services :

Veurne

Parking am Lindendreef – *Lindendreef – 058/335531 – Mai-sept. – P 6.*
.
Stationnement : autorisé
Loisirs : Services :

Zeebrugge

Parking Zeebrugge Strand – *Baron de Maerelaan – 050/545042 – Ouv. tte l'année – P 8.*
Stationnement : autorisé
Loisirs : Services :

Campings

Antwerpen/Anvers

Stedelijk Kampeerterrein De Molen
Thonetlaan
03/2198179
info.sport@stad.antwerpen.be
Avr.-sept. 1,3 ha (46 empl.)
Loisirs : aire de sports, randonnées
Services :

Gent/Gand

Blaarmeersen
Zuiderlaan 12
09/2668160
camping.blaarmeersen@gent.be
Mars-oct. 6 ha (184 empl.)
Loisirs : squash (plan d'eau) aire de sports, beachvolley, barbecue, plongée sous-marine
Services : sèche-linge brasserie, snack
Emplacements spéciaux pour camping-cars.

Les bonnes **adresses** de Bib

Alost

Borse van Amsterdam
Grote Markt 26 - ✆ 053 21 15 81 - fermé pdt le carnaval, les 3 dernières sem. d'août, merc. soir et jeu. - 10 € le midi et 30 € le soir.
Restaurant installé dans un bâtiment historique près de la Grand-Place. Cuisine belge traditionnelle et petite restauration. En façade, agréable terrasse sous les arcades avec vue sur la Grand-Place.

Antwerpen/Anvers

Brasserie Van Loock
Dageraadplaats 10-11 - ✆ 03 235 01 58 - fermé le sam. midi et le dim. - menu 25 €.
Cette brasserie est aussi animée que la place sur laquelle elle est située. Cuisine de brasserie « à la belge » : carbonades, asperges, poissons ou tomate aux crevettes ; toujours avec de délicieuses frites.

Café Den Engel
Grote Markt 13 - ✆ 03 233 12 52 - tlj à partir de 10h.
Sans doute le café le plus connu d'Anvers, un des établissements les plus authentiques, où les Anversois pure souche et les touristes viennent déguster leur boisson préférée. Comme il est proche de l'hôtel de ville, son intérieur orné de lambris de bois et de miroirs a sûrement été témoin d'innombrables discussions politiques. Si, par hasard, il n'y a plus de place dans « Den Engel », entrez chez son voisin, le « Den Bengel ».

Quinten
Moriaanstraat 17 - ✆ 03 225 01 70 - tlj à partir de 11h30.
On sert ici à boire et à manger depuis le 16e s. Cet établissement serait donc le plus ancien d'Anvers : le lieu idéal pour déguster une « bolleke Koninck », la plus anversoise de toutes les bières. À la carte figurent des plats que les Anversoises de jadis ont certainement dû préparer.

Blankenberge

Oesterput
Wenduinsesteenweg 16 - ✆ 050 41 10 35 - fax 050 42 86 41 - 12/11-Pâques : vend., sam., dim. (reste de l'année 7/7) - 40 €.
Adresse dédiée aux saveurs littorales : bassins à huîtres, viviers à homards, longues rangées de tables recouvertes de nappes en papier, le tout, dans un hangar proche du port de plaisance. Les plateaux de fruits de mer tiennent la vedette.

Brugge/Bruges

Des frites !
Au pied du beffroi sont installées les deux friteries les plus renommées de Bruges. Du matin jusque tard dans la nuit, on peut y manger d'excellentes frites.

Steenhuyse
Westmeers 29 - ✆ 050 33 32 24 - fermé merc. - 20/35 €.
Maison brugeoise typique à l'atmosphère rustique : murs de briques, longues banquettes, meubles vieillots. Cuisine belge classique.

The Chocolate Line
Simon Stevinplein 19 - ✆ 050 34 10 90 - mar.-sam. 9h30-18h15, dim. et lun. 10h30-18h15.
Du chocolat sous toutes ses formes : lettres, pralines classiques ou personnalisées, œufs, peinture au chocolat… À l'arrière, une fenêtre permet d'observer l'atelier du maître chocolatier.

Gent/Gand

Vintage
Onderbergen 35 - ✆ 09 223 51 31 - menu 15/25 €.
On se rend dans ce bar à vin, situé dans une rue peuplée de boutiques plaisantes et de cafés, non seulement pour un verre, mais aussi pour un lunch ou un dîner. Carte limitée, mais plat principal qui change tous les jours.

Mostaardfabriek Tierenteyn
Groentenmarkt 3 - ✆ 09 225 83 36 - tlj 10h-18h.
La moutarde artisanale fabriquée dans ce vieil établissement doit son goût piquant aux graines provenant du Canada, d'Éthiopie et d'Inde. Dans un intérieur ancien bien conservé, on remarque aussi les grands bocaux contenant toutes sortes d'ingrédients.

Kortrijk/Courtrai

Café Rouge
Sint-Maartenskerkhof 6A - ✆ 056 25 86 03 - ouv. 11h-20h30 - vend. et sam. jusqu'à 22h, dim. jusqu'à 21h30 - fermé lun.
Établissement recommandé pour sa terrasse donnant sur une place tranquille, en partie sous les arbres et avec vue sur l'église St-Martin. À la carte, café et succulentes pâtisseries, mais aussi bières régionales, glaces maison, choix de thés et de bières et petite restauration.

Oostende/Ostende

Étals à poisson du Vistrap
Visserskaai.
Incontestablement l'une des attractions les plus gourmandes d'Ostende : une dizaine d'échoppes où l'on peut acheter et consommer toutes sortes de préparations de poisson. Les crevettes sont un des ingrédients les plus fréquents. Des maatjes (jeunes harengs), servis ou non avec des oignons, sont également disponibles.

Pays-Bas

Nom local : *Nederland* **Capitale :** *Amsterdam*
Population : *16,33 millions d'habitants* **Superficie :** *41 863 km²* **Monnaie :** *Euro*

Un ciel changeant, des terres basses en bordure de la mer du Nord, pénétrées par les grands fleuves d'Europe… ce pays, l'homme en a fait son jardin, en aménageant une mosaïque de digues, de canaux, de polders, de bouquets d'arbres. C'est donc l'une des plus basses contrées au monde (Alexanderpolder atteint - 6,50 m d'altitude, à côté de Rotterdam). Et près du tiers de la superficie des Pays-Bas est le résultat d'une opiniâtre lutte contre les eaux.

Les meilleurs moments pour partir sont les mois de juin à septembre quand il fait doux. Les champs de fleurs et les vergers au printemps, avec quelques moulins en arrière-plan, prennent les magnifiques couleurs des cartes postales.

Le pays nourrit d'ailleurs une certaine nostalgie pour la tradition authentiquement néerlandaise. Sont réhabilités les moulins et les maisons anciennes, les entrepôts et les châteaux d'eau en briques qui, en d'autres temps, auraient été rasés. Dans les villes, les carillons égrènent de leurs notes claires les heures et les orgues anciennes continuent de fonctionner à l'occasion de concerts. Dans les ports ou le long des canaux sont amarrés d'anciens bateaux hollandais, restaurés avec soin, témoins des grands navigateurs d'hier ou de négociants d'aujourd'hui.

Les musées et monuments, concentrés principalement à Amsterdam, reflètent l'histoire mouvementée du pays : tantôt catholique puis protestante, à l'avant-garde artistique au XVIIe siècle ou encore refuge des Juifs allemands lors de la Seconde Guerre mondiale. Cela ne veut pas dire que les autres villes néerlandaises ne valent pas le détour, bien au contraire. Rotterdam et toutes ses constructions avant-gardistes raviront les amateurs d'architecture contemporaine. La Haye, ville gouvernementale vous mènera tout droit aux institutions néerlandaise et internationales. Bref les Pays-Bas, ce ne sont pas seulement les champs de tulipes, les fromages et les bicyclettes…

RECOMMANDATIONS

DOCUMENTS OBLIGATOIRES

✓ Permis de conduire rose de l'UE
✓ Permis de conduire international (recommandé seulement)
✓ Certificat d'immatriculation du véhicule ou certificat de location
✓ Plaque d'identification nationale
✓ Justificatif d'assurance (carte verte)
✓ Passeport (recommandé seulement)
✓ Procuration en cas d'utilisation du véhicule appartenant à un tiers

VITESSES LIMITES

✓ En agglomérations urbaines : 50
✓ Sur routes : 80
✓ Sur routes à chaussées séparées : 100
✓ Sur autoroutes : 120
✓ Ces vitesses limites sont réduites par temps de pluie

SIGNALISATION

À l'abord d'un carrefour, une ligne constituée de triangles blancs peints sur la chaussée indique au conducteur qu'il doit céder le passage à tout véhicule (y compris un vélo) circulant sur la voie abordée.

RÉGLEMENTATIONS

✓ Taux maximum d'alcool toléré dans le sang : 0,5 g
✓ Age minimum des enfants admis à l'avant : 12 ans
✓ Siège enfant, réhausseur ou système de retenue adapté et homologué obligatoire jusqu'à 1,35 m
✓ Age minimum du conducteur : 18 ans
✓ Port de la ceinture de sécurité obligatoire à l'avant et à l'arrière
✓ Pneus cloutés interdits
✓ Triangle de présignalisation obligatoire
✓ Trousse de premier secours recommandée
✓ Extincteur recommandé
✓ Gilet de sécurité fluorescent recommandé

URGENCES

✓ Téléphone incendie et ambulance : 112
✓ Téléphone Police : 110

Au secours ! **Help !** / *Hôpital* **Ziekenhuis** / *Police* **Politie**

Pour téléphoner aux Pays-Bas

Composez le 00 + 31 + le numéro de l'abonné sans le 0 initial. Les indicatifs locaux (020 pour Amsterdam, 070 pour La Haye, 043 pour Maastricht, 010 pour Rotterdam ou 030 pour Utrecht) ne sont à composer que si vous appelez d'une zone à l'autre.

LEXIQUE

MOTS USUELS

Oui **Ja** / *Non* **Nee** / *Bonjour* **Goedendag** / *Bonsoir* **Goedenavond** / *Salut* **Hallo** / *Au revoir* **Tot ziens** / *S'il vous plaît* **Alstublieft** / *Merci* **Dank u** / *Excusez-moi* **Sorry** / *Santé !* **Proost !** / *Manger* **Eten** / *Boire* **Drinken** / *Toilettes* **Toilet**

DIRECTIONS & TRANSPORTS

À droite **Naar rechts** / *À gauche* **Naar links** / *Entrée* **Ingang** / *Sortie* **Uitgang** / *Autoroute* **Autosnelweg** / *Route* **Weg** / *Ville* **Stad** / *Station-service* **Tankstation** / *Essence* **Benzine**

PREMIERS CONTACTS

Je voudrais… **Ik zou graag…** / *Où se trouve… ?* **Waar is… ?** / *Parlez-vous français ?* **Spreekt u Frans ?** / *Je ne comprends pas* **Ik begrijp het niet** / *Pouvez-vous m'aider ?* **Kunt u mij helpen ?** / *Combien ça coûte ?* **Hoeveel kost ?**

Pays-Bas

Le chemin des fleuves et du delta

➲Départ de Breda
➲6 jours
420 km
Carte Michelin n° 715

Musée des bons enfants

Jour 1

Breda était jadis l'une des principales places fortes du pays. Aujourd'hui, c'est une cité dynamique et accueillante aux larges zones piétonnes. Les environs de la ville sontdotés de grands espaces verts comme le Liesbos, à l'ouest, et le Mastbos, au sud. Après la visite de Breda (le tombeau en albâtre d'Englebert II de Nassau dans l'église Notre-Dame), le circuit mène à l'ancien marquisat de **Bergen op Zoom**. Prenez le temps de découvrir la Zélande, parsemée de petites villes pittoresques et de villages charmants : l'ancien port de **Goes**, **Middelbourg** et son hôtel de ville, les stations balnéaires de **Westkapelle** et de **Domburg**, **Veere** et ses maisons écossaises.

Jour 2

Par le barrage de l'Escaut oriental, on gagne **Zierikzee** située sur l'île de Schouwen-Duiveland. Par Brouwersdam et Haringvlietdam, on arrive les pieds dans l'eau à **Schiedam**, ville du genièvre.

Jour 3

Port d'importance mondiale, **Rotterdam** a tout pour séduire les amateurs d'architecture contemporaine. À 30 km de la mer du Nord, il bénéficie d'une situation privilégiée au débouché des régions industrielles drainées par le Rhin, la Meuse et leurs affluents. Après les bombardements de la Seconde Guerre mondiale, la ville s'est reconstruite ; dynamique et moderne, elle n'en finit pas de renaître, devenant un véritable laboratoire d'architecture. Le trafic fluvial vers l'Europoort, second port du monde après Shanghai, et ses activités commerciales ouvertes sur l'étranger confèrent à la cité son atmosphère particulière.

Jour 4

Visitez ensuite les dix-neuf moulins de **Kinderdijk** avant de gagner **Dordrecht**, dominée par la tour inachevée de la Grande Église. Si vous souhaitez prendre un bol d'air, rendez-vous alors au parc national **De Biesbosch** et laissez-vous emporter par la magie au sein du parc d'attractions De Efteling avant de gagner **Tilburg**.Vous pourrez enchaîner par **Bois-le-Duc**, située sur le Binnendieze, et Eindhoven, réputée pour son musée Van Abbe consacré à l'art moderne. Sur le chemin qui conduit à Maastricht, vous

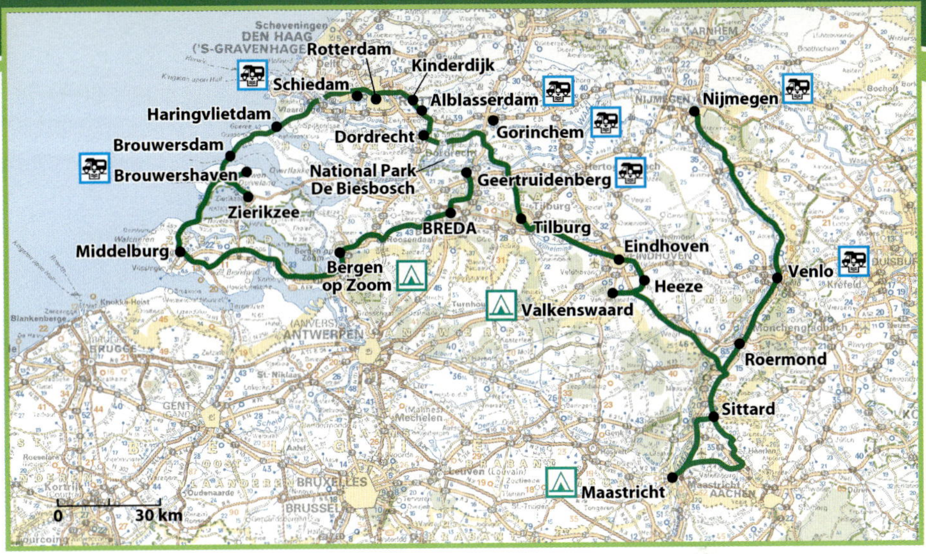

admirerez le château **Heeze** et le village blanc de **Thorn** aux confins de la Belgique.

Jour 5

Faites une halte à **Maastricht**, ville au caractère méridional. Au pied de sa « montagne » St-Pierre, la capitale du Limbourg est une cité pittoresque et joyeuse, érigée sur les bords de la Meuse. Les maisons mosanes en pierre, les pans de muraille médiévale et les rues piétonnes où s'alignent les commerces forment un tableau attrayant, entre les vastes places prises d'assaut par les terrasses des cafés. À la confluence de trois pays, Maastricht, symbole de l'Europe politique, cultive son identité plurielle. Le dialecte est toujours de rigueur dans la rue, les habitants portent presque tous un prénom français et d'Artagnan, l'ancien combattant ennemi, mort ici sur le champ de bataille, est célébré par une statue en bronze. Vous succomberez au charme de son carnaval débordant de gaieté et de son art de vivre où la bonne chaire et les mets régionaux se taillent la part du lion – vins blanc, fromages à pâte molle ou agneaux fondants des vallées voisines.

Le conseil de Bib

Il est recommand d'allumer vos feux de croisement.

Jour 6

Vous vous dirigerez ensuite vers **Fauquemont**, au centre d'une région verte et vallonnée. Après avoir visité l'abbaye de **Rolduc** et le château **Hoensbroek,** on atteint **Susteren**, dominée par l'église St-Amelbergakerk, et l'ancienne place forte de Sittard. On remonte au nord en passant par Roermond et Venlo afin de regagner **Nimègue**. Avec Maastrich, elle est la ville la plus ancienne des Pays-Bas. Il fait bon flâner le long du Waalkade, point de départ des bateaux d'excursion, comme dans les rues animées du centre-ville. Sur le plan sportif, la ville est connue comme étant le point de départ d'une marche annuelle qui dure quatre jours et attire de nombreux participants.

Pays-Bas

Aires de **service** & de **stationnement**

Alblasserdam

Parking du Port – *Kade – 078/6921355 – Ouv. tte l'année – P 7.*
Stationnement : autorisé
Loisirs : Services :

Brouwershaven

Camping Den Osse – *Blankersweg 4 – 0111/691513 – mi-mars-mi-oct. – P 24.*
Borne artisanale. Payant.
Stationnement : 16 €/j.
Loisirs : Services :
aire extérieure au camping

Geertruidenberg

Parking Geertruidenberg – *Statenlaan*
0162/579579 – Ouv. tte l'année – P 2.
Stationnement : autorisé
Services :

Gorinchem

Parking Buiten de Waterpoort – *Buiten de Waterpoort – 0183/631525 – Ouv. tte l'année – P 2.*
Stationnement : 2 €/j.
Loisirs :

Nijmegen/Nimègue

Hotel Restaurant Rozenhof – *Nijmeegsebaan 114 – 024/3230359 – Ouv. tte l'année – P 2.*
Payant 5 €.
Stationnement : 72h maxi. 5 €/j.
Loisirs : Services :

Schiedam

Doeleplein – *0104/733000 – Ouv. tte l'année – P 2.*
Stationnement : autorisé
Services :

Venlo

Restaurant De Kraal – *Kaldenkerkerweg 186*
077/3514116 – Ouv.tte l'année – P 10.
Payant.
Stationnement : 6 €/j.
Services :

Campings

Bergen op Zoom

Uit en Thuis
Heimolen 56
0164/233391
www.campinguitenthuis.nl
De mi-mars à fin oct. 8 ha (80 empl.)
Loisirs : diurne jeux pour adultes aire de sports
Services : sèche-linge brasserie, snack

Maastricht

Mooi Bemelen
Gasthuis 3 - Bemelen
043/4071321
www.mooibemelen.nl
Permanent
Loisirs : diurne piste de danse aire de sports
Services : sèche-linge brasserie, cafétéria

Valkenswaard

Recreatiepark Brugse Heide
Maastrichterweg 183
040/2018304
www.brugseheide.nl
De mi-mars à fin oct. 7 ha (81 empl.)
Loisirs : jeux pour adultes, discothèque aire de sports
Services : sèche-linge brasserie, snack

Les bonnes **adresses** de Bib

Breda

Da Nino
Vlaszak 2 - ✆ (076) 522 79 55 - le soir seult, fermé lun.-mar., et Carnaval, 3 sem. en été, Noël - 27 €.
Plaisante table italienne située à proximité du parc Valkenberg et des rues piétonnes du cœur de la ville, juste entre le béguinage et le centre d'arts plastiques De Beyerd. Accueil et service affables, savoureuses préparations traditionnelles honorant la Toscane et cave à l'unisson.

Eindhoven

Bali
Keizersgracht 13 - ✆ (040) 244 56 49 - 11/26 €.
Restaurant oriental officiant depuis près de 25 ans sur cette artère du centre-ville. Les fines bouches rompues aux saveurs indonésiennes y trouveront leur bonheur, autant que les papilles novices en quête de dépaysement. Formules *rijsttafel* (table de riz) très demandées.

Fauquemont

Gouden Leeuw
Grotestraat 49 - ✆ (043) 601 25 79 - ouv. le soir, et, en été, le w.-end à midi - 20/30 €.
Avec sa terrasse sur la Grand'Rue, le « Lion d'or » propose une cuisine roborative et savoureuse, avec large choix de grillades. Poutres apparentes et briques sombres composent le décor de la salle à manger.

Maastricht

Pieke Potloed
Sporenstraat 5 - ✆ (043) 321 59 68 - fermé lun. - 15/25 €.
Un classique de la gastronomie populaire locale, rythmé par de vieilles chansons traditionnelles. Spécialités de plats cuits dans des chaudrons : bœuf à l'étuvée, lapin mariné à la façon de Maastricht, etc.

Middelbourg

Surabaya
Stationsstraat 20 - ✆ (0118) 63 59 14 - le soir seult - fermé lun. (et mar. en hiver) - 18 €.
Honorable petit restaurant indonésien au décor *made in Singapour*, complété d'une épicerie orientale à l'arrière. Le patron est le fournisseur de la cour.

Nimègue

Claudius
Bisschop Hamerstraat 12 - ✆ (024) 322 14 56 - le soir seult - fermé lun. - 32/72 €.
Rôtisserie sympathique dont les grillades, saisies à la braise dans la cheminée qui trône en salle, régalent les vrais amateurs de viande depuis plus de trente ans. Une verdoyante terrasse d'été garnie de meubles en teck se cache à l'arrière. L'enseigne se réfère à Claudius Civilis, l'instigateur de la révolte des Bataves contre les Romains.

Roermond

Het Gesprek
Luifelstraat 38 - ✆ (0475) 42 08 40 - info@hetgesprek.info - le soir seult - fermé 1 sem. avant carnaval et 2 premières sem. des vac. d'été - 30 €.
Cette enseigne alimente volontiers « la conversation » *(het gesprek)* des fines fourchettes dans le voisinage du Markt. Un trio de menus bien conçus y tient lieu de carte. Décoration intérieure mariant agréablement le moderne et l'ancien.

Rotterdam

Koekela
Nieuwe Binnenweg 97 - ✆ (010) 436 47 74 - fermé dim. - 8h30-17h30.
Si vous êtes pris de fringale dans le quartier, n'hésitez pas à rentrer dans cette petite pâtisserie pour goûter de délicieux gâteaux et boire un thé ou un café : les meilleurs scones, muffins, brownies ou *cheesecake* de la ville !

Proef
Mariniersweg 259 - ✆ (010) 280 72 97 - 8h-18h - 20/39 €
Tout est frais et savoureux dans ce petit restaurant donnant sur une rue calme juste derrière la station de métro Blaak. Une halte agréable pour déjeuner.

Café Rotterdam
Wilhelminakade 699 - ✆ (010) 290 84 42 - 20/27 €.
On y vient pour la vue depuis la terrasse sur le Wilhelminapier, à côté des paquebots de croisière, et pour l'ambiance de grands départs qui plane dans la salle. Cuisine européenne.

Binnenrotte
Derrière l'église St-Laurent - mar. et sam. 9h-17h.
L'un des plus grands marchés des Pays-Bas.

Tilburg

De Eetkamer
Tilburgsweg 34 - Goirle (à 5 km au sud du centre) - ✆ (013) 534 49 00 - fermé sam. midi et dim. midi - 23/50 €.
Une adresse appréciée dans cette petite cité à proximité de Tilburg. Brasserie pour gourmets, atmosphère conviviale, agréable terrasse d'été ouverte sur le jardin, et son mobilier en teck.

Amsterdam et la **Hollande du Nord**

➲Départ de Amsterdam
➲8 jours
485 km
Carte Michelin n° 715

C. Labonne / MICHELIN

Marché aux fleurs

Jours 1 & 2

L'itinéraire débute à **Amsterdam**, ville à la fois dynamique, tolérante et romantique. Son réseau de canaux en toile d'araignée, ses maisons de briques hautes et étroites aux frontons de formes variées, son port, son intense activité commerciale et culturelle et ses musées donnent à la capitale des Pays-Bas une personnalité marquée, au charme prenant. Pour faire sa connaissance, il est conseillé de partir à pied ou bien de louer une bicyclette. Le touriste flânant le long des pittoresques canaux ne se doutera pas de la nature marécageuse du sous-sol d'Amsterdam, raison pour laquelle de nombreuses maisons ont été construites sur pilotis. La présence de maisons flottantes amarrées sur les quais s'explique par le manque parfois chronique de logements neufs dans le centre historique de la ville. De même, les anciens docks et les îles artificielles situés à l'est de la ville ont été transformés à partir des années 1990 en quartiers résidentiels, offrant un vaste terrain d'expérimentation aux architectes les plus audacieux. Dans le quartier des musées, admirez quelques grands peintres. Car le XVIIe siècle fut celui des maîtres néerlandais, tels que Rembrandt van Rijn, Johannes Vermeer et Jan Steen. Les XIXe et XXe siècles ne sont pas moins remarquables pour leurs artistes d'envergure qu'étaient Vincent van Gogh et Piet Mondriaan.

Jour 3

L'étape suivante est **Haarlem**, la cité du célèbre portraitiste Frans Hals. À proximité, **Zandvoort** est une des stations balnéaires les plus courues des Pays-Bas. Après la visite du **Keukenhof**, la route traverse la magnifique région des champs de fleurs que l'on visitera de préférence au printemps.

Jour 4

Le voyage se poursuit par **Leyde**, cité universitaire très animée et riche en musées. Ensuite vous atteindrez **La Haye**, ville à multiple facettes. Siège du gouvernement des Pays-Bas, elle abrite des institutions internationales d'envergure. C'est aussi une ville élégante avec ses parcs, ses jolis canaux bordés de belles demeures. Puis on gagne **Delft**, renommée pour sa faïence, le « bleu de Delft ». Ses vieux canaux aux

quais ombragés, ses monuments historiques, ses intéressants musées en font l'une des cités qui ont conservé le plus de caractère. Faites un tour par **Gouda**, où vous admirerez les vitraux magnifiques de l'église St-Jean avant d'atteindre la ville accueillante d'**Utrecht**, où vous pouvez découvrir la maison Rietveld-Schröder, fleuron du patrimoine néerlandais.

Jour 5

Le circuit mène à **Hilversum**, située dans la région verdoyante du Gooi. Puis vous pourrez visiter le château de **Muiden**, entouré de douves.

À quelques kilomètres de la capitale, vous découvrirez **Marken** et **Volendam**, deux bourgs portuaires caractéristiques des Pays-Bas traditionnels. On s'attarde à **Edam**, réputée pour son marché aux fromages qui se déroule en été sur la place appelée Kaasmarkt. N'oubliez pas de faire une halte à **Hoorn**, ville charmante dotée de beaux bâtiments historiques avant de gagner **Enkhuizen** et **Medemblik**, toutes les deux situées sur l'IJsselmeer.

Jour 6

Par la digue du Nord, on atteint la Frise, à la découverte de **Bolsward**, **Sneek** et **Sloten**, villes frisonnes pleines de charme. Le trajet descend ensuite vers **Schokland**, site inscrit au patrimoine mondial de l'Unesco. La route parcourt alors la province de Flevoland et rejoint les villes ultramodernes de **Dronten**, **Lelystad** et **Almere**.

Jour 7

Rejoignez **Amersfoort** dont le centre et ses pittoresques « maisons de rempart » recèlent beaucoup d'attrait. En poursuivant votre périple, la route traverse le superbe parc national de la **Haute-Veluwe** abritant le musée Kröller-Müller qui, à lui seul, mérite le voyage. Une petite halte dans la ville d'**Arnhem** puis reprenez la route qui longe le parc national **Veluwezoom** pour arriver au château de **Middachten**.

Jour 8

Par **Zutphen**, située au cœur de la région verdoyante de l'Achterhoek, on arrive à **Deventer**, connue pour son délicieux pain d'épice, le *deventer koek*. Le trajet continue jusqu'à la ville verte d'**Apeldoorn**. Tout près se situe le musée-palais Het Loo témoignant d'un riche passé royal. Le centre d'**Amersfoort** avec ses pittoresques « maisons de rempart » est attrayant. La ville natale du peintre Mondrian, avec ses anciennes rues commerçantes, son vaste marché, ses grandes places finira agréablement ce parcours.

Le conseil de Bib

Pour la visite d'Amsterdam, faites halte dans un camping avec accès au centre ville par les transports en commun.

Pays-Bas

Aires de **service** & de **stationnement**

Den Oever

Parking du Port – *Oostercade Haven – Ouv. tte l'année – P 15.*
Stationnement : 10 €/j.
Loisirs : Services :

Deventer

Jachthaven Deventer – *Rembrandtkade*
0570/619635 – Avr.-oct. – P 4.
Stationnement : 10 €/j.
Services :

Gouda

Klein Amerika – *0182/589168 – Ouv. tte l'année – P 6.*
Payant.
Stationnement : 5 €/j.
Loisirs : Services :

Hoorn

Grashaven – *Visserseiland 221 – 0229/215208 – De mi-avr. à mi-oct. – P 15.*
Borne artisanale. Payant.
Stationnement : 12.50 €/j.
Loisirs : Services : sèche-linge

Sneek

Yachthaven-Camping de Domp – *Domp 4*
0515/412559 – Ouv. tte l'année – P 8.
Payant.
Stationnement : 8 €/j.
Loisirs : Services : sèche-linge

Urk

Aire d'Urk – *Sur le port - centre ville – Ouv. tte l'année*
P 6.
Payant.
Stationnement : 8 €/j.
Services :

Voorhout

Aire de Voorhout – *Drechsberg 5 – 0252/220049 – Ouv. tte l'année – P 3.*
Payant.
Stationnement : 17 €/j.
Services :

Campings

Amsterdam

Gaasper
Loosdrechtdreef 7
020/6967326
www.gaaspercamping.nl
De mi-mars à oct. 5,5 ha (350 empl.)
Loisirs : jeux pour adultes (étang)
Services : sèche-linge
brasserie, snack, pizzeria
Transports en commun pour centre-ville

Zeeburg
Zuider IJdijk 20
020/6944430
www.campingzeeburg.nl
Permanent 3,8 ha (70 empl.)
Loisirs : soirées disco, jeux pour adultes
Services : sèche-linge
pizzeria, snack, self service
Transports en commun pour centre-ville

Otterlo

Beek en Hei
Heideweg 4
0318/591483
www.beekenhei.nl
Permanent 5 ha (60 empl.)
Loisirs : diurne
Services : sèche-linge

Les bonnes **adresses** de Bib

Amersfoort

In den 'Kleinen' Hap
Langestraat 95-97 - ✆ (033) 462 13 65 - fermé dim. - 25 €.
Une adresse traditionnelle et centrale, située au cœur de la Grand-Rue, toujours animée. Cadre rustique à l'intérieur. Cuisine robuste et savoureuse.

Amsterdam

Small World
Binnen Oranjestraat 14 - ✆ (020) 0420 27 74 - 10h30-20h - fermé lun. - 5/10 €.
L'une des meilleures sandwicheries de la ville, cachée dans une petite rue perpendiculaire au Brouwersgracht. Des compositions fraîches et originales, mais aussi des quiches, des cocktails de fruits frais et de succulents gâteaux maison – mention spéciale pour le *muffin* pomme-carotte-graines. À emporter ou à consommer sur place dans un tout petit intérieur ou en terrasse.

Café Bern
Nieuwmarkt 9 - ✆ (020) 622 00 34 - le soir seult - fondue env. 15 €/pers.
Voilà une bonne adresse, populaire et décontractée comme on les aime ! Dans ce café brun, au cadre et à l'ambiance digne d'un tableau de Jan Steen, on déguste à la bonne franquette deux spécialités maison : la fondue au fromage et la fondue de viande, en réalité une entrecôte coupée en petites lamelles que l'on fait revenir soi-même dans un beurre à l'ail et aux herbes. Réservation vivement recommandée, même en semaine !

De Kaas Kamer
Runstraat 7 - fermé dim. mat. et lun. mat.
Dans ce superbe magasin de fromages, difficile de faire son choix entre les innombrables sortes de Gouda et d'Edam, sélectionnés dans les meilleures fermes du pays : de six semaines à cinq ans d'affinage, à la truffe, aux épices, etc.

Delft

Aardewerkatelier de Candelaer
Kerkstraat 14 - ✆ (015) 213 18 48.
Leurs faïences sont aussi vendues dans des boutiques spécialisées regroupées sur le Markt : De Blauwe Tulp ; De Backer van de Hoeck ; In den Porceleyne Winkel.

Enkhuizen

Die Drie Haringhe
Dijk 28 - ✆ (0228) 31 86 10 - fermé mar., sam. midi et dim. midi.
À l'entrée du vieux port, près de la tour Drommedaris, ancien entrepôt transformé en relais-gourmand auréolé d'une certaine reconnaissance locale. Décor intérieur d'esprit rustique et bonne carte actuelle basée sur les produits régionaux.

Gouda

Marché au fromage et aux métiers
De mi-juin à fin août - jeu. : 10h-12h30.
En dehors du marché, vous trouverez les meilleurs fromages à l'une de ces deux adresses, **Kaaswinkeltje** – *Lange Tiendeweg 30 - ✆ (0182) 51 42 69* et **Hoogendoorn** – *Markt 70 - ✆ (0182) 51 04 15.*

Groningue

Promenades en bateau
Office de tourisme ou Rondvaartbedrijf Kool - Stationsweg 1012 - ✆ (050) 312 83 79 - départs près de la gare centrale.
Pour découvrir Groningue au fil de l'eau.

Den Haag/La Haye

De Basiliek
Korte Houtstraat 4a - ✆ (070) 360 61 44 - le soir seult - fermé dim.-lun. et mi-juil.-début août - 35/45 €.
En plein centre-ville, affaire familiale affichant un petit air de bistrot et misant sur une carte actuelle, assez ramassée mais engageante. Tables dressées sur la petite terrasse à l'avant du restaurant par beau temps.

Leeuwarden

't Pannekoekschip
Willemskade 69 - ✆ (058) 212 09 03 - www.horecafriesland.nl/pannekoekschip - fermé lun. et mar. midi - 7/12 €.
Cette crêperie aménagée dans un joli bateau amarré sur Willemskade, entre la gare et la vieille ville, propose un choix de 90 sortes de crêpes.

Volendam

Smit-Bokkum
Slobbeland 19 - ✆ (0299) 36 33 73 - fermé lun. - 15/25 €.
À l'extrémité ouest de la ville, dans la fumerie familiale datant de 1856, le patron propose les spécialités qui font la réputation de Volendam : accompagnés d'une salade et de toasts, les poissons fumés constituent un déjeuner inoubliable. À savourer sur la terrasse donnant sur la toute nouvelle marina, si le soleil est au rendez-vous.

Allemagne

T. Krieger/MICHELIN

Nom local : *Bundesrepublik Deutschland* **Capitale :** *Berlin*
Population : *82,42 millions d'habitants* **Superficie :** *356 733 km²* **Monnaie :** *Euro*

L'Allemagne en camping-car vous surprendra… agréablement par la richesse de ses patrimoines naturels et culturels, célébrée par le Romantisme. Lacs verts transparents, plages de sable fin, falaises de grès et de craie, landes intactes, forêts de bouleaux et de chênes millénaires, montagnes noires ou enneigées, le paysage germanique est l'écrin d'une rencontre entre hommes et nature.

Saviez-vous que le territoire allemand compte plus de cent parcs naturels qui, outre leur vocation de protection de la nature, préservent les coutumes, l'artisanat, l'histoire locale et l'architecture traditionnelle ?

Des villes, pour certaines très industrielles, recèlent les plus belles collections des musées d'Europe.

La situation géographique de l'Allemagne et son histoire – marquée par les guerres – ont en effet favorisé la pénétration des grands courants artistiques européens, principalement français à l'époque gothique, et italien à la Renaissance. Chaque style a été réinventé et adapté aux goûts régionaux. Les touristes du monde entier viennent admirer les abbayes baroques de Bavière et les œuvres du Bauhaus à Berlin.

Le temps, quelle que soit la saison, est susceptible de nombreuses variations. La période la plus sûre pour partir est certainement celle qui s'étend de mai à octobre (vous aurez même sans doute chaud dans le Bade-Wurtemberg et en Bavière). Toutefois, l'automne et le printemps, alors que la fréquentation des sites touristiques est moindre, peuvent aussi constituer de bons moments pour découvrir le pays. N'oubliez pas, avant le départ, de vous renseigner sur les fêtes, foires et autres manifestations qui peuvent considérablement accroître la fréquentation de certaines villes.

RECOMMANDATIONS

DOCUMENTS OBLIGATOIRES

✓ Permis de conduire rose de l'UE ou permis de conduire international (recommandé seulement)
✓ Certificat d'immatriculation du véhicule (carte grise) ou certificat de location
✓ Plaque d'identification nationale
✓ Justificatif d'assurance (carte verte)
✓ Passeport français (recommandé seulement) ou carte d'identité en cours de validité
✓ Procuration en cas d'utilisation du véhicule appartenant à un tiers
✓ Il est conseillé aux voyageurs d'être munis d'une Carte européenne ou du certificat provisoire de remplacement que l'on obtient auprès de sa Caisse d'assurance maladie
✓ L'accès au centre-ville de certaines villes comme Berlin n'est possible qu'avec l'écopastille verte.

VITESSES LIMITES

✓ En agglomérations urbaines : 50 km/h
✓ Sur routes : 100 km/h. Sur les autoroutes, il n'y a pas de limitation mais il est conseillé de ne pas rouler à plus de 130 km/h. Attention à la « conduite en accordéon » ; des accrochages surviennent car des portions limitées à 80 ou 100 km/h succèdent parfois et brutalement à des portions non limitées.

Pour appeler l'Allemagne

Depuis la France ou l'étranger, composer le :
00 + 49 (indicatif de l'Allemagne) + indicatif urbain **sans** le 0 + numéro du correspondant

RÉGLEMENTATIONS

✓ Siège enfant, rehausseur ou système de retenue adapté et homologué obligatoire jusqu'à 12 ans et 1,50 m
✓ Âge minimum du conducteur : 16 ans (permis spécial avec accompagnateur autorisé)
✓ Taux maximum d'alcool toléré dans le sang : 0, 5 g
✓ Phares allumés de jour par pluie, neige ou brouillard
✓ Port de la ceinture de sécurité obligatoire à l'avant et à l'arrière
✓ Pneus cloutés interdits
✓ Triangle de présignalisation obligatoire
✓ Trousse de premiers secours obligatoire
✓ Gilet réfléchissant : obligatoire pour les camping-cars dont le poids excède 3,5 t

ARGENT

Attention les banques sont fermées le samedi et le dimanche. Les heures d'ouvertures sont en général de 8h30 à 13h et de 14h30 à 16h. Les cartes bancaires ne sont pas acceptées par tous les commerçants. Dans les villes, les distributeurs admettent la plupart des cartes

URGENCES

✓ Téléphone incendie et ambulance : 112
✓ Téléphone Police : 110

Pharmacie **Apotheke** / *Médecin* **Arz** / *Hôpital* **Krankenhaus** / *C'est une urgence* **Das ist ein Notfall**

LEXIQUE

MOTS USUELS

Oui **Ja** / *Non* **Nein** / *Bonjour (le matin)* **Guten Morgen** / *Bonjour* **Guten Tag** / *Au revoir* **Auf Wiedersehen** / *Bonsoir* **Guten Abend** / *Combien ?* **Wieviel ?** / *Comment ?* **Wie ?** / *S'il vous plaît* **Bitte** / *Merci* **Danke** / *Excusez-moi* **Entschuldigung** / *Restaurant* **Gasthaus** / *Santé!* **Prost**!

DIRECTIONS & TRANSPORTS

Où se trouve ? **Wo ist ?** / *droite* **Rechts** / *gauche* **Links** / *Tout droit; Près de* **Geradeaus; Nahe** / *Entrée* **Eingang** / *Sortie* **Ausgang** / *Route, rue* **Straße** / *Autoroute* **Autobahn** / *Station-service* **Tankstelle**/ *Essence* **Benzin**

PREMIERS CONTACTS

Je ne comprends pas **Ich verstehe nicht** / *Je voudrais…* **Ich möchte…** / *L'addition SVP* **Die Rechnung bitte**/ *Pouvez-vous m'aider?* **Können Sie mir bitte helfen ?** / *Parlez-vous français ?* **Sprechen Sie Französisch ?**

À la découverte des vallées de la **Moselle** et du **Rhin**

➲ Départ de Trèves
➲ 7 jours
405 km
Carte Michelin n° 543

Château de Pfalz
G. Gorbic/Michelin

Non loin des frontières belge et luxembourgeoise, ce parcours longe deux des grands fleuves allemands et croise quelques hauts lieux de l'identité et de l'histoire du pays dont la mythique Lorelei ou le Deutsches Eck (coin allemand), confluence du Rhin et de la Moselle au cœur de Coblence. Les rives de ces deux fleuves sont émaillées de villages pittoresques, de châteaux et de vignobles.

Jour 1

Trèves est considérée comme la plus vieille ville d'Allemagne car elle fut la capitale de l'empire romain au 3e s. de notre ère. Avec ses larges places animées, la ville est une étape très agréable et un bon point de départ pour se lancer à la découverte des vallées.

Jour 2

En longeant la Moselle vous arriverez à **Bernkastel-Kues**, cité de la vigne et du vin. Bernkastel-Kues est formée de villes jumelles situées de part et d'autre de la Moselle. Son vignoble – le plus grand d'Allemagne qui soit d'un seul tenant – englobe les coteaux de la boucle de la Moselle et se prolonge par les clos de Graach et de Zeltlingen. La ville connaît une véritable effervescence à l'occasion de la fête des vignerons, qui se déroule pendant la première semaine de septembre. De là, faites un crochet à **Idar-Oberstein**. Depuis le Moyen Âge, l'histoire d'Idar-Oberstein est liée à la production et au commerce de pierres précieuses. C'est l'abondance, dans les environs de la ville, de gisements d'agates, jaspes et améthystes qui détermina sa vocation pour la taille et le polissage des gemmes. Musées, ateliers, boutiques, tout ici évoque le monde des minéraux.

Jour 3

Retour sur les bords de la Moselle pour rejoindre **Cochem** en passant par des sites comme **Marienburg** et **Beilstein** qui offrent de superbes vues sur les méandres et les vignobles. Laissez le camping-car à l'entrée de Cochem et suivez le bord de la Moselle pour découvrir l'un des plus célèbres sites de Rhénanie : dominant le fleuve, le château couronne une butte plantée de vignes. En continuant la descente du fleuve vers Coblence, faites halte au **Burg Eltz** accessible

à pied à partir d'Hatzeneport et au **Burg Thurant,** joli petit château du 12ᵉ s.

Jour 4

Vous voilà à **Coblence**, où la Moselle se jette dans le Rhin. Gravement endommagée au cours de la Seconde Guerre mondiale puis reconstruite, elle fait aujourd'hui figure de cité dynamique. Avec son festival d'été couronné par « l'embrasement du Rhin » et des concerts en plein air, son centre-ville entièrement réservé aux piétons et truffé de bars et de restaurants, Coblence est une base idéale de départ pour des croisières sur le Rhin et sur la Moselle.

Jour 5

Gagnez **Mayence** via **St-Goar**, **Oberwesse**l en longeant le Rhin. **Mayence** est dotée d'un centre historique qui regorge de petites ruelles aux maisons anciennes abritant parfois des artisans. « Mayence, il faut la vivre! ». Cette devise se vérifie particulièrement à l'occasion du défilé du Lundi gras, qui attire chaque année des centaines de milliers de visiteurs. Ville natale de Gutenberg, le musée qui lui est consacré ravira les bibliophiles. Remontez ensuite vers **Coblence** en empruntant la rive opposée à celle de votre arrivée et faites halte à **Rüdesheim**.

Jour 6

Longez le Rhin par la 42. On n'omettra pas, en remontant vers Cologne, de marquer un arrêt à **Lorelei**, le rocher légendaire haut de 132 m. Joindre ensuite Cologne, étape finale du périple en faisant une petite visite de **Bonn**, ancienne capitale de la RFA. À défaut d'être aujourd'hui une grande capitale européenne, elle offre le charme d'une cité riche en musées, à l'atmosphère calme et accueillante. Bonn est également la ville de Beethoven qu'elle célèbre de multiples manières, en particulier à l'occasion d'un festival.

Jour 7

Cologne. « Pourquoi est-on si bien sur les rives du Rhin ? », demande une chanson populaire allemande… Il faut venir à Cologne sur la place de Tanzbrunnen, esplanade qui offre un panorama sur la ville rhénane, pour trouver la réponse. Mais aussi boire une Kölsch, la bière locale, à la terrasse d'une brasserie au bord du fleuve, flâner dans les ruelles de la vieille ville dominée par les deux flèches de l'incontournable cathédrale, emblème de la ville et du pays, ou encore partir naviguer sur le Rhin… Cologne est également une métropole artistique dotée de plus d'une centaine de galeries, du musée Ludwig connu pour sa collection d'art américain et d'une foire renommée, Art Cologne. Autre événement marquant, le carnaval et les cinq « journées folles » qui précèdent le mercredi des Cendres. Cologne et ses habitants vous surprendront par leur vitalité et leur joie de vivre.

Allemagne

Aires de **service** & de **stationnement**

Bingen am Rhein

Wohnmobilpark Bingen – *Mainzer Strasse - Gaulsheim – 06725/308789 – Ouv. tte l'année – P 40.*
Payant.
Stationnement : 6 €/j.
Loisirs : Services :

Bonn

Parkplatz an den Museen – *Baunscheidtstrasse 17 – 0228/9093612 – Ouv. tte l'année – P 25.*
Stationnement : 5 €/j.
Services : WC

Eltville am Rhein

Parkplatz P6 – *Weinhohle – 06123/09080 – Ouv. tte l'année – P 15.*
Borne artisanale.
Stationnement : autorisé
Loisirs : Services : WC

Idar-Oberstein

Parkplarz am Hallenbad – *Hauptstrasse 213 – 06781/56390 – Ouv. tte l'année – P 10.*
Payant.
Stationnement : illimitée.
Loisirs : Services :

Kobern

Wohnmobilstellplatz an der Mosel – *Moselvorgelände - Gemeinde Kobern-Gondorf – 02607/19433 – Ouv. tte l'année – P 25.*
Gratuit.
Stationnement : 5 €/j.
Services :

Müden

Hotel Sewenig – *Moselstrasse 5 – 02672/1334 – Ouv. tte l'année – P 4.*
Stationnement : autorisé
Loisirs : Services :
Parking réservé aux clients du restaurant

Oberwesel

Gutsschänke Burghof – *06744/483 – Ouv. tte l'année – P 50.*
Stationnement : 6 €/j.
Loisirs : Services : WC
Arrivée avant 21 h.

Riehl

Reisemobilhafen Köln – *An der Schanz – 01784674591 – Ouv. tte l'année – P 40.*
Stationnement : 8 €/j.
Loisirs : Services :
Transports en commun pour le centre-ville

Trier/Trèves

Reisemobilpark Treveris – *In den Moselauen/Messepark – Ouv. tte l'année – P 120.*
Borne artisanale. Payant.
Stationnement : illimitée. 6 €/j.
Loisirs : Services :
Transports en commun et piste cyclable pour le centre-ville.

Vallendar

Parkplatz am Rheinufer – *B42 – Ouv. tte l'année – P 5.*
Borne artisanale. Gratuit.
Stationnement : illimité.
Services :
Services fermés en hiver, centre de la vieille ville à 100 m.

Valwig

Aire de Valwig – *Parkplatz Moselvorland – 02671/3116 – Ouv. tte l'année – P 10.*
Stationnement :
Loisirs : Services : WC
Proche du centre-ville

Wehlen

Stellplatz Weingut Studert-Prüm – *Haupstrasse 150-152 – Ouv. mars-nov. – P 45.*
Borne artisanale. Gratuit.
Stationnement : illimité. 8 €/j.
Loisirs : Services : WC
Centre-ville à 500 m, dégustation des vins de Moselle.

Les bonnes **adresses** de Bib

Bernkastel-Kues

Burgruine Landshut Café-Restaurant

Parking à côté de l'auberge de jeunesse, puis 2mn. à pied - 54470 - ✆ 06531 24 91 - fermé 15 nov.-15 fév. -13/26 €.

On ne vient pas ici pour de la grande gastronomie, mais pour la situation de ce restaurant au cœur des ruines du château et au milieu des vignes. Terrasse et salle fermée avec de larges ouvertures vitrées pour la mi-saison.

Weinstube Spitzhäuschen

Karlstrasse 13 - ✆ 06531 74 76.

Bon choix de vins, mais c'est surtout pour la maison tout droit sortie d'un conte de fée qu'il convient de venir ici.

Bonn

Bistro Kaiser Karl

Vorgebirgsstraße 50 - ✆ 0228 69 69 67 - fermé 1 sem. pdt le carnaval, 2 sem. en août, sam. midi et dim. - 30/45 €.

Les magnifiques lustres et ornements des plafonds, les murs aux miroirs argentés et les belles fenêtres de style brasserie donnant sur la terrasse font, entre autres, l'attrait de ce bistrot *Jugendstil*.

Boppard

Gasthaus Hirsch

Rheinstraße 17 - 56154 Boppard-Hirzenach - ✆ 06741 26 01 - fermé 2 sem. apr. Pâques et de mi-nov. au 25 nov. - 23,50 €.

Établissement rustique et de bon goût. Les plats concoctés à partir des produits du marché sont savoureux.

Kaub

Zum Turm

Zollstraße 50 - 56349 - ✆ 06774 922 00 - www.rhein-hotel-turm.com - fermé le mar., 1 sem. déb. janv., 1 sem. fin juil. et de mi-nov. à fin nov. - 25 €.

Cette maison fondée il y a plus de 300 ans est située près de la vieille tour et abrite depuis plus d'un siècle un petit restaurant familial. Plats préparés avec soin.

Koblenz/Coblence

Historischer Weinkeller

Mehlgasse 14 - ✆ 973 89 87 - mar. 18h-22h, merc.-dim. 12h-14h, 18h-22h - fermé le lun. - 41,50 €.

Carte variée. Décor rustique dans les trois caves voûtées du 13e s., luxueusement restaurées.

Koln/Cologne

Pfaffen Brauerei

Heumarkt 62 - ✆ 0221 257 77 65 - 15/25 €.

Une des dernières brasseries de Cologne où l'on brasse la bière sur place et qui a conservé un côté artisanal. Dans un décor rustique, on vient surtout pour déguster la bière typique de la ville, la Kölsch, et des plats régionaux. En été, vous pourrez profiter de l'agréable *Biergarten*, à l'arrière du restaurant.

Peters Brauhaus

Mühlengasse 1 - ✆ 0221 257 39 50 - 15/30 €.

Une brasserie typique de Cologne que vous apprécierez pendant votre séjour. Le bois ajoute convivialité et chaleur au cadre rustique et confortable du lieu. Plusieurs espaces avec un coin brasserie et une salle de restaurant.

Hase

St.-Apern-Straße 17 - ✆ 0221 25 43 75 - fermé dim. - 25/40 €.

Les tables en bois clair de ce restaurant-bistrot ajoutent à la note rustique du lieu. Quelques plats, généralement classiques, vous sont proposés sur une ardoise.

Café Reichard

Unter Fettenhennen 11 (en face de la cathédrale) - ✆ 0221 2 57 85 42 - 8h30-20h.

Ce café au décor intérieur classique comporte un jardin d'hiver et une grande terrasse. Si l'on y ajoute la magnifique vue sur la cathédrale, on comprend pourquoi l'établissement est aussi fréquenté. La véranda est sans nul doute le meilleur emplacement pour observer le fourmillement de la ville.

Biergarten im Stadtgarten

Venloer Str. 40 (rue qui part de la station Friesenplatz vers l'ouest) - ✆ 0221 95 29 94 33 - avr.-oct : 12h-23h (fermé par mauvais temps).

À quelques encablures du centre-ville vous trouverez cet agréable *Biergarten* situé à l'entrée du parc public *(Stadtgarten)*. À partir de 15h, on y sert de petits en-cas.

Trier/Trèves

Gasthaus Mosellied

Zurlaubener Ufer 86 - ✆ 0651 265 88 - fermé janv.-fév. - 25/30 €.

Sur les rives de la Moselle, vous trouverez regroupés à cet endroit une demi-douzaine d'établissements allant du snack au restaurant gastronomique. Tous ont une terrasse. Le Gasthaus Mosellied est particulièrement apprécié par la population locale.

Weinstube Kesselstatt

Liebfrauenstraße 10 - ✆ 0651 411 78 - 15/25 €.

Ici, on se sert au bar. La terrasse, à proximité de la cathédrale, offre un cadre idéal pour déguster une pâtisserie.

Entre **Baltique et mer du Nord :** de port en port…

➲Départ de Hambourg
➲8 jours
470 km
Carte Michelin n° 541

Port de Hambourg

DR

Jours 1 & 2

Située au fond de l'estuaire de l'Elbe, **Hambourg** est un port vibrant d'activités ; les quartiers centraux se prêtent à la promenade et les musées, particulièrement riches, raviront les amateurs d'art. Quand on prend le temps de la visiter, la deuxième plus grande métropole d'Allemagne possède un charme indéniable. Son port commercial ouvert aux visites guidées en bateau est un labyrinthe de quais et de canaux, de bassins et de ponts. Une véritable ville dans la ville, ouverte sur le monde avec son trafic incessant de conteneurs. Parmi les incontournables, le quartier de Speicherstadt et ses entrepôts centenaires qui affichent leurs élégantes façades de briques surmontées de tourelle, ainsi que la cité portuaire de Hafen City qui représente actuellement le plus grand projet de développement urbain en Europe. Sur les rives de l'Elbe ou du joli lac de l'Alster, les espaces verts invitent à la flânerie. Et si vous venez en mai, ne manquez pas la plus grande fête portuaire du monde, rendez-vous des plus majestueux voiliers de la planète.

Jour 3

De Hambourg à **Lübeck**, il y a à peine 70 km. Cette perle de l'Allemagne du nord-est, depuis 1987, classée au patrimoine mondial de l'Unesco. Remarquablement conservée, la ville natale de Thomas Mann abrite un ensemble exceptionnel de maisons et monuments des époques les plus variées. Vous ne manquerez pas de déguster le véritable marzipan (massepain). Avant-poste de Lübeck sur la Baltique, **Travemünde** est réputée pour sa plage de sable fin, sa vaste promenade sur le front de mer et son casino.

Jour 4

Le voyage se poursuit vers le nord avec le port de **Kiel**, véritable porte de la Scandinavie, où respire une atmosphère à la fois joyeuse et mondaine. La route le long de la Baltique, en direction du nord-ouest, nous amène à **Schleswig**, étape idéale pour associer découverte et détente. En faisant route d'est en ouest, d'une mer à l'autre, on atteint rapidement l'**île de Sylt** et les **îles Frisonnes**. Sauvages, en lutte perpétuelle contre l'érosion marine, elles opposent à la mer du Nord leurs fragiles ondulations de sable.

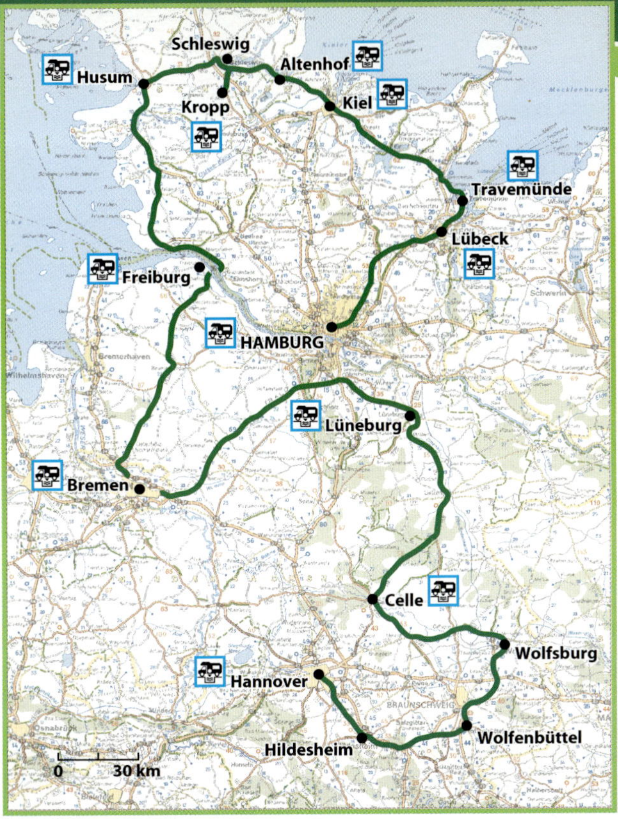

Les plaisirs de la plage, les belles maisons typiques (couvertes de roseaux, de lilas et d'églantiers) vous donneront envie de vous poser peut-être plus qu'un jour. Ensuite la paisible ville côtière de **Husum** offre tous les attraits d'une station touristique moderne.

Jour 5

Rejoignez **Brême** en optant pour le bac au départ de Brunsbüttel (traversée de l'estuaire de l'Elbe). Brême est une ville où règne une animation des plus plaisantes. Grand port et cité d'art, où s'épanouit le style Renaissance de la Weser, elle s'agrémente de nombreux parcs et d'une charmante promenade le long du fleuve.

Jour 6

Nous vous invitons à découvrir **Lüneburg** qui a longtemps dû sa richesse au sel. La ville constitue la porte d'entrée des vastes étendues de la lande de Lüneburg. Les pittoresques bosquets de bouleaux, de pins et de genévriers et surtout la floraison des bruyères (de mi-août à mi-septembre) font le charme de ces paysages, parfois austères, de cette steppe en partie conçue par la main de l'homme. Une réserve naturelle de 200 km^2 a été créée afin de contrer l'avancée de l'agriculture.

Jour 7

Située au sud de la Lande de Lüneburg, **Celle** a gardé le cachet d'une cité aristocratique : trésors de la ville ancienne, palais ducal magnifiquement restauré... Les passionnés de voiture ne manqueront pas la visite d'Autostadt, le vaste complexe automobile aménagé par Volkswagen, à une soixantaine de kilomètres de Celle dans la ville de **Wolfsburg**.

Jour 8

On s'attardera ensuite volontiers dans la belle cité de **Wolfenbüttel** qui possède un ensemble exceptionnel de maisons Renaissance. Plus à l'ouest, **Hildesheim** est la dernière étape avant **Hanovre** dont vous apprécierez les plans d'eau, et les célèbres jardins de Herrenhausen qui sont situés en pleine ville.

N° 12

Allemagne

Aires de **service** & de **stationnement**

Altenhof

Wohnmobilpark Ostsee – ***An der B76 – Ouv. tte l'année – P 100.***
Borne sanistation. Payant.
Stationnement : illimité. 8 €/j.
Services :
Sur le site de Historischer Gasthof « Grüner Jäger ».

Bremen/Brême

Stellplatz «Am Kuhhirten» – ***Kuhhirtenweg – 0173/9850092 – Ouv. tte l'année – P 27.***
Payant.
Stationnement : 10 €/j.
Loisirs : Services :
Transports en commun pour le centre-ville

Celle

Schützenplatz – ***Hafenstrasse – 05141/1212 – Ouv. tte l'année – P 35.***
Payant.
Stationnement : autorisé
Loisirs : Services :

Freiburg

Sport-und Freizeitzentrum – ***Am Bassin – Ouv. tte l'année – P 40.***
Borne sanistation. Gratuit.
Stationnement : illimité. 8€/j.
Loisirs : Services :
Services compris dans le prix du stationnement. Centre-ville à 500 m.

Hamburg/Hambourg

Wohnmobilhafen Hamburg-Süd – ***Finkenrieker Hauptdeich 5 – 01577/4505514 – Ouv. tte l'année – P 80.***
Payant.
Stationnement : 12€/j.
Loisirs : Services :
Transports en commun pour le centre-ville

Hannover/Hanovre

Volkswagen Nutzfahrzeuge – ***Mecklenheidestrasse – 0511/7982139 – Ouv. tte l'année – P 11.***
Payant.
Stationnement : autorisé
Loisirs : Services :
Transports en commun pour le centre-ville (5km)

Husum

Husumer Campingplatz – ***Dockkoogstrasse 17 – Ouv. fin mars-oct. – P 30.***
Borne artisanale. Payant.
Stationnement : illimité. 12 €/j.
Loisirs : Services : sèche-linge

Kiel

Wohnmobilstellplatz Kiel – ***Mecklenburger Str. 58 (Nordmole) – 0431/554280 – Ouv. tte l'année – P 25.***
Payant.
Stationnement : 13 €/j.
Services : sèche-linge

Kropp

Rosengarten Restaurant – ***Rheider Weg 7 – 04624/802943 – – P 6.***
.
Stationnement : ilimité. 5 €/j.
Loisirs : Services :

Lübeck

Sportpark - Sankt Gertrud – ***An der Hülshorst 11 – 0173/2040020 – Ouv. avr.-oct. – P 20.***
Payant 5 €.
Stationnement : 7 €/j.
Services :
En hiver, emplacements réduits et pas de services

Lüneburg

Wohnmobilstellplatz Lüneburg – ***Parkplatz Sülzwiesen, Am Bargenturm – 04131/2076620 – Ouv. tte l'année – P 37.***
Payant.
Stationnement : 8 €/j.
Loisirs : Services :

Travemünde

Am Fischereihafen – ***Auf dem Baggersand 15 – 04505/1300 – Ouv. tte l'année – P 120.***
Payant.
Stationnement : 11 €/j.
Loisirs : Services :

Carnet pratique

Les bonnes **adresses** de Bib

Bremen/Brême

Katzen-café

Schnoor 38 - ✆ 0421 32 66 21 - 10/20 €.

Dans le quartier Schnoor, ce restaurant se démarque par son jeu de terrasses sur différents niveaux, agréables. Spécialités, dont de nombreux plats de la mer.

Paulaner's

Schlachte 30 - ✆ 0421 169 06 91 - réservation conseillée - 15/30 €.

Établissement agréable à la décoration rustique. Service efficace et aimable. L'un des plus beaux *Biergarten* du centre-ville, à proximité directe de la Weser. Nombreux plats bavarois au menu.

F. L. Bodes

Bischofsnadel 1-2 (ruelle qui mène de Wallanlagen à Domshof) - ✆ 0421 32 41 44 - mar.-jeu. 8h-18h, vend. 8h-18h30, sam. 8h-15h - fermé dim., lun. et j. fériés.

Poissonnerie et snack-bar proche du centre-ville. Dégustez fruits de mer et poissons à la carte ou choisissez-les parmi la sélection qui vous est proposée ou encore directement sur les étals.

Holländische Kakao-Stube

Ständehausstr. 2-3 (rue qui prolonge Luisenstr. vers le sud-ouest) - ✆ 0511 30 41 00 - lun.-vend. 9h-19h30, sam. 9h-17h - fermé dim. et j. fériés.

Vous aimez le chocolat chaud ? Alors vous trouverez votre bonheur dans cet établissement de renom décoré de belles faïences hollandaises. Outre le vaste choix de chocolats chauds, tous aussi bons les uns que les autres, on vous propose des pâtisseries et confiseries maison ainsi que d'autres boissons et petits plats.

Celle

Weinkeller Postmeister von Hinüber

Zöllnerstraße 25 - ✆ 05141 284 44 - fermé 3 sem. en juil.-août, dim. et lun. - 21/34 €.

L'intérieur de cette maison à colombages historique surprend par son cadre coquet. Le Weinkeller a élu domicile dans une cave en brique ; c'est une belle taverne rustique.

Hamburg/Hambourg

Le Marché aux poissons

Le Marché aux poissons de Hambourg, dont les origines remontent au début du 18e s., est une véritable institution. Il se tient tous les dimanches matin, au sud du quartier St-Pauli, le long de l'Elbe, de 5h30 à 9h30 (en hiver, à partir de 7h). La gouaille des vendeurs, la foule des gens de tous âges, acheteurs ou simples curieux, et les animations musicales de la *Fischauktionhalle* en font un événement vivant du folklore hambourgeois.

Gröninger Haus

Willy-Brandstraße 47 - 1 Messberg - ✆ 040 33 13 81 - fermé sam. midi et dim. - réservation conseillée - 15/25 €.

Cette propriété de la digue intérieure, mentionnée pour la première fois dans un document en 1260, est le plus ancien hôtel de la ville. L'actuelle Gröninger Haus comprend la Gröninger Braukeller, l'Anno 1750 et la Brauhaus Hanseat. Plats consistants avec bière brassée sur place.

Atlas

Schützenstraße 9a - ✆ 040 851 78 10 - 20/30 €.

Ancien bâtiment d'usine quelque peu caché dans la Phönixhof. Une véritable aventure : cet établissement de la *Scène* mélange bistrot-restaurant et bar à cocktails. Aménagement rectiligne et terrasse recouverte de lierre aux allures d'arrière-cour.

Kiel

Alte Mühle

An der Holsatiamühle 8 (sur la rive est de la Kieler Förde, suivre les panneaux indiquant « Schwentinetal ») - ✆ 0431 205 90 01 - 20 €.

Au bord de la rivière Schwentine, dans un ancien moulin du 19e s. Cuisine traditionnelle qui varie selon les saisons. Du lundi au vendredi, formules déjeuner à prix intéressants.

Werkstatt-Café

Falckstr. 16 (centre-ville) - ✆ 9 18 65 - fermé dim. et j. fériés, lun.-vend. 10h-20h, sam. 10h-19h.

Salon de thé sympathique et familial à côté d'un atelier (« Werkstatt ») d'orfèvre. Délicieux gâteaux maison et quelques plats du jour. Le café expose régulièrement les œuvres d'artistes de la région. Jardin magnifique.

Lübeck

Paulaner's

Breite Straße 1-5 - ✆ 0451 707 94 50 - 15/25 €.

Spécialités d'Allemagne du nord. Agréable *Biergarten* dans la cour de l'église St-Jacques.

Café Niederegger

Breite Str. 89 - ✆ 0451 5 30 11 26.

La référence en matière de pâte d'amande sous toutes ses formes dans le magasin du rez-de-chaussée, en gâteaux dans le salon de thé (rez-de-chaussée et 1er étage).

Schleswig

Olschewski's

Hafenstr. 40 - 24837 - ✆ 04621 2 55 77 - fermé lun., mar., et en janv.-fév. - 30 €.

Tout près du port. Cuisine internationale. Nombreux plats de poissons. Agréable terrasse.

Allemagne

De la **Baltique à Berlin**, un voyage dans le temps

➲Départ de Neubrandenbourg
➲8 jours
635 km
Carte Michelin n° 542

O. Forir/ MICHELIN

Église du souvenir

Voici un itinéraire qui vous mettra au contact d'une Allemagne méconnue et attachante, qui était pour partie l'ancienne RDA.

Jour 1

La ville de **Neubrandenbourg** surprend par ses imposants remparts médiévaux, miraculeusement épargnés par la Seconde Guerre mondiale. Le périple se poursuit, en direction de l'ouest, à travers les lacs du **Mecklembourg**. Cette région si bien préservée compte parmi les moins peuplées d'Allemagne. Riche en lacs et offrant de nombreuses possibilités d'activités, elle ravira les amoureux de la nature.

Jour 2

Bordée par des lacs et autant de verdure, **Schwerin** est assurément une des villes les plus agréables de l'Allemagne du Nord. Cette cité de caractère séduit par son architecture raffinée et le charme majestueux de son château qui règne sur une île face à la vieille ville. Après Schwerin, notre itinéraire se prolonge vers le nord, pour épouser le littoral. **Wismar**, avec ses édifices en brique rouge, constitue une excellente introduction à la côte baltique. Le centre historique de la ville a été classé en 2002 au patrimoine mondial de l'Unesco.

Jours 3 & 4

Le long de la côte s'égrène un chapelet de villes intéressantes – **Bad Doberan**, **Rostock** et **Stralsund** – qui constitueront autant d'étapes avant l'île de **Rügen**. Rügen, la plus grande île d'Allemagne, cache de petites mers intérieures, de belles plages de sable et d'impressionnantes falaises calcaires. Elle est, au même titre que sa voisine **Usedom**, une destination très prisée des vacanciers auxquels elle propose d'agréables stations balnéaires, climatiques et de thalassothérapie.

Jour 5

Retour sur le continent, en direction de Berlin, faites une halte à **Greifswald** pour apprécier son architecture très ancienne dans laquelle on discerne l'influence scandinave. Son village de pêcheurs avec un pont basculant en bois et les ruines de l'abbaye Eldena aux environs ont inspiré Caspar David Friedrich, grand peintre de l'époque romantique.

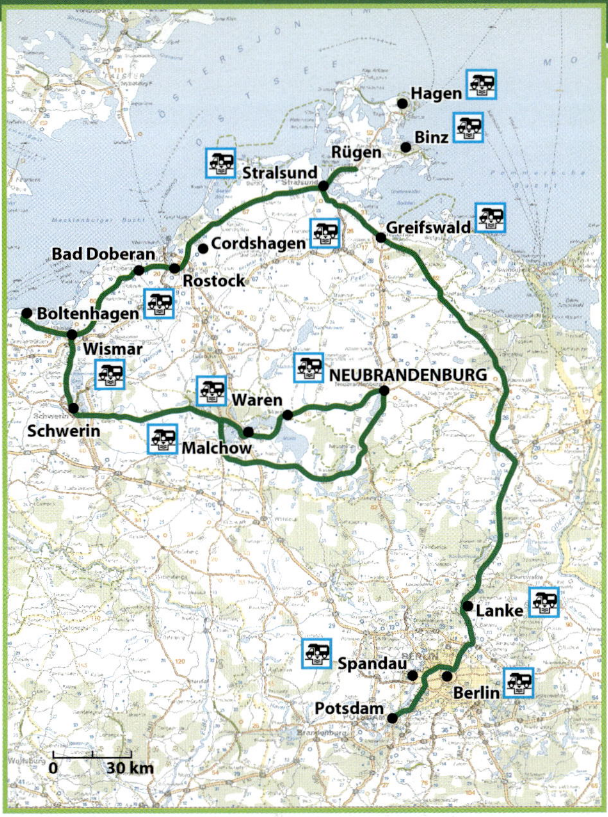

Jours 6 & 7

Ville bouillonnante, **Berlin** séduit par les fastes de sa vie culturelle comme de sa vie nocturne. Cette étonnante métropole, l'une des plus étendues et les plus vertes du Vieux Continent, vit aujourd'hui un nouvel âge d'or. Marcher au cœur de l'histoire de l'Allemagne et de l'Europe dans une ville en permanent devenir… Telle est l'une des nombreuses impressions que laisse Berlin à celui ou celle qui la découvre. On franchira la porte de Brandebourg, symbole de la réunification ; on montera dans la coupole du Reichstag signée par l'architecte sir Norman Foster pour un coup d'œil sur la cité la plus palpitante d'Europe ; on se promènera dans les nouveaux quartiers de la capitale allemande qui mêlent architecture moderne, shopping, divertissement et business. Quant à l'offre des musées et des expositions de Berlin, elle est inépuisable : le Kulturforum et l'île des Musées, classée au patrimoine mondial de l'Unesco, en constituent les deux principaux pôles. Mentionnons juste le superbe musée de Pergame et l'émouvant Musée juif à Kreuzberg. Berlin rend « dépendant », disent ceux qui y ont goûté. Enfin, la vie nocturne berlinoise est légendaire. Autrement dit, si vous n'y restez que deux ou trois jours, il y a de grandes chances pour que vous y retourniez très vite.

Le conseil de Bib

L'accès aux autoroutes est gratuit et certaines portions sont à vitesses limitées.

Jour 8

Potsdam, à quelques 38 km seulement de Berlin, la cité d'élection des anciens rois prussiens, possède un charme tout provincial, avec ses maisons basses, ses rues piétonnes, sans oublier ses deux joyaux rococo que sont le château de Sans-Souci et le Nouveau Palais. Le parc de Sans-Souci couvre près de 300 ha et compte plusieurs centaines d'arbres. Comme Voltaire, vous succomberez au charme de cette cité.

Allemagne

Aires de service & de stationnement

Berlin

Internationale Reisemobilstation – *Chausseestrasse 82 – 030/46797549 – Ouv. tte l'année – P 45.*
Stationnement : illimité. 17 €/j.
Services :
Le tarif inclut le parking et les services-transports en commun pour le centre-ville.

Reisemobilhafen Berlin – *Streitstrasse 86 – 030/35506074 – Ouv. tte l'année – P 160.*
Borne artisanale.
Stationnement : illimité. 12 €/j.
Loisirs : Services :
Le tarif inclut le parking et les services-transports en commun pour le centre-ville

Parkplatz Steinbock & Sohn – *Alexandrinenstrasse 125-127 – Ouv. tte l'année – P 30.*
Borne sanistation. Gratuit.
Stationnement : illimité. 16 €/j.
Loisirs : Services : sèche-linge
Au cœur de Kreuzberg.

Binz

Wohnmobilstellplatz «Zentrum binz» – *Proraer Chaussee 5 – Ouv. tte l'année – P 60.*
Borne sanistation. Payant.
Stationnement : illimité. 13 €/j.
Loisirs : Services :
Centre ville à 500m.

Boltenhagen

Wohnmobilpark Boltenhagen – *Ostseeallee 58 – 038825/21030 – Ouv. tte l'année – P 50.*
Payant.
Stationnement : 12 €/j.
Loisirs : Services : sèche-linge

Cordshagen

Stellplatz Cordshagen – *Gutshof 1 – 038224/44252 – Ouv. mi-mars.-oct. – P 20.*
Borne artisanale. Payant.
Stationnement : 5 €/j.
Services : sèche-linge

Greifswald

Stellplatz Wöller – *Chaussee 12 – 03834/500448 – Ouv. tte l'année – P 50.*
Stationnement : illimité. 10 €/j.
Loisirs : Services :

Hagen

Parkplatz am Königsstuhl – *Dorfstrasse 1 – 038302/9412 – Ouv. tte l'année – P 40.*
Payant.
Stationnement : illimité. 8 €/j.
Services :

Lanke

Hotel-restaurant Seeschloss – *Am Obersee 6 – 00 3337 20 43 – Ouv. tte l'année – P 5.*
Stationnement : 24h maxi. 10 €/j.
Loisirs : Services :

Neubrandenburg

Neubrandenburger Wassersportzentrum – *Augustastrasse 7 – 0395/3694671 – Ouv. avr.-oct. – P 20.*
Payant.
Stationnement : 10 €/j.
Loisirs : Services :

Stralsund

Stellplatz an der Rügenbrücke – *Werftstrasse 16/17 – 03831/293915 – Ouv. tte l'année – P 60.*
Borne artisanale. Payant.
Stationnement : 10 €/j.
Services :

Waren

Campingpark Kamerun – *Zur stillen Bucht 3 – Ouv. avr.-oct. – P 20.*
Borne sanistation. Payant.
Stationnement : 10 €/j.
Loisirs : Services :
Centre ville à 2 km par piste cyclable.

Wismar

Wohnmobilpark Westhafen Wismar – *Schiffbauerdamm 12 – 03841/706070 – Ouv. tte l'année – P 50.*
Payant.
Stationnement : 9 €/j.
Loisirs : Services :

Les bonnes **adresses** de Bib

Berlin

Zoe
Rochstr. 1 - ✆ 030 24 04 56 35 - fermé dim. midi, 24 déc. et j. fériés - 10/15 €.

Ici, deux chefs se partagent les fourneaux : une cuisine soignée et délicate, qui oscille entre saveurs méditerranéennes et asiatiques. Grandes tables, cadre simple.

Mutter Hoppe / Alt Berliner Weißbierstube
Rathausstraße 21 - Alexanderplatz - ✆ 030 24 24 454 - 20/25 €.

Ce restaurant typique du vieux Berlin se trouve tout près du quartier St-Nicolas. Aménagement rustique avec d'anciens comptoirs à bière et de vieilles photos. Les vendredis et samedis à partir de 20h, vous pourrez faire connaissance avec la musique « live » du vieux Berlin.

Vapiano
Potsdamer Platz 5 - ✆ 030 23 00 50 - 15 €.

Un self-service original où vous combinez selon votre convenance les pâtes et la sauce qui les accompagne, les ingrédients de votre salade ou ceux de votre pizza. Les cuisiniers concoctent votre plat devant vous, et, une fois à table, vous pouvez l'agrémenter de feuilles de basilic, de romarin ou de menthe disposées en pots.

Zander
Kollwitzstraße 50 - ✆ 030 44 05 76 79 - Ouvert le soir, fermé lun. - 25/45 €.

Parquet et chaises bistrot en bois sombre confèrent à ce restaurant un caractère coquet. Cuisine moderne, plats différents toutes les semaines.

Diekmann
Meinekestraße 7 - ✆ 030 883 33 21 - fermé dim. midi - 15/30 €.

Élégante décoration à l'ancienne dans ce restaurant qui propose des formules rapides le midi. Plats variés, qui s'inspirent à la fois des cuisines allemande et française.

Café am Schiffbauerdamm
Albrechtstraße 13 - ✆ 030 28 38 40 49 - à partir de 10h.

Une atmosphère des plus agréables règne dans les salles lumineuses et sur la terrasse du Café am Schiffbauerdamm, installé dans une rue tranquille de Friedrich-Wilhelm-Stadt. On y sert des gâteaux et des tartes, ainsi que des sandwichs et des repas légers ou copieux.

Telecafé
Panoramastraße 1a (près d'Alexanderplatz) - ✆ 030 2 42 33 33 - à partir de 9h (10h en hiver).

Situé en haut de la tour de la télévision, à 207,53 m de hauteur, ce café effectue une rotation complète en 30mn et permet d'apprécier tout Berlin en prenant un café ou un rafraîchissement.

Bon à savoir
Les rues commerçantes les plus importantes de la ville sont Kurfürstendamm, Tauentzienstr. (avec les grands magasins Europa-Center et KaDeWe), ainsi que Friedrichstraße et Fasanenstraße dans le centre-ville. Les passages commerçants les plus prestigieux sont Leibnizkolonnaden (entre Leibniz et Wielandstraße), Potsdamer Platz Arkaden, Friedrichstadtpassagen (avec les Galeries Lafayette) et les Hackesche Höfe.

Potsdam

Café Heider
Friedrich-Ebert-Str. 29 - ✆ 0331 270 55 96.

Animé à toute heure, le plus vieil établissement de la ville (1878) propose un vaste choix de cafés, de thés et de chocolats, sur fond de musique entraînante.

Île de Rügen

Le train à vapeur *Rasender Roland* relie Putbus à Göhren en 1h15 environ. Il dessert Binz et plusieurs autres localités qui représentent les points les plus touristiques de l'île. Il fonctionne toute l'année. Durant la haute saison (fin avril-début octobre), quatre départs de Putbus le matin (premier départ à 7h48), un dans l'après-midi. Selon la distance parcourue, les tarifs varient entre 1,60 € et 8 € (aller seulement). La première section de ce train a été ouverte en 1895 : autant dire que le *Rasender Roland* fait partie du patrimoine historique de l'île de Rügen ! Pour tout renseignement : *✆ 038 301 801 12 et sur www.rasender-roland.de.*

Rostock

Stilbruch
Eselföterstr. 27 - ✆ 0381 452 822 - 20 €.

Une agréable salle à l'étage s'ouvrant sur une cour arrière verdoyante. Une cuisine roborative avec grand choix d'escalopes.

Marientreff
Bei der Marienkirche 27 - ✆ 0381 492 23 89 - fermé dim.

Ce lieu de rencontres aménagé en salon de thé a été créé par des bénévoles dans l'ancienne maison du sacristain près de l'église Ste-Marie. Dans une ambiance chaleureuse, on sert des gâteaux maison ainsi que des boissons. Prix défiant toute concurrence, et dons toujours bienvenus.

Schwerin

Weinhaus Uhle
Schusterstr. 15 - ✆ 0385 56 29 56.

Près de la place du marché (*Marktplatz*). Restaurant très élégant (haute salle avec voûte du 18e s. et fenêtres en plein cintre). Plats variés et grand choix de vins.

À travers **le Land de Saxe**, entre musique et politique

➲Départ de Dresde
➲6 jours
550 km
Carte Michelin n° 544

Château de Pillnitz - le Bergpalais

Jours 1 & 2

Ville d'art et de culture, **Dresde** attire un nombre sans cesse croissant de visiteurs. Un long travail de reconstruction, qui dure encore aujourd'hui, lui a rendu ses joyaux baroques et lui a ainsi permis de redevenir la « Florence de l'Elbe » qu'elle était autrefois.

Au sud de Dresde s'étend la **Suisse saxonne** ; cette région, avec ses impressionnantes parois de grès en forme de tables et ses longues gorges taillées dans la roche, constitue un des sites naturels les plus spectaculaires d'Allemagne.

Jour 3

Les villes de **Görlitz** et **Bautzen** vous donneront l'occasion de faire étape au pays des Sorabes. Cette minorité ethnique d'Allemagne, qui occupe la région de la Lusace, à cheval sur les Länder de Saxe et du Brandebourg, a longtemps fait partie du royaume de Bohême. Outre sa langue, toujours pratiquée, elle a conservé vivantes de nombreuses traditions, telles que la décoration des œufs de Pâques, le port du costume sorabe et des grandes coiffes brodées.

Jour 4

Un crochet par le nord vous conduira à **Branitz** dans la banlieue sud de **Cottbus**. Passionné de jardins à l'anglaise, le prince Hermann von Pückler-Muskau y aménagea un château ainsi qu'un remarquable parc. En reprenant la direction de Dresde, vous vous arrêterez au château baroque de **Moritzburg** et à **Meissen**, réputée pour ses porcelaines. Plus au sud, en se rapprochant de la frontière tchèque, **Annaberg-Buchholz** livre, avec l'église Ste-Anne un des exemples les plus accomplis du gothique flamboyant de Saxe.

Jour 5

Cette partie du parcours vous plonge dans une Allemagne historique où s'épanouirent, au 18e s. notamment, les lettres et la musique.

Leipzig est une ville d'art qui peut s'enorgueillir d'un héritage musical exceptionnel ; Bach, Schumann et Mendelssohn-Bartholdy y ont jadis résidé et elle occupe aujourd'hui encore une place de tout premier plan sur la scène musicale allemande. Paradoxalement, Leipzig fut la vitrine de la RDA (par sa foire annuelle, en particulier) mais aussi l'épicentre

de la contestation religieuse et politique. En effet, la réunion, à l'initiative de protestants entre 1982 et 1989, tous les lundis à 17h dans l'église St-Nicolas contribua à ébranler le régime est-allemand et prépara la chute du mur de Berlin.

Jour 6

À une soixantaine de kilomètres au sud, **Naumburg** est établie dans un paysage de coteaux où s'enchevêtrent vignes et forêts. La ville doit notamment sa renommée à son exceptionnelle cathédrale qui marie roman et gothique. Les noms de **Weimar**, **Iéna** et **Erfurt** sont riches de résonances dans la culture et la conscience allemandes. Weimar est sans conteste la capitale du classicisme allemand : ses bibliothèques renferment les plus grands trésors littéraires du pays. Bach y fut maître de chapelle, Liszt y dirigea l'opéra, Nietzche y termina ses jours... sans oublier Goethe qui y résida pendant plus de vingt ans.

La ville a gardé ce petit côté provincial ; avec ses petites rues bordées de maisons colorées, ses places animées par les marchés et son château à l'orée d'un parc à l'anglaise. Erfurt attira les plus grands noms de l'humanisme allemand, parmi lesquels Luther, Schiller et toujours Goethe et Bach.

Célèbre pour la victoire remportée par Napoléon contre les Prussiens en 1806, Iéna est une ville de grande tradition universitaire où résonnent encore les grands noms de la culture allemande et également ceux des inventeurs du microscope (Carl Zeiss et Ernst Abbe).

Le conseil de Bib

Un piéton qui s'apprête à traverser est prioritaire (en France, c'est le piéton engagé qui l'est).

Manufacture Nationale de Porcelaine de Meissen

Porcelaine de Meissen

Allemagne

Aires de service & de stationnement

Bad Muskau

Stellplatz Bad Muskau – *Ouv. tte l'année* – P *25.*
Borne artisanale. Payant 3 €.
Stationnement : 7 jours maxi. 10 €/j.
Loisirs : Services :
Prix hors saison : 6 €

Bautzen

Caravanstellplatz fabrik bautzen – *Mühlstrasse 3 – 03591/531420 – Ouv. avr.-oct.* – P *7.*
Borne artisanale. Payant.
Stationnement : 72h maxi. 8 €/j.
Services :

Cottbus

Wohnmobilstellplatz Spreeauenpark – *Vorparkstrasse 2 – 0355/75420 – Ouv. tte l'année* – P *12.*
Payant.
Stationnement : 72h maxi.. 12 €/j.
Loisirs : Services :

Dresden/Dresde

Parkplatz Wiesentorstrasse – *Wiesentorstrasse – 0711/9065783 – Ouv. tte l'année* – P *50.*
Payant.
Stationnement : illimité. 20 €/j.
Loisirs : Services :
Transports en commun pour le centre-ville, piste cyclable.

Stellplatz Schaffer-mobil – *Kötzschenbroder Strasse 125 – Ouv. tte l'année* – P *45.*
Borne euroservices. Payant.
Stationnement : illimité. 10 €/j.
Loisirs : Services :
Transports en commun, centre-ville à 5km.

Erfurt

P+R Urbicher Kreuz – *Am Urbicher Kreuz – 0361/66400 – Ouv. tte l'année* – P *15.*
.
Stationnement : autorisé
Services :

Görlitz

Stellplatz Rosenhof – *Geschwister-Scholl-Strasse 15 – 03581/409972 – Ouv. tte l'année* – P *70.*
.
Stationnement : 24 h. 15 €/j.
Services :
Centre-ville à 1 km

Marienberg

Caravanplatz Drei-Brüder-Höhe – *Drei-Brüder-Höhe 1 – Ouv. avr.-oct.* – P *10.*
Borne artisanale. Payant.
Stationnement : 5 €/j.
Loisirs : Services :

Meissen

Landhaus Nassau – *Nassauweg 1 – 03521/738160 – Ouv. tte l'année* – P *15.*
Borne artisanale. Payant.
Stationnement : illimité. 4 €/j.
Loisirs : Services :

Naumburg

Altstadtparkplatz Vogelwiese – *Luisenstrasse – 03445/273112* – P *15.*
Payant.
Stationnement : illimité. 5 €/j.
Loisirs : Services :

Senftenberg

Stellplatz Senftenberg – *Seestrand Buchwalde – Ouv. avr.-oct.* – P *8.*
Borne sanistation. .
Stationnement : 16 €/j.
Loisirs : Services :
Prix hors saison : 11 €, centre-ville à 2 km.

Weimar

Stellplatz Hermann Brill-Platz – *Hermann-Brill-Platz – 03643/7450 – Ouv. tte l'année* – P *20.*
Stationnement : 4 €/j.
Loisirs : Services :
Gratuit entre 18h-8h

Les bonnes **adresses** de Bib

Dresden/Dresde

Aha Ladencafé

Kreuzstraße 7 - ✆ 0351 496 06 73 - 15 €.

Une plaisante adresse face à l'église Sainte-Croix proposant, au milieu d'un décor coloré, une cuisine sud-américaine où chaque pays est représenté par son plat national. Vins du monde entier. Magasin d'artisanat au sous-sol.

Historisches Fischhaus

Fischerhausstr. 14 (à 5 km au nord-est du centre-ville ; suivre Bautzner Str.) - ✆ 0351 89 91 00 - lun.-vend. 12h-minuit, sam. 11h-minuit, dim. 11h-23h - réserv. conseillée - 15/25 €.

Maison de tradition au cadre verdoyant, proche de la ville. Parmi les spécialités, on trouve poissons et gibier. En été, vous apprécierez le cadre idyllique du jardin.

Dresdner Molkerei Gebrüder Pfund

Bautzner Str. 79 - ✆ 0351 8 10 59 48 - lun.-sam. 10h-18h, dim. et j. fériés 10h-15h, café-restaurant : 10h-20h.

La boutique de cette laiterie est entièrement recouverte de faïences peintes à la main (1892). Debout autour des tables, vous pourrez y déguster des produits laitiers et fromagers. Café-restaurant au 1er étage.

Neustädter Markthalle

Metzer Str. 1 (à la hauteur de Hauptstr. 36 ; accès par Ritter- et Metzer Str.) - ✆ 0351 8 11 38 60 (musée) - lun.-vend. 8h-20h, sam. 8h-18h ; musée : 10h-19h, 3,80 €.

Dans ce marché couvert historique, les stands traditionnels cohabitent avec ceux proposant des spécialités internationales. Au 1er étage, une exposition divertissante présente l'histoire de la construction de l'automobile en RDA entre 1945 et 1990. Nombreux carrosses d'origine.

Erfurt

Köstritzer « Zum güldenen Rade »

Marktstraße 50 - ✆ 0361 561 35 06 - tlj 11h-24h - 19/45 €.

Dans la vieille ville, non loin de la mairie ; murs en pierre de taille, bois et tableaux forment un décor agréable. Jardin d'été et terrasse dans la cour intérieure. Un bâtiment séparé abrite un ancien moulin à tabac.

Leipzig

Zill's Tunnel

Barfußgässchen 9 - ✆ 0341 960 20 78 - 15/25 €.

Depuis 1841, cette maison est à la fois une brasserie et une taverne. La carte est entièrement rédigée en saxon (plats régionaux principalement).

Barthels Hof

Hainstraße 1 - ✆ 0341 14 13 10 - 20/30 €.

Un hôtel typique de foire, construit entre 1747 et 1750 pour le marchand Gottlieb Barthel. Depuis plus de cent ans, un restaurant a élu domicile dans ses murs ; on vous y servira une cuisine simple.

Bon à savoir

« Leipziger Lerchen », les alouettes de Leipzig, sont une des spécialités de la ville que vous trouverez dans toutes les pâtisseries. Après que le roi de Saxe eut interdit, en 1876, la chasse de ces oiseaux dont la préparation contribua à la renommée gastronomique de la ville, les pâtissiers eurent l'idée de créer une nouvelle spécialité du même nom, faite de pâte brisée enveloppant de la pâte d'amandes.

Gasthaus & Gosebrauerei Bayerischer Bahnhof

Bayrischer Platz 1 (au croisement de Windmühlenstr. et Nürnberger Str.) - ✆ 0341 1 24 57 60 - 11h-1h - fermé 1er janv. et 25 déc.

Dans une ancienne gare, on brasse de nouveau aujourd'hui la *Gose*, la bière traditionnelle de Leipzig qui, dans les années 60 avait disparu (on ajoute aux ingrédients habituels du sel, de l'acide lactique et de la coriandre). D'autres bières sont également proposées. Cadre rustique, beau *Biergarten* (self-service) et plats copieux.

Magdeburg

Klostercafé

Regierungsstr. 4-6 (dans l'abbaye Notre-Dame) - ✆ 565 02 33 - tlj sf lun. 10h-18h, jusqu'à 17h en hiver.

Salon de thé aménagé dans l'ancien réfectoire de l'abbaye. Si le cadre est un peu austère, la vue sur le cloître et surtout les gâteaux faits maison susciteront l'enthousiasme. Laissez-vous tenter par celui au fromage blanc à la magdebourgeoise, un vrai délice !

Meissen

Romantik Restaurant Vincenz Richter

An der Frauenkirche 12 - ✆ 03 521 45 32 85 - fermé 15 janv.-31 janv., dim. soir-lun.

Vous tomberez immédiatement sous le charme de cette maison de drapier de 1523. L'été, agréable terrasse dans la cour intérieure.

Weimar

Sommer's Weinstube Restaurant

Humboldtstr. 2 - ✆ 03 643 40 06 91 - fermé midi et dim - 15/20 €.

Dirigé depuis plus de 130 ans par la famille Sommer, ce restaurant a su conserver son charme d'autrefois. On y sert des spécialités de Thuringe, souvent à base de pommes de terre. Grand choix de vins régionaux et internationaux.

Route allemande des **Alpes**

➲Départ de Lindau
➲9 jours
550 km
Carte Michelin n° 545 & 546

Aux alentours de Lindau

Jour 1

Lindau est une île-cité au charme unique. Jadis prospère et commerçante, il suffit de s'aventurer dans une arrière-cour ou de flâner entre le port et la Maximilianstrasse, pour apprécier la douceur de vivre un peu rétro de cette petite ville souabe au caractère méridional. De Lindau se diriger vers **Lindenberg im Allgäu** par la B308 puis **Hindelang**. Avec sa voisine Bad Oberdorf, Hindelang constitue un centre de villégiature et de cure thermale agrémenté en hiver par la pratique du ski sur les pentes de l'Oberjoch. La route descend par la vallée de la Wertach, longe le Grüntensee avant d'atteindre **Füssen**.

Jour 2

Consacrez la matinée à la visite des châteaux de Louis II de Bavière : **Hohenschwangau** et **Neuschwanstein.**
Rejoindre **Steingaden** où l'ancienne abbaye des Prémontrés (Welfenmünster), fondée au 12e s., possède encore sa remarquable abbatiale. Quitter la B17 en direction de l'église de Wies. Poursuivre l'itinéraire vers **Oberammergau.** Enserrée dans les contreforts boisés de l'Ammergau, cette petite ville d'artisans sculpteurs sur bois, parsemée de chalets et de superbes maisons historiques (18e s.) aux façades peintes, doit sa renommée aux représentations du mystère de la Passion, qui s'y déroulent tous les dix ans (les prochaines seront en 2010) au cours de l'été.

Jour 3

À la sortie d'Oberammergau, une route conduit au château de **Linderhof**. L'après-midi direction Ettal et son abbaye. Poursuivre jusqu'à **Garmisch-Partenkirchen**.

Jour 4

Garmisch-Partenkirchen, première station de sports d'hiver d'Allemagne est aussi très prisée en été. Après avoir découvert le centre de la station, faites la visite des gorges de la Partnach (Partnachklamm) puis vers Bad Wiessee en empruntant la haute vallée de l'Isar. De Garmisch-Partenkirchen, prendre la E 533 vers Mittenwald et Krün. À la sortie de Wallgau, dans un virage, prendre à droite la route qui s'engage dans la haute vallée de l'Isar ; puis la route 307 longe le lac du barrage de Sylvenstein et le traverse, avant de franchir l'Achenpass et de plonger vers

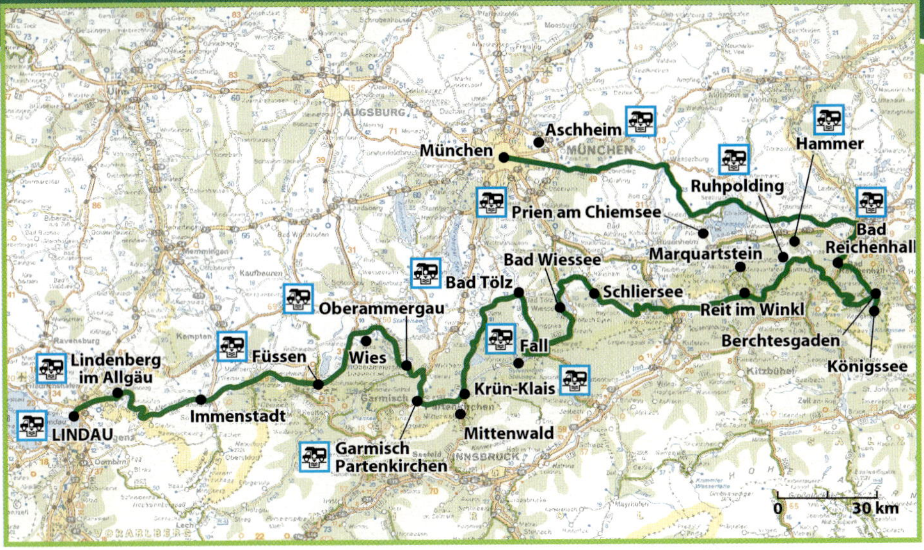

le Tegernsee et **Bad Wiessee**, centre de cure thermale bien situé entre le lac de Tegernsee et l'arrière-pays semi-alpin.

Jour 5

Poursuivre sur la 307. À Neuhaus, une route monte au **Spitzingsee** (10 km AR). Avant d'atteindre ce lac de montagne, un belvédère routier offre une vue d'ensemble du bassin de Fischhausen-Neuhaus et du Schliersee. De retour sur la 307, avant Bayrischzell, on atteint la station inférieure d'un téléphérique menant au sommet du Wendelstein dont le panorama englobe, d'est en ouest, les monts du Chiemsee et les Alpes de Berchtesgaden, les Loferer et les Leoganger Steinberge, les Kaisergebirge et leurs dentelles de pierre, les crêtes glaciaires des Hautes Tauern. Après un parcours sinueux où la route passe à proximité de la **cascade du Tatzelwurm** (10mn à pied), l'itinéraire descend la vallée de l'Inn et prend l'autoroute Munich-Salzbourg. Sortir à Bernau am Schiemsee, et suivre alors la route 305. À partir de Marquartstein, on traverse une succession de vallons tortueux, aux parois abruptes, pour déboucher au-dessus du vaste bassin de Reit, au pied du Zahmer Kaiser. Faites étape à Ruhpolding.

Jour 6

Ruhpolding, cette localité, très fréquentée par les villégiateurs, est restée un centre de traditions populaires. Le passage du **col de Schwarzbachwacht** (868 m) fait apparaître un vif contraste entre le sévère vallon boisé du Schwarzbach et les pâturages dégagés du versant de Ramsau. La descente sur **Ramsau** donne l'occasion, en plusieurs endroits, d'apprécier le panorama sur les dents du Hochkalter. La route des Alpes finit à Berchtesgaden - visite des mines de sel et découverte du Königssee.

Jour 7

Quittez **Berchtesgaden** et rejoignez Munich via le **Chiemsee** qui peut être une étape agréable avec baignade, balade en bateau ou randonnée vélo.

Jours 8 & 9

Munich, la capitale de la Bavière ne bénéficie pas d'une aussi bonne image que celle de Berlin, aux yeux des Français. Cette métropole qui a vue sur les Alpes depuis les tours de son impressionnante cathédrale gothique, la Frauenkirche, vibre toute l'année, et pas seulement durant la Fête de la bière. Aller prendre un casse-croûte entre amis dans l'un des vastes Biergarten (littéralement « jardin de bière ») est l'un des rituels de l'été à ne pas manquer. L'architecture de ce « village d'un million d'habitants » en partie dessiné par les rois de Bavière est passionnante à découvrir. Point d'orgue d'une escapade culturelle : les pinacothèques abritent des collections d'art qui figurent parmi les plus importantes au monde.

Allemagne

Aires de service & de stationnement

Aschheim

Hotel-Gasthof zur Post – *Ismaninger Strasse 11 – 089 9004800 – Ouv. tte l'année – P 10.*
Stationnement : 8 €/j.
Services :
Réservation conseillée.

Bad Reichenhall

Parkplatz P2 – *Kirchholzstrasse – 08651 7750 – Ouv. tte l'année – P 10.*
Stationnement : 72h maxi. 3 €/j.
Loisirs : Services :

Bad Tölz

Wohnmobilstation an der Isarpromenade – *Königsdorfer Strasse – 08041 78670 – Ouv. tte l'année – P 25.*
Payant.
Stationnement : 48h maxi. 8 €/j.
Loisirs : Services :

Fall

Stellplatz am Sylvenstein-Stausee – *Dürrachstrasse – 08042 50180 – Ouv. tte l'année – P 20.*
Payant.
Stationnement : 4 €/j.
Loisirs : Services :

Füssen

Wohnmobilplatz Füssen – *Abt-Hafner-Strasse 9 – 08362 940104 – Ouv. tte l'année – P 90.*
Payant.
Stationnement : 11 €/j.
Loisirs : Services : sèche-linge
Idéal pour la visite des châteaux de Hohenschwangau et Neuschwanstein.

Garmisch-Partenkirchen

Alpencamp am Wank – *Wankbahnstrasse 2 – 08821 9677805 – Ouv. tte l'année – P 100.*
Payant.
Stationnement : ilimité. 9 €/j.
Loisirs : Services :
sèche-linge

Hammer

Gasthof zur Post – *Hagnbergstrasse 4 – Ouv. tte l'année – P 6.*
Borne artisanale.
Stationnement : 24 h maxi. 8 €/j.
Services :
Accueil à l'auberge, restauration sur place, centre -ville à 3 km.

Krün-Klais

Alpen-Caravanpark Tennsee – *Am Tennsee 1 – 08825 170 – Ouv. tte l'année sf. nov. et déb. déc. – P 37.*
Payant.
Stationnement : 18 €/j.
Loisirs : Services :
sèche-linge
Réservation conseillée.

Lindau

Parkplatz Blauwiese P1 – *Reutlinger Strasse – 08382 260030 – Ouv. tte l'année – P 30.*
Payant 1€.
Stationnement : 24h maxi.. 17 €/j.
Loisirs : Services :

Lindenberg im Allgäu

Parkplatz Austrasse – *Austrasse – Ouv. tte l'année – P 8.*
Stationnement : illimité.
Loisirs : Services :
Proche des pistes de ski de fond, centre-ville à 500 m.

Oberammergau

Campingpark Oberammergau – *Ettaler Strasse 56 – 08822 94105 – Ouv. tte l'année – P 30.*
Payant.
Stationnement : 24h maxi. 7 €/j.
Loisirs : Services :
Aire extérieure au camping.

Prien am Chiemsee

Café-Restaurant Alpenblick – *Am Sportplatz 2 – 08051 64619 – Ouv. tte l'année – P 40.*
Stationnement :
Loisirs : Services :
Parking réservé aux clients du restaurant.

Les bonnes **adresses** de Bib

Bad Wiessee

Freihaus Brenner
Freihaus 4 - ✆ 08022 820 04 - 25 €.
Restaurant de montagne offrant une jolie vue sur le lac de Tegernsee. Salles confortables, aux tables bien dressées, avec plafond en bois, poutres apparentes et petites fenêtres aux jolis rideaux. Un cadre des plus agréables.

Berchtesgaden

Gasthof Auzinger
Hirschbichlstraße 8 - Ramsau - ✆ 08 657 230 - tlj sf merc. - fermé soir, du 1er nov. au 25 déc., 3 sem. à Pâques- 12 €.
Près du lac Hintersee, l'ambiance d'une taverne de campagne et une cuisine familiale à base de produits frais. Viande de bœuf de leur élevage.

Rupertus Therme
Freidrich-Ebert-Allee 21 - ✆ 01 805 606 706 - 9h-22h (dim. et fêtes 20h) - 12 € (4h).
Le bienfait des sources salées et des bassins extérieurs avec vue sur les montagnes.

Füssen

Promenades en bateau (*Forggensee Schifffahrt*)
✆ 08 362 92 13 63 - 1er juin-15 oct. : 10h-17h - 7 € (enfants 3,50 €), 50mn - 9,50 € (enfants 5 €), 2h. Départ du Bootshafen de Füssen.
Le Forggensee, un lac de retenue situé aux portes de Füssen, se prête à la promenade et à la baignade. Location possible de bateaux individuels.

Zum Schwanen
Brotmarkt 4 - fermé le lun., de mi-janv. à fin mars - ✆ 08 362 61 74 - 14 €.
Restaurant installé dans une maison de la vieille ville. On y déguste des spécialités de l'Allgäu.

Garmisch-Partenkirchen

Zur Schranne
Griesstraße 4 - ✆ 08 821 16 99 - fermé mar. - 13,80/19 €.
Adresse typique de la région proposant une cuisine bavaroise copieuse. Les comptoirs d'origine, à l'entrée, dissimulent la grande salle de ce restaurant. Terrasse couverte.

Hindelang

Obere Mühle
Ostrachstraße 40 - ✆ 08 324 28 57 - fermé mar. et à midi - 26 € - 11 ch. 130 €.
Cet agréable restaurant est installé dans les bâtiments d'un ancien moulin de 1433. Dans un cadre propret, cuisine régionale et plats cuits au feu de bois. Fromagerie de démonstration accolée au restaurant.

Lindau

Alte Post
Fischergasse 3 - ✆ 08 382 934 60 - fermé nov., fin déc.-fin mars - 15 € - 11 ch. - 92 €.
Une cuisine traditionnelle servie avec le souci du détail sur une jolie terrasse d'été, dans le centre-ville de Lindau.

München/Munich

Ratzkeller
Marienplatz 8 - ✆ 089 21 99 89 30 - 16 € (carte en français avec photos).
Populaire et raffinée, cette immense taverne installée dans les caves de l'hôtel de ville, comme son nom l'indique, est une véritable institution à Munich. Dans ce lieu magique, dégustez de croustillants jarrets de porc ou de petites saucisses à frire sous les arcs gothiques de sa grande salle ou dans de petits box de bois plus cosy.

Le Biergarten
Littéralement « jardin de bière », fait partie intégrante de la vie bavaroise, notamment à Munich. Nombre de ces terrasses et jardins ombragés sont accessibles même en hiver, dès les premiers rayons de soleil. Service restreint voire inexistant (souvent self-service), l'atmosphère prime avant tout. On se délecte de jarrets de porc grillés *(Schweinshaxe)* ou de *Steckerlfisch*, poissons piqués sur un bâton et cuits sur le gril. Parmi les nombreuses adresses : Chinesicher Turm (Tour chinoise, dans le Jardin anglais), Hofbraükeller (Inner Wiener str. 19), Augustiner-Keller (Arnulfstraße 52) et les deux lieux ci-dessous.

Hofbräuhaus
Am Platzl 9 - ✆ 089 2 90 13 60 - 9h-23h30.
Brasserie de renommée mondiale à l'ambiance originale, malgré le nombre de touristes. Musique d'instruments à vent dans la Schwemme toujours bruyante au rez-de-chaussée. Premier étage et Biergarten de la cour intérieure plus calmes (Trinkstube, musique 18h-23h30). Spectacles folkloriques bavarois et buffet chaque soir dans l'immense Festsaal (à partir de 18h30).

Hirschgarten
Hirschgarten 1 - ✆ 089 17 999 119 - 9h-0h (Biergarten de mars à oct.).
Proche du château de Nymphenburg, ce Biergarten (avec restaurant rustique à côté) est sans doute le plus grand de Munich, voire de Bavière. 8 000 places à l'extérieur (1 200 avec un service à table).

Découverte de la légendaire **Forêt-Noire**

➲Départ de Baden-Baden
➲6 jours
310 km
Carte Michelin n° 545

Vue générale de Baden-Baden sous la neige

www.Baden-Baden.de

Jour 1

Les palaces et les villas au bord de la rivière Oos composent toujours la vitrine de **Baden-Baden**, cité thermale réputée. Lieu de villégiature prisée à la Belle Époque, elle attire encore aujourd'hui une clientèle aisée. Peu importe que vous ne soyez pas nouveaux riches, les vertus relaxantes des thermes agiront sur vous aussi. Suivre ensuite les panneaux Schwarzwald-Hochstrasse/B500, au fur et à mesure que la route s'élève. Vous traverserez de tranquilles stations climatiques, comme **Bühlerhöhe** à 750 m d'altitude. Au Ruhestein, quitter la route des Crêtes pour plonger vers la combe d'Allerheiligen et remonter, à partir d'Oppenau, vers Zuflucht en grimpant au flanc de versants très raides. À **Allerheiligen**, un sentier conduit le long du torrent jusqu'au pied des **chutes d'Allerheiligen** (Wasserfälle). Compter 3/4 h à pied pour découvrir sept belles cascades.

Jour 2

Poursuivre sur la Hochstrasse en direction de Freudenstadt. Au croisement de plusieurs routes touristiques, **Freudenstadt,** bâtie à partir de 1599 et brûlée en 1945, s'est relevée suivant un plan quadrillé autour de la Marktplatz. La suite de l'itinéraire suit le fond des vallées de la **Kinzig** et de l'**Elz**, traversant de petites localités actives (Alpirsbach, Schiltach, Triberg et St-Peter) , avant d'atteindre, au **mont Kandel**, la Haute Forêt-Noire.

Dans le cadre de la vallée de la Gutach, le musée de plein air de la Forêt-Noire, à **Gutach** témoigne de l'habileté des habitants de cette région en matière de construction rurale, d'artisanat et d'agriculture. Puis continuer en direction de Triberg. Le passage du col de **Landwassereck** offre de jolies vues sur les paysages de la Forêt-Noire centrale. En amont d'Oberprechtal, la route longe les petites cascades de l'**Elz**.

Jour 3

Centre d'industrie horlogère, **Triberg** est également une station climatique réputée. À voir : la promenade des Cascades et le musée de la Forêt-Noire (Schwarzwaldmuseum). De passage à **Furtwangen** vous pourrez visiter le musée allemand de l'Horlogerie (Deutsches Uhrenmuseum), qui abrite la plus grande collection

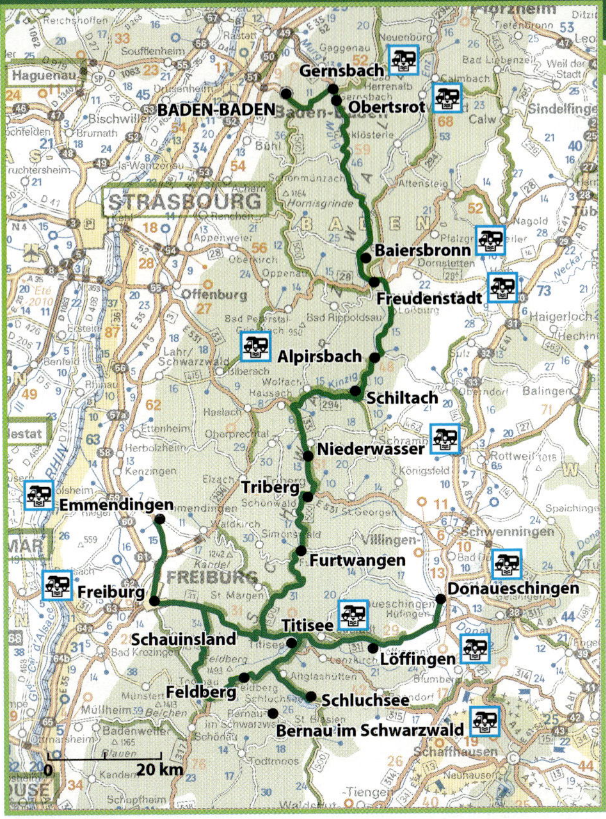

d'horloges de la Forêt-Noire au monde. De Furtwangen, on peut se rendre à la source de la **Breg** (direction « Katzensteig-Martinskapelle », puis « Donauquelle »), alimentant un ruisselet, le Danube, qui finit sa course 2 900 km plus loin en se jetant dans la mer Noire.
La table d'orientation du **mont Kandel** offre un panorama magnifique sur les Vosges, le massif isolé du Kaiserstuhl, le Feldberg et le Belchen.

Jours 4 & 5

Difficile de rester insensible à la douceur de vivre qui caractérise **Fribourg**, vieille ville universitaire dont les ruelles pavées sont une invitation à la promenade. Les guerres successives ont laissé intacte l'admirable cathédrale.
La suite du parcours, à caractère montagnard dans sa première partie, passe par les trois principaux sommets de la Forêt-Noire (Schauinsland, Belchen et Feldberg), puis par les deux lacs les plus connus du massif (**Schluchsee** et **Titisee**). La région étant en grande partie un parc naturel, les sentiers permettent souvent de rencontrer des espèces rares de fleurs sauvages, et parfois des chamois. La route conduit à la station supérieure du téléphérique du **Schauinsland**. Du parking, gagner la tour-belvédère. La vue se développe au-delà des pâturages sur le Feldberg. Poursuivre la route vers Stohren, puis Münstertal. La route déroule ses lacets au milieu des pâturages avant de pénétrer dans la forêt. À Wiedener Eck, tourner à droite vers le mont **Belchen** et sa table d'orientation. Par bonnes conditions de visibilité, il constitue un magnifique observatoire sur la plaine du Rhin, les ballons des hautes Vosges, et les Alpes, du Säntis (Alpes suisses d'Appenzel) au mont Blanc. À 1,5 km de **Todtnau,** en remontant une combe boisée, un sentier (1h AR) conduit aux chutes (Wasserfall) qui dévalent sur 97 m de hauteur.

Jour 6

En route pour le massif du **Feldberg**. Un télésiège (le Feldbergbahn) aboutit au mont Seebuck (1 448 m) avec une vue sur la vasque parfaite du **Feldsee**, petit lac au creux d'un cirque glaciaire. On peut se rendre au sommet déboisé du Feldberg, à 1 493 m (1h 30 AR), pour jouir d'un vaste panorama s'étendant jusqu'aux Alpes. Poursuivez votre périple jusqu'au Schluchsee. Ce lac, modeste à l'origine, est devenu, grâce à l'édification d'un barrage, le plus vaste plan d'eau de Forêt-Noire. Gagner le **Titisee** par Lenzkirch. Au carrefour de plusieurs routes touristiques, ce joli lac glaciaire est devenu un centre touristique important, à la fois station climatique – Titisee-Neustadt et Hinterzarten – point de départ de nombreuses excursions.

Allemagne

Aires de **service** & de **stationnement**

Alpirsbach

Camping Alpirsbach – *Grenzenbühler Weg 18 – 07444/6313 – Ouv. tte l'année – P 3.*
Borne artisanale.
Stationnement : 10 €/j.
Loisirs : Services : sèche-linge

Baiersbronn

Reisemobilplatz Baiersbronn P5 – *Neumühleweg/ Lochweg – 07442/84140 – Ouv. tte l'année – P 12.*
Payant.
Stationnement : 6 €/j.
Loisirs : Services :

Bernau im Schwarzwald

Wohnmobilstellplatz und Wintercamping Am Spitzenberg – *Sportplatzstrasse – 07675/160030 – Ouv. tte l'année – P 15.*
Borne artisanale. Payant.
Stationnement : 6 €/j.
Loisirs : Services :
Pas d'électricité en été ; réservation obligatoire en hiver.

Donaueschingen

Stellplatz beim Sportzentrum – *Stadionstrasse – 0771/857221 – Ouv. tte l'année – P 10.*
Stationnement : autorisé
Loisirs : Services :

Emmendingen

Wohnmobilstellplatz am Freibad – *Am Sportfeld – 07641/19433 – Ouv. tte l'année – P 20.*
Gratuit.
Stationnement : autorisé
Loisirs : Services :

Freiburg im Breigsau/Fribourg

Reisemobilplatz am Eschholzpark – *Bissierstrasse – 0761/2025139 – Ouv. tte l'année – P 50.*
Payant.
Stationnement : 72h maxi. 7 €/j.
Loisirs : Services :
Transports en commun pour le centre-ville.

Parkplatz von Südcaravan – *Hanferstrasse 30 – Ouv. tte l'année – P 5.*
Borne euroservices. Payant.
Stationnement : 48h maxi.
Loisirs : Services :
Centre-ville à 5 km, transports en commun.

Freudenstadt

Hotel Langenwaldsee – *Stassburger Strasse 99 – Ouv. tte l'année – P 10.*
Stationnement : 24 h maxi.
Loisirs : Services :
Centre-ville à 2 km.

Gernsbach

Parkplatz Murginsel – *Klingel-/ Schlossstrasse – 07224 1239 – Ouv. tte l'année – P 5.*
Stationnement : autorisé
Loisirs : Services :

Löffingen

Parkplatz Waldbad Löffingen – *Ouv. avr.-sept. – P 10.*
Borne sanistation. Payant.
Stationnement : illimité. 6 €/j.
Loisirs : Services :
Centre-ville à 1.5 km. Services inclus dans prix du stationnement.

Niederwasser

Hotel Schöne Aussicht – *Schöne Aussicht – 07833 93690 – Ouv. mars-oct. – P 3.*
Payant.
Stationnement : 9 €/j.
Loisirs : Services :

Obertsrot

Stellplatz am Schwimmbad – *07224 64444 – Ouv. tte l'année – P 3.*
Stationnement : autorisé
Loisirs : Services :

Titisee

Campingplatz Bankenhof – *Bruderhalde 31a – 07652 1351 – Ouv.tte l'année – P 8.*
.
Stationnement : 12 €/j.
Loisirs : Services :
sèche-linge
Parking et services extérieurs au camping.

Les bonnes **adresses** de Bib

Baden-Baden

Weinstube im Baldreit
Küferstraße 3 - ✆ 07221 231 36 - tlj sf dim. 12h-14h, 17h-22h - 22 €.
À l'écart, dans une impasse de la vieille ville, cuisine badoise généreuse aux accents français – le chef vient d'outre-Rhin. Carte réduite à midi.

Café König
Lichtentaler Straße 12 - ✆ 07 221 23 573 - café : 8h30-18h30, confiserie-pâtisserie : lun.-sam. 9h30-18h30, dim. 10h30-18h30.
Lustre de cristal et douceurs sucrées de la confiserie-pâtisserie dans ce café qui propose aussi des en-cas salés et des plats du jour. En été, terrasse ombragée sous un tilleul.

Friedrichsbad
Römerplatz 1 - ✆ 07 221 27 59 20- lun.-sam. 9h-22h; dim. et j. fériés 12h-22h - fermé Vend. saint, 24 et 25 déc. - 21 € (3h sans massage) ; 29 € (3h30 avec massage).
Bains romano-irlandais en 16 étapes (montée progressive en température et repos final) dans l'établissement historique de 1877. On se baigne nu (hommes et femmes séparément les lundi et jeudi, mixte les autres jours, enf. - 14 ans non admis).

Dorfstuben
Gärtenbühlweg 14 - ✆ 07 442 470 - 29 €.
De charmantes décorations et du bois qui craque font du Dorfstuben un adorable refuge. La cuisine est en rapport avec l'endroit, tout simplement savoureuse. Vous dégusterez des spécialités succulentes de la Forêt-Noire.

Freiburg im Breisgau/Fribourg

Hausbrauerei Feierling
Gerberau 46 - ✆ 0761 24 34 80 - 11h-0h, sam. jusqu'à 1h, Biergarten 11h-23h.
Cette micro-brasserie fabrique sa bière à partir de produits bio. Jetez un œil aux alambics en cuivre depuis la galerie. Pour accompagner la bière, on sert une cuisine régionale, en salle et dans le Biergarten, de l'autre côté de la rue.

Marché
Münsterplatz (autour de la cathédrale) - tlj sf dim. et j. fériés.
Il faut venir ici manger une saucisse *(rote Wurst)* dans un petit pain, de bon matin avec les Fribourgeois en train de faire leur marché chez les producteurs de légumes de la région.

Markthalle
Kaiser-Joseph-Str. 233 (accès par Grünwälderstr. et Fressgässle) - ✆ 0761 38 70 00 - lun.-vend. 7h-20h, sam. 7h-18h.
Un lieu unique qui réunit une vingtaine de stands de spécialités internationales – afghanes, chinoises, portugaises, etc. – à emporter ou à manger sur place. Une cuisine centrale gère les assiettes de chaque échoppe.

Freudenstadt

Jägerstüble
Marktplatz 12 - ✆ 07 441 23 87 - fermé 24 déc. - 22 €. - 14 ch. - 83 €.
Situé sur la place du Marché (Marktplatz), le Jägerstüble est un point de rendez-vous apprécié des habitants de la ville et des visiteurs de passage. Le cadre rustique et l'ambiance décontractée de cet établissement traditionnel contribuent à sa fréquentation.

Lauterbach

Gasthof Gedächtnishaus
Fohrenbühl 12 - ✆ 07 422 44 61 - fermé 6 sem. après 6 janv. ; rest. fermé merc. soir, jeu.
Ce gîte construit dans le style de la région est idéalement situé en haut d'un ballon. Le restaurant rustique est décoré de bois sombre.

Lenzkirch

Löffelschmiede
Löffelschmiede 1 - ✆ 07 653 279 - fermé de nov. à mi-déc. - 13,50 €.
Ce petit restaurant familial et soigné est situé dans une petite vallée, à l'extérieur de la commune de Lenzkirch. Dans la salle de restaurant claire et accueillante avec son poêle en faïence, on vous servira des truites et des plats bourgeois régionaux.

Le conseil de Bib

▸ Vous avez du temps : La route allemande de l'Horlogerie ***(Deutsche Uhrenstraße)*** propose de découvrir, sur environ 320 km, musées, fabriques ouvertes à la visite et horloges remarquables. C'est vers 1850 que Friedrich Eisenlohr conçoit des boîtiers rappelant les maisonnettes de garde-barrière ***(Bahnhaüsele)***, bientôt ornés de feuillages et dont la forme originelle est presque restée inchangée.

Nuremberg et **Franconie**

➲ ***Départ de Nuremberg***
➲ ***7 jours***
500 km
Carte Michelin n° 546

Forteresse de Marienberg

Jour 1

Nuremberg, ville traditionnelle des fondeurs de bronze et des batteurs d'or, fut l'une des plus belles cités médiévales d'Allemagne. On pense à Dürer en découvrant ses remparts et ses portes, les maisons bourgeoises à colombages et à pignons. Son centre médiéval et son caractère typiquement germanique lui valurent d'être choisie comme théâtre des grands rassemblements du parti national-socialiste. Reconstruite avec énergie, Nuremberg est aujourd'hui l'un des principaux centres industriels d'Allemagne du Sud et une capitale culturelle grâce à son exceptionnel Musée national.

Jour 2

Plus au sud, **Eichstätt** est aujourd'hui « La Mecque » de l'architecture moderne sans compromis, comme le montrent le nouveau bâtiment de la Pädagogische Hochschule et celui de la résidence d'été de l'université. Au gré de vallées fluviales ou de collines fertiles, l'itinéraire nous fait revivre à chacune de ses étapes des aspects du passé qui n'appartiennent qu'à l'histoire allemande : tour à tour sont évoquées les grandes heures des vieilles cités médiévales comme **Nördlingen**, **Dinkelsbühl** et notre prochaine étape.

Jour 3

Plus au nord, à l'abri de ses remparts, **Rothenbourg** domine le cours sinueux de la Tauber. Particulièrement bien préservée, elle concentre un nombre impressionnant de bâtisses médiévales sur un site spectaculaire en bordure de falaise. Dans ce véritable musée du Moyen Âge à ciel ouvert, il fait bon se promener, en empruntant des ruelles étroites aux maisons à pignons pointus, avec des fontaines et édifices à colombages.

Jour 4

Une fois à **Wurtzbourg**, de la rive est du Main, en haut de la forteresse Marienberg, la vue sur la ville, son vieux pont et ses clochers est telle que l'on peine à imaginer qu'une grande partie de la ville fut détruite à la fin de la Seconde Guerre mondiale. Sa grandeur passée, liée à trois princes-évêques de la famille de Schönborn, se retrouve dans les églises baroques et le splendide palais de la Résidence, classé au patrimoine mondial

de l'Unesco. Ville du sculpteur Riemenschneider, dont on peut admirer de nombreuses œuvres, mais aussi du physicien Wilhelm Conrad Röntgen qui découvrit les rayons X en 1895, Wurtzbourg allie parfaitement modernité, art et histoire.

Jour 5

Direction **Bamberg**, ville à laquelle, selon les résultats d'un sondage, les Allemands se sentent le plus intimement liés. Inscrite également au patrimoine mondial de l'Unesco, cette ville construite sur sept collines est née au Moyen Âge. Transformée aux 17e et 18e s. en cité baroque par les princes-évêques et épargnée par les bombardements, elle compte aujourd'hui près de 2 300 monuments historiques classés. Les églises médiévales côtoient des maisons bourgeoises de style baroque et des édifices monumentaux. Sur l'une des collines, vous découvrirez la ville haute, le centre ancien avec ses petites rues bordées d'antiquaires et sa cathédrale impériale aux quatre clochers qui constitue encore le cœur de la cité et le plus important chef-d'œuvre architectural de la région.

Jour 6

La suite de notre parcours bavarois vient flirter avec la région de Thuringe et passe par **Cobourg** non sans recommander une étape à l'**église des Quatorze-Saints**. Ce sanctuaire de pèlerinage est une merveille du baroque qui surprendra même les moins convaincus par ce style. Son ordonnance intérieure révèle la hardiesse de l'architecte Balthasar Neumann, et la décoration captive les yeux par sa richesse.

Jour 7

Pour finir, la visite de **Bayreuth**. Connue mondialement pour son festival wagnérien, Bayreuth porte l'empreinte d'une princesse du 18e s. hors du commun qui en fit un pôle culturel européen et la vitrine d'un rococo original parfaitement représenté par le Château Neuf. En 1945, la ville a payé cher le rôle que Bayreuth et Wagner ont joué dans l'idéologie d'Adolf Hitler, qui était, avec son entourage, un visiteur régulier du festival. Pendant les dernières semaines de la guerre, la ville a été lourdement bombardée. Aujourd'hui il n'en paraît rien. Du 25 juillet au 28 août, la ville vit à nouveau au rythme de Wagner. Les 60 000 places disponibles sont réservées jusqu'à sept ans à l'avance… mais quelques tickets retournés sont vendus le jour de la représentation, au tarif d'une place d'opéra classique. (La queue commence à 6h le matin).

Le chef-lieu de la Haute-Franconie est également devenu une importante ville universitaire et un centre économique de pointe en matière de haute technologie. La proximité de la Suisse franconienne en fait aussi un point de départ idéal pour des randonnées à pied ou à vélo.

Allemagne

Aires de service & de stationnement

Dinkelsbühl

DCC Campingpark Romantische Strasse – *An der Kobeltsmühle 12 – 09851/7817 –* P *14.*
Payant.
Stationnement : 10 €/j.
Loisirs : Services :

Eichstätt

Stellplatz Schottenwiese – *Pirkheimerstrasse/Schottenau – 08421/908147 – Ouv. tte l'année –* P *70.*
Payant.
Stationnement : 7 €/j.
Loisirs : Services :

Ebrach

Parkplatz am Naturbad – *Schwimmbadweg – 09553/92200 – Ouv. tte l'année –* P *5.*
Payant.
Stationnement : autorisé
Loisirs : Services :

Kulmbach

Festplatz Schwedensteg – *Schwedensteg – 09221/95880 – Ouv. tte l'année –* P *15.*
Payant.
Stationnement : 48h maxi.. 3 €/j.
Loisirs : Services :

Nördlingen

Wohnmobilstellplatz – *Kaiserwiese – 09081/84116 – Ouv. tte l'année –* P *9.*
Payant.
Stationnement : autorisé
Loisirs : Services :

Nürnberg/Nuremberg

Wöhrder See – *Gustav-Heinemann-Strasse – 0911/2313323 – Ouv. tte l'année –* P *8.*
Stationnement : 72h maxi..
Loisirs : Services :

Rothenburg ob der Tauber

Parkplatz P2 Bensenstrasse – *Nördlinger Strasse – 09861/404800 – Ouv. tte l'année –* P *70.*
Payant.
Stationnement : 10 €/j.
Loisirs : Services :

Tauberbischofsheim

Parkplatz am Freibad – *Vitryallee – 09341/80313 – Ouv. tte l'année –* P *3.*
Stationnement : autorisé
Loisirs : Services :

Campings

Lichtenfels

Main-camping
Krösswehrstrasse 52
09571/71729
campingplatz@lichtenfels-city.de
Déb. avr. à mi-oct.
– 15
Loisirs :
Services : sèche-linge

Würzburg

Kalte Quelle
Winterhäuser Strasse 160
0931/65598
info@kalte-quelle.de
Permanent
– 20
Loisirs :
Services : sèche-linge snack, cafétéria

Carnet pratique

Les bonnes **adresses** de Bib

Bamberg

Historischer Brauereiausschank Schlenkerla
Dominikanerstraße 6 - ✆ 0951 560 60 - tlj sf mar. 9h30-23h30 - 14 €.
Dans ce beau bâtiment à colombages, spécialités franconiennes et bière fumée *(Rauchbier)*, brassée sur place.

Café im Rosengarten
Domplatz (dans la Neue Residenz) - ✆ 0951 98 04 00 - de Pâques à mi-oct. : 10h-18h.
Dans le petit pavillon ou sur la terrasse de la roseraie, friandises de la pâtisserie-confiserie Graupner dont la maison mère se trouve à Lange Str. 9. Pour les gourmands…

Bayreuth

Oskar - Das Wirtshaus am Markt
Maximilianstr. 33 - ✆ 0921 5 16 05 53 - tlj 8h-1h, 9h le dim. - 16 €.
Restaurant à la fois moderne et traditionnel aménagé dans l'ancienne mairie. Différentes salles à l'atmosphère intime, joli jardin d'hiver et terrasse. Spécialités typiques de la Bavière.

Café Funsch
Sophienstr. 9 - ✆ 0921 6 46 87 - tlj 8h30-18h15, dim. 9h-18h - fermé 2 sem. après Pentecôte et à Noël.
La terrasse de ce salon de thé ouvre sur la zone piétonne de la ville. À la carte, chacun y trouvera un petit plat ou une friandise à son goût. Dans la boutique, petites figurines en pâte d'amandes qui seront de bons souvenirs de voyage.

Nürnberg/Nuremberg

Bon à savoir
La spécialité culinaire de la ville sont la saucisse grillée, les *Nürnberger Rostbratwürste* que l'on peut déguster dans les échoppes du centre-ville (souvent selon la formule *Drei im Weckla* : trois saucisses dans un petit pain), mais aussi dans la plupart des restaurants qui servent une cuisine traditionnelle.

Historische Bratwurstküche Zum Gulden Stern
Zirkelschmiedsgasse 26 - ✆ 0911 205 92 88 - 12/16 €.
Cette maison historique de 1419 est la plus vieille *Bratwurstküche*. Bois et décor champêtre confèrent au lieu son caractère. Dégustez la saucisse de Nuremberg, grillée au bois de hêtre, avec une délicieuse choucroute ou une salade traditionnelle de pommes de terre.

Biergarten Am Hexenhäusle
Vestnertorgraben 4 - ✆ 0911 36 73 24 - 11h-23h.
Non loin du château au nord. Atmosphère conviviale dans cette ancienne maison de garde, dite maison de la sorcière, et son jardin ombragé. Profitez du *Biergarten* et de la belle vue pour consommer boissons rafraîchissantes et spécialités locales.

La cour des artisans (Handwerkerhof)
Königstor (face à la gare centrale ; près de Frauentorturm) - ✆ 0911 8 60 70 - mars-déc. : boutiques : lun.-vend. 10h-18h30, sam. 10h-16h; restaurant : lun.-sam. 10h30-22h.
Cour pittoresque entourée de remparts avec à la fois petites boutiques d'artisanat et restaurants traditionnels. Pour se procurer souvenirs de voyage (pain d'épice) ou pour faire une petite pause.

Käthe Wohlfahrt
Herrngasse 1 - ✆ 09 861 40 90 - lun.-vend. 9h-18h30, w.-end 9h-18h (fermé dim. de Noël à mi-mai) ; musée de mi-avr. à déb. janv. 10h-17h30 (dernière entrée 17h) - musée : 4 €.
Ici, c'est toute l'année Noël ! Choisissez votre décoration à la lumière des bougies du « village de Noël » (plus de 65 000 articles). À l'étage, musée de Noël allemand *(Deutsches Weihnachtsmuseum)* retraçant l'histoire de cette fête et de ses décorations. Exposition exceptionnelle de casse-noisettes.

Rothenburg ob der Tauber

Baumeisterhaus
Obere Schmiedgasse 3 - ✆ 09861 947 00 - tlj sf mar., fermé janv.-mars et nov. - 18/30 €.
Joyau de la Renaissance construit en 1596 face à l'hôtel de ville, cette maison abrite un restaurant sur deux étages orné de peintures murales anciennes et une cour entourée de galeries à colombages. Bonne cuisine, grand choix de gâteaux maison.

Les « Schneeballen »
Il s'agit d'une pâtisserie traditionnelle de la région faite à base de pâte brisée. À l'origine, les Schneeballen (boules de neige) étaient uniquement couvertes de sucre glace ou de cannelle, mais aujourd'hui elles se présentent sous d'autres formes, couvertes ou fourrées de chocolat par exemple ; des traditionnelles chez Bäckerei Striffler, Untere Schmiedgasse 1 ou Kappellenplatz, ou chez Uhl.

Würzburg

Bürgerspital
Theaterstraße 19 - ✆ 0931 35 28 80 - 17/24 €.
Taverne du vignoble de Bürgerspital parmi les plus importantes d'Allemagne. Dans un cadre historique, sous une belle voûte d'arêtes, prenez place à des tables impeccables pour découvrir vins de la région et cuisine franconienne.

Suisse

Nom local : *Die Schweiz / Svizzera / Suisse* **Capitale :** *Berne* **Population :** *7,52 millions d'habitants* **Superficie :** *41 284 km²* **Monnaie :** *Franc suisse (1€ = 1,61 CHF)*

M. Chaput / MICHELIN

La Suisse, ou plutôt la Confédération helvétique composée de vingt-trois cantons, est un pays attachant, une terre de contrastes, voire de paradoxes, originale par la diversité de ses habitants, de ses langues et de ses religions. « C'est une accablante entreprise que d'expliquer un peuple, surtout quand il n'existe pas » écrivait l'écrivain Ramuz.

Le pays offre aussi une variété naturelle tout à fait étonnante. En quelques kilomètres, on peut passer de cols enneigés à des vallées couvertes de vignes et d'abricotiers. Les paysages bien préservés se composent essentiellement de vallons couverts de forêts et de prairies, parsemés de fermes et de villages typiques, ainsi que de lacs et de majestueuses montagnes qui couvrent plus de 70 % du pays (le Mont Rose avec la pointe Dufour culmine à 4 634 m).

En camping-car, le pays peut se traverser aisément de part en part en moins d'une demi-journée, aussi pourrez-vous combiner certains itinéraires. La Suisse se visite en toute saison. Le pays dans son ensemble bénéficie d'un climat de type semi-continental. Les hivers sont froids, les étés chauds. Mais d'une région à l'autre, les conditions peuvent tellement varier que l'on parle parfois de microclimats.

Les traditions sont partout en Suisse et d'abord dans les architectures rurales parfaitement entretenues dont témoignent les larges maisons de bois en harmonie avec le paysage montagnard. La carte postale en irrite certains. Mais n'est-ce pas ce que l'on vient chercher en Suisse? Une Suisse rêvée avec ces sonneurs de cloche en costumes, ces joueurs de cors des Alpes, les alpages où gambaderait Heidi… Sur les timbres, il est écrit « Helvétia » pour désigner ce « pays-patchwork ». Avec ses quatre langues officielles (allemand, français, italien, romanche), la Suisse n'est jamais en manque de contradictions, marquée par la permanence et l'innovation. La Confédération refuse l'adhésion à l'Union européenne tout en faisant son chemin sur la scène internationale.

RECOMMANDATIONS

DOCUMENTS OBLIGATOIRES

✓ Permis de conduire rose de l'UE
✓ Permis de conduire international (recommandé seulement)
✓ Certificat d'immatriculation du véhicule ou certificat de location
✓ Plaque d'identification nationale
✓ Justificatif d'assurance (carte verte), recommandé seulement
✓ Passeport (recommandé seulement)
✓ Procuration en cas d'utilisation du véhicule appartenant à un tiers (recommandée seulement)

VITESSES LIMITES

✓ En agglomérations urbaines : 50 km/h
✓ Sur routes : 80 km/h
✓ Sur routes à chaussées séparées : 100 km/h
✓ Sur autoroutes : 120km/h
✓ Ces vitesses limites sont réduites par temps de pluie

CAMPING

Le camping sauvage n'est pas autorisé en Suisse

RÉGLEMENTATIONS

✓ Vignette autoroutière. En vente auprès des bureaux de poste, des bureaux de douane, ainsi que des garages et stations d'essence. Montant annuel : 40 CHF
✓ Taux maximum d'alcool toléré dans le sang : 0,5 g
✓ Siège enfant, rehausseur ou système de retenue adapté et homologué obligatoire jusqu'à 7 ans
✓ Âge minimum du conducteur : 18 ans
✓ Port de la ceinture de sécurité obligatoire à l'avant et à l'arrière
✓ Pneus cloutés admis avec réglementation du 24 octobre au 30 avril. Vitesse limite pour un véhicule équipé : 80 km/h
✓ Disque de limitation de vitesse obligatoire à l'arrière
✓ Triangle de présignalisation obligatoire
✓ Trousse de premiers secours recommandée
✓ Extincteur recommandé
✓ Gilet de sécurité fluorescent recommandé

URGENCES

✓ Téléphone incendie et ambulance : 112
✓ Téléphone Police : 110

Pour téléphoner en Suisse

Composer 00 41 + indicatif régional sans le 0 + numéro de l'abonné

M. Chaput / MICHELIN

Suisse romande

➲ Départ de Genève
➲ 7 jours
355 km
Carte Michelin n° 729

Les rives d'Ouchy à Lausanne

Jours 1 & 2

Organisez votre séjour à **Genève** en tenant compte de la météo. S'il fait beau le matin, allez vous promener assez tôt le long de la rive gauche du lac, quand il n'y a pas encore trop de monde. Vous y verrez de très près le fameux jet d'eau, et surtout, tout au bout du quai, deux beaux parcs paysagers en pente douce. Revenez vers la ville par le quartier populaire des Eaux-Vives, et jetez un coup d'œil aux grandes rues commerçantes de Genève, autour de la place du Molard. De là, grimpez dans la Vieille Ville, passez par la place du Bourg-de-Four, avant de vous rendre ensuite à la cathédrale et de monter tout en haut de sa tour, qui offre une vue imprenable sur Genève. En redescendant, visitez l'un des très nombreux musées de la ville. Si vous êtes passionné(e) d'histoire, ne manquez pas le musée international de la Réforme, et si vous aimez l'art primitif, le musée Barbier-Mueller. Pour dîner ou boire un verre, la Vieille Ville reste le quartier tout indiqué, à moins que vous ne fassiez un saut dans la commune voisine de **Carouge**, qui regorge de bons restaurants. Le lendemain, grimpez dans les transports en commun pour vous rendre en un clin d'œil au quartier international. Si vous avez le temps, visitez à la fois le Palais des Nations et le musée international de la Croix-Rouge. Vous pouvez ensuite revenir vers la ville à pied, en passant par le très beau jardin botanique et les parcs de la rive droite du lac. Les passionnés de littérature se résoudront à remplacer une de ces visites du dimanche par une escapade à l'extérieur de Genève, à **Cologny** (accessible par les transports en commun), pour découvrir la fabuleuse Fondation Bodmer.

Jour 3

Si vous avez envie de varier les plaisirs, la rive suisse du Léman s'offre à vous. Vous avez le choix : vous pouvez consacrer l'essentiel de votre temps à la visite des grandes villes riveraines(**Lausanne**, **Montreux-Vevey**) ou flâner le long du lac et choisir des cités-étapes plus petites, comme **Nyon** ou **Morges**. Le parcours est jalonné de châteaux, à **Coppet**, Nyon, **Prangin**s et **Chillon**,

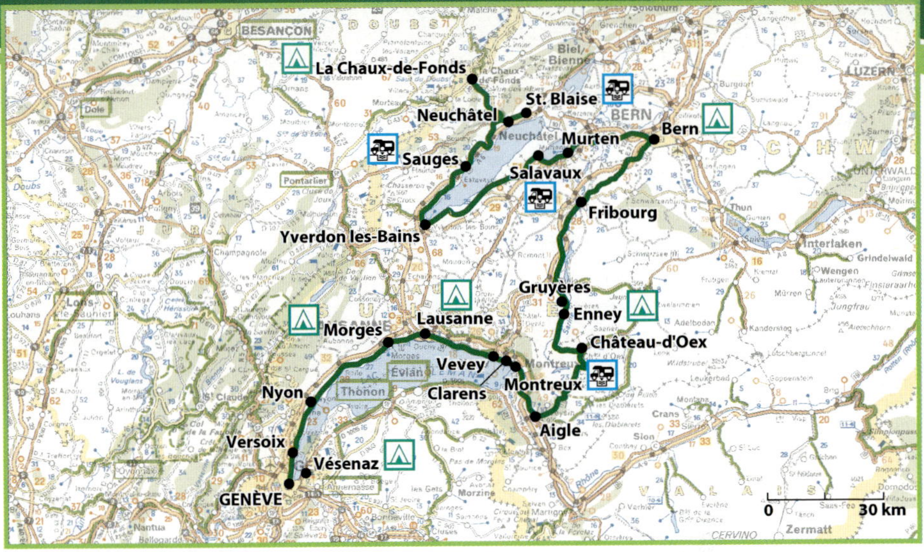

où se trouve le plus célèbre d'entre eux. N'hésitez pas à quitter de temps en temps la côte pour grimper dans les vignobles et découvrir notamment les terrasses de **Lavaux**. Enfin, ne vous privez pas du plaisir le plus évident : une mini-croisière sur le lac…

Jour 4

Centre viticole et industriel au confluent de la vallée du Rhône et de celle des Ormonts, **Aigle** est une avenante petite ville de plaine entourée de montagnes et de vignes. Chef-lieu du pays d'Enhaut, **Château-d'Oex** offre une succession de chalets et d'hôtels au pied des derniers contreforts boisés de la Gummfluh et des Vanils. C'est la villégiature familiale type des Alpes vaudoises, réputée pour les sports d'hiver comme pour ses nombreuses activités nautiques. Au pied du Moléson et de la dent de Broc, la capitale des comtes de Gruyères, nichée au cœur de la région qui a donné son nom au célèbre fromage, fait partie des cités-musées de la Suisse. Dans la longue rue pavée qui monte vers son château, on ne croise guère que des touristes. Mais le site verdoyant de cette petite ville vaut le détour, tout comme les villages environnants, qui ont su garder leur authenticité. Si vous aimez le Moyen Âge, ne manquez surtout pas **Fribourg**. Perchée sur un promontoire rocheux qui domine la rivière de la Sarine, la ville a gardé de cette époque une partie de ses remparts, des ponts, des églises, des fontaines sculptées et de nombreuses maisons gothiques – soit l'un des plus beaux ensembles d'architecture médiévale en Europe.

Jour 5

Gagnez **Berne**, classée au patrimoine culturel mondial de l'Unesco pour ses richesses médiévales, qui détient par ailleurs la plus grande collection de tableaux de Paul Klee.

Jour 6

Rejoignez la charmante petite ville de **Neuchâtel,** dominée par son château et sa collégiale du 12e s., et ne manquez ni son littoral – la cité est au cœur de la région « des Trois Lacs » – ni son musée d'art et d'histoire réputé.

Jour 7

Poursuivez votre route dans les montagnes jusqu'à **La Chaux-de-Fonds**, entièrement détruite par un incendie à la fin du 18e s. et reconstruite selon un étonnant plan en damier. Son musée international d'horlogerie est un des joyaux de la « Watch Valley ». Vous y verrez également plusieurs villas de Le Corbusier. Rendez-vous ensuite dans la petite ville du **Locle**, autre capitale de l'horlogerie. Cette étape vous permettra de rejoindre par d'agréables petites routes le **Val-de-Travers**, véritable paradis pour les randonneurs. Si vous ne deviez y faire qu'une promenade, grimpez au **Creux-du-Van**, un cirque naturel aux falaises hautes de plus de 100 m et qui domine la vallée. **Neuchâtel**, n'est qu'à une vingtaine de kilomètres.

Suisse

Aires de service & de stationnement

Hindelbank

Parkplatz Bantam – *Kirchbergstrasse 18*
03/44119090 – Ouv. tte l'année – P 15.
Borne eurorelais. Payant.
Stationnement : autorisé

Montreux

Aire Municipale Salle Omnisport du Pierrier – *Chemin du Pierrier – 08/48868484 – Ouv. tte l'année – P 4.*
Borne eurorelais. Gratuit.
Stationnement : 5h maxi..
Loisirs : Services :

St-Blaise

Port de St.-Blaise – *Chemin des Pêcheurs*
079/2875748 – Ouv. tte l'année – P 12.
Borne eurorelais. Gratuit.
Stationnement : 24h maxi. 5 €/j.
Loisirs : Services :
Douches et toilettes à la capitainerie.

Salavaux

Parc Relais - Hep Vacances – *À l'entrée du village*
02/66774444 – Ouv. tte l'année – P 5.
Borne eurorelais. Payant.
Stationnement : illimité. 6.5 €/j.
Services :

Sauges

Aire de la Capitainerie – *Port de plaisance*
03/28362562 – Ouv. tte l'année – P 10.
Borne eurorelais. Gratuit.
Stationnement : illimité. 13 €/j.
Loisirs : Services :
Au bord du lac.

Campings

Berne

Bern-Eymatt
Wohlenstrasse 62c - Hinterkappelen
031/9011007
Permanent 3,5 ha (230 empl.)
Loisirs : nocturne (plan d'eau)
Services : brasserie

Enney

Haute Gruyère
Chemin du Camping 18
026/9212260
Mars-nov. 1,5 ha (80 empl.)
Loisirs : (plan d'eau)
Services : sèche-linge

Genève

Pointe à la Bise
Chemin de la Bise
022/7521296
Mi-mars-déb.-oct. 3,2 ha (220 empl.)
– 10
Loisirs : (petite piscine) (plan d'eau)
Services :
Bien situé au bord du lac, transport en commun pour Genève centre (15mn).

La Chaux-de-Fonds

Bois du Couvent
Bois du Couvent 108
032/9132555
Mai-sept. 1,4 ha (80 empl.)
– 8
Loisirs :
Services : sèche-linge brasserie, snack
Aire de services à l'extérieur du camping.

Lausanne

Camping de Vidy
Chemin du Camping 3
021/6225000
Permanent 4,5 ha (260 empl.)
– 15
Loisirs : (plan d'eau) aire de sports
Services : sèche-linge brasserie, snack
Aire de services et stationnement sécurisé, extérieurs au camping.

Les bonnes **adresses** de Bib

Berne

Klötzlikeller

Gerechtigkeitsgasse 62 - ✆ 031 311 74 56 - fermé dim. (et lun. en été) - 25/60 CHF.

Ce sympathique caveau abrite le plus vieux bar à vin de Berne, tel qu'il en existait plus de 230 dans la ville en 1635 ! Sous les sombres lambris de l'entre-sol ou sous la grande voûte de la cave, goûtez l'émincé de veau au rösti ou aux plats à base de champignons frais (toute l'année). Ambiance chaleureuse et bon rapport qualité-prix.

Fribourg

Auberge du Chasseur

10 r. de Lausanne - ✆ 026 322 56 98 - tlj sf lun., fermé 1er-15 juin.

Spécialités de la maison : fondues et raclettes.

La Cigogne

24 r. d'Or - ✆ 026 322 68 34 - fermé dim.-lun., Noël et j. de l'An, fin fév.-mi-mars et 3 sem. en sept.

Ce restaurant à deux pas du pont de Berne propose une cuisine sophistiquée. Terrasse couverte très agréable aux beaux jours.

Salon de thé Nicolas-Bertherin

61 r. de Lausanne - ✆ 026 322 34 89 - lun.-vend. 7h30-19h, sam. 7h30-18h, dim. 8h-18h.

Pour déguster pâtisseries fines et chocolats… Nicolas Bertherin a été élu meilleur confiseur suisse en 2002.

Genève

Halles de l'Île

1 pl. de l'Île - ✆ 022 311 52 21 - fermé dim. et j. fériés.

Situé sur l'île qui s'étire au milieu du Rhône, ce restaurant est doté d'une salle à manger panoramique très agréable qui s'ouvre sur le fleuve. On y mange bien. Carte traditionnelle, poissons. Dîners jazz le w.-end.

Chez ma Cousine

6 pl. du Bourg-de-Four - ✆ 022 310 96 96 - tlj.

Tout près de la cathédrale, restaurant au cadre gai et coloré (murs jaunes, tables vertes). On y mange du poulet, sous toutes ses formes.

La Favola

15 r. Jean-Calvin - ✆ 022 311 74 37 - fermé sam.-dim., ouv. le sam. soir de juin à sept. Réservation conseillée.

Derrière la façade en bois d'une maison du 17e s. se cache un petit restaurant sur deux étages, souvent bondé. Cuisine tessinoise inventive, savoureuse et bien présentée.

Buvette des Bains des Pâquis

30 quai du Mont-Blanc - ✆ 022 738 16 16 - tlj 8h30-21h30.

Un endroit à ne pas manquer : l'un des lieux les plus populaires de Genève, au bout de la jetée des Pâquis. En quelques secondes, on se retrouve au calme, tout au bord de l'eau. Idéal le matin, pour prendre son café.

Gruyères

Le Chalet

✆ 026 921 21 54 - www.chalet-gruyeres.ch.

Spécialités gruériennes dans cette auberge rustique située au cœur du bourg. Fondues, raclettes, meringues et crème de gruyère.

Lausanne

Restaurant du musée Olympique

1 quai d'Ouchy - ✆ 021 621 67 08 - tlj 9h-18h, fermé dim. de nov. à fin avr.

À ne pas manquer lorsqu'on vient au musée, surtout par beau temps : grande terrasse panoramique avec peut-être l'une des plus belles vues d'Ouchy, sur le lac et le parc du musée. Cuisine traditionnelle, très bon rapport qualité-prix.

Montreux

Le Museum

40 r. de la Gare - ✆ 021 963 16 62 - mar.-sam. à partir de 18h.

Dans trois belles salles voûtées appartenant à un ancien couvent du 13e s., on peut déguster fondues, raclettes et cuisine au feu de bois.

Caveau des Vignerons

30 bis r. Industrielle - ✆ 021 963 25 70 - fermé dim., 1 sem. à Pâques et du 28 juil. au 18 août.

Restaurant au décor inspiré des métiers du vignoble. Viandes sur ardoise, fondues, raclettes et vins locaux.

Neuchâtel

Brasserie Le Cardinal

9 r. du Seyon - ✆ 032 725 12 86 - fermé dim., dernière sem. de juil. et première sem. d'août.

L'intérieur de cette brasserie, orné de carreaux de faïence colorés, est classé au patrimoine architectural. La cuisine, à la fois sans prétention, délicieuse et peu coûteuse, est à la hauteur du décor.

Walder Chocolatier

1 Grand' Rue, à l'angle de la r. Seyon et de la r. de l'Hôpital - ✆ 032 725 20 49 - fermé dim. et lun. matin.

Avec Wodey Suchard, la meilleure chocolaterie de la ville.

Suisse

De lacs en lacs

➲Départ de Thoune
➲9 jours 495 km
Carte Michelin n° 729

Le lac de Thoune

Jours 1 & 2

Partez à la découverte du toit de l'Europe... À partir de **Thoune**, qui fait face aux sommets enneigés des Alpes bernoises, gagnez la charmante petite ville de **Spiez**, au décor tout droit sorti d'un livre d'images, entre lac et montagnes. Rejoignez **Interlaken** pour vous échapper une journée en train : le circuit ferroviaire du **Jungfraujoch** vous conduit en 3 heures à 3 454 m d'altitude. Là, vous pourrez admirer les célèbres montagnes de la Jungfrau, du Mönch et de l'Eiger, ainsi que le glacier d'Aletsch. L'ensemble du site est classé patrimoine naturel mondial de l'Unesco. Et si vous aimez randonner dans de fabuleux paysages de haute montagne, le village de **Grindelwald** vous attend.

Jour 3

Posée au bord du lac de ce nom, face aux chutes du **Giessbach**, **Brienz** est l'une des stations estivales de l'Oberland bernois qui a le mieux conservé son cachet rural traditionnel. Capitale suisse de la sculpture sur bois depuis le début du 19e s., le bourg possède une école professionnelle (*Schule für Holzbildhauerei*), la seule du pays, qui assure la continuité de cette tradition, ainsi qu'une école de lutherie (*Geigenschule*). Plusieurs ateliers ouvrent leurs portes au public,qui peut ainsi voir les artisans au travail. Les plantigrades de toutes tailles, aux postures variées, vendus comme souvenirs à Berne, Interlaken ou Lucerne sortent, en majeure partie, des ateliers de Brienz. Au cœur de la Suisse centrale, **Lucerne** est un lieu de rêve pour un court séjour. Vous serez immédiatement séduit par son incroyable panorama alpin, le lac des Quatre-Cantons qui la borde, sa vieille ville entièrement piétonne et ses ponts de bois illuminés la nuit. Ses alentours sont tout aussi séduisants. L'ascension du **Mont-Pilate** en téléphérique fait partie des incontournables. Le lac des **Quatre-Cantons**, aux paysages extrêmement variés, offre de nombreuses possibilités de croisières en bateaux à vapeur. On peut rejoindre notamment la mythique prairie du **Rütli**, où fut fondée la Confédération helvétique. Le lac prend à cet endroit des allures de fjord...

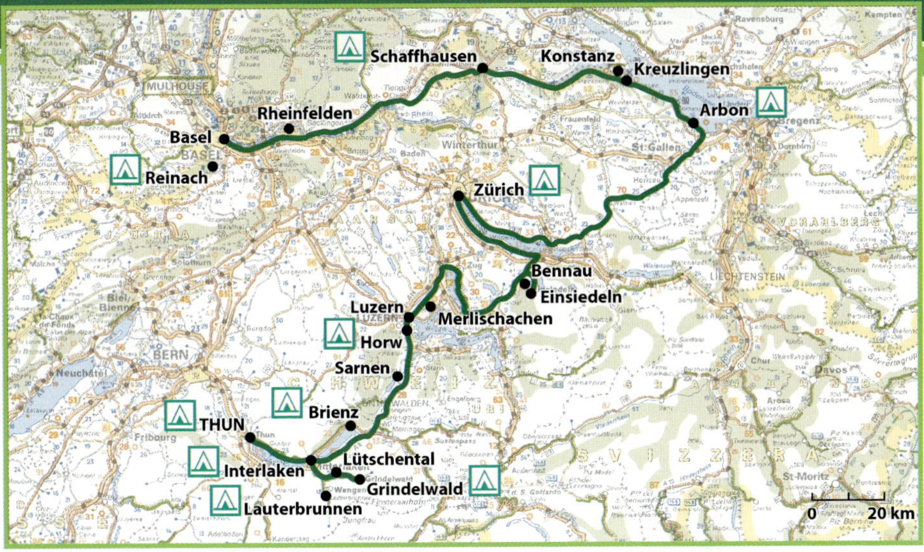

Jour 4

Gagnez **Zürich** et son lac en faisant un détour par **Ensielden**, lieu de pèlerinage le plus célèbre de Suisse. Puis faites une petite halte à **Rapperswil** qui occupe un joli site sur une courte presqu'île de la rive nord du lac de Zurich. Regagnez **Zürich** ou ses environs pour y faire étape.

Jours 5 & 6

À quoi ressemble une ville réputée pour avoir l'une des meilleures qualités de vie au niveau mondial ? Pour le savoir, allez faire un petit tour à Zürich qui, en dehors de ce « label », a bien d'autres attraits. Commencez votre séjour en vous plongeant dans l'ambiance de la ville, sur la rive gauche du fleuve de la Limmat. Avec ses innombrables boutiques, la *Bahnhofstrasse* est la rue la plus animée de la cité. Pour vous repérer, grimpez sur l'esplanade Lindenhof, d'où vous découvrirez la ville ancienne qui s'étage sur la rive d'en face. À deux pas de l'esplanade, le quartier de la Schipfe et ses ruelles médiévales vous en donnent déjà un avant-goût. Principaux musées à voir sur la rive gauche, le Musée national suisse et le musée Rietberg. Traversez la Limmat pour parcourir la *Spiegelgasse*, petite ruelle chargée d'histoire : Lénine y prépara la Révolution, et son cabaret Voltaire, aujourd'hui un café branché, fut le berceau du dadaïsme. D'autres richesses vous attendent sur cette rive : la cathédrale, le musée des Beaux-Arts avec sa collection unique d'œuvres de Giacometti, et les belles rues pavées du quartier d'Oberdorf, dont vous apprécierez le calme au terme de cette journée chargée ! Et si vous aimez la vie nocturne, ne manquez pas le quartier « tendance » de Zurich West. Le lendemain, rendez-vous à la Fondation-collection E. G. Bührle (accessible en tramway), l'un des plus importants musées d'art privés de Suisse.

Jour 7

Consacrez cette journée à rejoindre Bâle en n'oubliant pas de faire étape à Rheinfelden pour ses impressionnantes chutes du Rhin.

Jours 8 & 9

Si vous aimez l'art et l'architecture, **Bâle** va vous combler avec sa vieille ville, l'une des mieux conservées d'Europe, et ses constructions ultra-modernes conçues par des architectes mondialement connus (Mario Botta, Herzog & de Meuron, Diener & Diener…). Commencez par visiter l'hôtel de ville et la cathédrale. Puis promenez-vous autour de la très animée Barfüsserplatz, et empruntez les belles ruelles pavées de la ville. Bâle compte 33 musées : à vous de choisir combien vous pouvez en visiter en deux jours ! Mais ne manquez pas le musée des Beaux-Arts (à l'extérieur du Vieux Bâle). Pour faire une pause, choisissez les bancs de la fontaine Tinguely ou encore le beau jardin botanique de l'Université de Bâle.

Campings

Arbon

Buchhorn
Philosophenweg 17
071/4466545
Mi-mars-sept. 2,5 ha (120 empl.)
Loisirs : (plan d'eau) aire de sports, barbecue
Services : sèche-linge snack, self-service

Brienz

Aaregg
Seestrasse 26
033/9511843
Avr.-oct. 4 ha (240 empl.)
Loisirs : diurne (plan d'eau) aire de sports, ski nautique, excursions en bateau
Services : cafétéria, pizzeria

Grindelwald

Eigernordwand 27
033/8531242
Permanent 1,2 ha (200 empl.)
Loisirs : barbecue, ski de fond, téléski
Services :
Superbe vue sur la Jungfrau et sommets environnants.

Horw

Steinibachried
Seefeldstraße
041/3403558
Avr.-sept. 2 ha (100 empl.)
Loisirs : diurne (plan d'eau)
Services : sèche-linge snack, pizzeria, self-service

Interlaken

Alpenblick 2
Seestrasse 130
033/8227757
Permanent 2 ha (100 empl.)
Loisirs : (plan d'eau) aire de sports, ski nautique
Services : sèche-linge snack, brasserie
Belle situation entre deux lacs.

Lauterbrunnen

Jungfrau AG
Weid 406
033/8562010
Permanent 4,5 ha (260 empl.)
Loisirs : ski de fond, téléski
Services : brasserie, self-service, snack, pizzeria

Reinach

Waldhort
Heideweg 16
061/7116429
Mars-oct. 3,3 ha (200 empl.)
Loisirs : barbecue
Services : snack

Schaffhausen/Schaffhouse

Rheinwiese
Strandbad Rhiwies
052/6593300
Mai-sept. 4,3 ha (70 empl.)
Loisirs :
Services : snack

Thun/Thoune

Thunersee
Gwattstrasse 103a
033/3364067
Fin-mars-mi-oct. 1,5 ha (150 empl.)
Loisirs : (plan d'eau) excursions en bateau
Services : brasserie, snack

Zürich

Seebucht
Seestrasse 559
044/4821612
Mai-sept. 20 ha (300 empl.)
Loisirs :k (plan d'eau) barbecue, ski nautique
Services :
Transports en commun pour le centre-ville à 50 m.

Les bonnes **adresses** de Bib

Basel/Bâle

Rosario's

Spalenberg 53 - ✆ 061 261 03 76 - lun.-sam.

Joli décor Art nouveau dans ce bistrot à vins du vieux Bâle. Le patron sicilien veille à ce que la cuisine de son pays soit bien représentée : vins italiens et bons petits plats méditerranéens. À partir de 16h, la salle se remplit de Bâlois qui viennent se mettre à l'heure italienne après le travail.

Torstübli

Riehentorstrasse 27 - ✆ 061 692 01 10 - ferme sam.-dim.

On passerait presque sans s'arrêter devant cette maison bourgeoise du Petit Bâle. La cuisine qu'on y sert est pourtant fort réputée pour la qualité de ses produits. Plats abordables le midi pour les petites faims.

Interlaken

Goldener Anker

Marktgasse 57 - ✆ 033 822 16 72 - tlj dès 16h.

Une cuisine simple mais variée (cury, tortillas, entrecôte, gigot) attend les clients de ce bar-restaurant légèrement excentré. Ses prix, plus raisonnables qu'en ville, attirent les budgets moyens. Atmosphère jeune et détendue, concerts le soir en haute saison.

Sankt Gallen/St-Gall

Marktplatz

Neugasse 2 - ✆ 071 222 36 41.

Pas besoin de se ruiner pour bien manger à St-Gall ! Cette brasserie moderne, avec ses murs clairs, ses briques et ses écrans de télé, sert une cuisine variée à prix modérés : flammeküeche, burgers, salades, röstis, spätzles, grillades… Chaque plat est proposé en petite portion pour les petites faims. Dernier atout : le restaurant est ouvert le dimanche, ce qui est assez rare à St-Gall pour être signalé.

Schaffhausen/Schaffhouse

Croisières sur le Rhin

Schweizerische Schiffahrtgesellschaft Untersee und Rhein - ✆ 052 634 08 88 - www.urh.ch.

En saison (de fin avr. à déb. oct.), départs quotidiens de Schaffhouse (embarcadère Schifflände) ou Stein am Rhein vers Constance (et inversement). On peut se contenter de la portion Schaffhouse/Stein am Rhein, qui traverse de magnifiques paysages verdoyants et reste la plus spectaculaire. Possibilité de rejoindre Schaffhouse en train. Le « River Ticket » à 30 CHF permet de prendre tous les bateaux pendant une journée (3h AR).

Thun/Thoune

Waisenhaus

Bälliz 61 - ✆ 033 223 31 33 - www.bindella.ch - tlj.

Cette ancienne soierie sise au bord de l'Aare, transformée en orphelinat au 19e s., s'est brillamment reconvertie en « ristorante » semi-gastronomique. Saveurs italiennes dans les assiettes, salles feutrées et vue splendide sur le vieux Thoune. En été, tables en terrasse et bon prix à midi.

Croisière sur le lac de Thoune

Excursions tlj sur le lac avec la compagnie BLS, entre avril et la mi-octobre.

Idéal pour contempler les sommets enneigés de l'Oberland bernois. Compter 2h pour rallier Thoune à Interlaken (30 CHF, retour en train possible ; 51 CHF AR). Arrêts recommandés à Spiez et Oberhofen.

Luzern/Lucerne

Wilhelm Tell

Schweizerhofquai - ✆ 041 410 23 30.

Grand bateau à vapeur typique du lac des Quatre-Cantons, à quai. Depuis le bar, on peut observer les anciennes machines qui actionnent les roues à aubes. La salle à manger, de style 1900, est très élégante.

Goldener Löwen

Eisengasse 1 ✆ 041 410 11 33.

Ambiance de taverne pour savourer l'une des innombrables fondues suisses. Même la fondue au chocolat est à la carte !

Zürich

Zunfthaus zur Zimmerleuten

Limmatquai 40 (1er étage) - ✆ 044 250 53 63 - tlj.

On y trouve deux salles à manger aux styles très différents : une salle rustique plutôt cossue avec des poutres (Küferstube), une autre salle charmante, claire et intime, qui offre la possibilité de souper avec vue sur la Limmat. Dans les deux cas, la cuisine ne déçoit pas et le personnel est attentionné.

Sternen Grill

Freieckgasse 7 - ✆ 044 261 44 30 - dim.-jeu. 10h30-0h, vend.-sam. 10h30-1h.

Hommes d'affaires, groupes d'amis, étudiants, flâneurs : tout le monde vient croquer une « Bratwurst » (saucisse grillée) debout sur le trottoir, un quignon de pain et une bière à la main, dans ce grill, qui fait figure d'institution de la restauration rapide à Zurich. Juste à côté, le restaurant Rosaly's, qui appartient à la même enseigne, sert une cuisine traditionnelle dans une agréable salle moderne.

Sprüngli

Bahnhofstrasse 21, sur Paradeplatz - ✆ 044 224 47 11 - lun.-vend. 7h30-18h30, sam. 8h-16h.

Cette célèbre confiserie est une institution zurichoise. Elle propose toutes sortes de truffes et de chocolats dont une spécialité locale, les *Luxemburgerli*.

Du **Valais** au **Tessin** par les grands cols

Départ de Martigny
7 jours
530 km
Carte Michelin n° 729

M. Chaput / MICHELIN

Vue de la Furkapass

Jour 1

« Le Midi commence à **Martigny** » proclame un adage local. À juste titre : l'ensoleillement dont bénéficie la région y fait pousser tomates, vignes, abricotiers et autres arbres fruitiers. La ville elle-même cultive un cachet méridional, que les vestiges et monuments romains disséminés dans ses rues viennent encore renforcer. Regagnez **Sion** ou l'on fera étape. Semblant surgir du passé, ses deux pitons rocheux coiffés chacun d'un château plantent tout de suite le décor. Sion est une ville d'histoire, et l'une des plus anciennes de Suisse. Capitale politique et administrative du Valais, elle est devenue également le centre des affaires du canton. Le développement de ses quartiers périphériques n'est pas des plus heureux, mais sa Vieille Ville les fait aisément oublier.

Jour 2

Zermatt est à 76 km au sud-est de Sion. Mais on y accède seulement en train, à partir de Brigue, Viège (Visp) ou Täsch, à 5 km de Zermatt. Choisissez **Täsch** où un vaste parking payant a été aménagé (compter 11 CHF par jour environ). Au pied du célèbre Cervin, Zermatt attire, tout autant que les alpinistes, un flot continu de touristes, de toutes nationalités. La longue rue principale de ce village sans voitures – seuls voiturettes électriques, calèches et traîneaux y circulent – est dévolue aux boutiques de luxe, aux hôtels et aux magasins de souvenirs.

Jour 3

Saas-Fee est à 39 km de Zermatt. Station sans voitures, les parkings sont à l'entrée du village. Perchée à 1 800 m d'altitude, entourée de 13 sommets de plus de 4 000 m, de glaciers et de roches, celle qu'on surnomme la « perle des Alpes » se blottit au pied de la chaîne des Mischabel.

Jour 4

Au cœur du Valais alémanique, à la jonction des routes du Simplon et de la Furka, découvrez **Brigue**. Cette petite ville-relais animée dispose d'un agréable centre piéton, aux larges rues pavées. Mais c'est bien le château Stockalper qui fait une grande partie de son charme. Direction **Davos** via **Andermatt** et **Chur**. Au cœur des

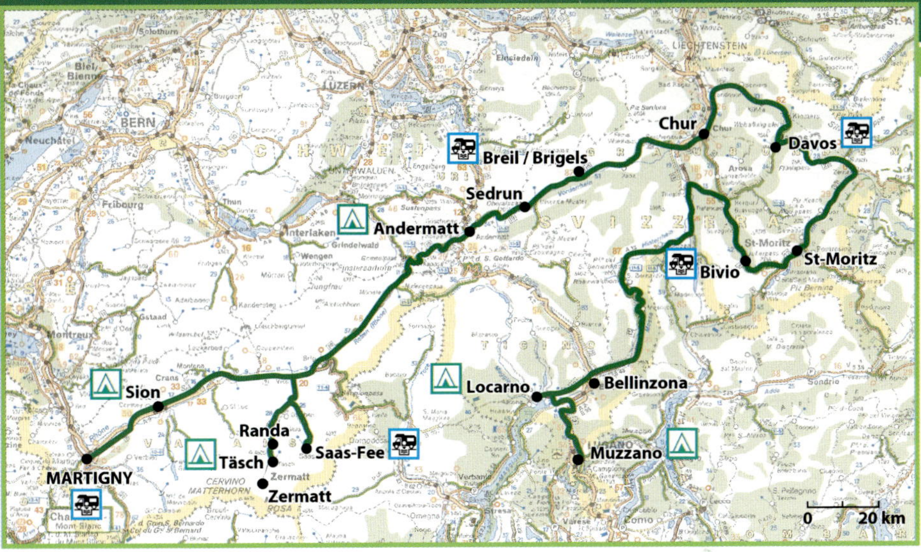

Alpes suisses, l'itinéraire nous impose le franchissement de nombreux cols (**Furkapass**, **Oberalppass**, **Flüelapass**) tous à plus de 2 000 m. Andermatt se trouve à la jonction des routes du Gothard, de la Furka et de l'Oberalp : c'est, par excellence, le carrefour des Alpes suisses. **Chur** (Coire), capitale historique, administrative et religieuse des Grisons depuis le 16e s., cache un riche patrimoine bâti au pied des montagnes. Puis **Davos**, « la plus haute ville d'Europe » à apprécier hiver comme été. À 1 560 m d'altitude, au cœur des montagnes des Grisons, entre vallée du Rhin et Engadine, Davos dispose de nombreux équipements et services : patinoire d'été, golf, lac, centre nautique.

Jour 5

St-Moritz ne semble pas le meilleur lieu de vacances pour qui n'est pas joueur de polo ou fin dégustateur de cigare. Pourtant, des touristes venus du monde entier, débarqués du Glacier Express, viennent vérifier la réputation du lieu. Heureusement, il reste encore ici des plaisirs gratuits : une randonnée dans une vallée discrète ou un plongeon revigorant dans le lac. Puis vous ferez étape sur la route qui vous mènera dans le Tessin, terme de notre périple.

Jour 6

Bellinzone, c'est d'abord une silhouette : une muraille crénelée et trois châteaux visibles de loin, de jour comme de nuit, qui veillent au milieu de la vallée. Cet exemple exceptionnel d'une place forte de la fin du Moyen Âge est inscrit depuis 2000 au Patrimoine mondial de l'humanité. Mais contrairement aux apparences, la cité lombarde n'a rien austère. Pour s'en convaincre, Il suffit de flâner un samedi matin, jour de marché, dans le centre historique. Le rendez-vous est animé et authentique ; les charcuteries et les fromages sur les étals sont alléchants. Nulle part ailleurs que dans la capitale administrative du canton, on ne sent aussi bien l'esprit tessinois.

Jour 7

La plus belle salle de cinéma au monde se trouve à… **Locarno**, quand l'écran géant du Festival international du film se dresse sur la sublime Piazza Grande. Tout le reste de l'année – jeudi, jour de marché compris – le pouls de la ville bat sur cette place lombarde chauffée au soleil. Regagnez **Lugano**. La ville a donné son nom au lac qui la borde et que l'on appelle aussi Ceresio. Une baie encadrée par deux sommets, Monte Brè et Monte San Salvatore, sentinelles boisées de la tête au pied qui plongent sans retenue dans des eaux sombres et calmes.

Suisse

Aires de service & de stationnement

Bivio

Parkplatz Liftstation – *Julierstrasse – 081/6845233 – Ouv. tte l'année – P 16.*
Payant.
Stationnement : autorisé. 6.5 €/j.
Loisirs : Services :

Breil / Brigels

Talstation Sesselbahn – *Plaun Rueun – 081/9411331 – Ouv. mai-oct. – P 20.*
Payant.
Stationnement : autorisé. 6.5 €/j.
Loisirs : Services :

Davos

Rinerlodge – *Landwasserstrasse 64 – 081/4011321 – Ouv. mi-déc.-déb. avr., mi-mai-mi-oct. – P 35.*
Borne eurorelais. Payant.
Stationnement : autorisé. 25 €/j.
Loisirs : Services :

Locarno

Aire de Locarno – *Via alla Lanca degli Stornazzi – 091/7563111 – Ouv. tte l'année – P 25.*
Payant.
Stationnement : 24 maxi. 7 €/j.
Loisirs : Services :

Martigny

Parking de la Fondation Pierre Gianadda – *Rue du Forum – Ouv. tte l'année – P*
Borne eurorelais. Gratuit.
Stationnement : autorisé.
Services :

Saas-Fee

Parkplatz P4 – *027/9581875 – Ouv. tte l'année – P 60.*
Borne artisanale. Payant.
Stationnement : autorisé. 12€/j.
Loisirs : Services :
Belle vue sur les montagnes environnantes.

Campings

Andermatt

Gotthard
Gotthardstrasse 110
079/2828550
Juin-mi-oct. 1,1 ha (100 empl.)
-50
Loisirs :
Services : brasserie

Locarno

Delta
Via Respini 7
091/7516081
Mars-oct. 6 ha (225 empl.)
Loisirs : diurne (juil.-août) jeux pour adultes, squash (plan d'eau) aire de sports
Services : sèche-linge brasserie, self service, snack, pizzeria

Muzzano

La Piodella
Via alla Force 14
091/9947788
Permanent 4,7 ha (210 empl.)
Loisirs : diurne (juil.-août) jeux pour adultes (plan d'eau)
Services : brasserie, pizzeria

Sion

Les Îles
Rue d'Aproz
027/3464347
Mi-déc.-déb.-nov. 8 ha (440 empl.)
Loisirs : squash, jeux pour adultes (plan d'eau) aire de sports, barbecue
Services : sèche-linge

Täsch

Alphubel
027/9673635
Mi-mai-mi-oct. 0,7 ha (100 empl.)
Loisirs : diurne (juil.-août)
Services : brasserie

Les bonnes **adresses** de Bib

Airolo

Caseifico del Gottardo
✆ 091 869 11 80 - 6h30-0h (visite jusqu'à 10h30).
Une fromagerie, avec restaurant, et visite de la laiterie. Fromages du Tessin (lait cru et pasteurisé).

Ascona

Monte Verità
Via colina 78 - ✆ 091 785 40 40.
Cuisine créative qui fait la part belle aux produits locaux et aux herbes de son jardin des épices. Certaines chambres de la Villa Semiramis avec vue sur le lac.

Bellinzona/Bellinzone

Osteria Sasso Corbaro
Dans le Castello Sasso Corbaro - ✆ 091 825 55 32 - fermé dim. soir et lun. et 10 janv.-13 fév.
Une petite adresse sympathique dans le château le plus élevé. Cuisine régionale. Terrasse et vue sur la ville.

Castelgrande
Salita al Castello (accès par ascenseur) - ✆ 091 826 23 53 - fermé le lun.
Laissez-vous surprendre par ce restaurant moderne et élégant situé dans l'enceinte du château médiéval Castelgrande. Cuisine raffinée et ample choix de vins.

Brigg/Brigue

Schlosskeller
Alte Simplonstrasse 34 - ✆ 027 923 33 52 - fermé le dim. soir et lun.
Dans la rue qui conduit au château, restaurant pour gourmets proposant, entre autres, des spécialités méditerranéennes. Agréable cour intérieure. Prix du menu en semaine très intéressant.

Chur/Coire

Süsswinkel
Süsswinkelgasse 1 - ✆ 081 252 28 56 - fermé dim. et lun.
Une cuisine de bistrot appliquée et savoureuse dans une ambiance d'autrefois.

Basilic
Susenbühlstr. 43, sur la route de Malix/Lenzerheide - ✆ 081 252 35 05 - fermé dim. lun. midi.
Une table pour gourmet très créative avec vue sur la ville (terrasse en été).

Davos

Walserhuus Sertig
Sertig (à 10 km au sud de Davos) - ✆ 081 410 60 30.
Au bout de la route, dans la vallée de Sertig, vue sublime et assiettes copieuses de spécialités locales.

Locarno

Campagna
Via Castelrotto 16 - ✆ 091 751 99 47.
Une ambiance italienne avec jardin, pergola et jeux pour enfants. Gambas grillés, friture, spagettis aux coques...

La Cittadella
Via Cittadella 18 - ✆ 091 751 58 85.
Une trattoria au rdc, une salle gastronomique à l'étage. Dans les deux cas, un service et une cuisine impeccables.

Lugano

Antica Osteria del Porto
Via Foce 9 - ✆ 091 971 42 00 - tlj sf mar.
À côté du port, dans un style décontracté, beaux filets de poisson et de savoureux risotto.

Vanini
Piazza della Riforma - ✆ 091 923 82 83 - tlj jusqu'à 23h.
Spécialiste des *amaretti* (petits macarons aux amandes), des *panetones* « maison » et d'excellentes glaces.

Martigny

Les Trois Couronnes
8, pl. du Bourg - ✆ 027 723 21 14 - fermé dim. et lun.
Sur une agréable petite place, dans un bâtiment du début du 17e s. Très bonne cuisine traditionnelle, pour un excellent rapport qualité-prix. Grande terrasse ombragée.

St-Moritz

Engiadina
Plazza da Scoula - ✆ 081 833 32 65.
Un restaurant familial et sympathique, loin du luxe des palaces. Spécialités grisonnes.

Sion

Cave de Tous Vents
16 r. des Châteaux - ✆ 027 322 46 84 - fermé en août et les dim. et lun. en mai et juin.
Dans cette belle cave voûtée du 13e s., on déguste des plats valaisans accompagnés des meilleurs crus de la région.

Zermatt

Walliserkanne
Bahnofstrasse 32 - ✆ 027 966 46 10.
Au choix, plats régionaux ou italiens (salles séparées). La nourriture est correcte. Deux terrasses permettent de profiter du soleil.

Autriche

Nom local : *Republik Österreich* **Capitale :** *Vienne*
Population : *8,19 millions d'habitants* **Superficie :** *83 853 km²* **Monnaie :** *Euro*

Y. Bontoux/MICHELIN

Printemps, été, automne, hiver… l'Autriche se visite en toute saison et pour moult raisons. Réputée pour ses domaines skiables, ses lacs limpides et ses paysages boisés, elle est une destination de rêve pour les amoureux de la nature. Trois chaînes montagneuses forment plus des deux tiers de son territoire, le Nord, pour le reste, est drainé par le Danube. Des paysages enchanteurs et contrastés se succèdent : Alpes tyroliennes enneigées, lacs et villages de pastorale, vallée du Danube jalonnée de vieux châteaux et vignobles. Trois zones climatiques se distinguent : l'Est est caractérisé par des étés secs et chauds et des hivers froids ; les régions des Alpes sont sous l'influence du climat alpin, riche en précipitations, étés courts et soirées fraîches ; le reste du territoire accuse un climat de transition propre à l'Europe centrale, tempéré et humide. À ces images de nature se superposent celles des villes et leurs trésors d'art, le prestige incomparable de Vienne et de Salzbourg, valses et musiques, vie littéraire dans les cafés… Le baroque autrichien a donné à l'Autriche sa plus brillante expression artistique. L'Art nouveau est aussi connu dans le monde entier à travers les œuvres en verre et en acier de Otto Wagner et les peintures sensuelles et délicates de Klimt ou celles tourmentées de Schiele. L' Autriche s'enorgueillit également d'une très longue tradition musicale (Mozart, Haydn, Beethoven, Schubert, Brahms, Strauss puis Malher, Schönberg…) qui influença nombre de compositeurs contemporains. Les grands auteurs sont aussi autrichiens : de Freud à Zweig en passant par Rilke, Musil, Bernhard, Handke, Jelinek…

Car au cœur du vieux continent, l'Autriche a longtemps tenu un rôle clé dans l'histoire de l'Europe. Héritière d'un Empire qui a regroupé des pays aussi divers que l'Italie du Sud et la Galicie, la Hongrie et les Pays-Bas, l'Autriche, sans prétendre au même rayonnement qu'autrefois, est l'un des adhérents les plus engagés de l'Union européenne depuis son entrée en 1995.

RECOMMANDATIONS

DOCUMENTS OBLIGATOIRES

✓ Permis de conduire rose de l'UE
✓ Permis de conduire international (recommandé seulement)
✓ Certificat d'immatriculation du véhicule ou certificat de location
✓ Plaque d'identification nationale
✓ Justificatif d'assurance (carte verte)
✓ Passeport (recommandé seulement)
✓ Procuration en cas d'utilisation du véhicule appartenant à un tiers

VITESSES LIMITES

✓ En agglomérations urbaines : 50 km/h
✓ Sur routes : 100 km/h
✓ Sur autoroutes : 130 km/h
Ces vitesses limites sont réduites par temps de pluie

URGENCES

✓ Téléphone incendie et ambulance : 112
✓ Téléphone Police : 110

Pharmacie **Apotheke** / *Médecin* **Arz** /
Hôpital **Krankenhaus** /
C'est une urgence **Das ist ein Notfall**

RÉGLEMENTATIONS

✓ Triangle de présignalisation obligatoire
✓ Trousse de premiers secours obligatoire
✓ Extincteur recommandé
✓ Gilet de sécurité fluorescent obligatoire
✓ Taux maximum d'alcool toléré dans le sang : 0, 5 g
✓ Siège enfant, rehausseur ou système de retenue adapté et homologué obligatoire jusqu'à 14 ans ou 1,50 m
✓ Âge minimum du conducteur : 18 ans
✓ Port de la ceinture de sécurité obligatoire à l'avant et à l'arrière
✓ Pneus cloutés admis avec réglementation d'octobre à mai; Vitesse limite pour un véhicule équipé de pneus cloutés (80 km/h)
✓ Signe « pneus cloutés » obligatoire sur la vitre arrière

VIGNETTE

Pour circuler sur les autoroutes, il est obligatoire d'apposer une vignette « autoroute » sur le pare-brise. Elle est disponible dans les bureaux de poste et certains bureaux de tabac ainsi qu'aux postes frontières.

Pour appeler l'Autriche

Composez le 00 43 + indicatif téléphonique de la ville sans le 0 + numéro du correspondant.
Pour trouver un numéro de téléphone en Autriche : www.herold.at.

LEXIQUE

MOTS USUELS

Oui **Ja** / *Non* **Nein** / *Bonjour (le matin)* **Guten Morgen** / *Bonjour* **Guten Tag** / *Au revoir* **Auf Wiedersehen** / *Bonsoir* **Guten Abend** / *Combien ?* **Wieviel ?** / *Comment ?* **Wie ?** / *S'il vous plaît* **Bitte** / *Merci* **Danke** / *Excusez-moi* **Entschuldigung** / *Restaurant* **Gasthaus** / *Santé !* **Prost !**

DIRECTIONS & TRANSPORTS

Où se trouve ? **Wo ist ?** / *droite* **Rechts** / *gauche* **Links** / *Tout droit; près de* **Geradeaus; Nahe** / *Entrée* **Eingang** / *Sortie* **Ausgang** / *Route, rue* **Straße** / *Autoroute* **Autobahn** / *Station-service* **Tankstelle** / *Essence* **Benzin**

PREMIERS CONTACTS

Je ne comprends pas **Ich verstehe nicht** / *Je voudrais...* **Ich möchte...** / *L'addition SVP* **Die Rechnung bitte** / *Pouvez-vous m'aider ?* **Können Sie mir bitte helfen ?** / *Parlez-vous français ?* **Sprechen Sie Französisch ?**

Au fil du **Danube**

➲Départ de Passau
➲6 jours
325 km
Carte Michelin n° 730

G. Popp / Office National de Tourisme autrichien

Rives du Danube près de Hainburg

Jour 1

Passau, ville située au confluent de trois cours d'eau : le Danube, l'Inn et l'Ilz, est dominée par l'imposante forteresse d'Oberhaus au nord et l'église de pèlerinage baroque Mariahilf au sud. La vieille ville, largement préservée et très pittoresque, occupe la langue de terre située entre le Danube et l'Inn et se concentre autour de la cathédrale St-Étienne. Quitter Passau par le pont de l'Inn en direction de Linz. À hauteur d'**Obernzell**, que l'on aperçoit sur la rive allemande, le fleuve s'étale en un magnifique plan d'eau : la retenue du **barrage de Jochenstein**. Peu après **Wesenufer**, coquet village aux balcons fleuris, la route abandonne la rive du Danube et atteint la pittoresque vallée de l'**Aschach**, que l'on quitte pour traverser le Danube en aval des ouvrages du barrage d'Aschach. Après Ottensheim et un nouveau barrage, la route rejoint la rive gauche du fleuve par les pentes plus rapides des collines, rapprochées en un défilé qui débouche à Linz.

Jour 2

Ancienne ville marchande, **Linz** est aujourd'hui devenue un important centre industriel. La ville a su cependant cantonner ses industries à ses faubourgs et a conservé un centre-ville ancien. Quitter Linz au sud-est par la St-Peterstrasse, en direction de Grein. La route franchit le Danube au pont de Steyregg.

Jour 3

L'agglomération de **Mauthausen** serre ses maisons jusqu'au bord même du Danube. Le château de **Pragstein**, ancien bastion qui, les pieds dans l'eau du Danube, protégeait la cité du côté du fleuve, abrite aujourd'hui le musée local. À la hauteur de Saxen, bifurquer à gauche en direction du château de **Clam**. Perché sur son rocher, le château veille sur le paisible village. En aval de Dornach, la route suit de très près la rive gauche du Danube. L'arrivée à **Grein** est très belle et la ville mérite une visite. De Grein à Ybbs, admirez le **Strudengau**, encaissé entre les hautes falaises boisées qui dominent de 400 m le fleuve. Dominant la rive gauche, les ruines du château de Struden, accrochées au rocher, puis celles du château de Sarmingstein, attirent le regard. Le fleuve, enserrant des

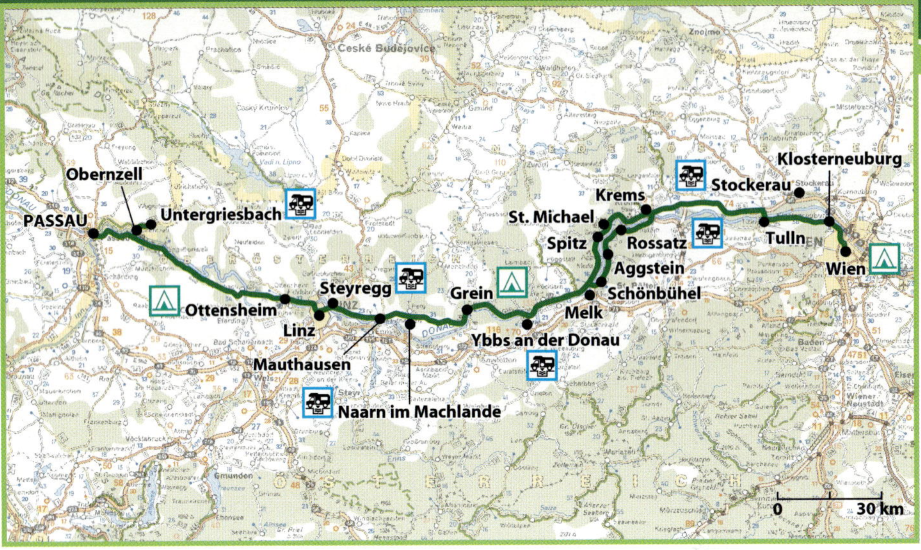

îles couvertes de saules, s'étale bientôt en un magnifique plan d'eau retenu par le barrage hydroélectrique d'Ybbs-Persenbeug. Faites une halte au Château-musée d'**Artstetten**.

Jour 4

À **Pöchlarn**, sur la rive droite du fleuve, se sont installés au 10e s. les Babenberg. Ce sont eux qui ont fondé, tout près de là, l'abbaye de **Melk** dont la belle façade baroque apparaît à partir d'Ebersdorf. Sur la section du Danube séparant Melk de Krems s'étend la **Wachau**. Cette région extrêmement pittoresque et fertile mêle divers paysages, vignobles en terrasses, églises, châteaux, villes. La région est célèbre pour ses cultures d'abricots, qui portent ici le nom de « Marillen ». À la fin de l'été, les arboriculteurs en vendent le long des routes.

Le château de **Schönbühel**, que l'on aperçoit de la grande route de la Wachau, a été construit au début du 19e s. sur les fondations d'une forteresse médiévale. À Grimsing s'étendent les premiers vignobles. Plus loin, sur la rive opposée, se détachent les ruines de la forteresse d'**Aggstein**. Sa situation exceptionnelle et ses dimensions imposantes font de la forteresse bâtie au 12e s. une des plus belles d'Autriche. Une route abrupte relie le hameau d'Aggstein à la tour d'entrée (2h à pied AR).

Jour 5

Rejoignez **Spitz**. Caché derrière un rideau d'arbres fruitiers, ce petit bourg a conservé des maisons et des rues anciennes. Vous arrivez sur **Weissenkirchen**, localité viticole nichée entre le Danube et les collines de l'arrière-pays. Faites un tour au musée de la Wachau aménagé dans la **Teisenhoferhof**, ferme fortifiée du 16e s. Au débouché oriental de la Wachau, **Krems und Stein** s'étend en terrasses sur la rive gauche du Danube au pied de collines couvertes de vignobles. Peu après Mautern, on aperçoit à droite, couronnant une colline, l'imposante abbaye de Göttweig. Direction Tulln puis **Klosterneuburg** pour la visite de son abbaye et regagnez Vienne.

Jour 6

Vienne enchantera les amateurs de musées et d'urbanisme. En quelques heures, faites le tour de la vieille ville (cathédrale, Graben, le quartier juif), puis traversez la Hofburg jusqu'au MuseumsQuartier. L'après-midi, dirigez-vous vers l'Opéra, puis vers la place Charles pour admirer les bâtiments Sécession. De la place Charles, parcourez ensuite le Ring, jusqu'à l'hôtel de ville, en faisant une pause (le boulevard est long !) dans un café. Revenez dans le centre en passant par la Freyung. Le lendemain, visitez le château de Schönbrunn le matin, puis un musée l'après-midi (par exemple le musée des Beaux-Arts, le musée d'Art moderne ou le MAK).

Autriche

Aires de service & de stationnement

Naarn im Machlande

Mostschenke – *Dirnwagram 1 – 07262/52330 – Ouv. tte l'année – P 9.*
Payant.
Stationnement : 8 €/j.
Services :

Rossatz

Wohnmobilplatz Artner – *Hauptstrasse 86 – 0664/9144075 – Ouv. tte l'année – P 14.*
Payant.
Stationnement : 10 €/j.
Services :

Steyregg

Stellplatz Weber – *Pulgarn 14 – 0732/640770 – Ouv. tte l'année – P 25.*
Borne artisanale. Payant.
Stationnement : 9 €/j.
Loisirs : Services :

Stockerau

Wohnmobilpark – *Weg zum Hallenbad – 02266/6950 – Ouv. tte l'année – P 6.*
Payant.
Stationnement : autorisé
Loisirs : Services :

Untergriesbach

Donau-Camping-Kohlbachmühle
– Jochensteinerstrasse – 08591/320 – Ouv. tte l'année – P 20.
.
Stationnement : illimité. 12 €/j.
Loisirs : Services :

Ybbs an der Donau

Parkplatz Donauufer – *07412/55233 – Ouv. tte l'année – P 30.*
Stationnement : autorisé
Loisirs : Services :

Campings

Grein

Grein
Campingplatz 1
07268/21230
campgrein@hotmail.com
Permanent 2 ha (87 empl.)
Loisirs : aire de sports
Services : sèche-linge
snack, self service

Ottensheim

Hofmühle
Höflein 20
07234/82418
www.hofmuehle.at
Permanent
Loisirs :
Services : brasserie

Wien/Vienne

Wien West
Hüttelbergstrasse 80
01/9142314
www.wiencamping.at/ww
Ouv. tte l'année sf fév. (250 empl.)
Loisirs :
Services :
sèche-linge snack, self service
Transports en commun pour centre-ville : départ devant le camping.

Aktiv Camping Neue Donau
Am Kleehäufel
01/2024010
www.campingwien.at/nd
Déb. avr. à mi-sept.
Loisirs : diurne jeux pour adultes (plan d'eau) aire de sports
Services : sèche-linge
self service

Les bonnes **adresses** de Bib

Grinzing

Altes Presshaus

Cobenzlgasse 15 - ✆ (01) 320 02 03 - tlj à partir de 16h - fermé janv.-fév. - repas autour de 15 €.

Le plus ancien *Heuriger* de Grinzing (maison de 1527), est situé en haut du village. Il est constitué en partie d'une ancienne cave voûtée avec des pressoirs à vin d'époque. Son cadre s'apprécie donc particulièrement en hiver. Concerts de musique très régulièrement. Buffet et plats à la carte.

Heiligenstat

Mayer am Pfarrplatz

Pfarrplatz 2 - ✆ (01) 370 12 87 - tlj à partir de 16h, sam.-dim. à partir de 11h - repas autour de 15 €.

C'est là que Beethoven écrivit son *Testament d'Heiligenstadt*. Les hôtes de cet *Heuriger* pourront y déguster un copieux buffet et d'excellents vins des meilleurs vignobles viennois en écoutant une musique typique des Heurigen. à la carte Grüner Veltliner, Rheinriesling, chardonnay, sauvignon blanc, Gelber Muskateller et bien d'autres encore… que l'on peut acheter à la boutique.

Krems

Gasthaus Jell

Hoher Markt 8 - ✆ 027 32 82 345 - fermé 2 premières sem. de fév. et de juil.; rest. fermé sam., dim. soir et lun. - 19/37 €.

Cette petite auberge tout confort a bonne réputation. Elle sert des spécialités régionales bien préparées. Le lard maison, auquel il faut absolument goûter, mérite à lui seul le détour.

Linz

Alte Welt

Hauptplatz 4 - ✆ 07 32 77 00 53 - fermé dim. midi - à partir de 6 €.

Un cadre superbe – une ancienne cour à arcades – et un chef qui sait renouveler avec talent les plats traditionnels de la cuisine autrichienne. L'Alte Welt possède également un bar ouvert le soir. Atmosphère jeune et conviviale.

Stieglbräu zum Klosterhof

Landstr. 30 - ✆ 07 32 77 33 73 - 9h-0h - 10/15 €.

Un immense jardin ombragé et plusieurs salles rustiques et confortables proposent de la cuisine autrichienne traditionnelle à accompagner d'une dégustation de bière.

Melk

La compagnie Brandner Schiffhart - ✆ 074 33 25 90 21- propose des croisières entre Melk et Krems, tous les jours de mi-avril à fin octobre. Renseignements en anglais sur www.brandner.at.

Passau

Heilig-Geist-Stift-Schenke

Heiliggeistgasse 4 - ✆ 0851 26 07 - fermé 6 janv.- 1er fév. et merc. - 17 €.

Restaurant de 1358 avec beau plafond voûté et lambrissé, cave millénaire (vins à déguster à partir de 18h) et charmant jardin couvert de vignes. Carte en français.

Promenades fluviales

Compagnie Wurm + Köck - Höllgasse 26 - ✆ 0851 92 92 92 .

Balades autour du confluent (45mn) : de mars à déb. nov. - ttes les 30mn en saison, des quais 7 et 8 - de 10h à 17h - 7,50 €. Grand tour (2h), croisières vers Linz (5h), Vienne (11h).

Wien/Vienne

Hawelka

Dorotheergasse 6 - 1er arr. - ✆ (01) 512 82 30 - tlj sf lun. 8h-2h, dim. et j. fériés 10h-2h.

Ce petit café, toujours bondé en soirée à l'ambiance bohème et décontractée, est une institution. Dans les années 1950, on y rencontrait des intellectuels et des artistes avant-gardistes. Parmi les spécialités figurent les *Buchteln* (brioches fourrées à la confiture de prunes), uniquement servies à partir de 22h. Agréable terrasse ombragée en été.

Sacher

Philharmonikerstraße 4 - 1er arr. - ✆ (01) 514 560 - tlj 8h-0h.

Plutôt un salon de thé qu'un café (c'est en réalité un hôtel-café-restaurant), mais en tout cas une véritable institution. La terrasse d'été donne sur l'arrière de l'Opéra. Des journaux internationaux sont proposés aux hôtes illustres et aux touristes chanceux qui parviennent à trouver une place dans ce café. On y déguste naturellement la légendaire *Sachertorte*.

Kleinsteiermark

Schweizergarten 2 - 3e arr. - ✆ (01) 799 58 83 - tlj 11h-23h - plats principaux à partir de 8 €.

Situé à proximité du musée d'Histoire militaire dans l'agréable jardin suisse (Schweizer Garten), cette gentille *Gasthaus* sert des spécialités de la région du Steiermark. Intérieur tout en boiseries très chaleureux pour l'hiver et service en terrasse l'été.

Hietzinger Heuriger

Altgasse 16 - 13e arr. - ✆ (01) 877 25 35 – tlj 16h-0h - plats principaux à partir de 8 €.

Wiener Schnitzel géantes, rôti de porc, saucisses… sont servis dans un jardin de verdure l'été, sur des grandes tables en bois. Le plus ancien *Heurige* de Hietzing a conservé tout son cachet. Vins de la région.

Flâneries au **Tyrol** et au **Voralberg**

➲Départ de Salzbourg
➲8 jours
520 km
Carte Michelin n° 730

Cathédrale de Salzbourg

Jours 1 & 2

Patrie de Mozart, **Salzbourg** accueille tous les ans un festival international réputé de musique classique. La ville a beau, toute l'année, être très touristique, très chère et très chic, elle n'en conserve pas moins beaucoup d'attrait. Consacrez une bonne demi-journée à visiter son beau centre-ville. Ne manquez pas la rue commerçante, la Getreidegasse et ses vieilles enseignes, le cimetière et l'abbatiale bénédictine. Grimpez l'après-midi au Hohensalzburg pour visiter le château. Le lendemain, vous pourrez apprécier l'une des excellentes expositions temporaires d'art contemporain du Museum der Moderne, puis, l'après-midi, traversez la rivière pour découvrir l'autre centre historique de la ville où se trouve un musée Mozart (Tanzmeisterhaus) et le château et les jardins de Mirabell. Si vous avez encore le temps, visitez aussi l'intéressant petit musée consacré à l'art baroque, dans les jardins du château.

Jour 3

Si ce Land est célèbre pour sa capitale, il l'est également pour le **Salzkammergut**, région de montagnes et de lacs offrant des paysages époustouflants, propices à de nombreuses randonnées, ainsi qu'à des baignades, à la pêche, et à divers sports nautiques. Le Salzkammergut, qui se partage entre Haute-Autriche, Land de Salzbourg et Styrie, se distingue par ses paysages de lacs et de montagnes extraordinaires, propices à de nombreuses activités de randonnées et de baignade, surtout en été. Direction Gmunden en faisant halte à **St. Wolfgang** sur les bords du Wolfgangsee. Villégiature du Salzkammergut appréciée des artistes et des poètes romantiques ou Biedermeier, **Gmunden** est une petite ville colorée, dotée d'une des plages de lac les mieux aménagées d'Autriche. Spécialité de la localité depuis le 15e s., la céramique d'art.

Jour 4

Piquez au sud en longeant le Traunsee pour vous diriger sur **Bad Ischl** qui fut la ville d'eaux d'Autriche la plus marquée par les fastes du règne de François-Joseph. Soixante-dix ans durant, elle fut l'un des foyers de vie mondaine les

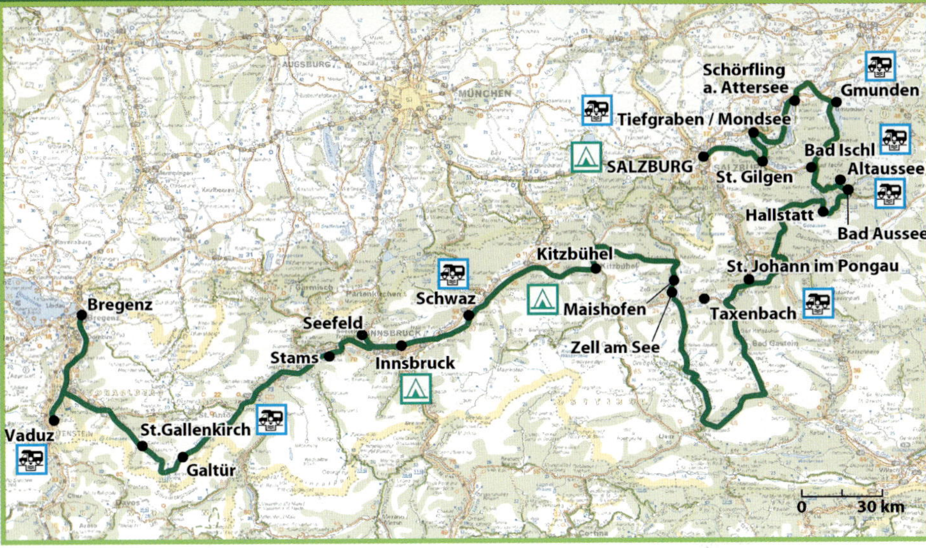

plus brillants d'Europe. De ces années glorieuses, la petite ville conserve des installations thermales, quelques superbes villas, et une atmosphère désuète pleine de charme.

Jour 5

Ne manquez pas **Bad Aussee** et **Hallstatt**, villages pittoresques et romantiques, qui peuvent aussi constituer de bons points de départ pour visiter la région.

Jour 6

Plus au sud, le Land de Salzbourg prend du relief et se prête particulièrement bien aux sports d'hiver, mettant à la disposition des skieurs quelques-unes des meilleures stations de ski d'Autriche. Enfin, via Bad Gastein, Obervellach, Wincklen et Helligenblut, empruntez la route du **Grossglockner**, l'une des plus anciennes routes alpines, qui permet de traverser le plus haut massif d'Autriche et le Parc national des **Hohe Tauern**. Vous êtes enfin arrivé à **Zell am See**. Prochaines étapes **Kitzbühel** et bien sur **Innsbruck** au cœur du Tyrol.

Jour 7

À taille humaine Innsbruck invite à la flânerie dans les ruelles du vieux centre auquel vous pourrez consacrer une demi-journée. Ne manquez pas le Petit Toit d'or. L'après-midi, visitez la **Hofkirche** pour découvrir le magnifique tombeau Renaissance de Maximilien Ier et le musée des Arts et Traditions populaires, qui est l'un des plus beaux d'Autriche ou empruntez le téléphérique vers le **Hungerburg**, ou bien la navette vers **Bergisel** où se trouve le tremplin moderne érigé il y a peu par l'architecte Zaha Hadid.

Jour 8

Gagnez le Voralberg par la route autour du lac de la **Silvretta**, en vous dirigeant vers Bregenz et les bords du lac de **Constance**, fin de notre périple. **Bregenz** est réputée pour son festival de musique et de théâtre durant l'été. Pensez à faire étape à **Vaduz** capitale de la petite principauté du Liechtenstein.

Le conseil de Bib

Sur une route de montagne, si deux véhicules ne peuvent se croiser, celui pour lequel la manœuvre est la plus difficile a la priorité.

Autriche

Aires de **service** & de **stationnement**

Altaussee

Temel – *Puchen 39 – 03622/71968 – Mai-sept. – P 20.*
Borne artisanale. Payant.
Stationnement : 10 €/j.
Loisirs : Services : sèche-linge

Gmunden

Jausenstation Egger – *Ohlsdorfer Strasse 1 – 07612/63222 – Ouv. tte l'année – P 5.*
Payant.
Stationnement : 72h maxi. 6 €/j.
Services :

Sankt Gallenkirch

Bauhof Valisera-Bahn – *05557/6300 – P 70.*
Borne artisanale. Payant.
Stationnement : 8 €/j.
Loisirs : Services :

Schwaz

Wohnmobilstellplatz Königfeld – *Königfeldweg/ Swarovskistrasse – 05242/62340 – Ouv. tte l'année – P 10.*
Payant.
Stationnement : 72h maxi. 4 €/j.
Loisirs : Services :

Taxenbach

Oberhasenberghof – *Taxberg 56 – 06543/6068 – De fin déc. à fin oct. – P 15.*
Payant.
Stationnement : 15 €/j.
Loisirs : Services : sèche-linge

Tiefgraben

Friedlbauer Schweighofer – *Schwand 10 – 06234/8447 – Mai-oct. – P 10.*
Payant.
Stationnement : 12 €/j.
Loisirs : Services :

Vaduz

Aire de Vaduz – *Rheinpark Stadion – 0423/2396315 – Ouv. tte l'année – P 2.*
Gratuit.
Stationnement : 24h maxi..
Loisirs : Services :

Campings

Innsbruck

Innsbruck Kranebitten
Kranebitter Allee 214
0512/284180
www.campinginnsbruck.com
Permanent 3 ha (120 empl.)
– 6
Loisirs : aire de sports
Services : sèche-linge snack, pizzeria, brasserie

Maishofen

Neunbrunnen am Waldsee
Neunbrunnen 60
06542/68548
www.camping-neunbrunnen.at
– 100
Loisirs :
Services : brasserie, snack

Salzburg/Salzbourg

Nord-Sam
Samstrasse 22A
0662/660494
www.camping-nord-sam.com
Mai-sept. 1,3 ha (100 empl.)
Loisirs : aire de sports
Services : sèche-linge cafétéria, brasserie

Les bonnes **adresses** de Bib

Bad Ischl

Weinhaus Attwenger

Leharkai 12 - ✆ 061 32 23 327 - www.weinhaus-attwenger.com - fermé lun. (déc.-avr. : fermé lun. et mar.) - 16/36 €.

Ambiance rustique avec poutres et trophées de chasse aux murs. Ici, on cultive le souvenir du temps du « Kaiser ». Même chose côté cuisine, où l'on sert principalement d'excellents plats traditionnels. En été, très agréable terrasse dans le jardin.

Kaiser Therme

Voglhuberstr. 10 - ✆ 061 32 20 4 0 - www.kaisertherme.at.

Cet établissement d'eau, l'un des plus grands de la ville, propose de nombreux services : thermes, sauna, massages, soins esthétiques, etc. Il fait aussi hôtel et restaurant.

Bregenz

Maurachbund

Maurachgasse 11 - ✆ 055 44 40 20 - fermé dim. soir et lun. - 12/20 €.

Agréable établissement situé dans la vieille ville. Plats du terroir cuisinés avec des produits régionaux.

Gmunden

Traunseeschiffahrt

Rathausplatz - 4810 - ✆ 076 12 66 700 - www.traunseeschiffahrt.at.

À la belle saison, on peut emprunter tous les jours le bateau à aubes *Gisela*, baptisé du nom de la fille de l'empereur François-Joseph Ier, qui circule sur le Traunsee depuis 1872. Celui-ci propose une excursion qui vous mènera jusqu'à Ebensee.

Hallstatt

Gasthof Zauner Seewirt

Marktplatz 51 - ✆ 061 34 82 46 - fax 061 34 82 468 - www.zauner.hallstatt.net - fermé 15 nov.-15 déc., rest. fermé lun. en hiver - rest. à partir de 8 €.

Établissement central donnant sur le lac. Spécialités de poissons à ne pas manquer !

Innsbruck

Ottoburg

Herzog-Friedrich-Str. 1 - ✆ 0512 58 43 38 - www.ottoburg.at - fermé lun. - 15/30 €.

Restaurant situé dans l'un des bâtiments les plus anciens d'Innsbruck. Jolies salles lambrissées et aménagées avec des meubles anciens et très belle terrasse en été. Côté cuisine, on mitonne des plats traditionnels qui constituent une très bonne introduction à la cuisine autrichienne.

Lichtblick

Maria-Theresien-Str. 18 (Rathauspassage, 7e ét., entrer dans la galerie et prendre l'ascenseur) - ✆ 0512 56 65 50 - www.restaurant-lichtblick.at - fermé sam. midi, dim. et j. fériés - 32/44 €.

Rien que pour la vue époustouflante sur Innsbruck, ce restaurant design aux murs de verre situé au dernier étage d'une galerie marchande vaut le détour. Il propose aussi une carte inventive et raffinée variant selon les saisons.

Konditorei-Café Munding

Kiebachgasse 16 - tlj 8h-20h.

C'est l'une des meilleures pâtisseries de la ville (délicieux Sachertorte et Apfelstrudel). Terrasse accueillante en été. Vente à emporter.

Salzburg/Salzbourg

Krimpelstätter

Müllner Hauptstr. 31 - ✆ 06 62 43 22 74 - mar.-sam. 11h-0h (tlj pendant le Festival) - 8/12 €.

Une auberge très fréquentée, avec un grand Biergarten. Cuisine du terroir très correcte. La spécialité : le boudin blanc.

Zum fidelen Affen

Priesterhausgasse 8 - ✆ 06 62 87 73 61 - fermé dim. et le midi - 10/15 €.

Un bar à vins et à bières volontiers fréquenté par les salzbourgeois. Décor rustique de boiseries, ambiance chaleureuse où l'on déguste une cuisine régionale.

Tomaselli

Alter Markt 9 - tlj 7h-21h (0h pendant le Festival).

Le grand café de Salzbourg, où vous pouvez passer plusieurs heures avec un chocolat chaud, et un gâteau crémeux. Très touristique mais agréable.

Schatz

Getreidegasse 3 - lun.-vend. 8h30-18h30, sam. 8h30-17h).

Située dans Durchhaus, un petit passage entre la Getreidegasse et le Grünmarkt, cette pâtisserie est l'une des meilleures de la ville. Quelques tables permettent de déguster les gâteaux sur place.

Grande-Bretagne

Nom local : *Great Britain* **Superficie :** *244 159 km²* **Capitale :** *Londres*
Population : *59,91 millions d'habitants* **Monnaie :** *livre sterling (1 € = 0,7613 £)*

La Grande-Bretagne est la plus vaste des îles Britanniques. Elle comprend l'Angleterre, le pays de Galles et l'Écosse et forme avec l'Irlande du Nord, le Royaume-Uni. Parmi les destinations touristiques, la Grande-Bretagne est sans conteste celle dont l'évocation appelle le plus grand nombre d'images insolites et controversées venues du continent européen. Pêle-mêle le climat, la conduite à gauche, la cuisine sont décriés ou au contraire loués selon le goût de chacun. Mais un voyage outre-Manche bien préparé dépassera les idées reçues et laissera des souvenirs inoubliables à qui saura prendre le temps de découvrir un patrimoine naturel et culturel aussi varié qu'exceptionnel. Vous serez séduit par l'accueil, la décontraction, l'humour « so british » et sensibles à un véritable art de vivre.

Au charme des campagnes où se côtoient châteaux, jardins, demeures princières et villages paisibles, il faut ajouter les cathédrales et les musées, témoins d'une histoire prestigieuse.

En Angleterre et au pays de Galles, la présence humaine n'a pas eu pour effet de remodeler la nature, mais semble au contraire s'être adaptée à un environnement perçu comme prioritaire, jusqu'à aboutir au paysage actuel composé de champs et de landes, de bois et de parcs, de villages et de fermes. Célébré par l'art et la littérature, ce paysage domestiqué dans l'ensemble mais parfois encore sauvage, est une richesse particulièrement chérie par ses habitants. Pour simplifier à l'extrême, on peut opposer une Grande-Bretagne des massifs et des plateaux, dite *Upland Britain*, à une Grande-Bretagne des plaines et basses terres dites *Lowland Britain*.

Se plaindre du temps est une tradition anglaise ; pourtant le climat océanique, frais et humide, offre de nombreux avantages. La grisaille semble prévaloir sur l'ensoleillement mais les changements sont fréquents et la pluie est le plus souvent accompagnée d'éclaircies. Le grand froid ou la canicule y sont rares, ce qui permet de toujours pratiquer une activité extérieure.

RECOMMANDATIONS

DOCUMENTS OBLIGATOIRES

✓ Permis de conduire rose de l'UE
✓ Permis de conduire international (recommandé seulement)
✓ Certificat d'immatriculation du véhicule ou certificat de location
✓ Plaque d'identification nationale
✓ Justificatif d'assurance (carte verte)
✓ Passeport (recommandé seulement)
✓ Procuration en cas d'utilisation du véhicule appartenant à un tiers

VITESSES LIMITES

✓ En agglomérations urbaines : 30 miles (48 km/h)
✓ Sur routes : 60 miles (97 km/h)
✓ Sur routes à chaussées séparées : 70 miles (112 km/h)
✓ Sur autoroutes : 70 miles (112 km/h)
✓ Ces vitesses limites sont réduites par temps de pluie

À GAUCHE

Les réflexes ont tendance à reprendre le dessus. Aussi faites attention lorsque vous abordez et sortez d'un rond-point. Vous le prendrez dans le sens des aiguilles d'une montre, par la gauche et vous resterez plutôt sur la voie extérieure.

RÉGLEMENTATIONS

✓ Conduite à gauche
✓ Taux maximum d'alcool toléré dans le sang : 0,8 g
✓ Siège enfant, réhausseur ou système de retenue adapté et homologué obligatoire jusqu'à 12 ans ou 1,35 m
✓ Âge minimum du conducteur : 17 ans
✓ Port de la ceinture de sécurité obligatoire à l'avant et à l'arrière
✓ Pneus cloutés admis avec réglementation toute l'année sur routes enneigées
✓ Triangle de présignalisation recommandé
✓ Trousse de premiers secours recommandée
✓ Extincteur recommandé
✓ Gilet de sécurité fluorescent recommandé

URGENCES

✓ Téléphone incendie et ambulance : 112
✓ Téléphone Police : 110

Au secours ! **Help !** / *C'est une urgence* **It's an emergency** / *Hôpital* **Hospital** / *Médecin* **Doctor** / *Pharmacie* **Chemist** / *Police* **Police**

Pour téléphoner

De l'étranger **vers la Grande-Bretagne** : ✆ 00 44 + indicatif de la localité (sans le premier zéro) + numéro.

LEXIQUE

MOTS USUELS

Oui **Yes** / *Non* **No** / *Bonjour* **Good day** / *Bonsoir* **Good evening** / *Salut* **Hi** / *Au revoir* **Goodbye** / *S'il vous plaît* **Please** / *Merci (beaucoup)* **Thank you (very much)** / *Excusez-moi* **Excuse me** / *D'accord* **Ok** *ou* **Fine** / *Santé !* **Cheers !**/ *Manger* **To eat** / *Boire* **To drink** / *Toilettes* **Toilets** / *Restaurant* **Restaurant** / *Office de tourisme* **Tourist office** / *Argent* **Money**

DIRECTIONS & TRANSPORTS

Où se trouve… ? **Where is… ?** / *À droite* **To the right** / *À gauche* **To the left** / *Tout droit* **Straight ahead** / *Près de* **Close to** *ou* **Near** / *Entrée* **Entrance** / *Sortie* **Exit** / *Route* **Road** / *Rue* **Street** / *Autoroute* **Motorway** / *Ville* **City** *ou* **Town** / *Village* **Village** / *Station-service* **Petrol station** / *Essence* **Petrol** / *GPL* **LPG** / *Diesel* **Diesel**

PREMIERS CONTACTS

Je voudrais… **I would like…** / *Parlez-vous français ?* **Do you speak french ?** / *Je ne comprends pas* **I don't understand** / *Pouvez-vous m'aider ?* **Could you help me ?** / *Combien ça coûte ?* **How much does it cost ?** / *L'addition, SVP ?* **Can I have the bill, please ?** / *Je cherche…* **I'm looking for…** / *C'est trop cher* **That's too expensive**

À travers le pays breton, la **Cornouailles**

➲Départ de Bournemouth
➲7 jours
765 km
Carte Michelin n° 503

L'un des plus vieux pubs de Bristol

Y. Duhamel/ MICHELIN

Jour 1

Bournemouth, lieu de séjour estival et hivernal renommé, séduit à la fois par son atmosphère et par le cadre spectaculaire de ses hautes falaises. Poursuivez le long des côtes du sud-ouest de l'Angleterre. Cet itinéraire ouvre sur de superbes paysages côtiers : c'est le cas de la côte jurassique, de **Swanage** à **Exmouth**, à qui ses falaises, d'une extraordinaire richesse géologique, valent d'être inscrites sur la liste du patrimoine mondial de l'Unesco.

Jour 2

Faites une pause dans l'agréable cité d'**Exeter**. Cette cité médiévale possède une des plus belles cathédrales d'Angleterre. Bien que la vieille ville ait beaucoup souffert des bombardements incessants de 1942, la ville, moderne et animée conserve du charme notamment dans le quartier des docks. Cheminez ensuite, à partir de **Torquay** (la ville d'Agatha Christie), sur une côte à qui sa végétation quasiment méditerranéenne a valu le surnom de « Riviera anglaise ». Vous apercevrez ensuite **Dartmouth**, posée dans un site extraordinaire à l'embouchure de la Dart, avant de gagner Plymouth, porte d'entrée de la Cornouailles.

Jour 3

De passage à **Plymouth**, ne passez pas à côté du quartier Barbican sillonné de ruelles pavées que bordent des maisons médiévales et des porches de l'époque de Jacques II. Peut-être aurez-vous envie de visiter le plus grand aquarium britannique qui offre une belle vue de la marina et héberge plus de 200 espèces marines ? Cette terre imprégnée des légendes du roi Arthur et des chevaliers de la Table ronde vous réservera de belles surprises, avec les petits ports de pêche de **Polperro** et de **Fowey**, terre d'une autre reine du suspense, Daphné du Maurier. Plus loin, ce seront les paysages qui vous couperont le souffle, avec ces landes dominant l'horizon infini et ces rochers battus par les gerbes d'écume comme à **Land's End**, ce bout du monde exposé à tous les vents.

Jour 4

Peut-être en profiterez-vous pour effectuer un saut de puce sur les proches **îles Scilly** ? La vue sur les cinq îlots habités, les quarante qui ne le sont pas

et le chapelet de quelque 150 rochers regroupés dans les eaux bleu-vert clair de l'océan, est absolument superbe. Retrouvant le continent, vous rallierez **St Ives**, dont le petit port saura vous charmer comme ce fut le cas pour tant d'artistes exposés aujourd'hui à la Tate locale. Vous devrez bien sûr laisser votre camping-car au parking situé en haut du village de St Ives… ce qui suppose une montée assez sévère pour le récupérer.

Jour 5

Poursuivez le long de la côte, en faisant quelques haltes dans d'agréables petites villes côtières comme **Newquay**, **Bude** et **Bideford.**

Jour 6

Vous rejoindrez après **Ilfracombe**, célèbre pour sa « plage à tunnel », la côte du Bristol Channel : vous entrez alors dans la terre mystérieuse d'Exmoor. Des forêts giboyeuses, superbes en toute saison, et plus encore au printemps lorsque les massifs de rhododendrons sauvages viennent les illuminer de mauve ; des landes désolées et des pâtures d'un vert tendre que peuplent moutons, bœufs et poneys en liberté ; et enfin la mer, venant interrompre de manière aussi soudaine qu'abrupte ce payage enchanteur… ainsi se présente le **Parc national Exmoor**. Vous découvrirez de nouveaux paysages époustouflants entre **Lynmouth** et **Porlock** avant de vous enfoncer dans les terres vers Tauton, non sans vous être arrêté dans le beau village de **Dunster**. Vous ne vous lasserez pas de parcourir les ruelles que bordent des maisons colorées au toit de chaume. Le château en grès domine la ville.

Jour 7

Taunton, centre agricole, situé à la limite orientale de la belle vallée de Taunton, région de la pomme à cidre. À voir le château et musée du Somerset. De là, dirigez-vous vers **Bristol** fin de votre périple. Ville portuaire et industrielle, dévastée par les bombardements de la Seconde Guerre mondiale, la ville dégage pourtant un vrai charme grâce à ce port omniprésent et aux entrepôts rénovés.

Y. Duhamel/ MICHELIN

Côte entre Plymouth et Polperro

Grande-Bretagne

Campings

Bristol

Baltic Wharf Caravan Club Site
Cumberland Road
01179/268030
Permanent (55 empl.)
Loisirs : diurne
Services : sèche-linge
brasserie, snack

Bude

Wooda Farm Park
Poughill
01288/352069
Avr.-oct. 6 ha (200 empl.)
– 65
Loisirs : jeux pour adultes
poneys terrain de golf, aire de sports
Services :
sèche-linge brasserie, snack

Holton Heath

Sandford Park
01202/622513
De fin mars à déb. nov., fin déc. 24 ha (446 empl.)
Loisirs : séances de cinéma, jeux pour adultes
poneys aire de sports,
trampoline
Services : sèche-linge
brasserie, pizzeria, self service, snack

Ilfracombe

Napps Camping and Caravan Park
Old Coast Road, Berrynarbor
01271/882557
Mars-oct. 10 ha (100 empl.)
48
Loisirs : diurne (juin-août) jeux pour adultes
(plage)
Services : sèche-linge
brasserie, snack

Newquay

Trekenning Tourist Park
St. Columb Major
01637/880462
Permanent 2,7 ha (75 empl.)
2
Loisirs : nocturne jeux pour adultes
Services :
brasserie, snack

Plymouth

Riverside Caravan Park
Longbridge Road, Marsh Mills
01752/344122
www.riversidecaravanpark.com
Permanent 4,4 ha (290 empl.)
Loisirs : nocturne jeux pour adultes
(plan d'eau)
Services : sèche-linge
brasserie

St Ives

Trevalgan Touring Park
Trevalgan
01736/792048
recept@trevalgantouringpark.co.uk . www. trevalgantouringpark.co.uk
Mai-sept. 2 ha (132 empl.)
Loisirs : jeux pour adultes (plage)
aire de sports
Services : sèche-linge

Swanage

Ulwell Cottage
Studland Road
01929/422823
Mars-déc. 5,2 ha (77 empl.)
8
Loisirs : diurne (plage) aire de
sports
Services : sèche-linge

Taunton

Lowtrow Cross Caravan Site
Upton, Wiveliscombe
01398/371199
Pâques-oct. 1,7 ha (20 empl.)
Loisirs : poneys randonnées pédestres
Services : sèche-linge

Woodbury

Webbers Park
Castle Lane
01395/232276
De mi-mars à fin oct. 3 ha (135 empl.)
Loisirs :
Services : sèche-linge

Les bonnes **adresses** de Bib

Bournemouth

Beau Monde
Exeter Road ou Lower Central Gardens (accès par des marches).
Un café-restaurant dont la terrasse domine le parc. Cadre enchanteur, spécialités de poissons et service impeccable. Une bonne adresse.

Wimborne Market
Ce marché qui comprend environ 400 boutiques, est ouvert le vendredi, le samedi et le dimanche.

Bristol

Riverstation
The Grove, au bout de Welsh Back, au-delà du pont Redcliffe - ✆ 914 4434.
Cet ancien bureau de police des quais offre un cadre moderne et une terrasse sur l'Avon. Cuisine contemporaine de bon rapport qualité/prix.

Bistro
Dans l'Hôtel du Vin - ✆ 925 5577 - 30 £.
Aménagé dans un moulin à sucre du 18e s., c'est l'incarnation même du bistrot français au décor inspiré par le vin.

Harveys
12 Denmark Street - ✆ (0117) 927 5034 - 40 £/50 £.
Restaurant établi de longue date ayant une haute conception de la cuisine et une superbe carte des vins. Célèbre pour son sherry. Décor assorti à son musée du Vin.

Dartmouth

Anzac Street Bistro
Anzac St. - ✆ 835 515.
Dans une maison georgienne de 1750, un restaurant de poissons et fruits de mer, aménagé de façon moderne. Cuisine capable d'inventivité et accueil chaleureux. Il peut être prudent de réserver.

Exeter

The Shipp Inn
16 Martin's Lane.
Pub historique avec brasserie à l'étage.

Hansons
Cathedral Yard - 9h-18h (21h et 21h30 vend. et sam.) - fermé lun.
Un restaurant de cuisine anglaise .

Balades en bateau
Exeter Cruises – Historic Quayside - ✆ 368 442 - www.exetercruyises.com - de Pâques à fin oct. : w.-end (juil.-août : tlj) dép. 11h30 - 4 £/AR.
Croisières sur l'estuaire.

Falmouth

Pandora Inn
Restronguet Creek à Mylor Bridge, 7 km/4,5 miles au nord de Falmouth par la A 39 - ✆ (01326) 372 678.
Ravissante auberge du 13e s. située sur un port animé, possédant sa propre jetée. Renommée chez les plaisanciers. Cuisine de pub très copieuse.

Ilfracombe

Randonnées
Vers l'est, le sentier côtier *(Coast Path)* surplombe Hillsborough jusqu'à Hele Bay et, vers l'ouest *(Torrs Walk)*, domine les falaises jusqu'à Lee Bay. L'ancienne voie ferrée constitue une promenade intéressante entre la réserve naturelle de Cairn et Mortehoe.

Penzance

Harris's
46 New Street.
Cet élégant établissement, une institution locale, installé de longue date, se dissimule dans le centre-ville. Table traditionnelle à base de cuisine locale où figurent quelques plats de poissons.

Plymouth

The Tudor Rose
New St.
Doté d'un petit jardin fleuri, ce lieu sympathique et accueillant sert des repas légers à midi… mais c'est surtout un salon de thé réputé pour ses chutney et marmelades faites maison.

Tanners
The Prysten House, Finewell St. - ✆ 252 001 - mar.-sam.
La plus vieille maison de la ville abrite ce restaurant à la cuisine inventive aux influences contemporaines, concoctée par un chef que ses apparitions à la télévision ont rendu célèbre en Grande-Bretagne.

St Ives

Blue Fish
Norway Lane - ✆ (01736) 794 204.
Aménagé dans d'anciens greniers à filets. Restaurant de poissons simple et rustique bénéficiant d'une adorable terrasse ensoleillée et d'une véritable atmosphère méditerranéenne.

Swanage

Cauldron Bistro
High Street.
Un petit restaurant où l'on vous proposera la pêche du jour dans un cadre intime.

Cathédrales, abbayes et art du **Sud-Ouest de l'Angleterre**

➲Départ de- Southampton
➲7 jours
570 km
Carte Michelin n° 504

Vue sur la ville depuis la coupole de Sheldonian Theatre

Jour 1

Ce premier jour sera consacré à la découverte de **Southampton**, de son port avec ses beaux voiliers (à la Marina), ses cargos et ses magnifiques paquebots « Queen Mary » et « Queen Elisabeth » qui viennent le temps d'une escale faire la fierté du port. Après la visite du musée de la Marine, allez flâner dans la vieille ville.

Jour 2

Une halte dans la proche **Winchester** vous conduira à une cathédrale, en partie romane, avec une superbe nef de style Perpendicular (la dernière des phases de l'architecture gothique en Grande-Bretagne). Vous remonterez ensuite sur la célèbre cité universitaire d'**Oxford**. Située sur la Tamise, Oxford est l'une des cités du savoir les plus connues dans le monde. Elle symbolise avec sa rivale de toujours, Cambridge, l'excellence de l'éducation anglaise. Arpenter les rues, les allées, les cours et les jardins de la ville mène le promeneur dans des lieux peuplés la majeure partie de l'année par des élèves en toge noire. Pénétrez dans quelques-uns des collèges fameux qui ont fait la réputation de cette cité. Ils sont pour la plupart ouverts uniquement l'après-midi et certains sont fermés au mois de juin durant la période des examens.

Jour 3

Poursuivant vers le nord-est, vous tomberez sous le charme de **Stratford-upon-Avon** et rendrez hommage à William Shakespeare dans les différentes demeures qui sont liées à sa famille, tant dans la ville que dans ses environs. Après un détour par **Worcester** et sa cathédrale de grès rouge dominant la Severn, et un arrêt devant l'abbaye de Tewkesbury, vous apprécierez la cité thermale Regency de Cheltenham, avant sa voisine **Gloucester**. Encore une cathédrale, certes, mais aussi, dans les docks rénovés, un remarquable musée consacré à l'histoire des voies navigables d'Angleterre.

Jour 4

La ville sera le point de départ d'une balade dans les campagnes riantes et vallonnées des Cotswolds que parsèment de merveilleux villages tels que **Bourton-on-the-Water** doté d'un village modèle, « Birdland », et d'un musée de l'Automobile et du Jouet. Faites

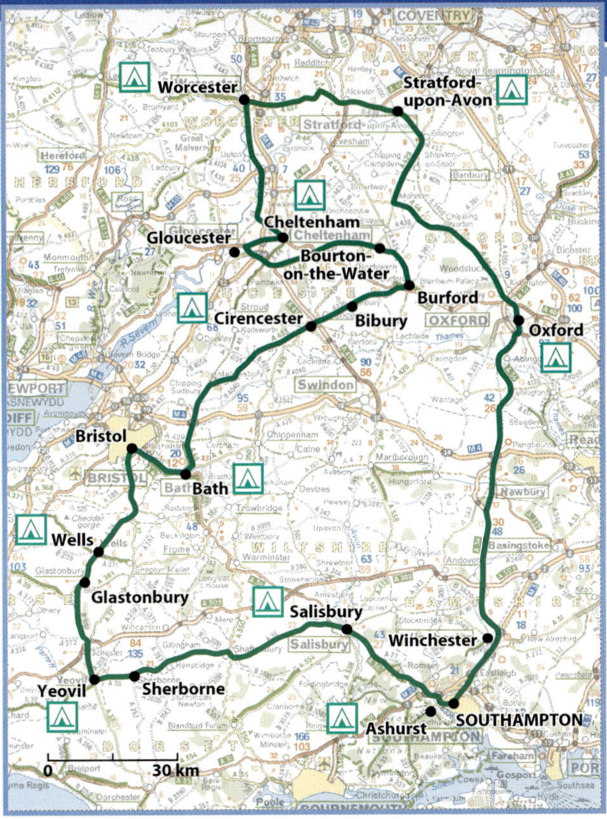

une halte à **Burford** autrefois centre du commerce de la laine et importante étape pour diligences, ses demeures en calcaire et son charme intemporel en font aujourd'hui un lieu très fréquenté. Passez par **Bibury** qualifié de « plus beau village d'Angleterre » avec son accueillante rivière Coln (réputée pour ses truites), ses ponts en pierre, les chaumières de tisserands. Après un arrêt à **Cirencester**, vous rejoindrez enfin la superbe cité de **Bath**.

Jour 5

C'est au 18e s. que Bath est devenue une station thermale à la mode où l'on se rendait autant pour se soigner que pour goûter aux plaisirs de la vie mondaine ! Aujourd'hui, on vient dans ce qui est peut-être la plus belle ville d'Angleterre, non pour y faire une cure, mais pour y retrouver l'atmosphère de cette époque-là, admirer les élégantes demeures, les « terraces » et les « crescents » georgiens construits dans la pierre locale couleur de miel et qui s'étagent sur les sept collines qui dominent l'Avon, ou bien encore pour mettre ses pas dans ceux de Jane Austen et de quelques-unes de ses héroïnes… Regagnez Bristol.

Jour 6

Ville portuaire et industrielle, il émane de **Bristol** un certain charme, avec ce port omniprésent qui incite à une rêverie à propos des traversées de jadis à la recherche d'épices et de bois précieux. Rénovés aujourd'hui, comme dans bon nombre d'autres cités britanniques, les entrepôts se sont reconvertis en restaurants, salles de spectacles ou galeries d'art, constituant ainsi un nouveau centre d'animation au cœur de cette cité dont le dynamisme ne s'est jamais démenti. Consacrez un peu de votre temps à la cathédrale et au quartier du port.

Jour 7

De Bristol dirigez-vous à **Wells** dont la magnifique cathédrale se dresse dans l'écrin médiéval de son Enclos. **Glastonbury** mérite bien un arrêt avec les ruines romantiques de son abbaye, jadis une des plus riches du pays. Poursuivez vers **Sherborne** (encore une remarquable abbatiale, outre le château du célèbre courtisan Walter Raleigh), et **Shaftesbury** avec ses vieilles maisons, vous atteindrez **Salisbury** ; là, vous flânerez longuement dans les rues médiévales avant de découvrir la cathédrale, superbe morceau d'architecture, bâtie d'un seul jet entre 1220 et 1258, caractéristique du style Early English (style « primitif anglais »).

Le conseil de Bib

- Le panneau *Give Way* signifie « Cédez le passage ».

Grande-Bretagne

Campings

Bath

Newton Mill Park
Newton Road
01225/333909
Permanent 16 ha (195 empl.)
Loisirs : centre de bien-être
Services : sèche-linge

Cheltenham

Folly Farm Cotswold
Bourton-on-the-Water
01451/820285
www.cotswoldcamping.net
Mars-oct. (17 empl.)
Loisirs : nocturne randonnées pédestres
Services : pub

Cirencester

Mayfield Touring Park
Cheltenham Road, Perrotts Brook
01285/831301
www.mayfieldpark.co.uk
Permanent 4 ha (72 empl.)
– 4 E
Loisirs : aire de sports, terrain de golf
Services : sèche-linge

Oxford

Diamond Farm
Islip Road, Bletchingdon
01869/350909
warden@diamondpark.co.uk . www.diamondpark.co.uk
Permanent 1,4 ha (40 empl.)
Loisirs : nocturne jeux pour adultes terrain de golf, aire de sports
Services : sèche-linge

Salisbury

Coombe Touring Caravan Park
The Race Plain
01722/328451
Permanent 1 ha (50 empl.)
Loisirs : terrain de golf, aire de sports
Services : sèche-linge

Stratford-upon-Avon

Stratford-upon-Avon Racecourse Touring Park
Luddington Road
01789/201063
www.stratfordtouringpark.com
Déb. mars-oct. 3 ha (200 empl.)
Loisirs : nocturne
Services : sèche-linge brasserie, cafétéria

Southampton

Ashurst Caravan and Camping Site
Lyndhurst Road
02380/292097
Avr.-sept. 10 ha (280 empl.)
Loisirs :
Services : sèche-linge

Wells

Haybridge Caravan and Camping Park
Wells Road
01749/676869
www.haybridgepark.co.uk
Permanent
Loisirs :
Services :

Worcester

Bromyard Downs Caravan Club Site
Brockhampton, Bringsty
01885/482607
Mi-mars-sept. (40 empl.)
Loisirs : aire de sports
Services :
Le camping ne dispose pas de sanitaires ni de douches.

Yeovil

The Halfway Caravan & Camping Park
Ilchester Road
01935/840342
www.halfwaycaravanpark.com
Permanent 0,8 ha (20 empl.)
Loisirs : nocturne
Services :

Carnet pratique

Les bonnes **adresses** de Bib

Bath

The Olive Tree
Russel St. - ✆ 447 928 - 14 £/35 £.
Un restaurant populaire et sans prétention. Cuisine moderne, déjeuner à bon rapport qualité/prix.

The Hole in the Wall
16 George St. - ✆ 425 242.
À noter pour son emplacement en sous-sol, insolite et plein de charme. Cuisine britannique traditionnelle, carte variée, atmosphère détendue ; bon rapport qualité/prix.

Sally Lunn's
4 North Parade Passage - ✆ 461 634 - réserver pour le dîner.
Établi dans une maison bâtie en 1482 sur les fondations d'une maison romaine (ce qui en fait un des rares exemples de la Bath pré-georgienne), ce restaurant porte le nom d'une jeune française huguenote réfugiée sur les lieux et qui se rendit fameuse par la qualité de son pain, connu aujourd'hui sous le nom de Sally Lunn Bun. Dans les salles exiguës, le menu historique perpétue la *trencher tradition*, les plats étant servis dans un pain faisant autrefois office d'assiette.

Thermae Bath Spa
Hot Bath St. - ✆ 331 234 - 9h-22h (dernière entrée 2h av. fermeture) - réserv. pour le spa et les traitements.
Ce centre de remise en forme inauguré en 2006 propose toute l'année ses bassins d'eau thermale (piscine découverte, deux bassins reliés par une cascade, bains à remous, saunas, bains de vapeur) ainsi qu'un éventail complet de soins (salles de gymnastique, de relaxation et de traitement) et un café.

Cheltenham

Lumière
Clarence Parade, parallèle à The Promenade, accessible par Crescent Terrace - le soir seult, fermé dim., lun.
Atmosphère raffinée dans ce restaurant très central dont la cuisine se teinte volontiers de touches exotiques.

Le Petit Blanc
The Promenade, sur la gauche du Queens Hotel.
Comme son nom (c'est en fait celui de son propriétaire) l'indique, cette brasserie joue la carte française (mais pas seulement) et sa crème brûlée attire irrésistiblement le tout Cheltenham.

Chiltern Hills

The Bell Public House and Hotel
41 Frogmoor - High Wycombe (situé sur la A 404, M 40, A 4020) - ✆ (01494) 525 588 - 20 £.
Dans ce douillet et traditionnel pub anglais, vous pourrez goûter des plats thaïlandais et anglais.

Gloucester

Ye Olde Fish Shop
Hare Lane, derrière l'enclos de la cathédrale - tlj 11h15, 19h30 (vend.-sam. 21h30).
Restaurant de poissons (et poissonnerie) réputé, installé dans une belle maison àpans de bois.

Café René
31 Southgate St. - tlj 12h-21h30.
Plats du jour servis dans une ambiance sympathique et, pour les romantiques, dîner aux chandelles. Le lieu s'enorgueillit de ses desserts parmi lesquels un excellent soufflé glacé aux amandes et à la pêche blanche.

Oxford

Vaults & Garden
Radcliff Square - 10 £.
Sous des voûtes à l'arrière de l'église Ste-Mary, ce lieu fait l'unanimité des habitants d'Oxford. On se régale de quiches, soupes, salades et gâteaux, préparés avec des produits frais locaux. Un très bon rappport qualité/prix.

Quod
92-94 High St. - ✆ 202 505 - 30 £.
Très populaire et convivial, cet établissement propose une gamme de plats italiens : des pizzas aux pâtes en passant par des grillades et des poissons.

Salisbury

The Lemon Tree
92 Crane St. - lun.-sam. 10h-22h.
Décor moderne, très axé sur la nature pour ce restaurant doté d'un jardin. Cuisine pratiquant volontiers le sucré-salé.

The Victoria & Albert Inn
Netherhampton - tourner au feu sur la A 36 (direction Warminster), puis deux fois à gauche.
Un pub de village aux poutres apparentes et décoré sur le thème du cheval. Chaude ambiance, feu de bois et large variété de plats typiques maison *(Hunters game pie, sausage and mash, fish pie, bread and buter pudding)* accompagnés de bière ou de vin. Réservation recommandée.

Southampton

Platform Tavern
Town Quay - ✆ 337 232.
Le propriétaire a décoré la salle avec des souvenirs du monde entier. Les spécialités du jour sont tout aussi internationales : thaïes, espagnoles, etc. Le dimanche, on vous propose le *Soul roast*, un brunch dans une ambiance musicale.

Londres, Sussex et Kent

➲ Départ de Portsmouth
➲ 7 jours
440 km
Carte Michelin n° 504

Big Ben à Londres

Jour 1

Portsmouth est la première destination balnéaire de Grande-Bretagne. Cette ville possède dans son port bien des trésors. Ce sont huit siècles d'histoires passionnantes qui attendent le voyageur sur les remparts et dans les eaux où dorment de magnifiques vaisseaux du 19e s. Mais la modernité n'est pas pour autant bannie de la cité. La tour Spinnaker, avec son architecture digne du 21e s., domine une ville où fourmillent les attractions, les musées, les restaurants et les bars

Jour 2

Rejoignez **Brighton**, ville cosmopolite, dotée d'une célèbre jetée, de vieux quartiers de pêcheurs, de marchés insolites et d'une élégante architecture victorienne. Quant au Pavillon royal, avec ses dômes bulbeux, il est bien sûr immanquable. Vous longerez la côte sud en direction d'Eastbourne. Empruntez le chemin qui mène à Beachy Head, parcourant des vallées de verts pâturages à perte de vue pour offrir un magnifique panorama de la baie.

Jour 3

Continuez sur **Hastings**, le temps d'y monter à bord du West Hill Cliff Railway. Ce funiculaire, le plus raide qui soit, vous emmène en haut de la falaise surmontée des ruines du château de Guillaume le Conquérant. La route côtière se poursuit jusqu'à **Rye**. Égarez-vous dans ses ruelles bordées de maisons à colombage, et pour une pause gourmande, le Mermaid Inn, cet ancien refuge de brigands, fera l'affaire. Les amoureux d'antiquités sauront apprécier les boutiques de meubles anciens. Après la côte, vous entrez dans le **Sussex**. Le meilleur moyen d'en apprécier la beauté est de monter à bord du petit train à vapeur parcourant un paysage pittoresque. Vous le trouverez à Tenterden. Descendez à son terminus, pour vous rendre à Bodiam Castle. Revenu à Tenterden, sillonnez les routes de campagne jusqu'à **Sissinghurst**. Cette demeure figure parmi les plus somptueuses propriétés du Sussex, au cœur d'un magnifique jardin.

Jour 4

À quelques kilomètres à l'ouest, dans le petit village de **Lamberhurst**, le jardin de Scotney Castle Garden séduit avec ses

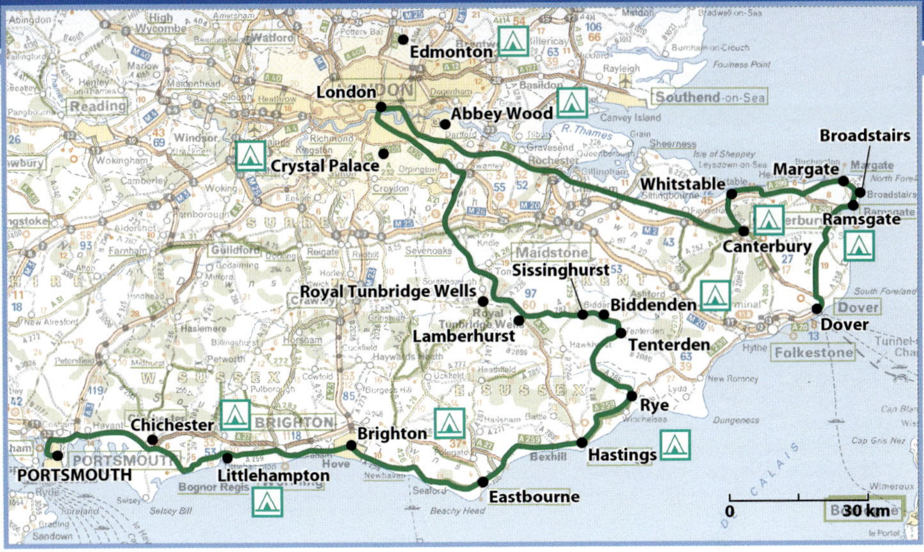

arbres luxuriants. Votre parcours s'achève à **Royal Tunbridge Wells**, où vous flânerez au cœur du célèbre quartier du Pantiles puis ralliez **Londres**.

Jours 5 & 6

Tout comme la Seine à Paris, la Tamise est un excellent guide pour découvrir la capitale. Vous embarquerez pour une croisière bucolique en direction de Richmond. Vous visiterez ensuite les incontournables, Buckingham Palace et la Tate Britain. Non loin se trouvent l'abbaye et le palais de Westminster dominé par l'emblématique Big Ben. En passant devant le célèbre 10 Downing Street, vous déboucherez sur Trafalgar Square, puis terminerez votre périple à Picadilly Circus. Le deuxième jour découvrez la City le matin, en rayonnant autour de la monumentale St Paul's Cathedral. Vous emprunterez Millenium Bridge et monterez à l'étage panoramique de la Tate Modern. À l'est, Tower Bridge n'attend plus que vous pour la photo souvenir ! Pourquoi ne pas déjeuner à Hyde Park ? Au nord-ouest du parc, laissez-vous happer par l'ambiance de Notting Hill. La brocante de Portobello Road le samedi est un « must » !

Le conseil de Bib

Pour la visite de Londres, stationnez dans un des campings situés en proche banlieue et utilisez les transports en commun. L'accès au cœur de Londres est assujetti à un péage de (8 £/j).

Jour 7

Direction le sud-est. **Canterbury** est dominée par une magnifique cathédrale. Cette capitale ecclésiastique a conservé tout le charme de l'époque médiévale avec ses maisons de tisserands, ses vieux pubs et ses ruelles pavées qui s'entremêlent au sein de ses remparts. Musées, boutiques, salons de thé, tous les ingrédients sont réunis pour une agréable promenade. Après avoir sillonné la ville, embarquez à bord d'un « punt » (barque à fond plat) et laissez-vous porter par les flots le long de la rivière traversant la ville. Non loin de Canterbury, l'Isle of Thanet concentre de petites stations balnéaires comme Whistable, Margate et Broadstairs, lieu de villégiature de Charles Dickens et Ramsgate. Joignez **Douvres** d'où vous pourrez embarquer pour rejoindre le continent.

D. Chapuis / MICHELIN

Grande-Bretagne

Campings

Biddenden

Woodlands Park
Tenterden Road
01580/291216
woodlandsp@aol.com
Mars-oct. 3,6 ha (100 empl.)
Loisirs : terrain de golf, barbecue
Services : sèche-linge

Brighton

Sheepcote Valley Caravan Club Site
East Brighton Park
01273/626546
Permanent 19 ha (252 empl.)
– 110
Loisirs : (plage) leçons de voile, ski nautique
Services : sèche-linge

Canterbury

Canterbury C. & C. Club Site
Bekesbourne Lane
01227/463216
canterbury@campingandcaravanningclub.co.uk
Permanent 8 ha (200 empl.)
Loisirs : terrain de golf
Services : sèche-linge

Chichester

Red House Farm Camping Site
Bookers Lane
01243/512959
www.rhfcamping.co.uk
De Pâques à oct. (75 empl.)
Loisirs : jeux pour adultes (plage) aire de sports
Services :

Hastings

ShearBarn Holiday Park
Barley Lane
01424/423583
shearbarn@haulfryn.co.uk
Avr.-oct. 13,6 ha (130 empl.)
Loisirs : jeux pour adultes aire de sports
Services : sèche-linge snack, pizzeria, brasserie

Littlehampton

White Rose Touring Park
Mill Lane, Wick
01903/716176
Mi-mars à mi-sept. 2,8 ha (135 empl.)
Loisirs : aire de sports
Services : sèche-linge

London/Londres

Abbey Wood
Federation Road
020/83117708
Permanent 3,6 ha (220 empl.)
– 110
Loisirs : terrain de golf
Services : sèche-linge
Trains fréquents pour le centre de Londres.

Caravan Club Crystal Palace
Crystal Palace Parade
020/87787155
Permanent 6 ha (126 empl.)
Loisirs :
Services : sèche-linge
Bus fréquents pour Londres

Lee Valley Leisure Complex
Meridian Way
020/88036900
Permanent 3 ha (160 empl.)
Loisirs : nocturne squash, bowling, cinéma terrain de golf, aire de sports, barbecue
Services : sèche-linge brasserie, snack

Ramsgate

Manston Caravan & Camping Park
Manston Court Road
01843/823442
Avr.-oct. 4 ha (100 empl.)
Loisirs : aire de sports, barbecue
Services : sèche-linge

Les bonnes **adresses** de Bib

Brighton

The Gingerman
21A Norfolk Square, ✆ 326 688 - 9,95 £.
Petit établissement moderne de style méditerranéen à proximité de l'embarcadère.

Bill's
100 North Road - ✆ 692 894 - 15 £/30 £.
Proposant de grandes tables au cœur d'un marché de primeurs, ce restaurant mise sur la fraîcheur de ses produits. Chaque plat est ici une œuvre d'art qui se prépare sous vos yeux. Pour un petit-déjeuner ou une spécialité du jour, n'hésitez pas à vous rendre dans ce lieu incontournable, ne serait-ce que pour le plaisir des yeux.

Canterbury

Pub Simple Simon's
3-9 Church Lane - ✆ 762 355 - 15 £.
C'est l'occasion de manger dans l'un des plus vieux pubs de Canterbury. La cuisine traditionnelle *(jacket potatoes)* ou l'une des délicieuses tourtes faites maison accompagnent parfaitement le grand choix de bières. Certains soirs, le dîner devient musical au son du jazz, du folk ou du blues.

Achats
Les boutiques sont concentrées sur Palace Street, Northgate et Castle Street et les grands magasins sur Marlowe Arcade. Le marché en plein air se tient le mercredi et le vendredi sur High Street.

Chichester

Trents Wine Bar
50 South St. - ✆ 773 714 - 20 £.
Ce bar-restaurant de style contemporain propose des grillades et des salades.

Eastbourne

Brewers Fayre
Beachy Head - ✆ 728 060 - 15 £.
Ce pub, isolé sur les hauteurs de Beachy Head, jouit, en terrasse, d'une vue très agréable. Au menu : grillades, *jacket potatoes*, etc.

London/Londres

Shepherd's
Marsham Court - Marsham St. - M° Pimlico -29,5 £
Un vrai restaurant anglais, apprécié pour son gibier et ses plats traditionnels.

Rules
35 Maiden Lane - Covent Garden - M° Leicester Square - ✆ 7836 5314.
Le plus ancien restaurant de Londres (1798), spécialisé dans le gibier et la cuisine traditionnelle : goûtez au bœuf du Yorkshire ou aux *gouses* d'Écosse. La décoration abonde en associations littéraires, dessins anciens, caricatures et tableaux. Réservation souhaitée.

Dickens Inn
St. Katharine's Dock - M° Tower Bridge - ✆ 7488 2208.
Un ancien entrepôt à épices du 18e s., restauré et doté de deux étages de balcons, accueille depuis 1976 ce restaurant. Taverne au rez-de-chaussée, restauration légère au premier étage (Copperfield Snack Bar), restaurants au second, dont Grill on the Dock.

Anchor et Hope
36 The Cut - ✆ 7928 9898 - mar.-sam. 12h-14h30, lun.-sam. 18h-22h.
« Gastro-pub » reconnu au décor très simple. Cuisine ne manquant pas parfois d'originalité.

Harrods
Brompton Road - M° Knightsbridge.
Pourquoi ne pas profiter de quelques emplettes dans ce grand magasin renommé pour déguster huîtres ou fruits de mer, voire de la charcuterie, dans les vastes salles du rayon alimentation décorées de carreaux de céramique.

The Garden Cafe
Queen Mary's Rose Garden Inner Circle - Regent's Park - ✆ 7935 5729 -tlj 10h au crépuscule.
Endroit unique pour passer un moment agréable aux beaux jours parmi les jardins fleuris.

George Inn
77 Borough High St. - SE1 1NH - ✆ 7407 2056.
Auberge historique où l'on peut déguster une gamme de bières anglaises.

Marchés
Le marché de **Portobello Road** *(antiquités, brocante, bric-à-brac, le samedi)* est particulièrement sympathique. Tout aussi coloré, le **Columbia Road Flower Market** *(le dim. de 9h à 12h)*, est un endroit idéal pour brunch ! **Greenwich Market** *(sam.-dim. 9h-17h) et* **Camden Market** présentent antiquités, livres anciens, vêtements et brocante.Dans l'East End, le marché de **Brick Lane** *(dim. matin)* est particulièrement animé. Signalons enfin le marché alimentaire de **Borough Market** à Southwark *(vend. 12h-18, sam. 9h-16h)*.

Portsmouth

Loch Fyne
Gunwaharfs Quays - ✆ 778 060 .
Au bord de Gunwharf Quay, cet établissement à l'allure de bistro moderne sert poissons et fruits de mer.

Lemon Sole
123 High St. - ✆ 811 303.
Les casseroles de cuivre retentissent en cuisine ! Le chef est sûrement en train de vous mijoter des plats de poissons succulents. Large choix de vins.

L'**Écosse** en capitale

➲Départ de Édimbourg
➲8 jours
370 km
Carte Michelin n° 501

ELTB

Vue sur Édimbourg depuis le château

Jours 1 & 2

La romantique capitale écossaise, considérée comme la plus belle ville de Grande-Bretagne (devant ou juste après Londres ?), attire de plus en plus de touristes. Vous ne serez donc pas les seuls à débuter votre visite d'**Édimbourg** par le célèbre château fort qui domine la cité (panorama impressionnant). Redescendez « sur terre » et entamez votre promenade le long de High Street (ou Royal Mile) et sa perspective vedette des cartes postales. Premier arrêt à la cathédrale St Giles et ses belles voûtes de pierre. Elle est entourée par les imposants bâtiments du Parliament House. Marchez plus à l'est pour atteindre Huntly House et ses salles ornées de boiserie, qui vous en apprendra bien plus sur l'histoire de la ville. Quel contraste avec le très moderne et controversé Scottish Parliament imaginé par Miralles ! Au bout de Royal Mile, vous atteignez le vaste Palace of Holyroodhouse. Par beau temps, grimpez le Arthur's Seat pour admirer la ville à 360°, château compris. Le lendemain débutez la journée au Grassmarket. Cette belle place est entourée de petites rues anciennes et de boutiques de luxe. Le Museum of Scotland n'est pas loin. Traversez le Royal Mile puis rejoignez la National Gallery et ses toiles de maîtres. Parcourez ensuite le quartier georgien si bien dessiné de New Town. Vous pourrez terminer la journée à **Leith**. Dans ce port où mouille le yacht royal « Britannia », les entrepôts rénovés sont devenus d'agréables restaurants.

Jour 3

Prenez la M 9 vers **Stirling** sans oublier de faire un petit détour pour admirer la Falkirk Wheel, un incroyable ascenseur rotatif pour bateaux. Visitez Stirling, son château perché chargé d'histoire et son monument au héros national Wallace. Un aller-retour vers **Dunblane** vous permettra d'admirer une splendide cathédrale.

Jour 4

Par la A 91, rejoignez **Dollar** et le sombre Castle Campbell perdu au milieu des fougères. Belles vues et belles balades, s'il fait beau. Cette même route permet d'atteindre ensuite **Loch Leven** et ses ruines photogéniques qui se dressent sur

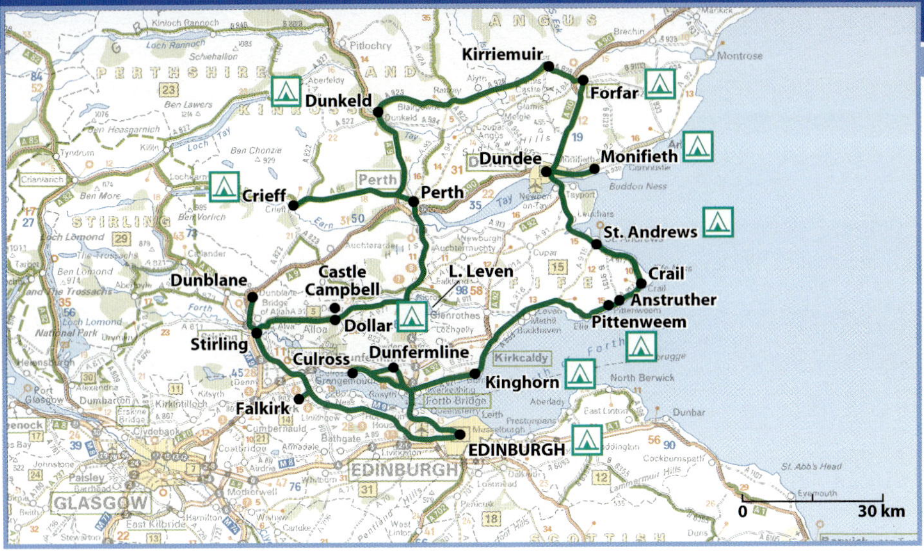

une île. La M 90 vous conduit vers **Perth**, capitale écossaise durant trois siècles. Visitez le Scone Palace, site historique majeur, à l'extérieur de la ville.

Jour 5

Prenez la A 9 vers la charmante bourgade de **Dunkeld**, autrefois capitale ecclésiastique. Rejoignez ensuite **Kirriemiuir**, la ville du créateur de Peter Pan. Puis **Forfar**, jadis capitale des Pictes, pour visiter le beau château – hanté – de Glamis.

Jour 6

Dundee, capitale de la toile de jute et de la confiture (on trouve des recettes de marmelade dès le 16e s.), compte deux intéressants musées : Discovery Point (sur l'expédition antarctique de Scott) et le DCA (art contemporain). Amusez-vous aussi en découvrant les innombrables statues du centre-ville. En route vers **St Andrews**, siège de la plus ancienne et prestigieuse université du pays, capitale religieuse devenue capitale mondiale du golf. Mer, gazon et vieilles pierres y font très bon ménage. Ambiance reposante.

Jour 7

Longez la côte par la A 917 en vous arrêtant dans les charmants ports de **Crail** et **Anstruther**. Peu à peu, Édimbourg apparaîtra à l'horizon. Prenez la direction de **Kirkcaldy**, capitale du linoléum (!) puis **Dunfermline**, organisée autour d'une superbe abbaye. Après un détour par **Culross**, traversez le Firth of Forth par l'immense pont de Forth Bridge. Si vous avez du temps avant de rejoindre Édimbourg, arrêtez-vous soit dans la jolie ville de **South Queensferry**, soit à **Linlithgow**.

Jour 8

La région dite des West Lothians est un « carrefour » entre Édimbourg, Glasgow et Stirling, une situation stratégique qui lui a offert un rôle historique et économique majeur. Les rois et seigneurs y ont construit des forts et palais pour mieux la contrôler. Puis les ingénieurs ont imaginé d'audacieuses infrastructures de transports pour la maîtriser. Toutes ces réalisations font aujourd'hui le bonheur des touristes. Vous apprécierez sans aucun doute le palais de Lilingthow, South Queensferry, Hopetoun House et la Falkirk Wheel.

Le conseil de Bib

- Les autoroutes sont gratuites, à l'exception de la M 6 Toll.

Grande-Bretagne

Campings

Crieff

Braidhaugh Holiday Park
South Bridgend
01764/652951
www.braidhaugh.co.uk
Permanent (30 empl.)
Loisirs : jeux pour adultes terrain de golf, aire de sports
Services : sèche-linge

Dollar

Riverside Caravan Park
Dollarfield
01259/742896
www.riverside-caravanpark.co.uk
Avr.-sept. 2,8 ha (30 empl.)
Loisirs :
Services :

Dundee

Tayview Caravan & Camping Park
Marine Drive, Monifieth
01382/532837
www.tayview.info
Mi-mars à nov. (110 empl.)
Loisirs : nocturne bowling (plage)
Services : sèche-linge

Dunkeld

Inver Mill Farm Caravan Park
Inver
01350/727477
invermill@talk21.com
Fin mars à oct. (65 empl.)
Loisirs : terrain de golf
Services : sèche-linge

Forfar

Drumshademuir Caravan Park
Roundyhill, près de Glamis
01575/573284
www.drumshademuir.com
Permanent (80 empl.)
Loisirs : terrain de golf
Services : sèche-linge

Kinghorn

Pettycur Bay Caravan Park
Burntisland Road
01592/892200
www.pettycur.co.uk
Mars-oct. (50 empl.)
Loisirs : hammam, jacuzzi,jeux pour adultes, night-club (plage)
Services : sèche-linge brasserie, snack

Pittenweem

Grangemuir Camping Site
01333/450314
Mars-oct. 6,5 ha (45 empl.)
Loisirs : terrain de golf
Services : sèche-linge

St Andrews

Cairnsmill Caravan Park
Largo Road
01334/473604
www.ukparks.co.uk/cairnsmill
Avr.-oct. (80 empl.)
Loisirs : jeux pour adultes, squash, bowling (plage) terrain de golf
Services : sèche-linge cafétéria

Les bonnes **adresses** de Bib

Dundee

Bon Appetit
22-26 Exchange St. - ✆ (01382) 809 000 - 12h-14h30, 18h-22h30, fermé le dim. - 20 £.
Tenu par un couple originaire de Dundee, parti travailler 20 ans en France, ce petit restaurant sans prétention est une des meilleures tables de la ville.

Rama Thai
32-34 Dock St. - ✆ (01382) 223 366 - 12h-14h30, 17h-23h.
Autre bonne table de Dundee proposant des saveurs plus lointaines. Malheureusement, le restaurant est en bordure du futur chantier, avec vue sur le parking et la voie rapide.

The Italian
36 Commercial St. - ✆ (01382) 206 444 - 12h-14h, 17h30-0h (dernier service 21h30) - 20-35 £.
Récompensé peu après son ouverture, ce restaurant figure déjà sur la liste des bonnes adresses de Dundee.

The Tasting Room
5 South Ward Road - ✆ (01382) 224 188 - 9h-11h30, 11h30-18h.
Ancien entrepôt de toile de jute récemment reconverti en espace moderne et branché. Les petits-déjeuners et les snacks se prennent sur la mezzanine tandis que le rez-de-chaussée est réservé à la cave à vin.

Edinburgh/Édimbourg

The Pizza Express
Deanhaugh St. - ✆ (0131) 332 7229 - 10-17 £.
Ancienne maison de la tour de l'horloge, construite en 1900, et agrandie d'une large salle vitrée accueillant le restaurant. On appréciera particulièrement sa situation, au bord de la Leith, avec une large terrasse très agréable pendant les beaux jours.

Tower Restaurant
Museum of Scotland, Chambers St. - ✆ (0131) 225 3003 - tlj 12h-23h (le bar ouvre à 11h).
Salle à l'architecture contemporaine au 5e étage du musée, avec vue sur le jeu des toitures du quartier. Cuisine écossaise avec une touche Tuscan, d'excellentes viandes et des produits de la mer d'une grande fraîcheur.

The Elephant House
21 George IV Bridge - ✆ (0131) 220 5355 - 8h-22h - 5-15 £.
Salon de thé, bons cafés, snacks, quelques plats et Internet à l'entrée de ce lieu prisé par les étudiants. On appréciera particulièrement l'atmosphère et la vue depuis l'arrière-salle sur le parc et le château.

The Royal Edinburgh Repository and Self Aid Society
23a Castle St. - ✆ (0131) 220 1187.
Boutique dont les bénéfices sont redistribués par cette société caritative créée en 1882. Les marchandises sont fabriquées à la main et le produit de la vente est intégralement restitué aux ouvriers. Vous trouverez lainages, jouets et cadeaux évoquant souvent l'époque de l'ancien empire britannique.

Tiso - The Outdoor Specialist
Rose St. ou à Leith, 41 Commercial St. - ✆ (0131) 225 9486/ 554 0804.
La nature en Écosse est une invitation à de multiples activités en plein air : randonnées, sports nautiques, camping... Vous trouverez tout le matériel nécessaire dans ces vastes boutiques spécialisées. Cette chaîne de magasins possède d'autres adresses en Écosse mais c'est à Édimbourg et à Glasgow que vous trouverez le plus grand choix d'équipements pour un plus grand panel d'activités.

Leith

Fisher Bistro
1 Shore, Leith - ✆ (0131) 554 5666 - 12h-22h30 (le bar ferme à 1h) - 23-32 £.
Restaurant installé dans un ancien moulin, sur les bords du canal de Leith, à proximité des docks. Vous trouverez ici principalement poissons et fruits de mer. Le menu change tous les jours, mis à part quelques classiques comme la soupe de poisson et les plateaux de fruits de mer. Le midi, quand il fait beau, les tables sont dressées dehors le long du canal.

Perth

Deans@Lets Eat Restaurant
77 Kinnoull St. - ✆ (01738) 643 377 - 12h-14h, 18h30-21h30, fermé dim.-lun. - 20-25 £.
Restaurant convivial jouissant d'une excellente réputation depuis plus de 10 ans. Repris récemment par de nouveaux propriétaires, la cuisine reste de qualité, utilisant toujours principalement des produits locaux.

Stirling

The River House
Castle Business Park, Caigforth - ✆ (01786) 465 577 - 7j./7, 12h-14h30, 17h30-21h30 - 15-22 £.
Dans la zone d'activité moderne de Stirling, restaurant dont la réputation dépasse largement les employés des entreprises à proximité. Il est d'ailleurs recommandé de réserver le soir et le week-end.

The Portcullis
Castle Wind - ✆ (01786) 472 290 - 7j./7, 12h-14h30, 17h30-21h - 13-25 £.
Steacks Sirloin et poulets des Highlands sont les plats les plus populaires de ce restaurant convivial à proximité du château. Très bon rapport qualité-prix.

Clichés **écossais**

Départ de Glasgow
8 jours
770 km
Carte Michelin n° 501

Paysage des Highlands

Jours 1 & 2

Débutez votre première matinée dans cette ville de culture et de shopping par une visite de l'imposante cathédrale du 13e s., la seule qui ait survécu à la Réforme. Ne loupez surtout pas le cimetière contigu. Aménagé sur une colline verdoyante, il offre une vue superbe sur **Glasgow**. Rejoignez George Square, le cœur de la cité, dominé par le très victorien City Chambers. Quelques pas sur Queen Street mènent les amateurs d'art vers la Gallery of Modern Art et les consommateurs effrénés à Princes Square, le plus beau centre commercial (décor Arts déco) de la ville. L'heure est venue de vous offrir une pause pittoresque au Horseshoe, un célèbre pub centenaire situé à deux pas de là. Les innombrables pubs du quartier branché et élégant (belles demeures du 18e s.) de Merchant City offrent une alternative. Vous pouvez consacrer votre après-midi à découvrir les étonnants bâtiments de Charles Rennie Mackintosh. Commencez par The Lighthouse, musée de design et d'architecture, où le dynamisme de Glasgow dans ce domaine vous est exposé. Les rues piétonnes et perpétuellement animées de Buchanan et Sauchiehall vous guident vers la Willow Tearoom. Vous y prendrez une « cup of tea » bien méritée avant de visiter le chef-d'œuvre de Mackintosh : la Glasgow School of Art. Plusieurs alternatives s'offent à vous le lendemain. La Burrell Collection, un des plus beaux musées d'art du pays, vous attend au sud de la ville. Le West End, charmant quartier étudiant et résidentiel, compte plusieurs musées (dont le très varié Kelvingrove Art Gallery & Museum) répartis autour d'un parc. Vous pouvez encore voguer sur la rivière Clyde et découvrir le quartier futuriste autour du Science Centre (idéal pour les enfants).

Jour 3

Prenez la route A 82 pour longer le célèbre **Loch Lomond**. Arrêts panoramiques au parcours de golf du Scottish Open et à **Luss**, une petite bourgade très agréable. Rejoignez **Fort William** en traversant le formidable et verdoyant Glen Coe. Le site est tristement célèbre pour le massacre qui y eut lieu le 13 février 1692 au cours duquel 38 membres du clan des McDonald furent tués pour avoir refusé de prêter allégeance à Guillaume III d'Angleterre.

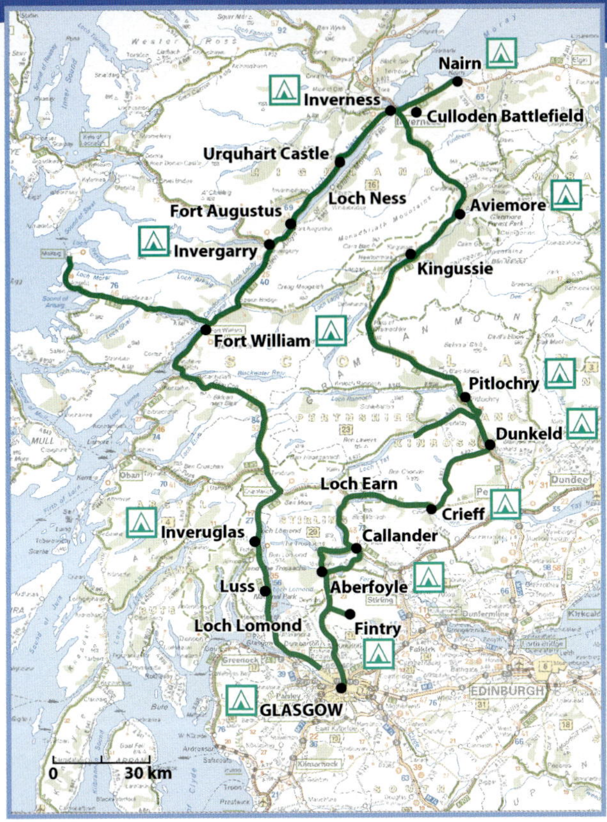

Jour 4

À **Fort William**, deux choix sont possibles. Grimper le Ben Nevis, un des fameux munros. Tous les monts écossais supérieurs à 914 m sont connus comme tels ; Sir Hugh Munro ayant été le premier à les répertorier. Ou alors effectuer l'aller-retour en train à vapeur vers **Mallaig**, dans des paysages époustouflants, maintes fois filmés. Le même trajet en camping-car vous permettra des arrêts multiples : **Glenfinnan**, plages de sables blancs de **Morar**.

Jour 5

Reprenez la A 82 vers **Fort Augustus**, dont les écluses sont la porte d'entrée du Loch Ness (possibilité de croisière). De là, continuez par la A 82 en vous arrêtant à **Urquhart Castle** et **Drummadrochit** (expo très – trop – touristique sur le monstre). Ou prenez la B 852, plus sauvage et moins fréquentée. Arrivée le soir à **Inverness**.

Jour 6

Capitale des Highlands, Inverness est une charmante petite cité au bord de la Ness qui collectionne les surnoms. Elle est à la fois pivot, carrefour, porte et capitale des Highlands. Tous ces termes traduisent une situation enviable, au cœur de cette vaste région prisée des touristes. À la population locale se mêle en été une foule de randonneurs qui donne à la ville des allures de camp de base. Personne ne vient vraiment pour les rues calmes du centre-ville mais pour se lancer à la découverte des innombrables curiosités des environs : les longues plages de **Nairn** ou **Durnoch**, les sentiers du Glen Affric ou de Ben Wyvis, ou les charmants villages de la Black Isle. Si vous êtes fortuné, faites-vous tailler un kilt au Kiltmaker Centre. Rendez-vous à **Culloden**, un site de bataille visité par des fantômes. Puis prenez la pittoresque A 9 vers **Kingussie**, capitale du shinty (sport gaélique). Le musée folklorique des Highlands ou de celui des Macpherson, vous transportent au pays des clans. Randonnées superbes aux alentours.

Jour 7

Route A 9 vers la région de **Pitlochry**. Dégustez le whisky Blair Atholl (à Pitlochry même). Flânez dans le château de Blair et ses magnifiques jardins. Prenez la A 827 pour taquiner les saumons du Loch Tay. Puis faites halte à **Crieff** et à la distillerie Famous Grouse, la plus connue du pays.

Jour 8

Partez à la découverte des **Trossachs** depuis **Callander** ou **Aberfoyle**. Voguez sur le Loch Katrine et visitez le musée de Rob Roy, héros populaire écossais et hors-la-loi du début du 18e siècle.

Campings

Aberfoyle

Trossachs Holiday Park
01877/382614
www.trossachsholidays.co.uk
Mars-oct. 4 ha (45 empl.)
45
Loisirs : jeux pour adultes terrain de golf, cours de golf
Services : sèche-linge

Aviemore

High Range
Grampian Road
01479/810636
www.highrange.co.uk
Déc.-oct. (45 empl.)
Loisirs : squash terrain de golf, bateaux, planche à voile
Services : sèche-linge pizzeria

Fintry

Balgair Castle Park
Kippen Road
01360/860283
www.balgaircastlepark.com
Mars-oct. 18 ha (63 empl.)
Loisirs : jeux pour adultes aire de sports
Services : sèche-linge brasserie, snack
Idéal pour les familles.

Fort William

Glen Nevis
Glen Nevis
01397/702191
Mi-mars à oct. 1,8 ha (380 empl.)
Loisirs : diurne poneys aire de sports, barbecue
Services : sèche-linge brasserie, snack

Glasgow

Craigendmuir Park
Stepps
0141/7794159
www.craigendmuir.co.uk
Permanent (30 empl.)
Loisirs : poneys terrain de golf
Services : M sèche-linge

Invergarry

Faichemard Farm
Faichemard
01809/501314
www.faichemard-caravancamping.co.uk
Avr.-oct. 4 ha (35 empl.)
Loisirs : barbecue
Services : sèche-linge
Camping réservé aux adultes.

Inverness

Culloden Moor Caravan Club Site
Newlands, Culloden Moor
01463/790625
www.caravanclub.co.uk
Mi-mars à déc (97 empl.)
Loisirs :
Services : sèche-linge

Inveruglas

Loch Lomond Holiday Park
Loch Lomond
01301/704224
Permanent 5,2 ha
Loisirs : jeux pour adultes (plan d'eau) bateaux
Services : sèche-linge
Très belle vue sur le lac et les environs.

Nairn

Nairn Lochloy Holiday Park
East Beach
01667/453764
Mi-mars à oct. (13 empl.)
Loisirs : jacuzzi spa, solarium, jeux pour adultes (plage)
Services : sèche-linge brasserie

Pitlochry

Tummel Valley Holiday Park
Tummel Bridge
01882/634221
Mi-mars à déc. (34 empl.)
Loisirs : jeux pour adultes aire de sports, solarium
Services :

Les bonnes adresses de Bib

Fort William

Ossians Hotel Restaurant
High St. - ✆ (01397) 702 928 - 14/17 £.
Carte très simple mais spectacle et musique écossaise traditionnelle tous les soirs de 20h à 22h.

Crannog Restaurant
Sur les quais, au niveau de Gordon Sq. - ✆ (01397) 705 589 - 12h-14h, 18h30-21h - 20/35 £.
Restaurant spécialisé dans les produits de la mer, tenu par un ancien pêcheur. Face à la demande, la carte propose depuis peu quelques plats de viande. Très bonne adresse, peut-être un peu chère. Belle vue sur le loch.

Glasgow

City Merchant
97-99 Candleriggs - ✆ (0141) 553 1577 - lun.-sam. 12h-22h30 - 15-35 £.
Un des premiers restaurants à s'établir, en 1988, dans ce quartier en passe de devenir le plus branché de la ville. D'ores et déjà une institution. Venez déguster une des nombreuses spécialités de la mer, mais aussi des viandes des Highlands. L'occasion d'avoir un T-bone de 454 g dans votre assiette !

Amber Regent
50 West Regent St. - ✆ (0141) 331 1655 - lun.-vend. 12h-14h15, 17h30-23h, sam. 12h-0h - 18-30 £.
Restaurant chinois spécialisé dans une cuisine de Canton et du Sechwan combinée avec des produits frais écossais. Pendant l'été et en semaine, les plats sont à moitié prix avant 19h.

The Buttery
652 Argyle St. - ✆ (0141) 221 8188 - lun.-vend. 12h-14h, 18h-21h30, sam. 18h-22h - 34-39 £.
Ce restaurant, le plus vieux de Glasgow, est une véritable institution fondée en 1856. Si les portions ne sont pas très copieuses, les plats sont raffinés et le service irréprochable.

Corinthian
191 Ingram St. - ✆ (0141) 552 1101.
Un des établissements les plus chics de Glasgow. Le bâtiment fut édifié en 1842 pour la maison mère d'une banque dédiée au commerce maritime alors très lucratif. Depuis 1999, après restauration de cet immeuble classé, le groupe d'architectes G1 a ouvert un restaurant réputé, un piano bar intimiste et le sublime Lite Bar, éclairé par une coupole en verre de 7 m.

Invergarry

Glengarry Castle Hotel
✆ (01809) 501 254 - 28 £.
Atmosphère chaleureuse dans ce château sur les rives du loch Oich. La carte change tous les jours et présente un choix de plats écossais avec produits du terroir.

Le conseil de Bib

Le Loch Ness sur l'eau – Géré par le British Waterways Board, le canal est surtout utilisé par des bateaux de plaisance. De belles croisières sont organisées de Fort William à Inverness. De nombreuses sociétés organisent aussi des excursions sur le Loch Ness au départ d'Inverness et de Fort Augustus. Les trajets sont très variés en longueur et durée. La compagnie la plus connue est Jacobite Cruises –*Tomnahurich Bridge*.

Inverness

Nico's Grill & Seafood Restaurant
The Glen Mhor Hotel, Ness Bank - ✆ (01463) 234 308 - 12h-13h30, 17h-21h30, fermé le dim. - 20/30 £.
Restaurant aux allures d'auberge victorienne. La carte change régulièrement, mis à part les classiques de la cuisine écossaise.

Contrast
Ness Bank - ✆ (01463) 223 777 - 7j./7, 12h-22h - 20/60 £.
Décor zen, tables et chaises recouvertes de fausse peau de serpent pour ce restaurant résolument moderne, ouvert en 2006. Spécialités de poisson et brassage des cuisines du monde.

Pitlochry

The Old Mill Inn
Atholl Rd - ✆ (01796) 474 020 - 10h-22h - 10-25 £.
Ancien moulin avec jardin et petit canal alimentant une roue à aubes. Côté cuisine, la carte des assiettes de bœuf écossais est particulièrement impressionnante, ainsi que celle des vins (nombreux bordeaux) et des whiskys.

Macnaughtons of Pitlochry
Station Rd - ✆ (01796) 472 722.
Tartans et vêtements des Highlands dans cette boutique établie au milieu du 19e s.

Douceurs du **sud**

➲Départ de Édimbourg
➲7 jours
660 km
Carte Michelin n° 501

Entre Anstruther et Crail

Jour 1

Après avoir visité la ville (décrite dans le circuit n°30 sur l'Écosse), sortez d'**Édimbourg** et longez la côte par la jolie route A 198. Dépassez le charmant port de **North Berwick** pour atteindre Tantallon Castle, impressionnante forteresse de grès rouge suspendue aux falaises. Continuez vers Dunbar et son port tout en pierre. Prenez la A 1, puis l'agréable route A 1107. Depuis la bourgade de pêcheur de St Abbs, promenez-vous dans la réserve naturelle connue pour ses falaises, ses plages, ses innombrables oiseaux et ses panoramas enchanteurs.

Jour 2

Par les pittoresques petites routes A 6105 et A 6089, rejoignez la demeure classique de **Mellerstain**. Puis à **Kelso**, visitez le vaste Floors Castle, qui servit de décor au film *Greystoke*. La A 699 vous mène aux vestiges de **Dryburgh Abbey**, puis à **Melrose**. Groupée autour des belles ruines de son abbaye, au milieu des étendues de la Tweed, Melrose est ombragée par les triples pics des Eildons. Sur un des escaliers de l'édifice fondé en 1136 par des moines cisterciens est gravée l'inscription suivante : « Be Halde to ye hende », « Garde à l'esprit, la fin, ton salut ». Cette phrase est devenue la devise de la ville. Cette charmante ville, bien que grouillant de visiteurs en été, constitue un centre idéal pour explorer la campagne environnante.

Jour 3

Depuis Melrose, roulez sur la A 68 pour rejoindre **Jedburgh**, dominé par son abbaye du 12e s. et quelques autres édifices d'intérêt. Longez la « frontière » anglaise par les typiques routes du Liddesdale. Et suivez les panneaux pour atteindre **Hermitage Castle**, un petit fort médiéval très photogénique, perdu dans la lande. Rejoignez **Langholm** puis **Lockerbie**, qui reste de sinistre mémoire suite à l'attentat du 21 décembre 1988, où un Boeing 747 explosa au-dessus de la ville.
Vous pouvez bifurquer vers **Eskaldemuir** et son inattendu temple tibétain.Rejoignez **Dumfries** et faites un aller-retour vers la forteresse de Caerlaverock Castle.

Jour 4

Située sur les bords du Nith, non loin de l'embouchure du fleuve, Dumfries est une ville affairée

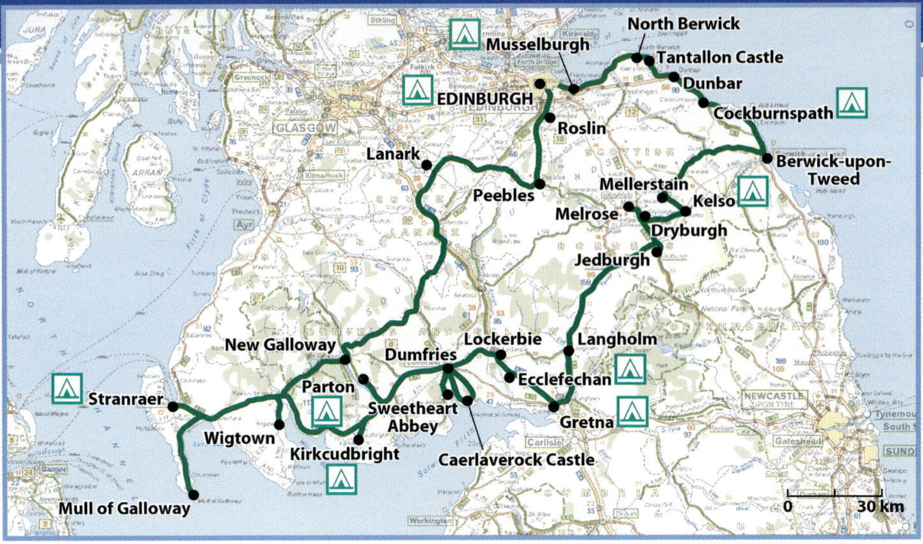

qui a longtemps été l'agglomération la plus importante du sud-ouest. Aujourd'hui, ce centre de tourisme actif est un bon point de chute pour qui veut explorer les environs. L'agriculture reste la principale activité de la ville, malgré un effort de diversification dans l'industrie et les activités administratives de certains sièges régionaux. La ville a des liens historiques importants avec le poète national Robert Burns qui y occupa le poste d'officier de douane durant les cinq dernières années de sa vie. Ne pas négliger la visite de Midsteeple, Burns House et Dumfries Museum d'où l'on a une belle vue sur la ville.

Jour 5

Quittez Dumfries par la A 710 pour atteindre **Sweetheart Abbey**, de belles ruines en pierre rose. La route continue vers **Daelbeattie** d'où vous rejoindrez les Threave Gardens (fleurs, forêt) si vous aimez la nature, ou le château Douglas si vous préférez les vieilles pierres. Arrêtez-vous ensuite dans le petit bourg de **Kirkcudbright**. Niché au fond d'un estuaire, il accueille de nombreux artistes attirés par la douceur de la riviera écossaise. Filez vers **Wigtown**, petite ville connue pour son grand nombre de librairies et surnommée « la cité des livres ».

Jour 6

Selon votre calendrier, deux possibilités (complémentaires) s'offrent à vous. Allez au bout des Rhinns of Galloway pour atteindre les beaux paysages de la pointe de **Mull of Galloway**. Ou partez vers Newton Stuart, porte d'entrée du plus grand parc forestier de Grande-Bretagne : le **Galloway Forest Park**. Situé dans l'un des plus beaux sites des Uplands méridionales, où les montagnes et les collines boisées sont parsemées de lacs et de rivières. Le parc propose un large éventail d'activités (escalade, pêche, camping et baignade). Le parc contient une variété prodigieuse d'animaux sauvages que l'on croise sur les chemins de randonnée et autres pistes cyclables qui sillonnent la région.

Jour 7

De **New Galloway**, rejoignez le château forestier de **Drumlanrig** par la A 702. La silhouette spectaculaire de Drumlanrig Castle se profile au centre d'un site splendide. Cette même belle route vous mène à New Lanark, un harmonieux village classé par l'Unesco. Avant de rejoindre Édimbourg, vous pouvez vous arrêter à **Peebles**, célèbre pour ses environs enchanteurs et la demeure seigneuriale de Traquair House. Et faites un arrêt à la chapelle **Rosslyn**, chef-d'œuvre ciselé du 15e s. rendu célèbre par le Code Da Vinci.

Grande-Bretagne

Campings

Cockburnspath

Chesterfield Caravan Park
Neuk Farm
01368/830459
www.chesterfieldcaravanpark.co.uk
Avr.-oct. (33 empl.)
Loisirs :
Services : sèche-linge

Ecclefechan

Hoddom Castle Caravan Park
Hoddom, Nr Lockerbie
01576/300251
www.hoddomcastle.co.uk
Avr.-fin oct. 11 ha (150 empl.)
Loisirs : diurne nocturne (en été) jeux pour adultes terrain de golf, barbecue
Services : sèche-linge

Edinburgh/Édimbourg

Mortonhall Caravan & Camping Park
38 Mortonhall Gate, Frogston Road
0131/6641533
www.meadowhead.co.uk
Mi-mars à oct. 9 ha (250 empl.)
– 17
Loisirs : jeux pour adultes terrain de golf, aire de sports
Services : sèche-linge brasserie, snack

Gretna

The Braids Caravan Park
Annan Road
01461/337409
www.thebraidscaravanpark.co.uk
Permanent 4,5 ha (88 empl.)
Loisirs : (plage) barbecue
Services : sèche-linge
Bien situé proche du centre-ville.

Kelso

Springwood Caravan Park
Springwood Estate
01573/224596
www.springwood.biz
Fin mars-mi-oct. 4,5 ha (60 empl.)
Loisirs :
Services : M sèche-linge

Kirkcudbright

Campsite Silvercraigs
Silvercraigs Road
01557/330123
scottg2@dumgal.gov.uk
Avr.-fin oct. 3 ha (100 empl.)
Loisirs : terrain de golf, cours de golf, aire de sports
Services : sèche-linge

Musselburgh

Drum Mohr
Levenhall
0131/6656867
www.drummohr.org
Mars-oct. 4 ha (120 empl.)
Loisirs : (plage) terrain de golf
Services : sèche-linge

Parton

Loch Ken Holiday Park
Castle Douglas
01644/470282
www.lochkenholidaypark.co.uk
Permanent 4 ha (45 empl.)
Loisirs : (plan d'eau) canoë, bateaux, ski nautique, planche à voile
Services : sèche-linge

Stranraer

Aird Donald Caravan Park
London Road
01776/702025
www.aird-donald.co.uk
Permanent 5 ha (100 empl.)
Loisirs : squash (plage)
Services : sèche-linge

Carnet pratique

Les bonnes **adresses** de Bib

Dumfries

Bruno's Restaurant
3 Balmoral Road - ✆ (01387) 255 757 - tlj sf mar. de 17h30 jusque tard dans la soirée.
Ce restaurant italien a une carte très fournie et propose des menus de deux ou trois plats à des prix intéressants.

Dunbar

Food Hamper
124 High St., Dunbar – ✆ (01368) 865 152 - 9h-17h - fermé dim. - 10 £.
Épicerie fine servant soupes, salades, quiches et sandwiches.

The Creel Restaurant
The Harbour, 25 Lamer St., Dunbar - ✆ (01368) 863 279 - 12h-14h et 18h-21h - fermé dim. soir, lun. et mar. - 20 £.
Bistrot du Vieux Port ; spécialité de poisson.

Edinburgh/Édimbourg

Dirty Dick's
159 Rose St. - ✆ (0131) 225 4610 - 12-17 £.
Un des plus anciens pubs de la rue, établi en 1859. Pintes, miroirs et souvenirs en tout genre décorent la salle des murs au plafond. Concerts le samedi. Deux autres adresses du même propriétaire dans la même rue, dont The Bad Ass (au n° 167) qui propose une cuisine plus gastronomique.

Grain Store Restaurant
30 Victoria St. - ✆ (0131) 225 7635 - tlj 12h-14h et 18h-22h, w.-end 12h-15h et18h-23h - 20-40 £.
Ambiance rustique avec une succession de salles sous des voûtes de pierres noircies par le temps. Cuisine typiquement écossaise proposant des classiques tels le bœuf Angus d'Aberdeen et des entrées plus particulièrement tournées vers la mer.

Royal Mile Whiskies
379 High St., Royal Mile - ✆ (0131) 225 3383.
Si vous n'avez pas le temps au cours de ce voyage de visiter les terres légendaires du whisky, autour de Dufftown, cette boutique spécialisée vous permettra un rapide tour d'horizon.

Kelso

Caroline's Coffee Shop
45 Horsemarket - tous les jours de 8h (13h dim.) à 17h - 5-10 £.
Café/salon de thé en centre-ville servant des snacks.

Under the Sun
Roxburgh Street - ✆ (01573) 225 177 - lun. à vend. de 9h30 au dernier client (dernière commande 21h30), sam. de 9h30 à 17h - 10 £.
Boutique de produits bio avec salon/librairie attenant, proposant des soupes, des salades composées, des plats du jour (certains végétariens), préparés à partir de produits de la région.

Kirkcudbright

Harbour Lights
32 St Cuthbert Street - ✆ (101557) 332 332 - de 10h à 16h tous les jours et de 19h à 21h vend. et sam. - 10 £.
Coffee House/bistrot en plein centre-ville.

Lanark

Crown Tavern
17 Hope St. - ✆ (0155) 664 639 - fermé dim.
Plus que pour l'originalité des plats, on vient ici pour le cadre (bois verni et moquettes omniprésents), une auberge typique des petits bourgs écossais, située dans la plus belle rue de la ville.

Melrose

Marmions Brasserie
Buccleuch Street - ✆ (01896) 822 245 - tous les jours de 9h à 22h - 20-25 £.
Le chef de ce restaurant a obtenu en 2005 le 2e prix au concours du Chef de l'année.

The Hoebridge Inn
Gattonside, Melrose - ✆ (01896) 823 082 - merc.-sam. 12h-14h30, dim. à partir de 12h30, mar. à dim. de 18h à 22h - 25-30 £.
Primée en 2004 et 2005, cette entreprise familiale propose une cuisine traditionnelle avec l'accent sur les fruits de mer, ainsi que sur le bœuf et l'agneau écossais.

Peebles

Sunflower Restaurant
4 Bridgegate - ✆ (01721) 722 420 - lun. à sam. de 12h à 15h, jeu. à sam. de 18h à 21h30 - 20-25 £.
Ce bistrot élégant, situé en plein centre-ville, offre un excellent rapport qualité/prix.

Halcyon Restaurant
39 Eastgate - ✆ (01721) 725 100 - mar. à sam. de 12h à 14h et de 18h à 22h - 30£.
Lauréat du concours de la Meilleure Table de la région des Borders en 2005.

Stranraer

L'Apéritif
London Road - ✆ (01776) 702 991 - lun. à sam. de 12h à 21h.
Restaurant italien renommé dans une élégante maison georgienne.

À la découverte du Pays de Galles

➲Départ de Cardiff
➲6 jours
700 km
Carte Michelin n° 503

Le château de Cardiff

Jour 1

La réputation industrielle de la terre galloise n'est pas un vain mot. Cet itinéraire vous propose d'en découvrir les vestiges, tout d'abord au cœur de la capitale galloise, **Cardiff**, avec le port charbonnier, jadis le principal au monde, aujourd'hui devenu sous le nom de Cardiff Bay un endroit à la mode, à l'architecture audacieuse. Pour autant ne négligez pas le centre de la cité avec son musée national qui possède une des plus importantes collections de tableaux impressionnistes hors de Paris. Vous pourrez notamment admirer gratuitement (sauf le lundi) des œuvres de Monet, Renoir, Cézanne. En quittant la capitale, arrêtez-vous au musée de la Vie galloise, évoquant l'habitat rural traditionnel du pays, ainsi que la vie quotidienne des paysans à l'aide de costumes et d'outils. Plus à l'est, Swansea a elle aussi reconverti son quartier maritime en y créant notamment un fabuleux National Waterfront Museum.

Jour 2

Vous aborderez ensuite le **Pembrokeshire**, le pays de Galles des marins, que ce soit à **Tenby**, cité maritime fortifiée dominant un port aux maisons colorées, **Pembroke** ou **St David's**, fière de sa cathédrale. Sur la route, croix celtiques (Nevern), monuments mégalithiques (Pentre Ifan) et fières forteresses (Carew, Pembroke, Cilgerran) rappellent une histoire millénaire. Après avoir poussé jusqu'à **Cardigan**, vous rentrerez à l'intérieur des terres en suivant la vallée de la Teifi. À **Drefach-Felindre**, le musée national de l'Industrie lainière fait revivre cette activité vitale pour les habitants des régions rurales.

Jour 3

Regagnez la côte au niveau d'**Aberaeron**. Une belle route côtière conduit alors à **Aberystwyth**, siège de l'université galloise. Plus au nord, le château de **Harlech**, dominant le littoral,

Le conseil de Bib

Tous les Gallois parlent anglais mais nombre d'entre eux s'expriment dans la vie courante en gallois. Tous les panneaux sont bilingues.

conserve la mémoire de la lutte d'Owain Dŵr, ce prince qui un temps réalisa l'union des Gallois contre l'occupant anglais. Puis vous rejoindrez la côte. Le changement de décor est complet avec le village coloré de **Portmeirion**, un véritable rêve d'architecte.

Jour 4

Vous vous enfoncerez alors au cœur du massif de Snowdonia, dans des paysages montagneux où alternent landes désolées et lacs d'altitude. **Llanberis**, avec son ancienne usine d'ardoise, vous donnera une idée de la dure condition des ouvriers gallois à l'époque victorienne, à moins que vous ne préfériez partir à l'assaut du pic Snowdon à bord du train à vapeur… puis, revenant en arrière, vous vous poserez dans l'ancienne bastide de **Caernarfon**, qui, située en bordure du détroit, a conservé un superbe château, théâtre de l'intronisation officielle des princes de Galles.

Jour 5

Poursuivant en direction de **Holyhead**, sur l'île d'Anglesey, vous vous arrêterez dans la station victorienne, remarquablement préservée de Llandudno, avant de découvrir le château et la ville fortifiée de **Conwy**. En suivant la côte, vous franchirez le détroit de la Menai afin d'admirer le château et la ville de **Beaumaris**.

Jour 6

Avant de rejoindre **Liverpool**, terme de votre périple vous vous arrêterez dans la belle cité médiévale de **Chester**, la seule ville anglaise ayant conservé intacte une bonne partie de ses murailles. Liverpool, capitale européenne de la culture 2008 vous étonnera, bien loin des clichés d'un passé industriel difficile. La musique des Beatles, omniprésente, côtoie les concerts prestigieux du Royal Philarmonic Orchestra. La Walker Gallery et son exceptionnelle collection des 19e et 20e s. introduit l'Art moderne de la Tate Liverpool, située sur les docks. Le dernier-né des centres de divertissement, le FACT, est le temple interactif du cinéma et des nouvelles technologies. Un patrimoine éclectique et ambitieux, comme la cathédrale du Christ Roi, comblera vos promenades et visites. Enfin, vous prendrez bien un verre à la terrasse animée d'un café branché d'Albert Dock.

C. Labonne / Michelin

Albert Dock à Liverpool

Campings

Aberaeron

Aeron Coast Caravan Park
North Road
01545/570349
Mars-oct. 5,7 ha (100 empl.)
Loisirs : discothèque, séances de cinéma, jeux pour adultes (plage) aire de sports
Services : sèche-linge snack, brasserie

Abergwaun / Fishguard

Fishguard Bay Caravan & Camping Park
Garn Gelli
01348/811415
De mars à déb. janv. 2,4 ha (50 empl.)
Loisirs : jeux pour adultes randonnées pédestres
Services : sèche-linge
Beau panorama sur la mer.

Abertawe / Swansea

Riverside Caravan Park
Ynysforgan Farm, Morriston
01792/775587
Permanent (120 empl.)
Loisirs : jacuzzi jeux pour adultes terrain de golf
Services : sèche-linge

Betws-y-Coed

Hafod Farm
Betws Road
01690/710988 – Permanent (30 empl.)
Loisirs :
Services : sèche-linge

Caerdydd/Cardiff

Cardiff Caravan Park
Sophiaclose Pontcanna Fields
02920/398362 – Permanent 1,5 ha (93 empl.)
Loisirs :
Services : sèche-linge
Proche du centre-ville.

Caernarfon

Bryn Gloch
Betws Garmon
01286/650216
Permanent 6 ha (160 empl.)
– 4
Loisirs : pub jeux pour adultes (plan d'eau) aire de sports, randonnées, barbecue
Services : sèche-linge
Beau panorama sur le mont Snowdon

Conwy

Conwy Touring Park
Trefriw Road
01492/592856
Pâques-oct. 32 ha (130 empl.)
Loisirs : diurne (plage) aire de sports
Services : sèche-linge
Le camping dispose d'un service de maintenance pour les camping-cars.

Dolgellau

Dolgamedd
Bontnewydd
01341/422624
Avr.-oct. 4,5 ha (70 empl.)
Loisirs : (plan d'eau) observation d'oiseaux, barbecue
Services : sèche-linge

Prestatyn

Presthaven Sands Holiday Park
Gronant
01745/856471
Mars-nov. (500 empl.)
Loisirs : bowling (plage) terrain de golf, aire de sports, piste de karting
Services : sèche-linge

Rhosneigr

Ty Hen Holiday Park
Station Road
01407/810331
Avr.-oct. (38 empl.)
Loisirs : jeux pour adultes (plage) poneys
Services : sèche-linge

Les bonnes **adresses** de Bib

Aberystwyth

Le Vignoble

Viande ou poisson, tout ici est préparé avec de subtiles alliances sucré-salé et servi dans une salle claire et confortable décorée de photos de vignobles. Belle carte de vins français à des prix raisonnables.

Betws-y-Coed

Buffet Coach

Dans la gare.

Un vieux wagon aménagé en café : *breakfast (jusqu'à 11h30)* et restauration légère (*jacket potatoes*, snacks et plat du jour).

Caernarfon

Molly's

The Hole in the Wall St.

Un excellent petit restaurant installé dans une minuscule maison verte Spécialité d'agneau (gallois) avec sauces (à la menthe, à la tomate et à l'ail, aux herbes).

Oriel Pendeitsh

(Castle Ditch, face au château de Caernarfon).

Plaids, artisanat, spécialités gourmandes...

Caerdydd/Cardiff

Woods Brasserie

The Pilotage Building - Stuart Road - ✆ 492 400.

Établissement moderne et animé ; excellente qualité à prix modérés. Spécialités de poissons.

Achats

Cardiff est dotée de trois centres commerciaux : **Capitol Shopping Centre**, **St David's Centre** et **Queen's Arcade**. D'élégantes galeries marchandes édouardiennes ou georgiennes accueillent des boutiques. Les artisans membres de la Makers Guild of Wales vendent leurs réalisations (poterie, verrerie, textile, joaillerie, laine et vannerie) dans la boutique **Craft in the Bay** *(Bute St. à Cardiff Bay)*.

Conwy

Bwyty Ti-Dre

High St.

Modeste restaurant spécialisé dans les succulentes viandes galloises.

Harlech

Castle Cottage

Pen Llech (à côté du château) - ✆ (01766) 780 479.

Dans une salle à manger très cosy, la roborative cuisine galloise est ici mâtinée d'influences continentales. Vous pourrez y déguster la croustade au fromage de chèvre et aux poires ou les brochettes de lotte.

Llandudno

Bengali Dynasty

South Parade.

Ce restaurant s'enorgueillit d'avoir été inauguré le jour de l'indépendance du Bengladesh et d'avoir accueilli nombre de personnalités parmi lesquelles Anthony Hopkins.

Number 1's Bistro

1 Old Road.

Sympathique établissement fréquenté par la jeunesse locale. Ambiance bistrot, décor de céramique et cuisine parfois exotique.

Osborne'S Café Grill

17 North Parade.

Dans une demeure abritant un des hôtels les plus luxueux de la station, une superbe salle à manger néoclassique avec colonnades, statues, tableaux d'ancêtres au mur et lumière zénithale. Cuisine subtile, belle carte de vin et service soigné. La grande classe.

Portmeiron

Castle Deudraeth

Une étrange forteresse normande qui se trouve à côté du parking, à l'entrée du village, œuvre de William-Ellis qui se sentait l'âme gothique lorsqu'il l'acheta en 1931. À défaut d'y séjourner (le prix est exorbitant), vous pouvez y déjeuner (fort bien) en admirant la vue sur la baie.

St David's

The Refectory

Dans l'ancien réfectoire du monastère - tlj 10h-19h.

Dotée d'une mezzanine, cette structure moderne de bois clair, enchâssée dans un cadre médiéval, ne manque pas d'allure. Voici un lieu propre à satisfaire une petite faim (plats chauds et tartes), sans perdre trop de temps.

Swansea

Hanson's

Pilot House Wharf - Swansea Marina - ✆ 466 200.

Là où la marina débouche sur la Tawe, un restaurant de poissons très couru.

Tenby

Carringtons

The Esplanade, au sous-sol de l'hôtel Atlantic - ✆ (01834) 844 005.

Belle salle aux tables dressées, menu de poissons (truite du Pembrokeshire, haddock, saumon) et viandes (agneau gallois, suprême de canard aux cerises). Le week-end, il est prudent de réserver...

Irlande

Nom local : *Ireland* **Capitales :** *Dublin (Eire), London (Irlande du Nord).* **Population :** *4,06 millions d'habitants* **Superficie :** *70 284 km²* **Monnaies :** *Euro (Eire), Livre (Irlande du Nord).*

Les raisons qui poussent à traverser la mer pour visiter l'Irlande sont multiples : accueil amical et chaleureux de ses habitants ; sensation de se trouver aux extrêmes confins ouest du continent européen ; riche héritage celtique ; musique irlandaise en tous lieux. C'est toutefois la richesse extraordinaire des paysages qui compose le plus bel attrait du pays. Méritant mille fois l'appellation d'île d'Émeraude, l'Irlande brille d'une infinité de nuances de vert. Car c'est une terre de montagnes abruptes et d'étranges formations rocheuses, de falaises vertigineuses, de superbes plages de sable, de tourbières envahies par les fleurs, de lacs calmes, de parcs forestiers et de jardins luxuriants. L'intérieur des terres est composé de plaines agricoles, avec ici et là des collines et de grandes régions de marais et de lacs. L'ouest est bordé par un massif montagneux côtier dont certains sommets dépassent mille mètres. Près d'un tiers de la population vit à Dublin.

Depuis 1921, l'île est divisée en deux entités : la République d'Irlande ou Eire (dont l'emblème est le trèfle), majoritairement catholique et l'Irlande du Nord ou Ulster (protestante) qui fait partie du Royaume-Uni. Même si l'histoire de l'Irlande a connu conflits et chaos, l'amour de la musique et du conte est toujours resté indissociable de ses habitants. Membre de l'Union européenne depuis 1972, le «tigre celte» a bénéficié d'un taux de croissance exceptionnel ces vingt dernières années. Mais, touché par la crise économique dès 2008, il a été le premier pays de la zone euro à entrer en récession. Certains observateurs y voient une cause de son récent ralliement au traité de Lisbonne, alors qu'un an auparavant, un premier référendum avait donné le «non» gagnant.

Terre des saints et des hommes de lettres, l'Irlande a vu naître bon nombre d'écrivains anglophones célèbres, dont Yeats, Joyce, Beckett, Wilde ou Shaw. Elle a également donné au monde du rock U2 et The Corrs ou la chanteuse Sinead O'Connor.

RECOMMANDATIONS

DOCUMENTS OBLIGATOIRES

✓ Permis de conduire rose de l'UE
✓ Permis de conduire international (recommandé seulement)
✓ Certificat d'immatriculation du véhicule ou certificat de location
✓ Plaque d'identification nationale
✓ Justificatif d'assurance (carte verte)
✓ Passeport (recommandé seulement)
✓ Procuration en cas d'utilisation du véhicule appartenant à un tiers

VITESSES LIMITES

✓ En agglomérations urbaines : 50
✓ Sur routes : 80
✓ Sur autoroutes : 120
Ces vitesses limites sont réduites par temps de pluie

URGENCES

✓ Téléphone incendie et ambulance : 112
✓ Téléphone Police : 110

Au secours ! **Help !** / *C'est une urgence* **It's an emergency** / *Hôpital* **Hospital** / *Médecin* **Doctor** / *Pharmacie* **Chemist** / *Police* **Police** /

Pour téléphoner en Irlande

Depuis la France, composer le 00 (ou +) 353

RÉGLEMENTATIONS

✓ Conduite à gauche
✓ Taux maximum d'alcool toléré dans le sang : 0,8 g
✓ Siège enfant, réhausseur ou système de retenue adapté et homologué obligatoire jusqu'à 1,50 m et 36 kg
✓ Âge minimum du conducteur : 17 ans
✓ Port de la ceinture de sécurité obligatoire à l'avant et à l'arrière
✓ Pneus cloutés admis sans réglementation
✓ Triangle de présignalisation recommandé
✓ Trousse de premier secours recommandée
✓ Extincteur recommandé
✓ Gilet de sécurité fluorescent recommandé

OUI : NO CAMPING !

Le camping « sauvage » est encore possible. Ne tenez pas compte des panneaux « No Camping » car ils indiquent une interdiction de stationner deux nuits d'affilée. « No Overnight Parking » eux interdisent effectivement de faire étape, même pour une nuit.

À GAUCHE !

Les réflexes ont tendance à reprendre le dessus.
Aussi faites attention lorsque vous abordez et sortez d'un rond-point. Vous le prendrez dans le sens des aiguilles d'une montre, par la gauche et vous resterez plutôt sur la voie extérieure

LEXIQUE

MOTS USUELS

Oui **Yes** / *Non* **No** / *Bonjour* **Good day** / *Bonsoir* **Good evening** / *Salut* **Hi** / *Au revoir* **Goodbye** / *S'il vous plaît* **Please** / *Merci (beaucoup)* **Thank you (very much)** / *Excusez-moi* **Excuse me** / *D'accord* **Ok** *ou* **Fine** / *Santé !* **Cheers !** / *Manger* **To eat** / *Boire* **To drink** / *Toilettes* **Toilets** / *Restaurant* **Restaurant** / *Office de tourisme* **Tourist office** / *Argent* **Money** /

DIRECTIONS & TRANSPORTS

Où se trouve... ? **Where is... ?** / *À droite* **To the right** / *À gauche* **To the left** / *Tout droit* **Straight ahead** / *Près de* **Close to** *ou* **Near** / *Entrée* **Entrance** / *Sortie* **Exit** / *Route* **Road** / *Rue* **Street** / *Autoroute* **Motorway** / *Ville* **City** *ou* **Town** / *Village* **Village** / *Station-service* **Petrol station** / *Essence* **Petrol** / *GPL* **LPG** / *Diesel* **Diesel**

PREMIERS CONTACTS

Je voudrais... **I would like...** / *Parlez-vous français ?* **Do you speak french ?** / *Je ne comprends pas* **I don't understand** / *Pouvez-vous m'aider ?* **Could you help me ?** / *Combien ça coûte ?* **How much does it cost ?** / *L'addition, SVP ?* **Can I have the bill, please ?** / *Je cherche...* **I'm looking for...** / *C'est trop cher* **That's too expensive**

Grand tour de l'**Irlande**

➲Départ de Dublin
➲10 jours
1200 km
Carte Michelin n° 712

Du côté de Leenane

Nous vous proposons une mise en appétit qui ne pourra que vous donner l'envie de revenir explorer l'Irlande en détail.

Jours 1 & 2

À **Dublin**, commencez par ce joyau de l'art irlandais, le *Livre de Kells*, au Trinity College. Puis remontez Grafton Street et ses rues latérales pour profiter des musiciens de rue et de certaines des boutiques les plus élégantes de Dublin. Promenez-vous dans les jardins de St Stephen's Green avant de revenir dans les rues proches de la rive nord pour déjeuner. L'après-midi, visitez le National Museum ou la National Gallery, baladez-vous dans Merrion Square et goûtez un aperçu de la vie à l'époque georgienne au n° 29, Number Twenty Nine. Passez la soirée à explorer le quartier de Temple Bar. Le deuxième jour, rendez-vous dans la vieille ville pour admirer les œuvres d'art conservées à la Chester Beatty Library. Vous pouvez suivre la visite guidée du château de Dublin ou entrer dans Christ Church Cathedral ou St Patrick's Cathedral. Après le déjeuner, prenez le bus pour Kilmainham Gaol, et une leçon d'histoire irlandaise récente ; ensuite, vous goûterez le contraste des styles entre les expositions du Irish Museum of Modern Art et de son bâtiment, le Royal Kilmainham Hospital.

Jour 3

Au départ de Dublin, l'itinéraire commence par la visite d'un des plus beaux manoirs irlandais, **Russborough**, et s'engage dans les monts Wicklow pour rejoindre, dans une profonde vallée boisée, les vestiges du monastère de **Glendalough** ; il se poursuit jusqu'à la cité historique de **Kilkenny.**

Jour 4

Visitez le château de Kilkenny et son parc, puis allez faire du shopping au Kilkenny Design Centre. Après le déjeuner, descendez dans les profondeurs de la grotte de **Dunmore**. Suivez vers le sud la vallée de la Nore, pour admirer les superbes ruines de l'abbaye de **Jerpoint** ; poursuivre jusqu'au charmant village d'Inistioge, pour ensuite gravir et redescendre Brandon Hill jusqu'à Graiguenamanagh, sur la Barrow. Une journée entière est

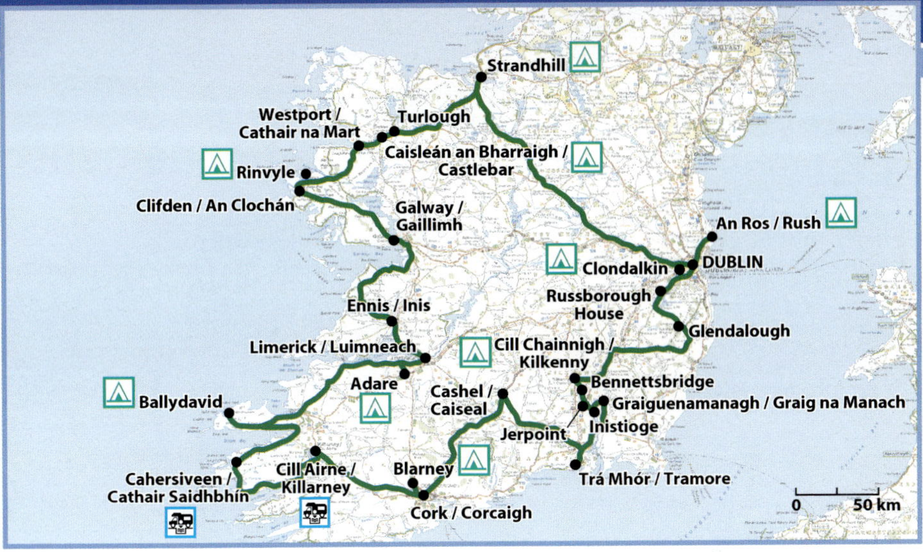

nécessaire pour s'imprégner de l'atmosphère de « l'acropole irlandaise », le rocher de **Cashel**. Ce piton rocheux, qui s'élève à 60 mètres, accueille de somptueux vestiges médiévaux. C'est un des hauts lieux du tourisme en Irlande et le trafic dans la ville de Cashel est à la limite du supportable.

Jour 5

Vous voici à **Cork**, deuxième ville de la République d'Irlande. Explorez English Market et les rues principales, Grand Parade et St Patrick's Street. Admirez l'architecture exubérante de St Fin Barre's Cathedral, œuvre de William Burges. Après le déjeuner, traversez la rivière pour actionner le carillon Shandon Bells et voir comment on traitait les prisonniers de la Cork City Gaol.

Jour 6

Le circuit prend vers l'ouest la direction de **Killarney**, dans son incomparable cadre de lacs et de montagnes. Il ne faut manquer ni l'Anneau du Kerry, circuit traditionnel autour de la péninsule d'Iveragh, ni la péninsule de Dingle, avec ses cabanes anciennes en pierre, ses prés enclos de murets et ses vues sur les rochers des îles Blasket.

Jour 7

Au nord des Burren, **Galway**, une des villes les plus séduisantes d'Irlande, domine sa vaste baie. Galway est une ville dynamique et vibrante offrant de nombreuses activités : magasins, musique, pubs, restaurants, marché typique le samedi matin, de nombreux festivals tous plus originaux et fameux… La ville a fortement été influencée par les Espagnols. Des contsructions telles que le « Spanish Arches » témoignent de cette influence.

La route de **Clifden** traverse ce que beaucoup disent être le plus irlandais des paysages : tourbières, lacs miroitants et monts arrondis du Connemara.

Le conseil de Bib

En milieu rural, il est habituel de saluer les véhicules et les piétons qui passent… Répondez aussi !

Jour 8

On découvre encore cette merveilleuse région sur la route de Westport, près de **Croagh Patrick**, la montagne de saint Patrick. Après Castlebar et le remarquable et tout nouveau musée de la vie rurale de Turlough, le circuit rejoint la ville la plus active du nord-ouest, **Sligo**.

Jour 9

Continuez votre circuit en rejoignant **Enniskillen** (Inis Ceithleann en irlandais) pour découvrir l'Irlande du Nord ou rejoignez Dublin par la N 4.

Irlande

Aires de **service** & de **stationnement**

Cahersiveen / Cathair Saidhbhín

Mannix Point – *Ring of Kerry Coast – 066/9472806 – De mi-mars à fin sept. – P 42.*
Payant.
Stationnement : 20 €/j.
Loisirs : Services : sèche-linge
Réservation conseillée en été.

Cill Airne / Killarney

Donoghues White Villa Farm – *Killarney-Cork Road N22 – 064/20671 – Ouv. tte l'année – P 24.*
Payant.
Stationnement : 18 €/j.
Loisirs : Services : sèche-linge

Campings

Adare

Adare Camping and Caravan Park
County Limerick
061/395376
De mi-mars à sept. 2 ha (28 empl.)
Loisirs : jacuzzi
Services : sèche-linge

An Ros / Rush

North Beach Caravan & Camping Park
North Beach
01/8437131
Avr.-sept. 1,8 ha (64 empl.)
Loisirs : (plage)
Services : sèche-linge brasserie

Ballydavid

Campail Teach an Aragail
Gallarus, Baile na n'Gall
066/9155143
Déb. avr. à mi-sept. 1,2 ha (42 empl.)
Loisirs : (plage)
Services : sèche-linge brasserie

Blarney

Blarney Caravan and Camping Park
Stone View
021/4516519
Avr.-oct. 1,6 ha (40 empl.)
Loisirs : pitch and putt
Services : M

Caisleán an Bharraigh / Castlebar

Carra Caravan and Camping Park
Belcarra
094/9032054
Mai-sept. 0,7 ha (20 empl.)
– 8 E
Loisirs :
Services : sèche-linge

Cill Chainnigh / Kilkenny

Tree Grove
Danville House
056/7770302
Mars-mi-nov. 1,75 ha (30 empl.)
Loisirs : jeux pour adultes
Services : sèche-linge

Clondalkin

Camac Valley
Naas Road
01464/0644
Permanent 6 ha (163 empl.)
Loisirs :
Services : M

Rinvyle

Renvyle Beach Caravan and Camping Park
Tullycross, North Connemara
095/43462
De mi-mars à sept. 2,5 ha (36 empl.)
Loisirs : diurne (plage)
Services :

Strandhill

Strandhill Caravan & Camping Park
071/9168111
sxl@iol.ie
Déb. avr. à fin sept. 6 ha (100 empl.)
Loisirs : (plage)
Services :

Les bonnes **adresses** de Bib

Clifden

The central

Main Street - ✆ 095 21430 - 25 €.

Ce pub au cœur de bourg propose des plats locaux généreux et préparés avec soin. Encore ignoré des touristes, il rassemble les habitués qui poussent la chansonnette à la moindre occasion.

Cork

Farm Gate Café

English Market - ✆ 021 427 8134 - tlj sf dim. 8h30-17h.

Adresse favorite des populations des bureaux du centre-ville à l'heure du déjeuner, ce petit restaurant niché dans le vieux marché et qui le surplombe sert de délicieux repas légers.

Dublin

MacGowans

16 Phibsborough Road - ✆ 01 830 6606 - 20 €.

Très animé, ce pub marie l'exubérance irlandaise et la cuisine américaine, peut-être à déconseiller à ceux qui comptent les calories. Le pub est connu pour son comptoir de bar d'une longueur exceptionnelle.

The Cellar Bar

Upper Merrion Street (à l'hôtel Merrion) - ✆ 01 603 0630 - menu midi 25 € - carte dîner 31/58 € - fermé sam. midi.

Il vaut mieux réserver pour le déjeuner, les tables sont très recherchées dans cette cave georgienne restaurée, avec voûte et murs de briques apparentes. La carte propose des plats irlandais traditionnels. Le soir, l'endroit devient un bar très fréquenté, avec orchestre le mardi.

Balzac

35-36 Dawson Street (à l'hôtel La Stampa) - ✆ 01 677 4444 - menu 22 €, carte 40/50 € - fermé sam. et dim. midi.

N'allez pas plus loin si vous recherchez une authentique ambiance de restaurant dublinois. L'atmosphère est vibrante d'animation autour de cette salle de bal du 19e s. reconvertie, ornée de grands miroirs, d'objets d'art authentiques et d'un plafond sophistiqué en mosaïque. La cuisine est aussi moderne que l'ambiance.

Abbey Tavern

Howth - ✆ 01 832 2006 - à partir de 10h30.

Ce pub au nord de Dublin existe depuis 1879. Il a du charme, une vraie authenticité et une atmosphère très conviviale. Il est connu pour ses concerts de musique traditionnelle irlandaise, tous les soirs à partir de 20h30, avec les « Abbey Singers et Musicians ».

Blarney Woollen Mills

21-23 Nassau Street - ✆ 01 671 00 68 - tlj sf dim. 9h-19h, sam. 9h-18h.

Très grand choix de lainages, tricots traditionnels en laine d'Aran, articles aux motifs créatifs. On y trouve aussi un vaste éventail d'objets en cristal de Waterford, Galway et Tipperary.

Galway

Ard Bia & Nimmo's

Spanish Arch - ✆ 091 539897, 091 561114 - fermé Noël et 1er janv. - 10/45 € - réserv. obligatoire.

Formidable adresse sous la Spanish Arch. Atmosphère bohème (livres d'art et magazines à feuilleter), pour une cuisine inspirée, aux accents italo-irlandais. Le soir, on dîne rustique-chic à l'étage.

Kilkenny

Kilkenny Design Centre

9h-18h, dim. 10h-18h. Rest. : avr.-déc. : 9h-17h, dim. 10h-17h ; janv.-mars : tlj sf dim. 9h-17h - ✆ 05677 22118.

Logé dans les écuries monumentales du château (*Castle Stables* - 18e s.), c'est un grand centre de souvenirs de qualité et qui abrite les échoppes de plusieurs artisans. Il a été créé dans les années 60 pour mettre en avant la création en céramique, textiles, mobilier et bijoux.

Killarney

The Laurels

Main Sreet - ✆ 064 31149 - 25/40 €.

L'un des meilleurs innombrables pubs de la ville : musiciens, ambiance animée et sens vivant de la tradition. La carte propose tout un choix de spécialités, du ragoût irlandais *(Irish stew)* au hamburger maison.

Quills Woollen Market

High Street - Market Cross - ✆ 064 32 277 - 9h-18h, dim. 11h-17h.

Entreprise familiale fondée en 1939 qui propose un vaste assortiment d'articles irlandais : tweeds du Donegal, pull en laine d'Aran, linge de maison...

Mullingar

Mullingar Bronze and Pewter

8 km à l'est par la N 4 ; au bout de 6 km, prendre à gauche vers Killucan et The Downs - ✆ 044 934 8791 - 9h30-18h, sam. 10h-17h30 (dernière visite vend. 12h30).

Dans les ateliers, vous pouvez observer les artisans au travail, en train de modeler, souder, tourner, polir et noircir leurs créations en étain et en bronze ; ils peuvent ensuite admirer et acheter les articles créés dans la boutique.

Odyssée en **Ulster**

➲Départ de Belfast
➲9 jours
845 km
Carte Michelin n° 712

Château de Carrickfergus

Un circuit presque complet de la vieille province, qui passe en revue les attraits des six comtés situés en Irlande du Nord, et aussi les trois comtés de l'Ulster faisant partie de la République d'Irlande : la campagne paisible du Cavan et du Monaghan et, contraste saisissant, les paysages sauvages de la côte et des monts du Donegal.

Jour 1

Belfast (Béal Feirste en irlandais, qui signifie « l'embouchure de la Farset », la rivière sur laquelle est bâtie la ville). Promenez-vous au centre-ville et le long du front de mer. La ville possède la plus importante cale sèche et c'est ici que fut construit le Titanic… Essayez de visiter St Malachy's Church et Oval Church avant de déjeuner au Crown Liquor Saloon. L'après-midi, découvrez l'Ulster Museum et faites une balade dans les Botanic Gardens, sans oublier les deux serres. Le centre historique de Belfast connaît un grand programme de rénovation. Le processus de paix rend le centre-ville à nouveau animé, bars, restaurants et clubs de musique se multiplient. Afin d'expliquer leurs luttes, loyalistes et républicains ouvrent leurs musées, organisent des « taxi-tours » et des visites guidées des quartiers populaires. Sortez de la ville vers l'est pour visiter l'Ulster Folk and Transport Museum.

Jour 2

De Belfast, la route qui rejoint la côte se dirige vers la ville ancienne et la station balnéaire de **Bangor**. Après des étapes dans les majestueux domaines et manoirs de Mountstewart et Castle Ward, l'itinéraire emprunte le ferry qui traverse l'estuaire du Strangford Lough vers la ville de **St Patrick**, Downpatrick, d'où il rejoint en bord de mer **Newcastle**.

Jour 3

Le circuit serpente autour des beaux monts Mourne avant d'atteindre **Armagh**, autre ville sainte, siège des deux archevêchés d'Irlande.

Jour 4

D'Armagh, notre voyage se poursuit au sud-ouest, passe en République d'Irlande et traverse les comtés de Monaghan et de Cavan, avant de bifurquer vers le nord-ouest en direction de la région des **lacs du Fermanagh** et sa petite capitale,

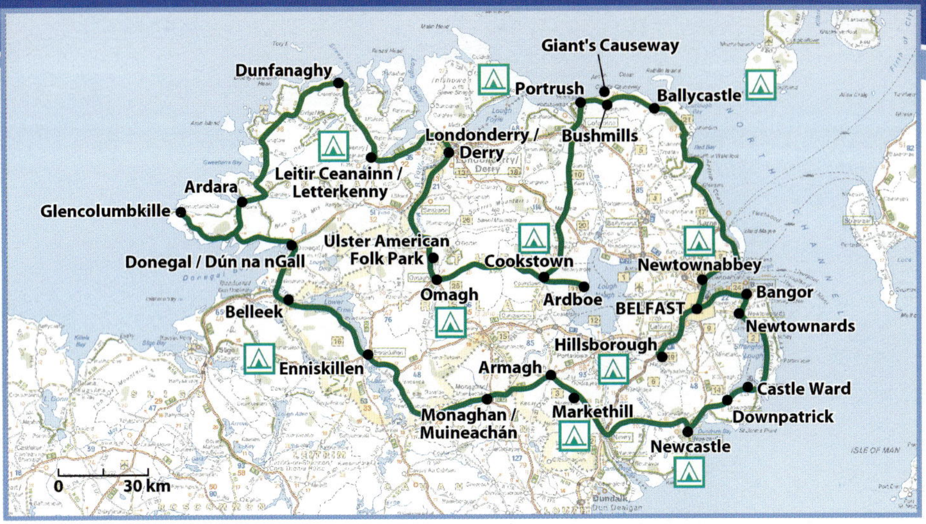

Enniskillen. Connu pour ses lacs peu encombrés – Lower et Upper Lough Erne – le Fermanagh est idéal pour faire du bateau ou pratiquer des sports nautiques. De plus, les lacs qui couvrent un tiers du comté abondent en poissons, ce qui en fait un lieu de prédilection pour la pêche.

Jour 5

Après **Belleek** et sa fameuse fabrique de céramique, on entre dans le comté du Donegal. Après la ville de Donegal, l'itinéraire mène vers l'ouest aux spectaculaires falaises du **Slieve League** et au village de Glencolumbkille, où souffle toujours l'esprit de saint Columba. Le circuit s'oriente vers l'intérieur des terres jusqu'à la ville du tweed, **Ardara**, puis au nord à travers le parc national de Glenveagh, jusqu'à la petite station tranquille de **Dunfanaghy**, à l'abri du promontoire de Horn Head.

Le conseil de Bib

Il y a deux zones de monnaie en Irlande. L'Eire fait partie de la zone euro et l'Ulster (l'Irlande du Nord) a la livre sterling.

Jour 6

Le circuit repart en passant devant le Grianan of Aileach, une très ancienne forteresse, pour rejoindre la célèbre cité fortifiée de **Londonderry**, en Irlande du Nord. Une querelle historique règne concernant le nom de la ville. La plupart des habitants nationalistes (catholiques) l'appellent **Derry,** nom que la ville a toujours porté. La plupart des habitants unionistes (en général protestants) l'appellent Londonderry. Regagnez une des nombreuses attractions des **monts Sperrin** qu'est l'Ulster American Folk Park.

Jour 7

À l'est des montagnes, on découvre **Cookstown**, bourg typique de la Plantation ; la célèbre croix celtique d'Ardboe, sur le rivage du plus grand lac du pays, le Lough Neagh ; et la résidence du 17e s. d'un colon à Springhill.

Jour 8

Remontez au nord par la A29 pour rejoindre la **Chaussée des Géants** et sa côte (Causeway Coast) avec ses stations balnéaires les plus fréquentées du nord que sont **Portrush** et **Portstewart**.

Jour 9

L'itinéraire retourne à Belfast en suivant la route côtière de l'Antrim, traversant les paysages spectaculaires des vallées (glens) de l'Antrim, avec une dernière étape au grand château anglo-normand de Carrickfergus.

Irlande

Campings

Ballycastle

Silvercliffs Holiday Village
21 Clare Road, Causeway Coast
028/20762550
Mars-oct. 28 ha (60 empl.)
Loisirs : nocturne jacuzzi jeux pour adultes (plage)
Services : sèche-linge brasserie

Cookstown

Drum Manor Forest Park
Drum Road
028/86762774
www.cookstown.gov.uk
Pâques-sept. (32 empl.)
Loisirs :
Services : sèche-linge cafétéria

Enniskillen

Blaney Caravan Park & Camp Site
Cosbytown
028/68641634
www.blaneycaravanpark.com
Mars-oct. (22 empl.)
17
Loisirs :
Services : sèche-linge

Hillsborough

Lakesideview Caravan & Camp Park
71 Magheraconluce Road
028/92682098
www.lakeside-view.8m.com
De Pâques à mi-oct. (40 empl.)
Loisirs : jeux pour adultes aire de sports
Services : sèche-linge

Leitir Ceanainn / Letterkenny

Caseys Caravan Site
Carrigart
074/9155376
Avr.-sept. 8 ha (78 empl.)
Loisirs : (plage)
Services : sèche-linge brasserie, cafétéria

Markethill

Gosford Forest Park
7 Gosford Demesne
028/37551277
www.gosford.co.uk
Fin mars-fin oct. 1,5 ha (80 empl.)
Loisirs
Services : sèche-linge cafétéria

Newcastle

Woodcroft Park
104 Dundrum Road
028/43722284
Mi-mars-mi-oct. (36 empl.)
–
Loisirs :
Services :

Newtownabbey

Jordanstown Loughshore Caravan Park
Shore Road
028/90863133
Permanent
6
Loisirs : nocturne (pdt l'été) (plage) aire de sports
Services : brasserie, snack

Omagh

Sperrin Cottages
1 Lisnaharney Road
028/81662288
Mars-oct. (24 empl.)
– 24
Loisirs :
Services : sèche-linge

Portrush

Bellemont Caravan Park
10 Islandtasserty Road
028/70823872
Mars-sept. (30 empl.)
– 25
Loisirs : jeux pour adultes poneys, aire de sports
Services : sèche-linge brasserie

Les bonnes **adresses** de Bib

Armagh

Shambles

9 English St. Lower - ☎ 028 3752 4107 - autour de 10£.

Cuisine de pub classique dans une grande salle du rez-de-chaussée ou dans une petite salle plus tranquille à l'étage.

Belfast

Bittle's Bar

103 Victoria Street - ☎ 028 9031 1088 - à partir de 11h30.

Cela vaut la peine de venir boire un verre ici, pour la bizarrerie de l'architecture du pub : il occupe un étrange bâtiment de forme triangulaire, qui date de 1861, et s'appelait autrefois The Shakespeare. La décoration rend hommage au grand dramaturge.

Whites Tavern

2-4 Winecellar Entry - ☎ 028 9024 3080 - à partir de 11h30.

Voici une taverne qui serait la plus ancienne de Belfast. On trinquerait ici depuis 400 ans... Une peinture murale rappelle que l'ambiance était bien animée au 17e s. Des musiciens traditionnels s'y produisent, et on y sert une honnête cuisine de pub.

National Trust Gift Shop

57 Fountain Street - ☎ 028 9032 0645 – tlj sf dim. 9h- 17h30 (jeu. 19h).

Ceux qui souhaitent rapporter un objet d'artisanat irlandais de grande qualité trouvent ici tout un choix de cadeaux et de souvenirs : broderies, cristal, céramiques, objets originaux ornés de motifs celtiques. Et quel souvenir plus approprié que la marmelade au whisky ?

St George's Market

12-20 East Bridge Street - vend.-sam. 8h-14h.

Vieux de plus d'un siècle, ce marché couvert a été récemment rénové. Le vendredi, jour de marché, l'ambiance y est haute en couleurs et la foule innombrable. Le samedi matin, la halle accueille un petit marché fermier.

Bangor

Coyles's

44 Hight St. - ☎ 028 9127 0362 - fermé 25 déc.

Sur la façade noire sont annoncés vraie musique et bons alcools ! À l'étage, de bons plats sont aussi servis dans un décor Art déco : des steaks à la hauteur de l'ambition et d'autres surprises brillamment exécutées.

Downpatrick

Denvir's

English St. - ☎ 028 4461 2012 - lun.-jeu. et dim. 12h-14h30, 18h-20h, vend.-sam. 17h30-21h.

Bonne cuisine de pub dans un cadre historique. Cette ancienne auberge a jadis accueilli Jonathan Swift et servait au 18e s. de lieu de réunion aux patriotes des United Irishmen. La famille Denvir a émigré aux États-Unis et a donné son nom à la ville de Denver.

Londonderry

Badgers

16/18 Orchard Sreet - ☎ 028 7136 0763 - lun.-jeu. 12-19h, vend.-sam. 12h-21h, dim. 12h-16h.

À l'est des remparts, un endroit très agréable au confortable décor de pub. Copieuse cuisine de brasserie d'un très bon rapport qualité-prix.

Portrush

The Harbour Bar

The Harbour - ☎ 028 7082 2430 - fermé lun., 25 déc.

Pub rustique en bord de quai aux nombreux amateurs pour le déjeuner. Il faut passer commande au bar, mais les plats sont apportés à votre table.

Dunluce Centre

10 Sandhill Drive - ☎ 028 7082 4444 - Juil.-août : 10h-20h ; juin : 10h- 17h, w.-end 12h-19h ; sept.-mai : w.-end 12h-17h (avr.-mai 19h). 7£.

Installé dans le même pavillon que le Dunluce Centre, il regroupe de nombreuses attractions : écran 4D géant avec simulateur de mouvements.

Sligo

Montmartre

Market Yard - ☎ 071 69901 - fermé 23-27 déc., 5-21 janv., lun.

La carte propose toutes sortes de plats, mais l'ambiance et la salle ont une tonalité bien française, avec sur les murs des reproductions de monuments français et le service attentif de jeunes demoiselles prévenantes.

Sligo Crystal

16 km au nord par la N 15, à Grange - juin-sept. : tlj sf w.-end, 9h-18h. ☎ 07191 43440.

Un guide accompagne la visite des salles d'exposition et de la fabrique, où les artisans produisent le cristal selon les méthodes ancestrales avant de le tailler à la main.

Danemark

P Plantier/MICHELIN

Nom local : *Danmark* **Capitale :** *Copenhague* **Population :** *5,45 millions d'habitants*
Superficie : *43 069 km^2* **Monnaie :** *Couronne danoise (1 € = 7,46 DKK)*

Le plus méridional mais aussi le plus petit des pays scandinaves, le Danemark comprend la presqu'île du Jutland et 406 îles dont 97 seulement sont habitées, les deux plus importantes étant la Sjælland et la Fionie. Il n'y a pas de montagnes et peu de collines, ce qui est idéal pour les balades en vélo. Mis à part l'ouest et le nord du Jutland, la nature fertile et apprivoisée offre le charme de ses paysages verdoyants et de ses villages idylliques qui expriment la douceur de vivre à la danoise.

Vous constaterez que les distances sont courtes et profiterez autant de l'animation citadine que du calme de la belle campagne danoise. Des plages immaculées et des forêts verdoyantes se trouvent rarement à plus d'une demi-heure en camping-car.

Un quart de la population habite la capitale, Copenhague, où vous vous sentirez très vite à l'aise. Cet attrait immédiat est dû à la combinaison subtile de contrastes architecturaux et à son atmosphère unique à la fois détendue et fiévreuse.

Les Danois ont d'ailleurs pour devise « Comme nous n'avons pas de richesses naturelles, ou très peu, nous comptons sur le design ». Arne Jacobsen est reconnu mondialement pour ses réalisations architecturales et pour ses prototypes de tissus, d'argenterie et bien sûr de meubles – sa fameuse chaise Ant (fourmi) s'est vendue à plus de cinq millions d'exemplaires. Le Danois le plus célèbre est sans aucun doute Andersen, conteur de génie ; viennent ensuite le philosophe Kierkegaard, les peintres de l'école de Skagen, la romancière Karen Blixen, dont la renommée fut assurée par le film *Out of Africa*, le compositeur Carl Nielsen, le peintre Asger Jorn, fondateur du groupe Cobra, le cinéaste Lars von Trier… la liste est longue.

Le pays situé à la même latitude que l'Alaska jouit d'un climat bien plus tempéré mais qui peut être extrêmement variable. Et même s'il peut faire très chaud en été dans la journée, munissez-vous toujours d'une « petite laine » et d'un K-way.

RECOMMANDATIONS

DOCUMENTS OBLIGATOIRES

✓ Permis de conduire rose de l'UE
✓ Permis de conduire international (recommandé seulement)
✓ Certificat d'immatriculation du véhicule ou certificat de location
✓ Plaque d'identification nationale
✓ Justificatif d'assurance (carte verte)
✓ Passeport (recommandé seulement)
✓ Procuration en cas d'utilisation du véhicule appartenant à un tiers

VITESSES LIMITES

✓ En agglomérations urbaines : 50
✓ Sur routes : 80
✓ Sur autoroutes : 130
✓ Ces vitesses limites sont réduites par temps de pluie

URGENCES

✓ Téléphone incendie et ambulance : 112
✓ Téléphone Police : 110

Au secours ! **Hjælp !** / *Hôpital* **Sygehus** / *Police* **Politi**

RÉGLEMENTATIONS

✓ Taux maximum d'alcool toléré dans le sang : 0,5 g
✓ Siège enfant, rehausseur ou système de retenue adapté et homologué obligatoire jusqu'à 3 ans et 1,35 m
✓ Âge minimum du conducteur : 18 ans
✓ Port de la ceinture de sécurité obligatoire à l'avant et à l'arrière
✓ Deux-roues : port du casque obligatoire pour le conducteur et le passager
✓ Allumage des feux de croisement obligatoire (jour et nuit) toute l'année
✓ Pneus cloutés admis avec réglementation du 1er novembre au 15 avril
✓ Triangle de présignalisation obligatoire
✓ Trousse de premiers secours recommandée
✓ Extincteur recommandé
✓ Gilet de sécurité fluorescent recommandé

VÉLO!

Une attention toute particulière doit être portée aux nombreux cyclistes en agglomération. Ils sont prioritaires aux intersections.

Pour téléphoner au Danemark

Composer le 00 45 + indicatif régional + numéro de l'abonné.

LEXIQUE

MOTS USUELS

Oui **Ja** / *Non* **Nej** / *Bonjour* **Goddag** / *Bonsoir* **Godaften** / *Salut* **Hej** / *Au revoir* **Farvel** / *S'il vous plaît* **Vær så god** / *Merci (beaucoup)* **(mange) Tak** / *Excusez-moi* **Undskyld** / *Santé !* **Skål !**/ *Manger* **Spise** / *Boire* **Drikke** / *Toilettes* **Toalett**

DIRECTIONS & TRANSPORTS

À droite **Til højre** / *À gauche* **Til venstre** / *Entrée* **Indgang** / *Sortie* **Udgang** / *Autoroute* **Motorvej** / *Route* **Vej** / *Ville* **By** / *Station-service* **Tankstation** / *Essence* **Benzin**

PREMIERS CONTACTS

Je voudrais... **Jeg ville ønske...** / *Je ne comprends pas* **Jeg forstår ikke** / *Combien ça coûte ?* **Hvor meget koster det ?**

Le **Danemark** d'île en île

➲ *Départ de Copenhague*
➲ *7 jours*
890 km
Carte Michelin n° 711

Quai de Nyhavn reconstitué à Legoland Park

I. Klipper/ MICHELIN

Jours 1 & 2

Votre visite de **Copenhague** commencera par une longue flânerie qui vous conduira de la place de l'Hôtel-de-Ville à la Nouvelle Place Royale par Strøget, la légendaire artère piétonne et commerçante, épine dorsale de la vieille ville. Perdez-vous dans le Nouveau port, élaboré au 17e s. où les bars à matelots sont devenus de petits restaurants chaleureux tandis que sur le canal, les navires de commerce d'autrefois ont cédé la place à de superbes voiliers. Un rafraîchissement bien mérité sur le quai de Nyhavn précédera la découverte du quartier d'Amalienburg et des quais jusqu'à la Petite Sirène, véritable symbole de la ville. Œuvre d'Edvard Eriksen, la statue de bronze qui honore à la fois Andersen et l'attachement des Danois à la mer fut offerte à la ville de Copenhague en 1913 par Carl Jacobsen, fils du fondateur des brasseries Carlsberg. Encore des fourmis dans les jambes ? Empruntez un vélo municipal et partez à la découverte de l'étonnant quartier « hippie » de Christiana. Bien entendu, la partie culturelle ne sera pas absente : entre la Ny Carlsberg Gkyptotek, le Musée national, le musée des Beaux-Arts et le château de Rosenborg, le choix est large ! Mais il serait dommage de limiter votre découverte à la seule capitale.

Jour 3

Depuis Copenhague, vous explorerez en premier lieu la plus grande île danoise, le **Sjælland**. Une balade le long de la Riviera danoise précédera la découverte des châteaux d'**Elseneur** et d'**Hillerød**, ainsi que la cathédrale de **Roskilde**.

Jour 4

Le pont routier vous conduira en Fionie : vous vous arrêterez à **Odense** tout imprégnée de l'influence d'Hans Christian Andersen, dont ce fut la ville natale. Dans le quartier Andersen justement, vous arpenterez la Brands Klaedefabrik. Vous visiterez également d'agréables petits ports, tels que **Kerteminde**, **Nyborg** ou **Fåborg**. Depuis Svendborg, un pont vous donnera accès à l'île de **Tåsinge**, célèbre pour son château de Valdemar. De style baroque, il se dresse dans un site boisé au bord d'un étang. Vous serez sans nul doute impressionné par la grande salle avec son sol en damier et par son musée des trophées de chasse.

Jour 5

Kolding puis **Billund** qui recèle une des plus célèbres attractions touristiques du Danemark : **Legoland Park**. Plusieurs millions de cubes ont servi à la création de fidèles reproductions en miniature de monuments célèbres ou de quartiers d'Amsterdam, Bruxelles. Un espace est réservé aux tout-petits. Legoland possède aussi une fantastique collection de jouets.

Les belles plages de **Langeland** et son atmosphère paisible attirent de plus en plus de touristes. Peut-être préférerez-vous emprunter un ferry pour rallier **Ærø**, que les Danois surnomment l'« authentique ». Puis direction le nord du Jutland en passant par **Århus** et son musée des Beaux-Arts ARoS. Puis **Viborg**, l'une des plus anciennes cités danoises, remarquable pour son charmant centre-ville aux ruelles pavées et sa cathédrale. Visitez **Ålborg**, principal pôle économique et culturel du Jutland du Nord. Vous arrivez enfin à **Skagen**, la ville des peintres fameux, à la pointe du Jutland.

Le conseil de Bib

Les autoroutes sont gratuites. Mais les ponts reliant les îles sont payants.

Jour 6

Revenant à **Sjælland**, vous longerez la côte occidentale du Jutland puis passé Odense vous obliquerez en direction du sud et gagnerez l'île de **Lolland** avant de découvrir les charmes encore sauvages de Møn, et ses églises recouvertes des fresques du maître d'Elmelunde.

Jour 7

De retour sur Sjælland, vous rentrerez à Copenhague par **Køge**, au terme d'un périple qui vous aura fait découvrir six îles sans que vous ayez à prendre le bateau…

S. Ollivier / Michelin

La fameuse « petite sirène »

Danemark

Aires de **service** & de **stationnement**

Skælskør

Skælskør Havn – ***Havnvej 20 – 058/194204 – Ouv. tte l'année – P 10.***
Borne artisanale. Payant.
Stationnement : autorisé. 12 €/j.
Loisirs : Services : sèche-linge

Sæby

Voerså Lystbådehavn – ***Havstokken 11 – 098/461244 – Ouv. tte l'année – P 40.***
Borne artisanale. Payant.
Stationnement : autorisé. 13,5 €/j.
Loisirs : Services :

Campings

Billund

Billund-Camping-FDM
Ellehammersalle 2
075/331521
Permanent 14 ha (659 empl.)
Loisirs :
Services : sèche-linge
Emplacements spéciaux pour camping-cars.

Hanstholm

Hanstholm Camping
Hamborgvej 95
097/965198
Permanent 22 ha (400 empl.)
Loisirs : (plage)
Services :
Quick stop pour camping-cars.

Hillerød

Hillerød Camping
Blytækkervej 18
048/264854
Avr.-oct. 2,2 ha (95 empl.)
Loisirs :) jacuzzi
Services :

Lisbjerg

Aarhus Camping
Randersvej 400
086/231133
Permanent 6,9 ha (200 empl.)
Loisirs : jeux pour adultes barbecue, trampoline
Services :
Quick stop pour camping-cars.

Ribe

Ribe Camping
Farupvej 2
075/410777
De mi-mars à mi-oct. 9 ha (220 empl.)
Loisirs :
Services : snack
Quick stop pour camping-cars.

Ringkøbing

Æblehavens
Herningvej 105
097/320420
De fin mars à fin sept. 9,5 ha (100 empl.)
Loisirs : diurne
Services :
Quick stop pour camping-cars.

Rødovre

DCU-Camping Absalon
Korsdalsvej 132
036/410600
Permanent 12,5 ha (580 empl.)
Loisirs :
Services :
Transports en commun pour le centre-ville.

Væggerløse

Marielyst Camping
Marielyst Strandvej 36
054/135307
Avr. à déb. sept. 3 ha (80 empl.)
Loisirs : (plage)
Services :
Quick stop pour camping-cars.

Les bonnes **adresses** de Bib

Ålborg

Paprika

Sankelmarksgade 9, dans le centre - tlj jusqu'à 23h - ✆ 98 10 20 35.

Un restaurant viennois qui propose toute une variété de *schnitzels* (escalopes panées). Les assiettes sont très copieuses et, mieux, un seul plat suffira à vous rassasier. Un peu d'attente que vous pourrez passer en contemplant les journaux anciens qui décorent la pièce.

Århus

Raadhus Kafeen

Sønder Allé 3, près de l'hôtel de ville - ✆ 86 12 37 74.

Dans cette taverne, on vous sert une cuisine locale composée des incontournables tartines, des poissons, des soupes, salades et viandes en sauce. Attention, les plats sont plutôt copieux !

Copenhague

Le Pavé

Gråbrødretorv 14, dans le centre historique - ✆ 33 13 47 45 - tlj 14h-minuit.

L'un des meilleurs restaurants de cette place fameuse qui abonde en bars et restaurants. L'intérieur simple est bien tenu, et le chef prépare une cuisine française savoureuse. Bon rapport qualité/prix. La terrasse permet de contempler les maisons colorées qui bordent la place.

Kransekagehuset

N.Y. Østergade 9, rentrer dans la cour, puis à gauche - ✆ 33 13 19 02 - lun.-ven. 9h-18h, sam. 9h-16h, fermé dim.

Ce salon de thé appartient au même propriétaire que l'excellente boulangerie située à l'entrée du passage. Une multitude de pâtisseries danoises alléchantes sont proposées, dont la spécialité de la maison *(Huset Specilitet)*, un gâteau crémeux au chocolat.

Elseneur

Madame Sprunck

Stengade 48.

Deux salles superposées dans une petite maison du 18e s. située au fond d'une cour. Tables sous tonnelle de mai à mi-octobre. Une certaine recherche gastronomique, un service et un cadre soignés et une belle carte des vins. Comptez 100 DKK pour les entrées, 200 DKK pour le plat principal.

Kolding

A Hereford Beefstouw

Helligkorsgade 20, dans le centre - ✆ 75 52 00 87.

L'un des restaurants de cette fameuse chaîne danoise spécialisée dans les grillades.

Odense

Jensen's Bøfhus

Kongensgade 10, dans le centre - ✆ 66 14 59 59 - lun.-jeu. 11h-22h, vend.-sam. 11h-23h, dim. 12h-22h.

Une chaîne de restaurants présente sur l'ensemble du territoire danois où vous pourrez apprécier de savoureuses grillades, accompagnées de salades et pommes de terre au four. Une valeur sûre !

Christmas shop

Hans Jensens stræde 34.

Près de la maison natale d'Andersen une échoppe où vous trouverez des décorations de Noël, des poupées et des objets d'artisanat danois.

Ribe

Saelhunden

Skibbroen 13, le long de la rivière - ✆ 75 42 09 46 - tlj jusqu'à 21h30.

Sur des quais paisibles, le long du canal, cette taverne traditionnelle propose une cuisine locale sans chichis. Les plats de viande ou de poisson sont copieux et à des prix plutôt modérés.

Roskilde

Raadhuskælderen

Stændertorvet.

Spécialités danoises et grillades dans une belle salle voûtée proche de la cathédrale. Comptez 250 à 300 DKK, hors boissons.

Skagen

Pakhuset

Rødspaettevej 6, sur le port - ✆ 98 44 20 00 - tlj 10h-4h (22h pour les cuisines).

Ce restaurant spécialisé dans les produits de la mer dispose d'un café au rez-de-chaussée, pour les petits budgets, et d'un restaurant élégant à l'étage. La cuisine, raffinée et joliment présentée, est essentiellement composée de la pêche du jour. Une des meilleures adresses de la ville !

Viborg

Morville

Hjultorvet 4 - dans le centre piéton - ✆ 86 60 22 11 - lun.-jeu. 11h-24h, sam. 10h-1h, dim. 12h-23h.

Un café moderne idéalement situé sur une place piétonne où le samedi se tient le marché. L'intérieur sans charme particulier est envahi par la population locale qui vient se délecter d'un brunch copieux. Soirées animées en week-end.

Norvège

Nom local : *Norge* **Capitale :** *Oslo* **Population :** *4,61 millions d'habitants*
Superficie : *323 878 km²* **Monnaie :** *Couronne norvégienne (1 € = 7,4542 NOK)*

P. Plantier / MICHELIN

Pays de montagnes et de fjords s'étirant du nord au sud sur près de 2 000 km, la Norvège est peu peuplée, et de nombreuses régions sont presque totalement isolées, tout au moins durant les mois d'hiver. Le relief est très accidenté. Terre et eau sont imbriquées car près de 165 000 lacs ornent ce fascinant pays. Les paysages sont grandioses et la nature, le plus souvent à l'état sauvage, crée des impressions inoubliables, que ce soit en été lorsque le soleil de minuit accélère le rythme de la vie, ou au contraire, en hiver lorsqu'un manteau de silence semble recouvrir les vastes étendues enneigées. La Norvège est parfois surnommée « pays du soleil de minuit » en raison de sa situation septentrionale : une partie du pays se trouve en effet au nord du cercle polaire arctique, où le soleil ne se couche jamais en été (de mai à fin juillet) et ne se lève jamais en hiver (de fin novembre à fin janvier). Originaire du comté de Telemark, le ski est pour les Norvégiens ce que le vélo est pour les Danois.

Plus réservés que les Danois, les Norvégiens ont su maîtriser leur environnement en construisant une multitude de tunnels et de ponts audacieux et en établissant un réseau performant de ferries.

De grands explorateurs tels que Nansen, Amundsen et Heyerdahl sont les héritiers directs des Vikings téméraires qui se lancèrent à travers l'océan pour découvrir des terres nouvelles. Dans le domaine des arts, le Norvégien Edvard Munch est sans aucun doute le plus grand peintre scandinave de tous les temps. Outre son fameux *Cri* (dont il existe quatre versions), d'autant plus universellement connu à l'occasion du vol de la toile à Oslo en août 2004, Munch est l'auteur d'une œuvre très variée, passant du symbolisme à l'expressionisme dont il est considéré comme le créateur. En tête des éminents représentants de la littérature norvégienne, on placera le dramaturge Henrik Ibsen et le romancier Knut Hamsun.

RECOMMANDATIONS

DOCUMENTS OBLIGATOIRES

✓ Permis de conduire rose de l'UE
✓ Permis de conduire international (recommandé seulement)
✓ Certificat d'immatriculation du véhicule ou certificat de location
✓ Plaque d'identification nationale
✓ Justificatif d'assurance (carte verte)
✓ Passeport (recommandé seulement)
✓ Procuration en cas d'utilisation du véhicule appartenant à un tiers

VITESSES LIMITES

✓ En agglomérations urbaines : 50 km/h
✓ Sur routes : 80 km/h
✓ Sur autoroutes : 90 km/h
✓ Ces vitesses limites sont réduites par temps de pluie

4 PATTES

Vous avez l'obligation de faire établir un passeport européen pour vos animaux de compagnie. Les vaccins, notamment antirabiques, doivent être à jour ; deux jours avant le départ, un certificat sanitaire devra être établi.

RÉGLEMENTATIONS

✓ Taux maximum d'alcool toléré dans le sang : 0,2 g
✓ Siège enfant, rehausseur ou système de retenue adapté et homologué obligatoire jusqu'à 1,35 m ou 36 kg
✓ Âge minimum du conducteur : 18 ans
✓ Port de la ceinture de sécurité obligatoire à l'avant et à l'arrière
✓ Allumage des feux de croisement obligatoire (jour et nuit toute l'année
✓ Pneus cloutés admis avec réglementation du 1er novembre au lundi après le lundi de Pâques
✓ Triangle de présignalisation obligatoire
✓ Trousse de premiers secours recommandée
✓ Extincteur recommandé
✓ Gilet de sécurité fluorescent obligatoire

URGENCES

✓ Téléphone incendie et ambulance : 112
✓ Téléphone Police : 110
Au secours ! **Hjelp !** / Hôpital **Sykehus** / Police **Politi**

Pour téléphoner en Norvège

Composer le 00 47 + indicatif régional + numéro de l'abonné.

LEXIQUE

MOTS USUELS

Oui **Ja** / *Non* **Nei** / *Bonjour* **God dag** / *Bonsoir* **God kveld** / *Salut* **Hei** / *Au revoir* **Ha det bra** / *S'il vous plaît* **Vær så god** / *Merci (beaucoup)* **(mange) Takk** / *Excusez-moi* **Unnskyld** / *Santé !* **Skål !** / *Manger* **Spise** / *Boire* **Drink** / *Toilettes* **Toalett**

DIRECTIONS & TRANSPORTS

À droite **Til høyre** / *À gauche* **Til venstre** / *Entrée* **Inngang** / *Sortie* **Utgang** / *Autoroute* **Motorvei** / *Route* **Vei** / *Ville* **By** / *Station-service* **Bensin-stasjon** / *Essence* **Bensin**

PREMIERS CONTACTS

Je voudrais... **Jeg ønsker...** / *Où se trouve... ?* **Hvor er... ?** / *Parlez-vous français ?* **Snakke du fransk?** / *Je ne comprends pas* **Jeg forstår ikke** / *Pouvez-vous m'aider ?* **Kan du hjelpe meg?** / *Combien ça coûte ?* **Hvor mye koster det ?** /

La **Norvège** entre fjords et glaciers

➲Départ d'Oslo
➲10 jours
2040 km
Carte Michelin n° 711

Près de Kirkenes

P. Plantier / MICHELIN

Jours 1 & 2

Moins connue que ses homologues nordiques, la capitale norvégienne ne manque pas d'atouts pour un séjour agréable : les amateurs d'art se doivent de rendre visite à Edvard Munch dans son musée, mais aussi à la belle collection de peintures de la Galerie nationale. Si vous vous intéressez au design, explorez le musée des Arts appliqués, quant à l'art médiéval, il est représenté au Musée historique. Une balade (en bateau ou en bus) à Bigdøy sera un des points forts de votre séjour, ne serait-ce que pour le musée du Folklore, un concentré d'architecture et d'ethnologie norvégiennes ! Enfin, si vous vous sentez une âme d'aventurier, le musée de la Marine, celui des Bateaux vikings et ceux consacrés aux prouesses de Roald Admunssen, Fridjof Nansen et Thor Heyerdahl, ne vous laisseront pas indifférent. Mais **Oslo**, c'est aussi une ambiance : vous vous en pénétrerez en flânant sur Karl Johans Gate, en arpentant les quais ou en prenant un verre à Aker Brygge ou dans le quartier branché de Grünner Lokka.

Jour 3

Quittant Oslo en direction de Trondheim, vous longerez le lac **Mjøsa** jusqu'à **Hamar** où les ruines de l'ancienne cathédrale, recouvertes d'une structure de verre, constituent un spectacle étonnant. Vous poursuivrez jusqu'à **Lillehammer**, bien connue pour avoir organisé les J.O. d'hiver de 1994 : la cité propose à ses visiteurs un musée des Beaux-Arts et, sur les hauteurs, un extraordinaire musée de plein air, Maihaugen.

Jour 4

Poursuivant résolument vers le nord, vous découvrirez l'église en bois debout de **Ringebu** avant d'emprunter la vallée Peer Gynt, qui doit son nom au personnage d'Ibsen. Vous poursuivrez à travers la région montagneuse de l'Oppland jusqu'à **Otta** avant d'obliquer sur Vågamo (là aussi une « stavkirker » vous attend… c'est-à-dire une église en bois debout).

Jour 5

En vous dirigeant vers **Ålesund**, amoureux de paysages, voici sans doute une des plus belles balades que vous pourrez faire

en Norvège, sur les rives du **Sognefjord** et du **Nordfjord** ! Tour à tour grandioses, austères ou riants, ils vous feront aller de découverte en découverte, au rythme des ferries qui assurent les traversées (quand ce ne sont pas d'interminables tunnels qui vous permettront de franchir les montagnes). Chemin faisant, vous explorerez d'agréables cités, comme **Ålesund** et son remarquable ensemble Art nouveau.

Jours 6 & 7

Les villages posés sur les rives ne manquent pas non plus d'attraits : **Urnes** et son église en bois debout, **Kaupanger**, **Voss** ou **Undredall** pour n'en citer que quelques-uns. Et, pour terminer, un agréable séjour à **Bergen**, dont les charmes ne se limitent pas au seul quai de Bryggen, vous permettra d'approfondir votre connaissance de cette Norvège où la mer est partout…

Jour 8

Ce sont de superbes paysages de fjords qui vous attendent au sud de Bergen avec le fjord d'**Hardanger** que vous apercevrez après une route ponctuée de traversées en ferry.

Jour 9

Après un arrêt à **Stavanger** (le vieux port et la cathédrale vous charmeront), vous aborderez la côte sud de la Norvège, très ensoleillée, avec ses villes blanches appréciées des estivants, comme **Mandal** ou **Kristiansand**. Ce dernier port de ferries assure un service régulier avec Hirtshals au Danemark, Göteborg en Suède et Newcastle en Grande-Bretagne. C'est de là que vous obliquerez à nouveau vers le nord en empruntant l'étroite **Setesdal** : région authentique, connue pour la transhumance des moutons à laquelle de nombreuses fêtes sont liées. Vous retrouverez alors un bras du fjord d'Hardanger (le Serfjorden) que vous longerez jusqu'à **Brimnes**, tandis que, sur votre droite, s'étend le vaste plateau sauvage du **Hardangervidda**, royaume des rennes et des randonneurs émérites. Cet immense plateau parsemé de lacs n'est traversé que par la route 7, entre Geilo et Eidfjord.

Jour 10

Regagnez l'intérieur des terres jusqu'à la station de sports d'hiver de **Geilo**. De là, vous emprunterez la Numedal : dans un paysage riant, chalets, églises en bois debout, et greniers de bois vous mèneront jusqu'à **Kongsberg** avant votre retour sur Oslo.

Le conseil de Bib

Le coût de la vie étant élevé, nous vous conseillons de faire des réserves en conséquence.

Aires de service & de stationnement

Bergen

Aire de Bergen – *Damsgardsveien 99 – 055340500 – Ouv. tte l'année – P 65.*
Payant.
Stationnement : autorisé, 21.5 €/j.
Loisirs : Services :

Oslo

Sjølyst Marina – *Drammensveien 164 – 022509193 – Ouv. tte l'année – P 220.*
Payant.
Stationnement : autorisé, 15.5 €/j.
Loisirs : Services :

Le conseil de Bib

Les aires de stationnement sont nombreuses et gratuites. Vous aurez accès à de nombreux équipements.

Campings

Åndalsnes

Åndalsnes Camping og Motell AS
E136 (RV9)
071221629
De mai à mi-sept. 6 ha (792 empl.)
Loisirs : diurne (plan d'eau)
Services : sèche-linge brasserie, pizzeria

Geilo

Geilo Camping og Hytter
RV40
032090733
Permanent 3,5 ha (40 empl.)
Loisirs : (plan d'eau)
Services : sèche-linge

Kristiansand

Dvergsnestangen
Dvergsnesveien 571
038041980
Permanent 10 ha (250 empl.)
Loisirs : diurne (mai-sept.) (plage)
Services : sèche-linge brasserie, snack

Lillehammer

Lillehammer Camping NAF
Dampsagvn. 47
061253333
Permanent 2 ha (290 empl.)
Loisirs : (plan d'eau)
Services : sèche-linge

Røldal

Skysstasjonen AS
Kyrkjevegen 24
053647385
Permanent 1,4 ha (40 empl.)
Loisirs : diurne
Services : sèche-linge pizzeria, snack, self service

Sandane

Gloppen Cp. og Fritidssenter
E39 / RV615
057866214
Permanent 3,2 ha (92 empl.)
Loisirs : diurne (plage)
Services : sèche-linge

Stavanger

Stavanger Camping Mosvangen
Tjensvoll 1B
051532971
Mai-oct. 2,5 ha (200 empl.)
Loisirs :
Services : sèche-linge snack

Les bonnes **adresses** de Bib

Ålensud

Sjøbua fiskerestaurant

Brunholmgata (au bout d'Apotekergata).

Pour déguster près du port les spécialités de la mer.

Bergen

Ned's

Place du marché aux poissons, sur le port, tous les jours sauf le dimanche.

Un des marchés les mieux fournis de Scandinavie. Vous pourrez choisir votre poisson vivant dans un aquarium ou vous régaler des innombrables tartines qui sont vendues à moins de 25 NOK (saumon fumé ou cru, harengs, crevettes, crabes…).

Blonder & Stas

Jacobsfjorden (Bryggen).

Au fond de ce passage étroit, cette boutique installée dans une maison de bois perpétue la tradition des dentelles de Bergen qui n'ont rien à envier à celles d'une autre cité hanséatique, Bruges.

Kristiansand

Vaertshuset Pieder Ro

Gravane 10, près de la halle aux poissons - ✆ 38 10 07 88 - www.pieder-ro.no.

Un restaurant de poissons d'une qualité irréprochable. La marchandise est livrée tous les jours depuis la halle adjacente. Le midi est proposé un buffet alors que le soir est servi une cuisine plus élaborée. Très fréquenté !

Bølgen & Moi

www.bolgenomoi.no - tlj 17h-22h, fermé dim.

Cet établissement en bois peint en rouge est bâti au bord de l'eau, en face de la halle aux poissons. On y sert une cuisine savoureuse essentiellement composée de poissons. Une très bonne adresse, mais on s'en sort difficilement à moins de 400 NOK par personne.

Lillehammer

Vetshuset Solveig

Storegata (dans l'étroit passage conduisant au musée avant le n° 68).

Un restaurant norvégien traditionnel (renne, élan… et buffet de *smörrebrod*), installé dans une demeure de 1834, avec jardin aux beaux jours mais attention : tradition oblige, il n'est ouvert que pour le déjeuner !

Sensations fortes

Le tremplin olympique, comme la piste de bobsleigh sont ouverts aux visiteurs intrépides qui disposent même d'un simulateur de saut. *Renseignements et réservations au* **parc olympique** *- Håkonshall - ✆ 61 05 42 02.*

Mandal

Hr Redaktør

Store Elvegate 23a, dans le centre - ✆ 38 27 15 30 - en été, tlj 11h-0h (cuisine 22h).

Ce restaurant partage l'immeuble du journal local. Les murs sont décorés des photos de personnalités du lieu. Le midi, on y sert une cuisine copieuse, simple et bon marché à base de salades, sandwiches et grillades. Le soir, une carte plus élaborée propose plats en sauce et poissons savoureusement préparés.

Oslo

Kaffistova

Rosenkrantzgate 8 - ✆ 23 21 42 10 - lun.-ven. 9h30-21h, sam.-dim. 10h30-18h.

Le restaurant de l'hôtel Bondeheimen sert une authentique cuisine norvégienne de qualité : vous apprécierez les boulettes de viande, comme les poissons frais ou fumés, agrémentés d'un appétissant buffet de salades. Cuisine copieuse et bon marché.

Sorgenfri

Bryygetorget 4, tout près du port - ✆ 21 02 36 59 - lun.-sam 11h-23h, dim. 11h-22h.

Cette grande brasserie moderne est richement décorée d'objets de brocantes en tout genre. Le plafond est totalement dissimulé sous des instruments de musique, bouées, jouets, etc. Sur la grande terrasse vous pourrez apprécier une cuisine de brasserie très correcte (moules, frites, spécialités danoises, etc.). Les prix sont plutôt bon marché par rapport au quartier.

Bagel & Juice

Thorvald Meyers Gate 40, dans le quartier de Grüner Løkka - ✆ 22 37 05 80 - lun.-jeu. 8h-21h, w.-end 9h-19h.

Un salon de thé moderne et coloré, situé en face d'un parc dans un quartier branché. On y passe pour une petite pause sucrée ou pour se composer un Bägel à petit prix.

Stavanger

NB Sørensens

Skagen 26, dans le centre - ✆ 51 84 38 20 - tlj 11h-0h30, dim. 14h-0h30.

Une brasserie ancienne, décorée à la manière d'un bateau, où l'on sert une cuisine de type international très correcte. Elle est composée entre autres d'entrecôtes, saumons grillés et hamburgers. Une valeur sûre.

Skagen

Skagenkaien 16, dans le centre - ✆ 51 89 51 80 - tlj 11h30-23h, dim. 14h-22h.

Le restaurant traditionnel par excellence ! Situé sur les quais, cet établissement est probablement le meilleur de tous les restaurants qui se font concurrence sur cet espace très fréquenté. On y sert une cuisine scandinave avec quelques plats de poisson remarquables.

Norvège

Au pays du soleil de **minuit**

➲ *Départ de Trondheim*
➲ *10 jours*
1750 km
Carte Michelin n° 711

Maisons de pêcheurs

Jours 1 & 2

Une ligne imaginaire ? Sans doute, mais avant tout, une ligne qui parle à notre imaginaire, tel est le cercle polaire que ce circuit vous propose de franchir à deux reprises. Auparavant, vous vous serez attardé dans la belle cité de **Trondheim**, capitale spirituelle de la Norvège où vous visiterez la cathédrale et le quartier de Bakklandet. Mais place aux grands espaces, avec la fameuse Route 17 : ici terre et mer ne font qu'une et les paysages grandioses ne cessent de se renouveler. Vous passerez le cercle polaire au nord de **Mo i Rana**.

Jour 3

Regagnez **Bodø** où vous embarquerez pour les **îles Lofoten**. Depuis des générations, ces îles excitent l'imagination des voyageurs qui rêvent d'admirer leurs paysages sauvages et aspirent à retrouver un mode de vie simple et naturel. Soyez certain que vous ne serez pas déçu, surtout si vous faites le voyage depuis **Bodø**, par ferry. Tandis que le bateau traverse le Vestfjord, la masse sombre du Lofotveggen, ou « mur des Lofoten », se profile au loin puis barre littéralement l'horizon. Austère et déchiquetée, cette merveille de la nature semble surgir de la mer et puis l'on distingue peu à peu les minuscules villages entourés de carrés d'herbe et blottis au pied des cimes. C'est à **Stamsund** que vous prendrez pied sur l'archipel des Lofoten. Le port de ce long village bâti en amphithéâtre au-dessus de la mer s'anime chaque soir lorsque l'Express côtier vient y aborder. Puis la route conduit à **Svolvær** que l'on atteint après avoir longé un port de plaisance.

Jour 4

Principale ville des Lofoten, Svolvær s'inscrit dans un paysage tourmenté d'îles et de presqu'îles dominées par des à-pics rocheux. Son port est le principal attrait de cette ville commerçante, dont une partie récemment construite sur pilotis constitue une île artificielle vouée à l'hôtellerie et à la restauration. Pour le reste, mis à part quelques galeries d'art, c'est surtout la vocation commerciale de la cité qui attire les visiteurs. En route faites une halte à **Kabelvåg**.

Ce village représentait, au 19e s., le premier port de pêche des Lofoten. Les principaux points d'intérêt sont regroupés à **Storvågen**, à la sortie du village, où vous prendrez le temps d'arpenter les salles du musée des Lofoten et d'admirer les bassins de l'Aquarium du même nom. En plein air, vous vous amuserez du spectacle des phoques.

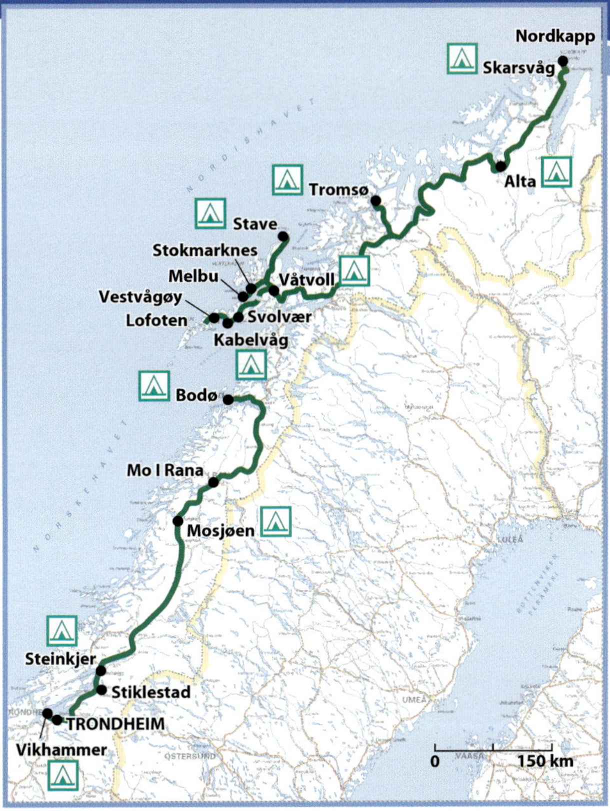

Jour 5

Regagnez **Fiskebol** pour emprunter le ferry pour **Melbu**. Plus perceptible en été lors du festival, l'animation de cette cité se concentre sur le port ; en retrait de celui-ci, Frederiksens Allé est bordé d'agréables maisons de bois entourées de jardins et vous entraînera jusqu'au musée local aménagé dans plusieurs bâtiments. Ne manquez pas la visite du Musée des Vesterålen ainsi que le musée norvégien de la Pêche.

Jours 6 & 7

Poursuivez jusqu'à **Stokmarknes** et son musée de l'Express côtier. De là regagnez **Scortland** puis dirigez-vous à **Andenes** centre important de pêche situé à l'extrême nord des îles. Vous y découvrirez le centre des aurores boréales, le centre baleinier et le Musée polaire. De Andennes ou de **Bleik** possibilité de safaris aux baleines, aux phoques et aux oiseaux marins. Faites demi-tour et gagnez **Trondene**s et son ferry pour le continent.

Jour 8

Antichambre des régions polaires, **Tromsø** incite à la flânerie le long de son détroit qui peut se poursuivre dans l'île voisine de **Kvaløya**. Le cadre dans lequel se situe la ville est unique et on lui doit l'attrait que la cité arctique exerce sur ses visiteurs. Prenez le temps de visiter le Musée polaire et la cathédrale des Glaces.

Jour 9

C'est la fameuse route E 6 qui vous conduira au cœur des immenses étendues lapones : à **Alta**, partez à la découverte des gravures rupestres, avant de partir à l'assaut d'un lieu mythique, le **Cap Nord**. En route faites un crochet par **Hammersfest**.

Jour 10

Pour gagner l'île de Magerøya où se trouve le Cap Nord, vous devez emprunter un tunnel d'une longueur de 6,8 km creusé à une profondeur de 212 m au-dessous du niveau de la mer. Il vous faudra acquitter un péage tenant compte de la catégorie du véhicule auquel il faut ajouter un droit pour chaque passager.

Vous voilà enfin arrivé au point le plus septentrional du continent européen. Le plateau est souvent enveloppé dans le brouillard mais celui-ci peut soudain se lever et dévoiler l'immensité de l'océan, vaste étendue qui s'étire sur 2 000 km entre le Cap et le pôle Nord.

Campings

Alta

Alta River
Steinfossveien 5
078434353
Permanent 1,5 ha (100 empl.)
Loisirs : barbecue, randonnées
Services : sèche-linge

Bodø

Bodøsjøen Camping
Båtstøveien 1
075563680
bodocamp@yahoo.no
Permanent 2,9 ha (120 empl.)
Loisirs : (plage)
Services : sèche-linge

Kabelvåg

Sandvika Fjord & Sjøhuscamping
Ørsvågveien 45
076078145
post@sandvika-camping.no . www.sandvika-camping.no
Permanent 12 ha (150 empl.)
Loisirs : (plage) barbecue, canots à rames, cours de kayak
Services : sèche-linge

Mosjøen

Mosjøen Camping
E6
075177900
m-hot@online.no
Permanent 7 ha (190 empl.)
Loisirs : squash, bowling, jeux pour adultes aire de sports, barbecue
Services : sèche-linge snack

Skarsvåg

Nordkapp Caravan Camp
Værrefjellet 4
045221942
bj.pettersen@c2i.net . www.nordkappcaravancamp.no
Fin mai-août 1,6 ha (40 empl.)
Loisirs : randonnées
Services :
Vue panoramique sur le cap Nord

Stave

Stave Camping
076146562
Avr.-sept. 2 ha (200 empl.)
Loisirs : diurne (plage) trampoline, cours de ski nautique et de planche à voile
Services : sèche-linge self-service, brasserie

Steinkjer

Guldbergaunet
Elvenget 34
074162045
Permanent 25 ha (100 empl.)
Loisirs : aire de sports, terrain de golf, barbecue
Services : sèche-linge snack

Tromsø

Tromsø Camping
Tromsdalen
077638037
Permanent 1,6 ha (60 empl.)
Loisirs : (plage) aire de sports, barbecue, randonnées
Services : sèche-linge snack, self service

Våtvoll

Gullesfjordbotn Camping
E10
077091110
Permanent 2,3 ha (80 empl.)
Loisirs : (plage) bateaux à pédales
Services : sèche-linge ô self service, cafétéria

Vikhammer

Vikhammer Camping
Gamle E6
073976164
Permanent 8,4 ha (100 empl.)
Loisirs : (plage) barbecue
Services : sèche-linge
Emplacements spéciaux pour camping-cars.

Les bonnes **adresses** de Bib

Andenes

Restaurant Lysthuset

Storgata.

Taverne fréquentée par une clientèle locale : cusine du pays où vous pourrez déguster une soupe de poissons ou une truite arctique (*ishavsrøye*) à moins que vous n'essayiez le *boknafisk*. Si vous êtes plutôt viande, vous aurez le choix entre un civet de renne (*finnebiff*) et un steak de baleine (*hvalbiff*).

Buknesfjord (Risøyhamn)

Andøy Friluftssenter

Sur la route 82 - ✆ /fax 76 14 88 04 - ouvert à la belle saison (mai-sept.) ainsi qu'à Noël sur réservation.

« Un repas arctique dans un environnement arctique » : telle est la devise de la maison. Menus traditionnels à base de produits du terroir : saumons du fjord en contrebas, baies polaires cueillies dans la montagne, etc.

Stamsund

Skjærbrygga

Au bout du village, près du port de l'Hurtigrutten.

Au bord de l'eau dans une ancienne pêcherie, une grande salle aux poutres de bois accueille un café-pub constitué d'alcôves confortables aux étagères munies de livres que l'on imagine emplis de récits de voyages et de naufrages. Ouvert à partir de 17h, le restaurant aux tables joliment dressées et donnant directement sur le port propose des spécialités locales à base de poissons.

Stokmarknes

Pub Rødbrygga

En face de l'Hurtigruttens Hus.

Intérieur tout en bois au décor bien entendu marin. Terrasse extérieure au bord de l'eau.

Svolvær

Lofoten

Restaurant du Royal Hotel Lofoten, de la chaîne Norlandia. Près du centre-ville, à proximité des centres commerciaux.

Menu à 295 NOK proposant notamment un assortiment de viandes présentées avec une pointe d'inventivité. Belle carte de vins et service appliqué.

Tromsø

Sjømatrestaurant Arctandria

Strandtorget, près de la gare de l'Express côtier.

Un restaurant fréquenté par les amateurs de cuisine arctique : baleine et phoque au menu.

Café Peppermöllen et Abboteke Bar

Storgata 42.

Au rez-de-chausése et à l'étage d'une pharmacie construite en 1868 et tenue par un ami d'Admunssen.

Trondheim

Grenaderen

Konsgårdsgade 1, au pied de la Cathédrale - ✆ 73 51 66 80 - tlj 12h-22h.

Cette vieille demeure a gardé tout son charme d'antan. Située près de la cathédrale, elle est décorée dans le style rustique et chauffée en hiver par une grande cheminée. Buffet le midi à bon marché et restaurant élégant le soir qui propose une cuisine européenne avec quelques plats scandinaves.

Havfruen

Kjøpmannsgata 7, dans le centre - ✆ 73 87 40 70 - www.havfruen.no - tlj à partir de 15h.

Ce bâtiment ancien abrite un restaurant charmant et élégant spécialisé dans les produits de la mer. L'endroit idéal pour un dîner romantique avec vue sur la mer.

Mormors Stue As

Nedre Enkeltskillingsveita 2, dans le quartier piéton - ✆ 73 52 20 22 - tlj 10h-23h.

Cette charmante vieille demeure abrite sur deux étages un café-restaurant très fréquenté et populaire. Restauration rapide à base de sandwichs, salades, pâtes et quelques pâtisseries crémeuses. Un lieu incontournable et excellent rapport qualité/prix.

Julehuset Gåsa

Øvre Baklandet 48.

L'occasion ou jamais de découvrir des décorations originales (ou plus traditionnelles) pour votre arbre de Noël.

Le conseil de Bib

Découvrez absolument les spécialités insulaires des îles Lofoten et Vesteralen – Parmi les spécialités locales, il faut goûter le ***fiskemølje***, foie et œufs de morue sur des toasts très fins, la soupe de hareng et d'orge, le ***boknafisk***, ragoût de poisson en partie séché ; les steaks de phoque et le ***finnbiff***, viande de renne accompagnée d'une sauce aux airelles.

Suède

E. Benard / MICHELIN

Nom local : *Sverige* **Capitale :** *Stockholm* **Population :** *9,04 millions d'habitants*
Superficie : *449 964 km²* **Monnaie :** *Couronne suédoise (1 € = 9,408 Kr)*

La Suède est séparée de la Norvège, à l'ouest, par une chaîne de montagnes, et elle partage avec la Finlande le golfe de Botnie, au nord de la mer Baltique. Le sud du pays est essentiellement agricole, tandis que les forêts couvrent une part croissante des terres à mesure que l'on progresse vers le nord. Les paysages se composent de multiples variations entre forêts de sapins et de bouleaux, lacs et petites maisons de bois peintes à l'ocre rouge de Falun, extrait des anciennes mines de cuivre.

Lors de votre arrivée à Stockholm, grande sera votre surprise, après avoir traversé des forêts sans fin, de vous retrouver en plein cœur de la capitale, sans ces cortèges de banlieues tristes. La densité de population est plus élevée dans le sud, surtout dans la vallée du lac Mälaren et dans la région de l'Öresund. Le pays compte près de 17 000 Sames indigènes (plus connus sous le nom de Lapons, qu'ils récusent). Ce dernier peuple nomade d'Europe tente tant bien que mal de préserver son identité. La Laponie est splendide avec ses lumières rasantes et dorées durant les interminables nuits d'été. L'art suédois, longtemps méconnu, est d'une grande vitalité et joue un rôle majeur dans la culture mondiale. Pour le 7e art, des Suédois se sont distingués dès les débuts avec Mauritz Stiller et Victor Sjöström. Plus tard, le réalisateur Ingmar Bergman acquit une réputation mondiale. Plusieurs actrices figurent parmi les plus grandes. Greta Garbo « la Divine », Ingrid Bergman et Anita Ekberg ont laissé des traces dans l'imaginaire des cinéphiles. La musique suédoise se confond pour beaucoup avec le groupe ABBA, pour lequel on annonce l'ouverture prochaine d'un musée dans la capitale. La littérature n'est pas en reste avec Strindberg, Lagerlöf, Dagerman et les enquêtes de Mankell dans les rues d'Ystad. Le design – devenu symbole d'un art de vivre – a aussi le vent en poupe en Suède. Pour vous en convaincre, il vous suffira d'entrer dans les halls d'hôtels, les boutiques et les restaurants de Stockolm.

RECOMMANDATIONS

DOCUMENTS OBLIGATOIRES

✓✓ Permis de conduire rose de l'UE
✓ Permis de conduire international (recommandé seulement)
✓ Certificat d'immatriculation du véhicule ou certificat de location
✓ Plaque d'identification nationale
✓ Justificatif d'assurance (carte verte)
✓ Passeport (recommandé seulement)
✓ Procuration en cas d'utilisation du véhicule appartenant à un tiers

VITESSES LIMITES

✓ En agglomérations urbaines : 50
✓ Sur routes : 70
✓ Sur autoroutes : 110
✓ Ces vitesses limites sont réduites par temps de pluie

FERRIES

Directement via l'Allemagne, ou en deux temps en passant par le Danemark, la Suède profite de très nombreuses lignes. Le pont est payant entre Copenhague et Malmö (environ 68 € pour les camping-cars de plus de 6 mètres).
Kiel (Allemagne) à Göteborg (13h30) : 544/711 € Stana Line (avec cabine 2 pers. incluse A/R)
Travemünde (Allemagne) à Trelleborg (7h) : 200/310 € TTLine
Se renseigner et réserver longtemps à l'avance :
www.scanditours.fr
www.ttline.de

RÉGLEMENTATIONS

✓ Taux maximum d'alcool toléré dans le sang : 0,2 g
✓ Siège enfant, rehausseur ou système de retenue adapté et homologué obligatoire jusqu'à 1,35 m
✓ Âge minimum du conducteur : 18 ans
✓ Port de la ceinture de sécurité obligatoire à l'avant et à l'arrière
✓ Allumage des feux de croisement obligatoire (jour et nuit toute l'année
✓ Pneus cloutés admis avec réglementation du 1er octobre au 30 avril
✓ Triangle de présignalisation obligatoire
✓ Trousse de premiers secours recommandée
✓ Extincteur recommandé
✓ Gilet de sécurité fluorescent recommandé

URGENCES

✓ Téléphone incendie et ambulance : 112
✓ Téléphone Police : 110

Au secours ! ***Hjälp !*** */ Hôpital* **Sjukhus** */ Police* **Polis**

Pour téléphoner en Suède

Composer le 00 46 + indicatif régional + numéro de l'abonné.
En Suède, les indicatifs régionaux comportent toujours de deux à quatre chiffres, et débutent systématiquement par 0 : cet indicatif doit être utilisé intégralement pour passer une communication d'une région à une autre.

LEXIQUE

MOTS USUELS

Oui **Ja** / *Non* **Nej** / *Bonjour* **Goddag** / *Bonsoir* **God afton** / *Salut* **Hej** / *Au revoir* **Adjö** *ou* **Hej då** / *S'il vous plaît* **Var så god** / *Merci (beaucoup)* **Tack (så mycket)** / *Excusez-moi* **Ursäkta mig** / *Santé !* **Skål !** / *Manger* **Äta** / *Boire* **Dricka** / *Toilettes* **Toalett**

DIRECTIONS & TRANSPORTS

À droite **Till höger** / *À gauche* **Till vänster** / *Entrée* **Ingång** / *Sortie* **Utgång** / *Autoroute* **Motorväg** / *Route* **Väg** / *Ville* **Stad** / *Station-service* **Bensinstation** / *Essence* **Bensin**

PREMIERS CONTACTS

Je voudrais... **Jag vill...** / *Je ne comprends pas* **Jag förstår inte** / *Pouvez-vous m'aider ?* **Skulle ni kunna hjälpa mig ?** / *Combien ça coûte ?* **Hur mycket kostar det ?**

Découverte de la **Suède**

Départ de Malmö
12 jours
1790 km
Carte Michelin n° 711

Lac Mälaren

E. Morris / MICHELIN

Jour 1

Le Danemark et la Suède se disputèrent pendant des siècles le contrôle du détroit de l'Öresund qui donne accès à la mer Baltique. Depuis la construction du pont/tunnel reliant Copenhague à Malmö, ce lieu chargé d'histoire est devenu une région dynamique fière de son patrimoine culturel et naturel – la Scanie. Vous serez saisi par la pureté des lignes de ce pont qui s'enfuit vers l'horizon et les côtes suèdoises souvent enveloppées de brume. La traversée ne durant que 10 minutes, vous aurez le temps de découvrir **Malmö**, avant de reprendre la route pour Stockholm en longeant la côte en vous arrêtant au village viking de **Foteviken** et au musée de l'ambre.

Jours 2 & 3

Vous quitterez la ville vers **Ystad** en vous arrêtant à Kulturens Östarp, annexe du musée de **Lund**. Lund, deuxième ville universitaire de Suède, est une cité charmante dont les rues étroites sont bordées d'édifices de différentes époques. Vous prendrez le temps d'admirer la cathédrale qui est le plus bel exemple d'architecture romane du pays. Ystad, avec ses 300 maisons de bois, vous ravira avec son centre médiéval. Ystad est le port d'accès à l'île de **Born holm**. Direction **Kalmar** et son château autrefois surnommé la « clé de la Suède ». En route vous découvrirez d'agréables cités comme **Morrum** et sa maison du saumon, **Karlsham** et son port, **Ronneby** et ses eaux thermales, **Karlskrona** et ses chantiers navals.

Jours 4 & 5

Le séjour à **Stockholm** commencera par une longue flânerie dans le centre historique de la ville, à commencer par l'île de **Stadsholmen** et ses ruelles aux pavés irréguliers où se nichent toutes sortes de boutiques et de cafés plongés dans une sympathique pénombre : vous vous rendrez au Palais royal (Kungliga slottet) et vous pousserez jusqu'à la cathédrale, appelée ici Grande Église (Storkyrkan). Vous poursuivrez votre promenade dans les îles voisines : celle des Chevaliers (Riddarholmen) où le temps semble s'être figé au cours du 17e s., celle du Saint-Esprit (Helgeandsolmen) ou encore celle du Roi (Kungsholmen). Mais le centre moderne (Norrmalm), dynamique et animé, ne manque pas non plus d'intérêt… Bien entendu, vous ne manquerez sous aucun prétexte la visite du musée en plein air de Skansen, ni celle de l'épave du Vasa, ce superbe vaisseau de guerre coulé en 1628 et qui nous est parvenu presque intact… Une balade en bateau dans l'archipel de Stock holm sur le **lac de Mälaren** peut précéder la visite de quelques-uns des châteaux de la région : **Ulriksdal**, mais surtout la superbe résidence royale de **Drottningholm**.

Jour 6

À **Birka**, vous prendrez l'autoroute E 4 vers le nord puis la route 263 vers l'ouest. **Sigtuna** était il y a mille ans la ville la plus importante de Suède ; on y battait monnaie et le roi Erik Segersäll (le Victorieux) la choisit et y fit construire une résidence royale à l'emplacement de l'actuel musée de la Ville. Après un détour vers le château de Skokloster, vous poursuivrez vers le nord jusqu'à **Uppsala** qui supplanta Sigtuna dès le Moyen Âge comme capitale pour devenir plus tard la première ville universitaire de Suède.

Jour 7

Vous visiterez **Västerås** et sa cathédrale avant de longer le lac par la rive sud. Ce circuit vous permettra de voir les châteaux de **Strömsholm** et **Gripsholm**, de vous promener dans les charmantes petites villes d'**Eskilstuna**, **Strängnäs** et **Mariefred** et de flâner au bord du lac, sur le site romantique de **Sundbyholm**.

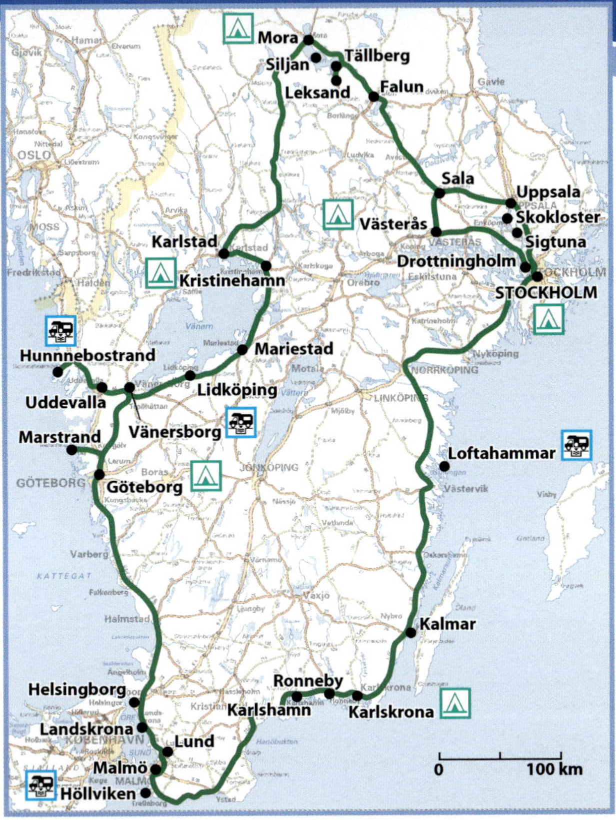

Jours 8 & 9

Vous gagnerez **Sala** et sa mine d'argent, aujourd'hui désaffectée. Gagnez ensuite la Dalécarlie et ses fameuses traditions folkloriques. Ne passez pas à côté de la mine de cuivre et des peintures dalécarliennes à **Falun**, un spectacle à l'amphithéâtre naturel de **Dalhalla**, les bords du lac **Siljan** et ses villages traditionnels et le parc aux ours de **Grönklitt** et les ateliers de fabrication de petits chevaux dans la région nord de **Leksand**.

Jour 10

Une étape un peu longue vous amène au lac **Varnen** que vous longerez par la rive est en découvrant la ville de **Karlstad**, puis **Mariestad**, le château de **Läckö** et **Lidköping**.

Jours 11 & 12

Une pause à **Göteborg**, à **Varberg** ou **Halmstad** précédera votre entrée dans Malmö sans oubliez un arrêt à **Landskrona** qui vous permettra de visiter l'île de **Ven** où vécut l'astronome Tycho Brahe. Vous rejoindrez Malmö fin de votre périple suédois. De nombreuses rues sont piétonnes aussi est-il vivement recommandé de laisser son véhicule dans un des parkings des services municipaux, Gatukontoret (stationnement gratuit avec la carte Malmö).

Suède

Aires de service & de stationnement

Höllviken

Falsterbokanalen – *Falsterbovägen / Östra Hamnplan – 040/453492 – Ouv. tte l'année – P 20.*
Payant.
Stationnement : autorisé. 16 €/j.
Loisirs : Services :

Hunnebostrand

Aire d'Hunnebostrand – *Småbotshamn*
0523/665550 – Mai-sept. – P 30.
Payant.
Stationnement : autorisé. 15 €/j.
Loisirs : Services :

Loftahammar

MarinCenter Restaurant Sjökrogen – *Varusvägen 10 – 0493/61315 – Ouv. tte l'année – P 10.*
Payant.
Stationnement : autorisé. 15 €/j.
Loisirs : Services :

Vänersborg

Vänerpark Marina – *Vänerparken 1 – 0521/65709 – Avr.-mi-oct. – P 10.*
Payant.
Stationnement : autorisé. 16 €/j.
Loisirs : Services :

Campings

Göteborg

Campsite Lisebergbyn Kärralund
Olbersgatan
031/840200
Permanent 40 ha (152 empl.)
Loisirs : séances de cinéma barbecue
Services : sèche-linge lave-vaisselle pizzeria
Emplacements spéciaux pour camping-cars.

Karlskrona

First Camp Dragsö-Karlskrona
Dragsövägen
0455/15354
Mi-avr.-mi-oct. 6 ha (285 empl.)
Loisirs : diurne (en été) nocturne (plage) canoës
Services : sèche-linge lave-vaisselle brasserie, snack, self-service

Kristinehamn

Kvarndammens Camping
Bartilsbro Vägen
0550/88195
Mars-août 5 ha (65 empl.)
Loisirs : (plan d'eau)
Services : sèche-linge

Mora

Mora Park & Camping
Parkvägen 1
0250/27600
Permanent 20 ha (800 empl.)
Loisirs : diurne (plan d'eau) ski de fond
Services : sèche-linge brasserie, snack, self-service
Emplacements spéciaux pour camping-cars.

Stockholm

Östermalms City Camping
Fiskartorpsvägen 2
08/102903
Mi-juin-mi-août 5 ha (300 empl.)
Loisirs : squash, bowling (plage)
Services : snack

Västerås

Västerås Camping Ängsö
Ängsöväg
0171/441043
Permanent 10 ha (220 empl.)
Loisirs : diurne (plan d'eau)
Services : sèche-linge brasserie, snack

Les bonnes **adresses** de Bib

Göteborg

Kronhuset & Kronhus Bodarna

Postgatan, dans le centre.

Cette grande demeure en briques rouges est la plus ancienne demeure de la ville. Elle abrite aujourd'hui un centre d'artisanat où se regroupent entre autres un fabricant de montres, une manufacture de chocolats ou encore un fabricant d'instruments de musique. Le bâtiment est également bordé d'une charmante terrasse ombragée où vous pourrez prendre un verre.

Helsingborg

Lagmark

Sundstorget 3, dans le centre - ✆ 14 88 30.

Cette adresse très populaire est à la fois un restaurant et un traiteur. Sur place ou à emporter, vous y trouverez de nombreux plats et tartines typiquement scandinaves. Une terrasse est dressée sur une place piétonne.

Kalmar

Calmar Hamnkrog

Skeppsbrogatan 30, dans le centre - ✆ 41 10 20 - lun.-ven. 11h30-14h et lun.-sam. 18h-22h.

Probablement le meilleur restaurant de poissons de la ville ! Dans un cadre élégant, vous pourrez apprécier une cuisine raffinée soigneusement servie. Quelques bonnes bouteilles de vin accompagneront ce repas gourmet.

Lund

Mikai

Stora Södergatan 20, dans le centre - ✆ 15 60 80 - lun.-vend. 9h-19h, sam. 10h-19h, dim. 11h-17h.

Un charmant restaurant traiteur asiatique bon marché, où l'on sert une cuisine de qualité. Vous pourrez manger de fameuses nouilles sautées sur les quelques tables dressées dans le fond du magasin.

Malmö

Arstiderna

Stortorget - ✆ 23 09 10 - lun.-vend. 11h30-0h, sam. 17h-0h - 195/495 SEK.

Une véritable institution ! Cette demeure historique abrite un restaurant traditionnel de grande qualité. L'ensemble est bâti dans un sous-bassement en briques où respire le passé.

Marché

La place Möllevångstorget où se tient chaque jour le marché aux fruits et aux légumes mérite une visite, comme Banérskajen bordé d'anciennes cabanes de pêcheurs (à l'ouest du musée des Techniques), où l'on vend du poisson frais.

Nyköping

Forsen

On y accède par la rue Forsgrata, en entrant dans la cité - lun.-vend. 11h30-14h, 18h-23h, sam. 13h-23h, dim. 13h-21h.

Cette charmante maison jaune est située sur le canal à moins de 10mn à pied du centre piéton. Vous pourrez apprécier une cuisine locale savoureuse depuis la terrasse aménagée directement sur l'eau.

Stockholm

Östermalms Saluhall (marché couvert)

Situé à l'angle de Nybrogatan et d'Humlegårdsgatan, où l'on trouve un assortiment de poissons, de viande, de légumes et de fromages ainsi qu'une sélection de *Smørgasbord* (sandwich scandinave), de salades et de snacks ; les clients pressés se font servir au comptoir, les autres à une des tables disposées à l'intérieur du marché couvert.

Vete Katten

Kungsgatan 55, dans le centre - ✆ 20 84 05 - tlj 7h30-20h, sam. 9h30-17h, fermé dim.

Ce vaste établissement accueille une boulangerie, un salon de thé et un restaurant où l'on sert une cuisine rapide. L'ensemble est très visité par les Suédois, surtout pour les pâtisseries qui sont très réputées. À emporter ou déguster dans la petite cour intérieure.

Ulla Winbladh

Rosendalsvägen 8, à 15mn à pied du centre-ville - ✆ 663 05 71 - tlj 11h30-23h.

Cette petite maison charmante bâtie au cœur d'un parc accueille un restaurant populaire très fréquenté par les habitants de la capitale. Cuisine typiquement suédoise que vous pourrez savourer en été sur la grande terrasse fleurie.

Kaknästornet

Mörkakroken 28-38, à 30mn à pied du centre-ville - ✆ 667 21 80 - tlj 10h30-22h.

Au sommet de cette célèbre tour de 155 m de haut, vous trouverez un café et un restaurant bon marché où vous pourrez déjeuner le midi pour moins de 100 SEK. Les prix sont plus élevés le soir « à la carte ». Spectacle assuré grâce à une vue exceptionnelle sur la ville et la région environnante.

Uppsala

Saluhallen

St Eriks Torg 8, à 5mn à pied du centre - lun.-sam. 11h-22h.

Les halles qui longent le canal dans le quartier de la cathédrale abritent plusieurs traiteurs et commerçants ainsi que 4 restaurants appartenant à la même famille. Chacun y trouvera son plaisir, du restaurant gourmet à la cuisine raffinée au café bon marché en passant par la grande terrasse bâtie sur le canal.

Estonie

Nom local : *Eesti Vabariik* **Capitale :** *Tallinn* **Population :** *1,32 million d'habitants*
Superficie : *45 216 km²* **Monnaie :** *Couronne estonienne (1 € = 15,64 EEK)*

P. Plantier / MICHELIN

Le plus septentrional des trois États baltes est aussi le plus petit avec une superficie légèrement supérieure à celle des Pays-Bas pour une population dix fois moindre. Le pays est largement ouvert, à l'ouest sur la mer Baltique, au nord sur le golfe de Finlande avec 3 794 km de côtes et bordé à l'est par la Russie et au sud par la Lettonie. L'Estonie est aussi le seul à posséder des îles (plus de 1 500 !) habitées ou non constituant à peu près 10 % de la surface de son territoire. Les plus importantes sont Saaremaa, Muhu, Hiiumaa et Vormsi, à quelques encablures de la côte ouest. Dotées de peu de reliefs, ces îles, territoires des genévriers, sont bordées par de belles plages de sable. Près de la moitié du pays est toutefois constituée de bois et de forêts — la fameuse taïga.

Le lac Peïpous, quatrième plus grand lac d'Europe, ressemble à une véritable mer intérieure. Il est gelé en hiver pendant quatre mois et est navigable pendant les autres mois de l'année. De nombreux campings gratuits, mode d'hébergement favori dans les pays nordiques, bordent ses rives. Le camping sauvage est d'ailleurs autorisé partout hors des villes et des endroits qui mentionnent une interdiction spécifique. Le climat est caractérisé par un hiver plutôt froid, un printemps doux et un peu pluvieux, un été relativement chaud et un long et doux automne. Les premières neiges apparaissent vers novembre. La température peut descendre en dessous de – 20 °C l'hiver. Comme dans les autres pays nordiques, la latitude élevée de l'Estonie engendre une importante différence de lumière de jour entre l'hiver et l'été. Tallin au solstice d'hiver reçoit seulement près de 6 heures de jour. À l'inverse, au solstice d'été près de 19 heures de jour.

Depuis l'indépendance du pays en 1991, des Estoniens sont désireux d'être identifiés comme citoyens d'un pays nordique pour se démarquer des voisins baltes et de la minorité russe qui représente un quart de la population. La page soviétique est tournée et le pays veut honorer son appartenance à l'Union européenne.

RECOMMANDATIONS

DOCUMENTS OBLIGATOIRES

✓ Permis de conduire rose de l'UE
✓ Permis de conduire international (recommandé seulement)
✓ Certificat d'immatriculation du véhicule ou certificat de location
✓ Plaque d'identification nationale
✓ Justificatif d'assurance (carte verte)
✓ Passeport (recommandé seulement)
✓ Procuration en cas d'utilisation du véhicule appartenant à un tiers

VITESSES LIMITES

✓ En agglomérations urbaines : 50
✓ Sur routes : 90
✓ Sur autoroutes : 110
✓ Ces vitesses limites sont réduites par temps de pluie

ARGENT

On trouve de nombreux distributeurs de billets en ville mais il vaut mieux se munir d'argent liquide quand on se déplace à la campagne

VOYAGES

Un voyage par route prend deux à trois jours en passant par la Suède (avec traversée de nuit par bateau entre Stockholm et Tallinn) et près de trois jours via la Lituanie et la Pologne

RÉGLEMENTATIONS

✓ Taux maximum d'alcool toléré dans le sang : 0 g
✓ Siège enfant, rehausseur ou système de retenue adapté et homologué obligatoire jusqu'à 12 ans
✓ Âge minimum du conducteur : 18 ans
✓ Port de la ceinture de sécurité obligatoire à l'avant et à l'arrière
✓ Allumage des feux de croisement obligatoire (jour et nuit toute l'année
✓ Pneus cloutés admis avec réglementation du 16 octobre au 15 avril
✓ Vitesse limite pour un véhicule équipé de pneus cloutés : 90 km/h
✓ Triangle de présignalisation obligatoire
✓ Trousse de premier secours obligatoire
✓ Extincteur obligatoire
✓ Gilet de sécurité fluorescent recommandé

URGENCES

✓ Téléphone incendie et ambulance : 112
✓ Téléphone Police : 110
Au secours ! **Appi !** / *Hôpital* **Haigla** / *Police* **Politsei**

Pour téléphoner en Estonie

Composer le 00 et 372 et le numéro de votre correspondant.

LEXIQUE

MOTS USUELS

Oui **Jah** / *Non* **Ei** / *Bonjour* **Tere päevast** / *Bonsoir* **Tere õhtust** / *Salut* **Tere** / *Au revoir* **Head aega** / *S'il vous plaît* **Palun** / *Merci (beaucoup)* **(väga) Tänan** / *Excusez-moi* **Vabandust** / *Santé !* **Terviseks !**/ *Manger* **Sööma** / *Boire* **Jooma** / *Toilettes* **Peldik**

DIRECTIONS & TRANSPORTS

À droite **Paremal** / *À gauche* **Vasakul** / *Entrée* **Esik** / *Sortie* **Väljapääs** / *Autoroute* **Maantee** / *Route* **Tee** / *Ville* **Linn** / *Station-service* **Bensiinijaam** / *Essence* **Benslin**

PREMIERS CONTACTS

Je voudrais... **Ma võtan...** / *Où se trouve... ?* **Kus on ?** / *Parlez-vous français ?* **Kas te räägite prantsuse keelt ?** / *Je ne comprends pas* **Ma ei saa aru** / *Pouvez-vous m'aider ?* **Kas te saaksite mind aidata ?** / *Combien ça coûte ?* **Palju see maksab ?**

Classiques **estoniens**

Départ de Tallinn
10 jours 950 km
Carte Michelin n° 781

Place de l'hôtel de ville à Tallinn

Jours 1 & 2

À **Tallinn**, vos pas résonnent sur les pavés de la vieille ville. Pour découvrir ses trésors architecturaux protégés par des remparts aux tours pointues, Raekoja plats est un point de départ idéal. Pénétrez dans les belles églises de St-Nicolas ou Pühavaimu, recensez les couleurs et ornements des demeures caractéristiques du style hanséatique. En haut de la rue Pikk jalg qui relie le port à la colline Toompea, commence la ville haute : château, immense église russe et celle du Dôme. Dans la soirée, passez derrière les façades anciennes, où se cachent des cafés aux décors futuristes ou des restaurants volontairement rustiques, voire médiévaux. La vieille ville s'éveille. Le marché aux laines s'anime le long des remparts et les galeries d'art ouvrent une à une. Visitez le musée historique ou celui de la ville. Dans l'après-midi, flânez dans le parc de Kadriorg qui entoure le palais du même nom. Vous y découvrirez deux musées d'art, l'un logé dans un superbe palais baroque (art étranger), l'autre dans une structure futuriste (art d'Estonie). Au pied de l'amphithéâtre en plein air, imaginez comment peuvent se réunir 150 000 chanteurs et spectateurs lors des grands festivals quinquennaux. Profitez-en pour flâner dans le quartier de Pirita, sur la plage et le port olympique. Un bus vous emmène au Musée ethnographique en plein air longeant la mer à Rocca al Mare : maisons paysannes et moulins vous feront découvrir le paysage traditionnel de l'Estonie rurale.

Jour 3

Partez à la découverte du **parc national de Lahemaa** (80 km à l'est). Ses sentiers sillonnent de superbes paysages forestiers et maritimes. Au-delà du parc, la route 1 vous convie à un voyage dans l'ex-URSS. Les squelettes industriels, les villes-dortoirs, la cité modèle de **Sillamäe** sont peuplés de russophones écartelés entre deux nations. Vous irez jusqu'à **Narva** dont la fière citadelle défie sa voisine russe.

Jour 4

La route 3 longe les rives du vaste lac **Peïpous**. À **Mustvee**, **Raja**, **Kasepää** et **Kallaste**, découvrez la communauté des vieux-croyants. Puis bifurquez

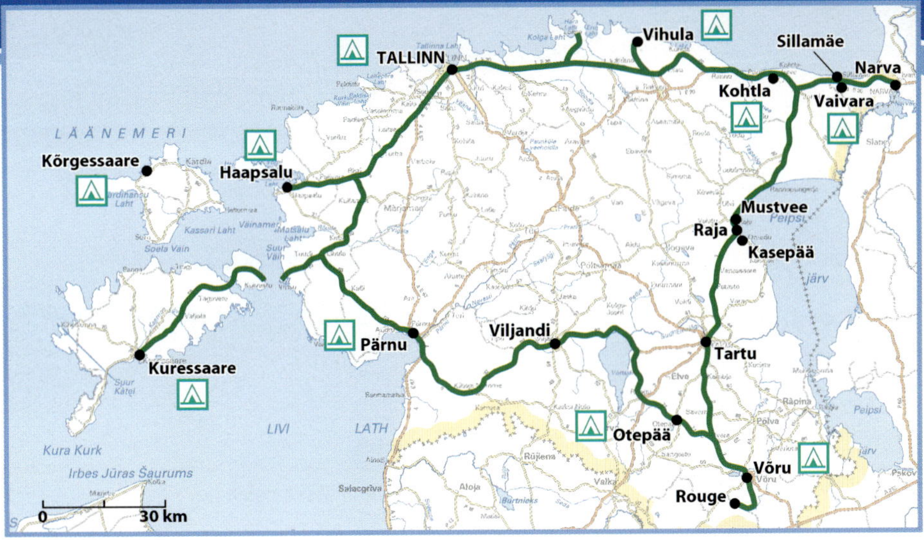

vers **Tartu**, cité universitaire où naquit l'idée même de l'Estonie. C'est en 1870 que la Société des étudiants estoniens dessine ce qui deviendra le drapeau national. Une promenade loin du centre jusqu'à Supilinn dans un faubourg de maisons en bois dont les rues portent des noms de légumes vous dépaysera et vous ramènera au début du siècle dernier.

Jour 5

Poursuivez jusqu'à **Võru**, posée sur la rive du lac Tamula. Au sud de la cité où un médecin créa de toutes pièces l'épopée nationale des Estoniens (Kalevipoeg). Lacs et forêts giboyeuses abondent autour de **Rõuge** et du **Suur-Munnämagi**. La vue sur les futaies s'étalant à l'infini, depuis le sommet du château d'eau panoramique, est sublime. Explorez les sentiers ou partez à la découverte du pays des Sètes autour de **Värska**.

Le conseil de Bib

Le stationnement des camping-cars est toléré dans de nombreux sites. Pour la visite des grandes villes, je vous conseille les campings.

Jour 6

Remontez vers le nord-ouest et, si le temps s'y prête, vous pourrez aller skier à **Otepää**. Sinon, poursuivez par le lac **Võrtsjärv** vers le site spectaculaire de **Viljandi** (lac et château teutonique). Poursuivez par la route 92 et découvrez (si vous ne craignez pas les mauvaises routes) les marais du **Soomaa** ou rejoignez **Pärnu**, cité balnéaire élégante et animée, qui vous attend avec ses bains de boue réputés. Des parcs ombragés, une jolie plage de sable, théâtres, musées, concerts permettent de varier les plaisirs et de se détendre.

Jours 7 & 8

L'heure est venue d'embarquer. Le ferry vous attend à **Virtsu** et vous dépose sur **Muhu** reliée à **Saaremaa** par une digue. Profitez de la plus grande île du pays, de sa capitale (**Kuressaare**) et de ses plages. Explorez ses chemins : moulins à vent, phares au bout du monde et cratère de météorite de **Kaali**.

Jour 9

De **Triigi**, un ferry vogue vers l'île voisine de **Hiiumaa**, encore plus sauvage et fière de son folklore.

Jour 10

En passant par **Haapsalu** la mélancolique, où à l'ombre de la forteresse-cathédrale flânent les fantômes de l'aristocratie russe, appréciez l'émouvant petit musée créé par la minorité suédoise, présente jusqu'en 1944. Enfin, vous regagnerez **Tallinn** pour une dernière soirée dans un restaurant médiéval de la vieille ville.

Estonie

Campings

Haapsalu

Camping Pikseke
Männiku tee 34
047/55779
Permanent (40 empl.)
Loisirs :
Services : sèche-linge

Kohtla

Saka Cliff Hotel & Spa
Saka mõis
033/64900
Avr.-sept. (30 empl.)
– 30
Loisirs : jacuzzi (plage) aire de sports
Services : sèche-linge brasserie

Kõrgessaare

Randmäe Puhketalu
Mangu küla
056/913883
www.hot.ee/puhketalu
Permanent (30 empl.)
Loisirs : (plage) aire de sports
Services :

Kuressaare

Saaremaa Spa Hotels
Pargi 16
045/27140
Permanent (15 empl.)
Loisirs : hammam jacuzzi spa et centre de bien-être (plage)
Services : sèche-linge brasserie, cafétéria

Otepää

Pühajärve Spa Hotell
Pühajärve
076/65500
Permanent (12 empl.)
Loisirs : jacuzzi spa, bowling (plage) aire de sports
Services : sèche-linge brasserie, cafétéria, snack

Pärnu

Konse Motell & Karavan Kämping
Suur-Jõe 44a
053/435092
Permanent (59 empl.)
Loisirs :
Services : sèche-linge

Tallinn

Tallinn city camping
Pirita tee 28
061/37322
Mai-sept.
Loisirs :
Services : sèche-linge brasserie, cafétéria
Transports en commun pour le centre-ville

Vaivara

Laagna camping-hotel
Laagna Küla
039/25900
Mai-oct. (60 empl.)
– 60
Loisirs : jacuzzi spa (plage)
Services : sèche-linge brasserie, cafétéria

Vihula

Eesti karavan
Lepispea küla
050/52053
Mai-sept. (200 empl.)
Loisirs : (plage) volleyball de plage
Services : sèche-linge

Võru

Hotell Kubija
Männiku 43a
078/66000
www.pintmann.ee
Avr.-oct. (20 empl.)
Loisirs : centre de bien-être (plage) aire de sports
Services : sèche-linge brasserie, cafétéria

Les bonnes **adresses** de Bib

Narva

Gulliver
Lavretsovi 7.

Face à l'hôtel *King*, une minuscule maison à pans de bois accueille ce restaurant. Cuisine locale.

Bien-être et thermalisme
Le **Toila Spa Hotell** propose différents soins relaxants : massages au miel, aux pierres, enveloppements au chocolat (!), « bains de Cléopâtre » (au lait aromatisé à la cannelle), vinothérapie (usage externe seulement !). À cela s'ajoutent divers types de saunas…

Pärnu

Kuursaal
Mere pst 22.

On dansait jadis au son des orphéons dans cet historique bâtiment de bois. Aujourd'hui, c'est une taverne où l'on accompagne de bière des plats copieux dans une ambiance festive.

Tallinn

Troika
Raekoja plats 5.

C'est en sous-sol que ce restaurant, au décor évoquant les splendeurs de la vieille Russie, vous accueille. Rien ne manque, ni le personnel en costume traditionnel, ni la balalaïka, ni bien sûr les plats traditionnels de la gastronomie russe.

Maikhrav
Raekoja plats 8, presque au coin de Kinga.

Un restaurant médiéval, installé dans d'immenses salles en sous-sol. Accueil charmant, cadre élégant.

Kuldse Notsu Kõrts
Dunkri 8 - tlj 12h-0h.

Ce restaurant de cuisine estonienne occupe en demi sous-sol une longue salle rustique décorée de peintures murales. Ce sera une des occasions de déguster une authentique cuisine locale : harengs marinés aux oignons, viande en gelée à la mode de Saaremaa, saucisses de sanglier, boudin à la confiture de baies sauvages ou les délicieux sprats servis sur toast avec des œufs mimosas, des cornichons et des herbes… En dessert, essayez le *tuuliku kama*, mélange de céréales (seigle, orge, avoine) au lait caillé et aux baies.

Kullassepa kelder
Kullassepa 9.

Dans cette cave voûtée, les amateurs d'insolite et de gibier pourront goûter à l'élan (braisé), aux pattes d'ours… ou, plus conventionnel, aux plats préparés à partir de sanglier, garanti sauvage.

Mõõkkala
Kuninga 4.

Comme nous l'apprend l'enseigne, le nom de ce restaurant de poissons désigne un espadon. Celui-ci peut être apprêté avec des huîtres frites et nappé d'une sauce aux asperges et à la liqueur d'abricot. Vous trouverez également sur la carte du requin, de l'anguille ou du brochet.

Maiasmokk
Pikk 16.

Ouvert en 1864, cet établissement aux boiseries sombres est une institution où les amateurs de massepain et de chocolat se donnent rendez-vous.

Marché
Marché aux lainage (pulls, chaussettes, bonnets) tricotés main et présentés sur des étals dans Müürivahe.

Eesti Käsitöö
Piik 15 et 22 et centre commercial Viru Keskus.

Le nom signifie tout simplement « artisanat estonien » : articles en lin de qualité.

Tartu

Gruusia Saatkond
Rüütli 8, 1er étage.

Restaurant géorgien très simple. L'escalier qui y mène est décoré de peintures murales évoquant cet État du Caucase. Vous y dégusterez une cuisine parfois assez épicée où vous aurez le choix entre *tschanahi* (cassolette de bœuf aux aubergines), *kharcho* (bœuf à la sauce aux noisettes) ou *chakapuli* (agneau au vin). Bon choix de vins géorgiens (Alazani, Superavi ou Pirosmani).

Viljandi

Centre d'artisanat de Viljandi (Viljandi Käsitöö koda)
Lossi, dans la cour du musée de Viljandi - mar.-vend. 10h-17h30, sam. 10h-15h.

Vous y trouverez essentiellement des textiles (dont certains sont tissés sur place) et des lainages.

Võru

Pub Hundijalg
Jüri.

Dans une petite salle décorée d'objets anciens (le fer à repasser et une paire de skis rustiques voisinent avec un portrait ovale qui pourrait être celui de votre aïeule). Vous pourrez vous restaurer de quelques *snăkid* accompagnant une bière, d'une soupe (choix entre la *seljanka* russe et une mystérieuse « soupe française ») ou, de façon plus consistante, avec les *karbonaad*, quelques *šašlikk* ou une grillade de viande *(grill-liha)*, le tout accompagné des inévitables pommes de terre *(kartulid)* et d'une sauce *(kastmed)* au choix.

Lettonie

Nom local : *Latvijas Republika* **Capitale :** *Rīga* **Population :** *2,27 millions d'habitants*
Superficie : *64 589 km²* **Monnaie :** *Lats (1 € = 0,702 804 LVL)*

W. Buss / MICHELIN

Un peu moins grande que l'Irlande, la Lettonie est bordée au nord par l'Estonie, à l'est par la Russie, au sud-est par la Biélorussie et au sud par la Lituanie. Son littoral avec de belles plages de sable, d'une longueur de 500 km, s'organise autour du golfe de Rīga puis, au-delà du cap Kolka, vers le sud, par la côte de l'Ambre. Ramasser des larmes d'ambre sur les plages sera d'ailleurs une agréable distraction. Même si elle est la plus urbanisée des trois pays, la Lettonie reste très forestière (44 % du territoire). Faune et flore sont abondantes et on y trouve des espèces presque disparues ailleurs. La Lettonie ne compte pas moins de 2 256 lacs de plus de 1 hectare, couvrant au total 1 000 km². Son altitude est basse et culmine à 311 m au Gaiziņkalns. Afin de rivaliser avec le point culminant de son voisin estonien, le Suur Munamägi qui culmine à 318 m, une tour surplombe Gaiziņkalns qui doit être prochainement démontée pour des raisons de sécurité.

Son climat est continental malgré une forte influence maritime de la mer Baltique qui en borde la partie ouest. La saison estivale est courte avec des intersaisons aussi très réduites ; l'hiver dure donc près de 8 mois. Rīga connaît des températures de – 10 °C à – 4 °C en janvier pour des températures allant de 11 °C à 22 °C au mois de juillet. La partie côtière est cependant plus tempérée et plus humide (que les régions proches de la Russie ou de la Biélorussie). Les ports lettons, en particulier Liepaja et Ventspils, connaissent un trafic important car, à la différence des ports russes ou estoniens, ils sont pratiquement toujours libres de glace.

Le maître de la peinture expressionniste abstraite, Mark Rothko, inspiré par Matisse, compte parmi les Lettons les plus célèbres. Vous admirerez certaines de ses grandes toiles, aux couleurs mouvantes, à Daugavpils, sa ville natale et seconde ville du pays injustement négligée par les touristes.

RECOMMANDATIONS

DOCUMENTS OBLIGATOIRES

✓ Permis de conduire rose de l'UE
✓ Permis de conduire international (recommandé seulement)
✓ Certificat d'immatriculation du véhicule ou certificat de location
✓ Plaque d'identification nationale
✓ Justificatif d'assurance (carte verte)
✓ Passeport (recommandé seulement)
✓ Procuration en cas d'utilisation du véhicule appartenant à un tiers

VITESSES LIMITES

✓ En agglomérations urbaines : 50 km/h
✓ Sur routes : 90 km/h
✓ Sur autoroutes : 110 km/h
✓ Ces vitesses limites sont réduites par temps de pluie

CODE DE LA ROUTE

La « loi du plus fort » est souvent celle qui prévaut. Les gros 4x4 aux plaques customisées et les transports en commun s'imposent souvent franchement. Attention aux tramways et trolleys auxquels nous sommes peu habitués. Ainsi lorsqu'un tramway circule au milieu d'une avenue, vous devez marquer l'arrêt en même temps que lui, pour permettre aux passagers qui descendent de rejoindre le trottoir.

RÉGLEMENTATIONS

✓ Taux maximum d'alcool toléré dans le sang : 0,5 g
✓ Siège enfant, rehausseur ou système de retenue adapté et homologué obligatoire jusqu'à 12 ans ou 1,5 m
✓ Âge minimum du conducteur : 18 ans
✓ Port de la ceinture de sécurité obligatoire à l'avant et à l'arrière
✓ Allumage des feux de croisement obligatoire (jour et nuit) toute l'année
✓ Pneus cloutés admis avec réglementation du 1er octobre au 30 avril
✓ Triangle de présignalisation obligatoire
✓ Trousse de premiers secours obligatoire
✓ Extincteur obligatoire
✓ Gilet de sécurité fluorescent recommandé

URGENCES

✓ Téléphone incendie et ambulance : 112
✓ Téléphone Police : 110
Au secours ! **Palīgā !** / *Hôpital* **Slimnīca** / *Police* **Policijas**

Pour téléphoner en Lettonie

Composer le 00 et 371 et le numéro de votre correspondant

LEXIQUE

MOTS USUELS

Oui **Jā** / *Non* **Nē** / *Bonjour* **Labdien** / *Bonsoir* **Labvakar** / *Salut* **Sveiki** / *Au revoir* **Uz redzēšanos** / *S'il vous plaît* **Lūdzu** / *Merci (beaucoup)* **(liels) Paldies** / *Excusez-moi* **Atvainojiet** / *Santé !* **Prieka!** / *Manger* **Ēst** / *Boire* **Dzert** / *Toilettes* **Tualete**

DIRECTIONS & TRANSPORTS

À droite **Pa labi** / *À gauche* **Pa kreisi** / *Entrée* **Ienākšana** / *Sortie* **Iznākšana** / *Autoroute* **Autoceļš** / *Route* **Ceļš** / *Ville* **Pilsēta** / *Station-service* **Benzīnstacija** / *Essence* **Benzīns**

PREMIERS CONTACTS

Je voudrais... **Es gribētu ...** / *Où se trouve... ?* **Kur ir...?** / *Parlez-vous français ?* **Vai jūs runājat franciski ?** / *Je ne comprends pas* **Es nesaprotu** / *Combien ça coûte ?* **Cik tās maksā ?**

Lettonie plurielle

➲ Départ de Rīga
➲ 10 jours 1120 km
Carte Michelin n°781

Sur la place de l'hôtel de ville, la maison des Têtes à Riga

Jours 1 & 2

Votre première journée à **Rīga** commence dans l'ascenseur du clocher de l'église St-Pierre (fermé le lundi). De là-haut apparaît la morphologie de cette ville aux dizaines de clochers. Parcourez ensuite, plus ou moins au hasard, le dédale des rues pavées de la vieille ville, bordées d'édifices élevés par les riches marchands de la Hanse. Détaillez les façades de la place Doma laukums, levez la tête vers l'immense orgue de la cathédrale, cherchez la maison des Chats, celle des Têtes Noires (un vrai sapin de Noël). Pour admirer les intérieurs, un musée fera l'affaire : ceux d'Art et d'histoire dans le château et dans la maison Mentzendorff, celui des Arts décoratifs installé dans une ancienne église, ceux de l'Occupation, de la Photographie. La journée peut se terminer en hésitant entre une échoppe à l'ancienne, une cave à bière, un restaurant sous les voûtes.

Toujours dans la ville de Rīga,assistez à l'ouverture du marché central, immense et abrité dans d'anciens hangars à zeppelins : un lieu idéal pour découvrir l'odeur et la couleur des produits locaux. Suivez les parcs de la rivière Pilsetas qui font le tour de la vieille ville. Au-delà du monument de la Liberté s'alignent de belles demeures Art nouveau, style architectural dont Rīga est la plus grande vitrine européenne. Le soir, du bar au dernier étage de l'hôtel Reval, vous regarderez les lumières de la ville s'allumer une à une.

Jour 3

Le bus n° 1 relie le Musée ethnographique en plein air où, au bord d'un lac, s'alignent de typiques maisons villageoises lettones, de diverses régions et époques. Suivez l'A 2 vers l'agréable cité de **Sigulda**. À pied, en vélo, en canoë, découvrez le parc national de la **Gauja**, sa flore variée, la citadelle de **Cēsis** et l'agréable **Valmiera**.

Jour 4

Prenez la direction des hautes terres de la **Vidzeme** : collines, lacs, forêts, champs et villages pittoresques. De **Madona**, profitez des deux réserves naturelles ou des petites bourgades alentour.

Jour 5

Via **Viļāni** et **Preiļi**, vous atteignez **Aglonas**, cité religieuse

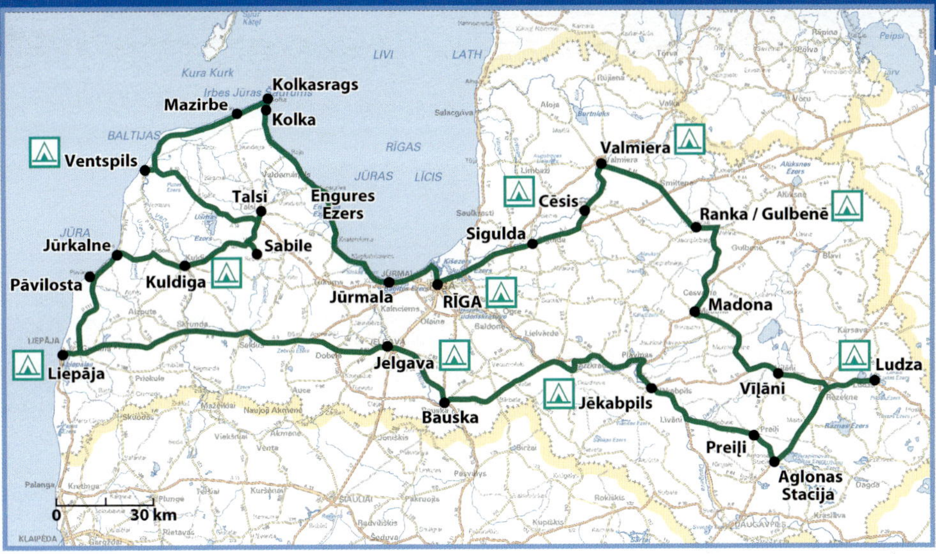

entre deux lacs, typique du Latgale. Les alentours (au sud, à l'est) enchanteront les amateurs de campagne de contes de fées. L'A 6, qui suit la Daugava, traverse quelques intéressantes cités : **Jēkabpils** (château), **Lielvārde** (ruines).

Jour 6

Évitez Rīga, roulez vers Bauska et **Pilsrundāle**, avec son palais baroque digne de St-Pétersbourg. De Jelgava, l'A 9 file droit vers **Liepāja** et la côte.

Jour 7

Passez la journée dans la ville dynamique de **Liepāja** : plage, cafés, musées.

Le conseil de Bib

À Rīga, conduire dans la vieille ville est taxé. Se garer est également compliqué. Optez pour les bus (Rīga Card).

Jour 8

Longez la côte vers le nord et **Pāvilosta**. Visitez le Musée ethnographique et cherchez des larmes d'ambre sur le rivage. À **Jūrkaine**, tournez vers **Kuldiga**, petite cité aux charmes multiples : cascades, vieille ville qui semble surgie d'un passé révolu. Partez à la découverte des villages du duché de Courlande : **Sabile** et sa vigne, **Talsi** au cœur des collines.

Jour 9

Vous gagnerez **Ventspils**, port industriel riche en surprises aussi inattendues qu'agréables. Difficile de gagner le cap Kolka car après 24 km, la route se transforme en piste impraticable en hiver et très poussiéreuse aux beaux jours. Nous avons tenté de limiter autant que possible les secteurs non asphaltés mais vous êtes prévenus le chemin est rude (par la P 124), mais le cap **Kolka** sera une belle récompense.

Par **Dundaga** et son château romantique, la route emprunte le territoire de la minorité des Lives au sein du parc naturel de Slītere. Au début du 20e s. 182 membres descendaient de l'une des sept tribus finno-ougriennes établies dans les Pays baltes, ce qui en fait les frères des Hongrois... Peuple de pêcheurs, leur capitale est d'une certaine manière **Mazirbe** que vous traverserez avant d'atteindre enfin ce bout de terre solitaire et envoûtant qu'est le cap Kolka. Ce lieu était interdit à l'époque soviétique. Le seul interdit de nos jours est la baignade car les courants y sont violents.

Jour 10

Suivez la route côtière qui mène à Riga passe par le lac d'**Engures**, formidable réserve ornithologique, puis à **Jūrmala**, l'élégante station balnéaire de la capitale qui attire les amateurs de thermalisme et de bains de mer depuis plus d'un siècle.

Lettonie

Campings

Cēsis

Zagarkalns
Mûrlejas iela 12
26266266
Mai-oct.
Loisirs : (plan d'eau) aire de sports, barbecue
Services :

Jēkabpils

Radži
Zīriņu iela 5
29471447
Permanent
Loisirs : (plan d'eau) barbercue, aire de sports
Services :

Jelgava

Holiday complex Zemgale
Rīgas iela 11
3007707
Permanent
Loisirs : bowling aire de sports
Services : sèche-linge brasserie, cafétéria

Kuldīga

Nabīte
Padures pagasts
29458904
Mai-sept. 11 ha
– 25
Loisirs : jacuzzi (plan d'eau) aire de sports
Services : sèche-linge brasserie, snack

Ludza

Dzerkali
Cirmas pagasts
26324735
Mai-sept.
Loisirs diurne jacuzzi jeux pour adultes (plan d'eau)
Services : sèche-linge : brasserie, cafétéria

Ranka

Lācītes
Rankas pagasts
26599997
Permanent
Loisirs : diurne jacuzzi (plan d'eau)
Services : sèche-linge cafétéria, brasserie

Rīga

ABC
Šampētera ielā 139a
7892728
Permanent
20
Loisirs : brasserie
Services : sèche-linge

Rīga City
Ķīpsalas iela 8
7067519
Mi-mai-mi-sept. 2 ha
40
Loisirs : diurne
Services :
Proche de la vieille ville

Valmiera

Holiday complex Avoti
Valmieras pagasts
29499342
Permanent 4 ha (55 empl.)
5
Loisirs :
Services :

Ventspils

Piejūras
Vasarnīcu ielā 56
63627925
Permanent
– 70
Loisirs : diurne jacuzzi aire de sports
Services : sèche-linge brasserie, cafétéria

Les bonnes **adresses** de Bib

Bauska

Aveņi
Route de Mežotne, face au hangar abritant un petit musée des Machines agricoles, 200 m environ après le pont sur la Mēmele.
Dans cette grande taverne rustique proposant (entre autres) des grillades et, bien entendu, les sempiternelles *karbonād*, les amoureux peuvent se sentir seuls au monde en se nichant au creux d'une des petites alcôves en bois, tandis que les jeunes enfants disposent d'un espace de jeu garni de peluches. Le service, attentif et souriant, est appréciable.

Cēsis

Sarunas
Rīgas iela 4, au coin de Vienības laukums.
Décor contemporain dans ce café à la mode qui présente aux beaux jours une terrasse dans la rue piétonne. La carte propose une cuisine « fusion » d'inspiration méditerranéenne. Salades et snacks pour les petites faims. Le service est parfois un peu lent au démarrage…

Daugavpils

Gubernator
Lāčplēša iela 10 - ✆ 542 2455 - 11h-0h.
Pub dans une cave et longue carte (en français) russo-balte alléchante. Les préparations plus ou moins satisfaisantes accompagnent des bières tchèques et russes.

Jelgava

Kafejnīca
Driksas iela 7, entre Pasta iela et Akadēmijas iela.
Si le gérant n'a pas éprouvé le besoin de baptiser son établissement, celui-ci, qui a le mérite d'exister, propose des plats copieux et bon marché.

Pilsētas Pasāža
Entre Pasta iela et Akadēmijas iela - 8h-0h.
Le grand centre commercial de la ville : cafés, supermarché, boutiques diverses et curieux décor de façades anciennes aux teintes pastel.

Liepāja

Vecais Kapteinis
Dubelšteina iela 14, donnant sur Jūras iela, depuis Rožu laukums par Graudu iela puis à droite Diķa iela.
C'est une vieille demeure datant de 1773 qui accueille ce remarquable restaurant, incontestablement le meilleur de la ville. Menu du jour *(biznesa pusdienas)* à prix doux, servi de 12h à 14h, et carte (très riche) le soir.

Amatnieku nams (maison des Artisans)
Bariņu iela 33.
Artisans au travail et galerie de vente.

Rīga

1739
Skarņu iela 6.
Cuisine lettonne ou russe dans le cadre cossu d'une demeure affichant fièrement son année de construction. La formule déjeuner, plus légère que le « grand menu », peut être une bonne alternative.

Skonto Zivju restorāns
Riharda Vagneras iela 4.
Quatre salles à manger décorées chacune dans un style différent accueillent ce restaurant de poissons réputé, doté d'un aquarium où la truite frétille jusqu'à votre commande…

Arbat
Riharda Vāgneras iela 3.
Cuisine russe de qualité (soupe d'esturgeon, *pelmenis* – raviolis sibériens) présentée dans un décor somptueux.

Amber Line
Pour tous les objets et bijoux à base du fameux or de la Baltique. Plusieurs boutiques à Rīga dans la vieille ville *(Torņu iela 4 et dans la galerija Centrs, Audēju 16)* ainsi qu'à la gare ferroviaire *(Stacijas laukums)*.

Sigulda

Kaķu māja
Pils iela 8.
Dans un décor rustique et une ambiance agréable, la « maison du chat » propose des salades et des plats locaux, ainsi qu'un petit buffet.

Ventspils

Metropol
Baznīcas iela - tlj 10h-23h.
Ce grand restaurant de province propose une belle carte sortant un peu de l'ordinaire, en particulier au niveau des poissons : esturgeon et carpe sont au programme en compagnie de la truite. Service charmant et diligent.

Avēnija
Baznīcas iela 2-4, face à l'office de tourisme - lun.-vend. 9h-18h, sam. 9h-15h.
Ce commerce propose de la laine, du lin et des souvenirs divers dont l'omniprésent ambre.

Lituanie

Nom local : *Lietuva* **Capitale :** *Vilnius* **Population :** *3,58 millions d'habitants*
Superficie : *65 200 km²* **Monnaie :** *Litas (1 € = 3,45280 LTL)*

W. Buss / MICHELIN

La Lituanie est (de justesse) le plus grand et le plus peuplé des trois États baltes. C'est aussi celui qui bénéficie de la côte la moins longue (99 km entre la frontière lettone et le sud de la péninsule de Courlande). Les parcs régionaux et nationaux représentent 13 % du territoire. Le paysage lituanien est majoritairement plat mais il présente des collines sur les plateaux occidentaux et les hautes terres de l'est. Juozapinės, à 294 mètres d'altitude, est le point culminant. Quelque 6 000 lacs et marais parsèment le territoire, dont une dizaine seulement excède 10 km². Ces étendues d'eau sont très appréciées des baigneurs en été, et les pêcheurs en profitent en toute saison, tout du moins ceux qui osent s'aventurer sur la glace aux premiers frimas pour lancer leurs lignes dans les trous qu'ils ont pratiqués.

La population se compose de 80 % environ de Lituaniens, de 11 % de Polonais et de 7 % de Russes.

La capitale, Vilnius, est une cité pittoresque située au bord de la Vilnia. Fondée en 1579, son université est une véritable ville dans la ville, avec ses bâtiments de style Renaissance s'articulant autour d'une multitude de cours intérieures.

En 1989, un géographe de l'Institut géographique national français a établi que le centre géographique de l'Europe se trouvait en Lituanie, dans le village de Purnuškės à 26 kilomètres au nord de Vilnius.

La haute saison touristique court de juin à fin août. Les Lituaniens, sevrés de soleil durant le long hiver, fêtent joyeusement l'arrivée de l'été lors de la nuit de la St-Jean. Les journées s'allongent au point de manger presque totalement la nuit qui ne dure que 5 heures, fin juin. Cette lumière abondante est exploitée au mieux : festivals multiples, sports en tous genres, campings près des lacs, ou dans des forêts odorantes et colorées. Les liens forts entre les locaux et la nature se resserrent alors un peu plus. Car pour les passionnées de tourisme écologique, la Lituanie est une destination de choix.

RECOMMANDATIONS

DOCUMENTS OBLIGATOIRES

✓ Permis de conduire rose de l'UE
✓ Permis de conduire international (recommandé seulement)
✓ Certificat d'immatriculation du véhicule ou certificat de location
✓ Plaque d'identification nationale
✓ Justificatif d'assurance (carte verte)
✓ Passeport (recommandé seulement)
✓ Procuration en cas d'utilisation du véhicule appartenant à un tiers (recommandée seulement)

VITESSES LIMITES

✓ En agglomérations urbaines : 50
✓ Sur routes : 90
✓ Sur routes à chaussées séparées : 100 / 110
✓ Sur autoroutes : 110 / 130
✓ Ces vitesses limites sont réduites par temps de pluie

BESTIOLES !

Les **moustiques** sont omniprésents en été, surtout autour des lacs. Utilisez des répulsifs efficaces.
Les zones rurales et les forêts sont infestées de **tiques** d'avril à octobre. Promenez-vous jambes et bras couverts. Attention car les tiques peuvent provoquer des encéphalites.

RÉGLEMENTATIONS

✓ Taux maximum d'alcool toléré dans le sang : 0,4 g
✓ Âge minimum des enfants admis à l'avant : 12 ans
✓ Taille minimum des enfants admis à l'avant : 1,50 m
✓ Siège enfant, rehausseur ou système de retenue adapté et homologué obligatoire jusqu'à 3 ans
✓ Âge minimum du conducteur : 16 ans
✓ Port de la ceinture de sécurité obligatoire à l'avant et à l'arrière
✓ Allumage des feux de croisement obligatoire (jour et nuit) toute l'année
✓ Pneus cloutés admis avec réglementation du 1er novembre au 1er avril
✓ Signe « pneus cloutés » obligatoire sur la vitre arrière
✓ Triangle de présignalisation obligatoire
✓ Trousse de premiers secours obligatoire
✓ Extincteur obligatoire
✓ Gilet de sécurité fluorescent obligatoire

URGENCES

✓ Téléphone incendie et ambulance : 112
✓ Téléphone Police : 110
Au secours ! **Pagalbą !** / *Hôpital* **Ligoninė** / *Police* **Policija**

Pour téléphoner en Lituanie

Composer le 00 et 370 et le numéro de votre correspondant

LEXIQUE

MOTS USUELS

Oui **Taip** / *Non* **Ne** / *Bonjour* **Laba diena** / *Bonsoir* **Labas vakaras** / *Salut* **Sveika (h)**, **Sveikas (f)** / *Au revoir* **Viso gero** / *S'il vous plaît* **Prašau** / *Merci* **Ačiū** / *Excusez-moi* **Atsiprašau** / *Santé !* **Į sveikatą !** / *Manger* **Valgyti** / *Boire* **Gerti** / *Toilettes* **Tualetas**

DIRECTIONS & TRANSPORTS

À droite **Į dešinę** / *À gauche* **Į kairę** / *Entrée* **Įėjimas** / *Sortie* **Išeiga** / *Autoroute* **Greitkelis** / *Route* **Trasa** / *Ville* **Miestas** / *Station-service* **Degalinė** / *Essence* **Benzinas**

PREMIERS CONTACTS

Je voudrais... **Aš norėčiau...** / *Où se trouve... ?* **Kur yra...?** / *Parlez-vous français ?* **Ar jūs kalbat prancūziškai ?** / *Je ne comprends pas* **Aš nesuprantu** / *Pouvez-vous m'aider ?* **Prašau man padeti ?** / *Combien ça coûte ?* **Kiek kainuoja ?**

Boucle **lituanienne**

➲ ***Départ de Vilnius***
➲ ***11 jours 965 km***
Carte Michelin n° 781

Le clocher de Vilnius

Jours 1 & 2

Votre grand tour de Lituanie commence logiquement par une découverte de la capitale : **Vilnius**, ville de parcs, de collines et de rues pavées bordées de superbes bâtiments baroques. Moins visitée que ses cousines baltes, elle est pourtant riche de sa diversité, chaleureuse et tout aussi belle. La place de la cathédrale, avec son beffroi, son palais royal, son animation, s'impose comme point de départ. Quelques dizaines de mètres plus haut, la colline de Gédymin offre un beau panorama sur le hérisson de clochers qu'est Vilnius. Revenu sur terre, explorez la vieille ville en zigzaguant entre les ruelles et les cours intérieures de l'axe d'or Pilies-Didžioji-Aušros Vartų. L'ambre exposé dans les vitrines éclaire votre chemin. Perdez-vous dans les passages de l'université, souvenez-vous de Napoléon dans le palais présidentiel, baissez le ton dans les innombrables églises baroques ou gothiques, catholiques ou orthodoxes.

Le deuxième jour, pour ajouter un pays à votre collection, passez la frontière de la république utopique d'Užupis, le quartier des artistes. Le long de Stiklių et Vilniaus, les boutiques artisanales et les restaurants s'activent sous les voûtes ; quant aux grands vides, ils rappellent les ghettos juifs. Partez à la recherche des plaques qui rappellent le passé juif de la ville. Vilnius à partir du 15e s. et jusqu'à la Seconde Guerre mondiale a été un grand foyer de la culture yiddish. Surnommée alors la « Jérusalem du Nord », la population juive a représenté jusqu'à 40 % de la population alors qu'aujourd'hui il n'en reste que moins de 5 000 tant la répression fut terrible sous le nazisme. En remontant l'avenue moderne de Gedimino, visitez le musée des Victimes du génocide.

Jour 3

Quittez la ville par l'A 16 pour **Trakai**. Ce parc national aux paysages variés préserve un village pittoresque et un château de contes de fées. Nature et culture se découvrent à pied, en vélo, ou... à table, en goûtant aux spécialités karaïtes.

Jour 4

L'A 4 mène au sud du pays et à la bucolique cité thermale de

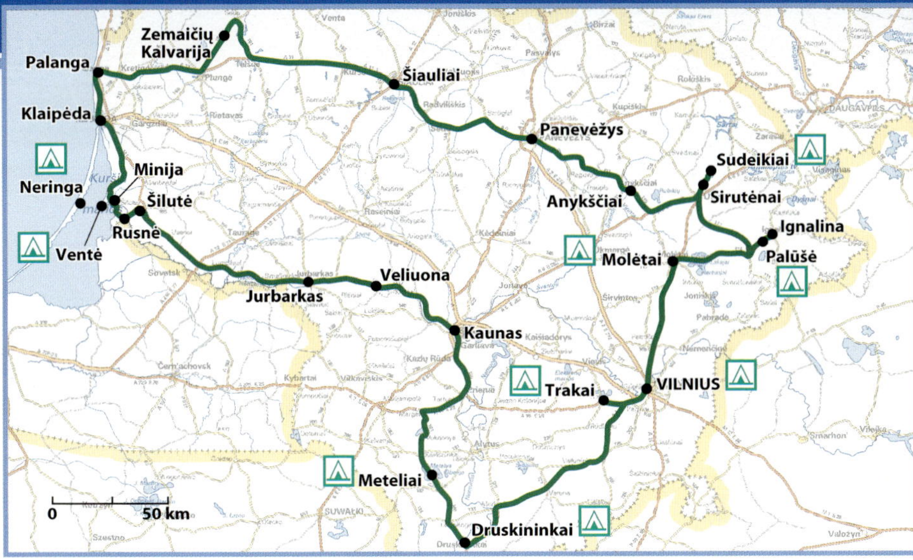

Druskininkai. Au programme : promenade en vélo, relaxation dans un bain de boue et massage au miel. Les environs de Druskininkai ne manquent pas d'intérêt. Partez à vélo vers le **Grūto Parkas** et sa collection de statues staliniennes. Ou gagnez **Merkinė**, porte d'entrée du parc **Dzūkija** pour une journée dans les forêts de pins et les marais.

Jour 5

Quelques heures suffisent pour rejoindre **Kaunas**, au milieu de la Lituanie des plaines. La deuxième ville du pays, qui fut un temps capitale, compte un grand nombre de musées dont un consacré… aux diables.

Jour 6

La route 141 longe le fleuve Niémen en direction de **Jurbarkas**, et permet d'intéressantes haltes au village de **Veliuona** et au château de **Panemunės**. Après **Šilutė**, faites votre nid dans un des villages du delta, avant de regarder les oiseaux construire les leurs.

Jour 7

Le delta du **Niémen** se découvre en vélo ou en barque : Mingė et sa rue-canal, le village de pêcheurs de **Rusnė**, la presqu'île sauvage de **Ventės Ragas**. En soirée, rejoignez **Klaipėda**, port dynamique qui entame une mue prometteuse.

Jour 8

Le ferry ne met que 5 minutes pour atteindre l'isthme de **Courlande** (Neringa), paradis naturel protégé par l'Unesco : dunes de sable blanc, plages, forêts de pins, villages pittoresques. Retour à **Klaipėda**, puis trajet (E 272) vers la station balnéaire aérée et boisée de **Palanga**, célèbre pour son parc et son musée de l'Ambre.

Jour 9

L'A 11 vous mène au parc national de **Žemaitija**. Balade entre les sapins, au bord du lac et dans les îles de **Plateliai**. Souvenez-vous de la guerre froide dans l'ancienne base soviétique de **Plokštinė**, située non loin de la ville de pèlerinage de **Žemaičių Kalvarija**.

Jours 10 & 11

L'A 11 continue vers **Šiauliai**, ville voisine de la colline des Croix. Puis, par l'A 9, passez à Panevėžys, capitale du lin. L'une des plus grandes réserves de bisons d'Europe se situe non loin de là. Rejoignez Anykščiai, puis Ignalina et Palūšė. Marchez, pédalez, ou ramez à travers le superbe parc national d'**Aukštaitija**. Aux beautés des forêts et des lacs s'ajoute l'intérêt de villages aux maisons et églises anciennes. Dormez au bord d'un des lacs.

Le conseil de Bib

Une petite flèche verte (non lumineuse) en haut des feux vous permet de tourner à droite mais vous n'avez pas la priorité…

Lituanie

Campings

Druskininkai

Druskininkų kempingas
Gardino str. 3
0313/60800
http://info.druskininkai.lt
Mai-août 3,4 ha (40 empl.)
– 40
Loisirs : beach-volley
Services : sèche-linge

Meteliai

Poilsiavietė Vitrūna
Meteliai vil.
0687/70748
www.vitruna.lt
Mai-août 2 ha (15 empl.)
– 15
Loisirs : (plan d'eau) aire de sports
Services :

Molėtai

Mindūnų kempingas
Kamužė vil., Mindūnai ward
606/11317 – www.ignaturas.lt
Permanent 5 ha
Loisirs : jacuzzi (plan d'eau) aire de sports
Services : sèche-linge cafétéria

Neringa

Nidos kempingas
Taikos str. 45a
0469/52045
Permanent 1,8 ha (100 empl.)
– 100
Loisirs : (plage) aire de sports
Services : sèche-linge brasserie, cafétéria

Palūšė

Palūšės kempingas
Palūšė vil.
0386/52891
www.paluse.lt
Mai-sept. 1 ha (14 empl.)
– 14
Loisirs : (plan d'eau)
Services : cafétéria

Sudeikiai

Holiday camp Sudeikiai
Sudeikiai
0615/15324
www.utenainfo.lt
Mai-sept. 5 ha
– 12
Loisirs : (plan d'eau) aire de sports
Services : sèche-linge

Trakai

Kempingas slényje
Slénio str. 1
05/2853880
www.camptrakai.lt
Permanent 5,6 ha (100 empl.)
– 100
Loisirs : nocturne hammam (plan d'eau)
Services : sèche-linge brasserie, snack, cafétéria

Ventė

Ventainė
Ventė vil., Kintai ward
0441/68525
www.ventaine.lt
Permanent 4 ha (130 empl.)
– 30
Loisirs : jacuzzi (plage) aire de sports
Services : sèche-linge brasserie

Vilnius

Vilnius city
Laisvés av. 5
0680/32452
www.camping.lt/vilniuscity
Juin-sept. 1,2 ha (100 empl.)
Loisirs
Services : sèche-linge
Transports en commun pour le centre-ville à 2 km.

Les bonnes **adresses** de Bib

Kaunas

Berneliu Uzeigu
Donelaičio g. 11 - ✆ 207 700 - 10h-0h.
Cette maison de bois aménagée « chasse pêche et traditions » est une adresse prisée. Les soupes, les spécialités régionales et les desserts aux fruits rouges *(varškės kremas)* sont bien préparés et généreusement servis.

Medžiotojų Užeiga
Rotušės ai. 10 - ✆ 320 956 - 11h-0h.
Dans le cadre cossu d'une ancienne auberge de chasseurs, vous dégustez « tout ce qui bouge » dans les forêts baltes : sanglier, élan, gibier d'eau, tous bien accompagnés.

Klaipėda

Čili Kaimas
H. Manto g. 11 - ✆ 310 953 - 10h-0h.
L'intérieur tout en bois de ce cube soviétique est insoupçonnable de l'extérieur. On y sert une bonne cuisine populaire lituanienne.

Smėlio Krantas
Žvejų g. 4 - ✆ 315110.
Lin, ambre, verres, livres. La manufacture vend de belles pièces d'ambre.

Nida

Kuršis
Naglio g. 29 - Nida.
Un café-restaurant ouvert toute l'année. Plats copieux, servis avec le sourire.

Pastogė
Kuverto g. 2 - Nida - ✆ 51149.
Au bord de l'eau est servie une copieuse et typique cuisine côtière.

Panevėžys

Nendrė Vėjyte
Respublikos g. 6 - dim.-jeu. 9h-23h30, vend.-sam. 9h-0h.
Dans cette belle maison, on s'installe confortablement dans des chaises-canapés autour des tables, en attendant des plats locaux copieux et bien faits.

Šiauliai

Kapitonas Morganas
Vilniaus g. 183 - ✆ 526 477.
Ce restaurant affiche souvent complet avec sa carte internationale et sa vue sur Vilniaus g.

Fortas
Tilžės g. 109 - 11h-0h.
Aménagé dans le nouveau *mall*, ce restaurant propose un menu si varié que chacun y trouvera son compte.

Trakai

Senoji Kibininė
Karaimų g. 65 - ✆ 55865 - 10h-22h.
Les *kibinai*, chaussons karaïtes farcis de viandes et sérieuses réponses aux *cepelinai*, sont servis dans cette belle maison de bois et son jardin.

Kybynlar
Karaimų g. 29 - ✆ 285 5179 - 11h-22/23h.
Ce beau restaurant offre un menu karaïte complet où les plats d'agneau ravissent les Lituaniens.

Vilnius

Ponių Laimė
Stiklių g. 14 - ✆ 264 9581 - 9h-20h, sam. 10h-20h, dim. 11h-18h.
Agréable et bien situé, ce salon de thé aux volets peints propose de très bonnes pâtisseries, mais aussi des salades, des tartes salées ou de quoi faire un repas plus copieux. Service très aimable.

Skonis ir Knapas
Trakų g. 8 - ✆ 212 2803 - 9h30-23h.
Dans un passage, un salon de thé et de café très couru. Les chaises et canapés confortables sont répartis sous des voûtes, au milieu d'un décor « historique » chaleureux. Large éventail (au sens propre comme au figuré) de thés et de cafés, à déguster avec des pâtisseries et des salades.

Čili Kaimas
Vokiečiu g. 8 - ✆ 231 2536 - 10h-0h (vend.-sam. 2h).
Le décor rustico-moderne ravit les locaux comme les touristes. La salle principale organisée autour d'un arbre est la plus agréable. Tous les classiques lituaniens sont proposés : viandes en sauce, préparations de pommes de terre, *šaltibarščiai* (soupe de betterave froide) bien rose, salades, *cepelinai* et « plateau à bières » variés et fournis.

Žemaičiai
Vokiečiu g. 24 - ✆ 261 6573 - 11h-0h.
Le labyrinthe de pièces de cette maison du 16e s. assure une certaine intimité. Aux classiques locaux s'ajoutent quelques recettes plus élaborées (gibiers, poissons), plus ou moins réussies selon le choix. Attention aux escaliers très verticaux.

Marché : kalvarijų turgus
Kalvarijų g. 61 - merc.-dim. 6h30-16h30 - accès : trolley 5 et 6 depuis la cathédrale.
Un grand bazar qui comblera les amateurs « d'authentique » et de réalité quotidienne. On y trouve des produits typiques : miel, baies (fraîches, en confiture), biscuits.

République Tchèque

Nom local : *Česká Republika* **Capitale :** *Prague* **Population :** *10,46 millions d'habitants*
Superficie : *78 859 km²* **Monnaie :** *Koruna Česká (1 € = 25,9061 CZK)*

La République tchèque est née en 1993 de la partition de la Tchécoslovaquie. Cependant, son histoire remonte bien plus loin dans le temps car elle comprend deux anciennes provinces du Saint-Empire romain germanique, puis de l'empire des Habsbourg : la Moravie et la Bohême.

Cette dernière a toujours été un carrefour culturel et économique entre les mondes slave et allemand. Foyer industriel de l'Empire austro-hongrois à la fin du 19e siècle, la Bohême n'a aujourd'hui rien perdu de son potentiel économique.

La capitale, Prague (Praha), est incontestablement l'une des plus belles villes du monde. Elle concentre à elle seule presque tout l'attrait de la région. La cité séduit en toute saison, et plus encore lors du très réputé festival du Printemps de Prague, au mois de mai. Elle ravit alors les mélomanes, tout comme elle inspira les plus grands compositeurs : Mozart, Mahler, Dvořák… Le pays ne se résume pas à cette seule ville merveilleuse.

Il offre un éventail extraordinaire d'attraits touristiques : châteaux et manoirs côtoient monastères, églises et chapelles. Et, bien que ces terres tirent leurs racines de l'époque médiévale, leur architecture et leurs paysages urbains restent marqués par l'art baroque, expression de la Contre-Réforme qui ramena de force la Bohême protestante au catholicisme.

La République tchèque vous plaira aussi pour ses trésors naturels, dont des frontières montagneuses très caractéristiques. Les hauteurs boisées atteignent leur point culminant au Snezka (1603 m) dans le massif des Krkonose à la frontière polonaise. Les champs et les bois onduleux de l'intérieur sont interrompus par de magnifiques vallées fluviales comme celle de la Vltava et de ses affluents.

Un réseau très dense de chemins et de sentiers rend la campagne très accessible et de nombreux lacs artificiels viennent l'agrémenter. Privilégiez un séjour au printemps ou à l'automne, les deux saisons les plus douces.

RECOMMANDATIONS

DOCUMENTS OBLIGATOIRES

✓ Permis de conduire rose de l'UE
✓ Permis de conduire international (recommandé seulement)
✓ Certificat d'immatriculation du véhicule ou certificat de location
✓ Plaque d'identification nationale
✓ Justificatif d'assurance (carte verte)
✓ Passeport (recommandé seulement)
✓ Procuration en cas d'utilisation du véhicule appartenant à un tiers

VITESSES LIMITES

✓ En agglomérations urbaines : 50
✓ Sur routes : 90
✓ Sur autoroutes : 130
Ces vitesses limites sont réduites par temps de pluie

URGENCES

✓ Téléphone police nationale : 158
✓ Téléphone pompiers : 150 et ambulance : 155
Au secours ! **Pomoc !** / *Hôpital* **Nemocnice** / *Police* **Policie**

RÉGLEMENTATIONS

✓ Vignette autoroutière en vente auprès des bureaux de poste, des services des automobiles, des bureaux de douane, ainsi que des garages et stations d'essence. Montant annuel : 1000 CZK
✓ Taux maximum d'alcool toléré dans le sang : 0 g
✓ Siège enfant, réhausseur ou système de retenue adapté et homologué obligatoire jusqu'à 1,50 m
✓ Âge minimum du conducteur : 18 ans
✓ Port de la ceinture de sécurité obligatoire à l'avant et à l'arrière
✓ Allumage des feux de croisement obligatoire (jour et nuit) toute l'année
✓ Pneus cloutés interdits
✓ Triangle de présignalisation obligatoire
✓ Trousse de premiers secours obligatoire
✓ Extincteur recommandé
✓ Jeu d'ampoules de rechange obligatoire
✓ Gilet de sécurité fluorescent obligatoire

Pour téléphoner

De la France et l'étranger vers la République tchèque : 00 420, puis le numéro à neuf chiffres de votre correspondant

LEXIQUE

MOTS USUELS

Oui **Ano** / *Non* **Ne** / *Bonjour* **Dobrý den** / *Bonsoir* **Dobrý večer** / *Salut* **Ahoj** / *Au revoir* **Na shledanou** / *S'il vous plaît* **Prosím** / *Merci* **Děkuji (Díky)** / *Excusez-moi* **Pardon** / *Santé !* **Na zdraví !** / *Manger* **Jíst** / *Boire* **Napít se** / *Toilettes* **Toalety**

DIRECTIONS & TRANSPORTS

À droite **Vpravo** / *À gauche* **Vlevo** / *Entrée* **Vchod** / *Sortie* **Východ** / *Autoroute* **Dalnice** / *Route* **Silnice** / *Ville* **Město** / *Station-service* **Benzínová pumpa** / *Essence* **Benzin**

PREMIERS CONTACTS

Je voudrais... **Chtěl bych...** / *Où est* **Kde je ?** / *Parlez-vous français ?* **Mluvíte francouzsky ?** / *Je ne comprends pas* **Nerozumím** / *Combien ça coûte ?* **Kolik to stojí ?**

Prague et la Bohême du sud

➲ *Départ de Cheb*
➲ *11 jours*
585 km
Carte Michelin n° 755

Vue du centre de Karlovy Vary

lonia/fotolia.com

Jour 1

Votre entrée dans le pays se fera par la ville médiévale de **Cheb** qui garde encore un caractère germanique avec ses maisons aux toitures de bois sculpté. Gagnez **Františkovy Lázně**, la plus petite des trois grandes stations thermales de Bohême et ses quelque 24 sources d'eau fraîche.

Jour 2

Par la route 21, rejoignez **Mariánské Lázně**. Une superbe galerie y recouvre des sources thermales. Sur la route pour vous rendre à Karlovy Vary, faites une halte pour découvrir la petite ville-forteresse de **Loket**, autrefois considérée comme la « clé du royaume de Bohême ». **Karlovy Vary** sera votre étape du soir.

Jour 3

Karlovy Vary ne tient pas seulement sa réputation de ses sources d'eau chaude et sulfureuse, mais aussi de son cadre exceptionnel. Dans cette profonde vallée boisée où scintillent les méandres de la rivière Teplá, le panorama splendide de la ville respire encore l'atmosphère du début du siècle. La vie de la station est centrée autour de l'imposante colonnade classique de la fin du 19e s., la Mlýnská kólonadá, où l'on prend une eau puisée à quatre sources.

Jour 4

Avant de vous rendre à Prague, faites un crochet par **Plzeň** (Pilsen), point central de la Bohême occidentale. Aujourd'hui ville industrielle, elle a conservé la disposition en damier que lui imprimèrent ses fondateurs de l'époque médiévale. Sur la spacieuse place Námostí Republiky se dresse le plus grand clocher (103 m) de tout le pays, de même qu'un splendide hôtel de ville de style Renaissance décoré de sgraffites. Il faut voir la Měštanský pivovar, la plus grande brasserie de Plzeň, et le musée de la Bière, boisson à laquelle la ville doit sa renommée. Quelques kilomètres avant d'arriver à Prague, visitez le château **Karištejn** situé dans la vallée sinueuse de la Berounka.

Jours 5 à 8

Miraculeusement épargnée par la guerre et le développement industriel, **Prague** possède un héritage architectural d'une

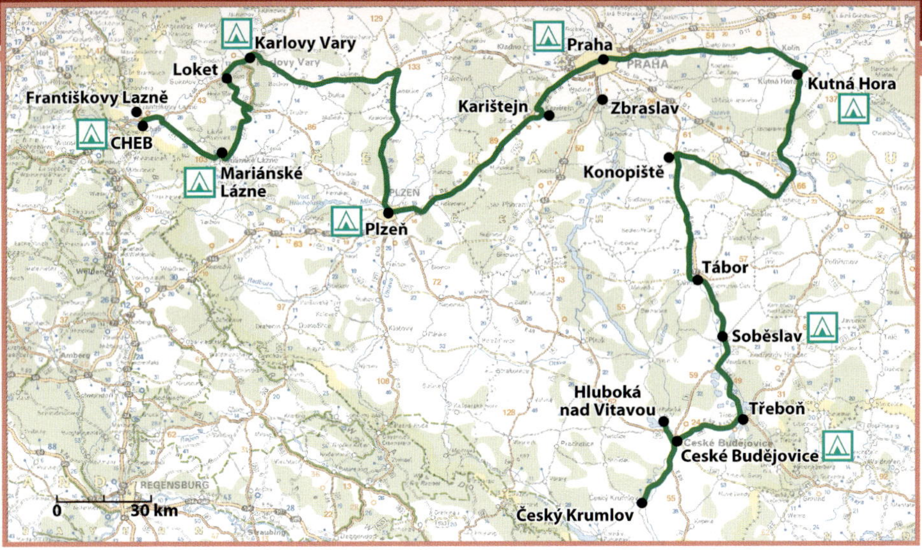

extraordinaire richesse couvrant toutes les périodes de sa longue histoire et s'harmonisant parfaitement avec un décor naturel de toute beauté, large fleuve et hauteurs boisées protégeant la ville. Prague fut d'abord la forteresse slave de Hradcăny dominant un méandre de la rivière Vltava. À ce premier noyau de la cité, s'ajouteront ensuite trois quartiers historiques : la Malá Strana (Ville basse) située au pied du château sur la rive gauche de la rivière, reliée à la Staré Město (Vieille Ville) par le magnifique pont Charles de style gothique et au 14ᵉ s. à la Nové Město (Nouvelle Ville) installée plus loin sur la rive droite de la rivière. La Prague médiévale fut largement reconstruite aux 17ᵉ et 18ᵉ s., mais derrière des façades de style baroque ou rococo, on en distingue encore les vieilles structures. Caractéristiques de Prague, de superbes monuments d'architecture témoignent de l'apparition de nouvelles écoles artistiques liées à l'Art nouveau. On y trouve également des édifices très austères uniques dans le pays, signature du cubisme tchèque. Le cœur historique de la ville peut être visité à pied, mais les transports publics sont modernes et parfaitement intégrés.

Jour 9

À l'apogée de sa gloire, **Kutná Hora**, ville minière où l'on frappait la monnaie à la fin du Moyen Âge, était plus grande que Londres. Juchée sur une colline, elle recèle bien des curiosités : la cathédrale Ste-Barbara, le musée minier du Hrádek, la fontaine de pierre de l'époque médiévale et de magnifiques résidences. Continuez votre route en vous rendant à **Konopiště**, originellement forteresse gothique du début du 14ᵉ s., le château doit son aspect actuel à son tout dernier propriétaire, l'archiduc François-Ferdinand de Habsbourg. Poursuivez jusqu'à **Tábor**, sa vieille ville avec son labyrinthe de rues et de ruelles très bien préservées. Une petite heure de route et vous ferez étape à **Třeboň** cité médiévale miniature.

Jour 10

České Budějovice, capitale de la Bohême du sud, fut l'une des villes les plus élaborées de la Bohême médiévale. Son cœur historique ressemble toujours à un damier de rues entourant une spacieuse place centrale. La grande Tour noire, de la fin du 16ᵉ s., donne un aperçu de la ville et de ses environs. À 10 km au nord, visitez le château de **Hluboká**.

Jour 11

Ceský Krumlov marque la fin de cette escapade en République tchèque. Enserrée dans un méandre de la Vltava, cette exquise ville médiévale est dominée par le château des Schwarzenberg, deuxième en taille après le Hradcăny de Prague. Visitez les pittoresques rues et ruelles pavées.

République Tchèque

Campings

České Budějovice

Autocamp Dlouha Louka
Stromovka 8
420 387203601
motel@dlouhalouka.cz
Permanent 4 ha (80 empl.)
Services : sèche-linge

Cheb

Vaclav
Podhrad, à 5 km au sud-est, proche du lac de Jesenice.
420 354435653
info@kempvaclav.cz
www.kempvaclav.cz
De fin-avr. à fin-sept. 5 ha (150 empl.)
Loisirs : (plan d'eau) pédalos, canots
Services : snack

Karlovy Vary

Sasanka
Sadov 7
420 353590130
campsadov@seznom.cz
D'avr. à oct. 3,1 ha (150 empl.)
Loisirs :
Services : self-service

Kutná Hora

Transit
Malin 35
420 327523785
De mai à mi-sept 0,5 ha (40 empl.)
Services :

Mariánské Lázně

Luxor
Plzeňská ulice, 354 71 Velká Hleďsebe
420 354623504
autocamping.luxor@seznam.cz
De mi-avr. à mi-oct. 4 ha (120 empl.)
Loisirs :
Services :

Plzeň

Ostende
Maly Bolevec
420 377520194
atc-ostende@cbox.cz
De mai à sept. 3 ha (160 empl.)
Loisirs : (plan d'eau)
Services :
Transports en commun pour le centre-ville.

Praha/ Prague

Sokol Praha
Narodnich hrdinu 290 - Praha 9
420 777553543
info@campingsokol.cz
De fin-mars à fin-oct. 2,5 ha (70 empl.)
Loisirs :
Services : sèche-linge
Transports en commun pour le centre-ville.

Fremunt
Troska 159 - Praha 7
420 283850476
campfremunt@email.cz
Permanent 0,6 ha (16 empl.)
Services : sèche-linge
Transports en commun pour le centre-ville.

Camping-caravaning Praha
Cisarska louka 162 - Praha 5 - Smichov
420 257318763
info@caravancamping.cz
Permanent1,2 ha (80 empl.)
Services :

Soběslav

Karvanky
Na Švadlačkách 460/II
420 381524136
karvanky@post.cz
De mi-mai à fin-sept. 10 ha (100 empl.)
Loisirs : (plage)
Services :
Transports en commun à 200 m du camping.

Les bonnes **adresses** de Bib

Karištejn

U královny Dagmar

Karištejn 2 - ☎ 311 681 378 - penziondagmara.cz - repas 300/500 Kč.

Cette petite pension propose quelques chambres et petits appartements propres et confortables. Mais c'est surtout un restaurant avec une cuisine de qualité proposant des plats de viande et de poisson et des spécialités tchèques.

Konopiště

Stará Myslivna

Konopiště 2 - ☎ 317 721 148 - avr.-déc. : 11h-22h.

Niché dans une petite allée boisée entre le château et le parking, ce restaurant met à l'honneur le gibier et la venaison : salade de faisan, terrine de gibier aux airelles, steak de daim et même une « brochette de Ferdinand », en l'honneur de František Ferdinand d'Este, célèbre occupant du château et grand amateur de chasse.

Kutná Hora

Restaurant Kometa

Barbórska 29 - ☎ 327 515 515 - 9h-23h - 300/400 Kč.

Ce restaurant propose de bonnes spécialités tchèques, servies sur une agréable terrasse face au collège des Jésuites.

Praha/Prague

Café Rudolfinum

Alsovo nábrezí 79/12 - ☎ 227 059 111 - tlj sf lun. 10h-18h.

Caché à l'intérieur du Rudolfinum, ce café charmant et tranquille est le lieu idéal pour faire une pause après la visite d'une exposition. Également quelques gâteaux et en-cas pour les petites faims.

Kavárna Obecní dům – maison municipale

Náměstí Republiky 5 - ☎ 222 002 763 - 7h30-23h.

Le cadre à lui seul mérite le détour : c'est l'une des superbes salles Art nouveau de la Maison municipale. Le lieu est presque exclusivement fréquenté par les touristes, qui apprécient également la grande terrasse quand il fait beau. Beau choix de gâteaux et possibilité de manger sur le pouce ou de prendre le petit-déjeuner.

Havelská koruna

Havelská 23 - ☎ 242 35 57 - lun.-vend. 9h30-17h, w.-end 9h-20h.

Idéal pour déjeuner vite, bien, pour pas cher. Entre la place Venceslas et la place de la Vieille-Ville, en face du petit marché aux fruits et légumes *Havelská*, un buffet-restaurant praguois où l'on peut commander des plats typiques et bien préparés, mais aussi salades et pâtisseries. Il faut absolument goûter aux *ovocné knedlíky* (délicieuses boulettes chaudes fourrées à la crème et aux fruits).

Pivovarský dům

Ječna/Lípová 15 - ☎ 296 216 666 - 11h-23h.

Une brasserie typique à deux pas de la place Charles où l'on vous servira quelques-uns des grands classiques de la cuisine tchèque. La cuisine est tout à fait honnête, les portions sont très généreuses, et le service est agréable (demandez le menu en anglais). Le tout est à accompagner d'une délicieuse bière brassée maison.

U Fleků

Křemencova 9/11 - ☎ 224 915 118 - 9h-23h.

Brasserie célèbre de Prague, ouverte depuis 1459 ! Véritable monument en soi, elle est très fréquentée par les touristes qui aiment venir dans son petit jardin pour y déguster sa bière maison.

Manufaktura

Melantrichova 17 - ☎ 221 632 480 - 10h-19h.

L'une des plus grandes boutiques à Prague de cette enseigne qui propose artisanat et souvenirs de qualité. Sur plusieurs étages, de nombreux objets de l'artisanat tchèque : marionnettes en bois, céramiques, papier artisanal ou encore cosmétiques et savons. Autre adresse dans la Vieille Ville : Karlova 26.

Prodejna uměleckých řemeslníků

Rytířská 25 - é Můstek - lun.-vend. 10h-13h, 13h30-19h, sam. 12h-18h.

Dans ce magasin dépendant du centre culturel hongrois, vous trouverez des vêtements, accessoires, céramiques faits main par des créateurs hongrois contemporains. Ce lieu regorge d'idées de cadeaux sympa.

Granát Turnov

Dlouhá 30 - é Nám. Republiky - lun.-vend. 10h-18h, sam. 10h-13h.

Pendentifs, bagues, bracelets et colliers en grenat de Bohême, en provenance directe de la coopérative artisanale de Turnov.

Pologne

Nom local : *Polska* **Capitale :** *Varsovie* **Population :** *38,51 millions d'habitants*
Superficie : *312 677 km²* **Monnaie :** *złoty (1 € = 3,60 PLN)*

Malgré une idée reçue, la Pologne n'est pas qu'une immense plaine avec quelques petites zones boisées. Une nature riche et variée est au contraire son apanage. Des montagnes à caractère alpin et des rochers granitiques aux formes surprenantes, des forêts à l'état primitif, des lacs innombrables, des marais protégés peuplés d'une flore et d'une faune exceptionnelles, d'immenses dunes mouvantes de sable… inestimables pour leur valeur environnementale unique en Europe. Le climat est de type océanique au nord et à l'ouest et devient graduellement plus continental en allant vers le sud et l'est. Les étés sont tièdes, avec des températures moyennes de 20° C. Les hivers sont rigoureux, avec des températures moyennes autour de 3° C au nord-ouest et - 8° C au nord-est. Bien que les précipitations restent régulières tout au long de l'année, l'hiver est plus sec que l'été, surtout à l'est.

« Des génies vécurent sur notre terre » écrivait en 1818 un des journaux de Varsovie à propos d'un enfant de 8 ans qui donnait son premier concert. Il s'agissait bien sûr de Frédéric Chopin. Ce journal avait raison car on compte beaucoup de célébrités parmi les Polonais. Copernic, Jean-Paul II, plusieurs Prix Nobel (Marie Curie, Czesław Miłosz, Lech Walesa), des artistes et des écrivains d'envergure tels Joseph Conrad, Witold Gombrowicz, Martin Gray, Andrzej Wajda, Krzysztof Kieślowski, Roman Polanski… L'histoire de la Pologne s'inscrit pleinement dans les grandes heures du continent.

Alors qu'au Moyen Âge, la Pologne faisait partie des grands États européens, elle disparaît entre 1795 et 1918 absorbée par ses puissants voisins. La Seconde Guerre mondiale sera un épisode douloureux. Ensuite ce sera la résistance à l'URSS, grâce à Solidarność. Depuis 1989 la Pologne passe non sans mal parfois d'un système économique étatisé et d'un pouvoir autoritaire à l'économie de marché et à la démocratie politique.

RECOMMANDATIONS

DOCUMENTS OBLIGATOIRES

✓ Permis de conduire rose de l'UE
✓ Permis de conduire international (recommandé seulement)
✓ Certificat d'immatriculation du véhicule ou certificat de location
✓ Plaque d'identification nationale
✓ Justificatif d'assurance (carte verte)
✓ Passeport (recommandé seulement)
✓ Procuration en cas d'utilisation du véhicule appartenant à un tiers (recommandée seulement)

VITESSES LIMITES

✓ En agglomérations urbaines : 50
✓ Sur routes : 90
✓ Sur routes à chaussées séparées : 110
✓ Sur autoroutes : 130
✓ Ces vitesses limites sont réduites par temps de pluie

NOS AMIS LES BÊTES

L'animal tatoué ou porteur d'un système d'identification sous forme de puce doit être muni d'un passeport avec un certificat de vaccination antirabique établi par un vétérinaire.

RÉGLEMENTATIONS

✓ Taux maximum d'alcool toléré dans le sang : 0,2 g.
✓ Siège enfant, réhausseur ou système de retenue adapté et homologué obligatoire jusqu'à 12 ans ou 1,5 m
✓ Age minimum du conducteur : 18 ans
✓ Port de la ceinture de sécurité obligatoire à l'avant et à l'arrière
✓ Allumage des feux de croisement obligatoire (jour et nuit) toute l'année
✓ Pneus cloutés interdits
✓ Triangle de présignalisation obligatoire
✓ Trousse de premier secours recommandée
✓ Extincteur obligatoire
✓ Gilet de sécurité fluorescent recommandé

URGENCES

✓ Téléphone incendie et ambulance : 112
✓ Téléphone Police : 110

Au secours ! **Pomocy !** / *Hôpital* **Szpital** / *Police* **Policja**

Pour téléphoner en Pologne

00 48 + indicatif régional + numéro de l'abonné.

LEXIQUE

MOTS USUELS

Oui **Tak** / *Non* **Nie** / *Bonjour* **Dzień dobry** / *Bonsoir* **Dobry wieczór** / *Salut* **Cześć** / *Au revoir* **Do widzenia** / *S'il vous plaît* **Proszę** / *Merci (beaucoup)* **Dziękuję (bardz)** / *Excusez-moi* **Przepraszam** / *Santé !* **Na zdrowie!** / *Manger* **Jeść** / *Boire* **Pić** / *Toilettes* **Toalety**

DIRECTIONS & TRANSPORTS

À droite **W Prawo** / *À gauche* **W Lewo** / *Entrée* **Wejście** / *Sortie* **Wyjście** / *Autoroute* **Autostrada** / *Route* **Droga** / *Ville* **Dzielnica** / *Station-service* **Stacja benzynowa** / *Essence* **Benzyna**

PREMIERS CONTACTS

Je voudrais... **Poproszę...** / *Où se trouve... ?* **Gdzie jest... ?** / *Parlez-vous français ?* **Czy pan mówi po francusku?** / *Je ne comprends pas* **Nie rozumiem** / *Pouvez-vous m'aider ?* **Potrzebuję pomocy ?** / *Combien ça coûte ?* **Wiele kosztuje?**

De **Gdańsk** à la **Baltique**

Départ de Gdańsk
8 jours
740 km
Carte Michelin n° 720

Le port de Gizycko

A. Stachurski / ONT Pologne

Jours 1 & 2

Découvrez la Triville (Trójmiasto) qui comprend **Gdańsk**, **Sopot** et **Gdynia**. Sur plus de 35 km, cette agglomération est fort bien desservie par les transports en commun. Prenez le temps de flâner dans les rues de **Gdańsk**, l'ancienne Danzig, vénérable cité hanséatique rasée pendant la guerre et magnifiquement reconstruite à l'identique. Son architecture vous rappellera les villes des Flandres. Berceau du mouvement Solidarność enfanté au sein de son chantier naval Gdańsk est loin d'être une ville sans âme.

Jour 3

Tenté par une atmosphère plus festive ? Échappez-vous le temps d'une journée à **Sopot**, la cité balnéaire aux airs de Deauville-sur-Baltique où les casinos contribuent à rendre l'atmosphère bien plus frivole. Non loin de là, **Gdynia**, ville portuaire construite pour donner un débouché maritime à la Pologne quand le port de Danzig était allemand, affiche son architecture des années 1920-1930.

Jour 4

Pénétrez un peu plus vers le littoral en explorant la péninsule de **Hel,** longue bande de terre large de quelques centaines de mètres où les pinèdes croissent sur un sol sablonneux. Les amateurs de baignade trouveront là-bas leur compte ainsi qu'à Sopot ou encore plus au sud le long des plages qui bordent le delta de la **Vistule**. Plus au nord, la côte continue en direction de la frontière allemande. Là, vous pourrez découvrir à bicyclette et à pied le Parc naturel de **Słowiński** célèbre pour ses dunes mouvantes qui rongent d'année en année les forêts de pins. À **Łeba,** considérée par beaucoup comme la station balnéaire où il faut être vu, de belles plages vous attendent. Il peut être amusant d'y passer la nuit afin de découvrir l'ambiance très jet-set du lieu.

Jour 5

Dans l'arrière-pays de Gdańsk s'étend la Suisse cachoube ou Suisse de Petite Poméranie. Autour de la ville de **Kartuzy**, l'influence cachoube, empreinte de traditions, est palpable. Enfin, réservez une bonne journée de visite au célèbre et gigantesque château de **Malbork** (au Sud-Est

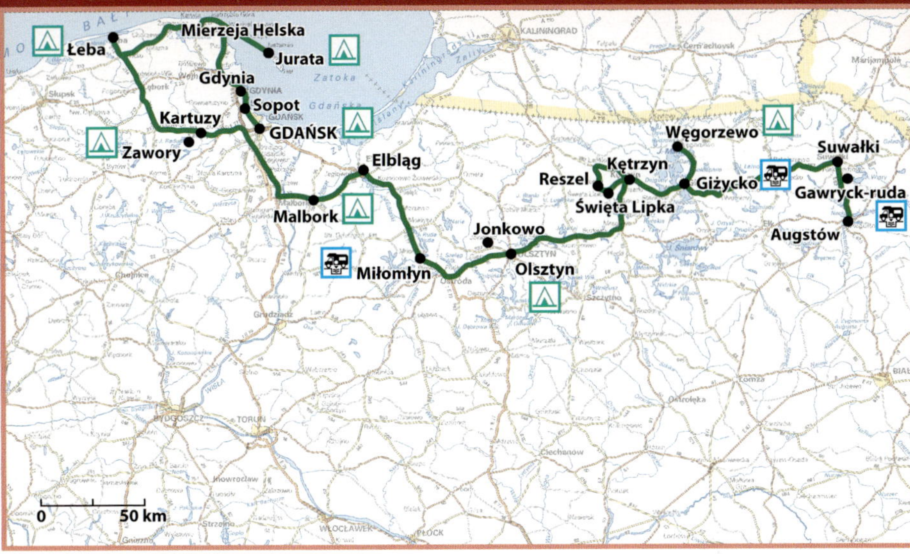

de Gdańsk), fleuron de l'architecture des chevaliers teutoniques.

Jour 6

En route pour la Mazurie, via **Elbag**, **Ostróda** et **Olsztyn**. Un peu en retrait de la mer Baltique, Elbląg est une belle ville hanséatique qui a été reconstruite à l'ancienne sans toutefois se fermer à l'architecture moderne. On pourra visiter sa galerie d'art contemporain réputée. C'est d'ici que partent les excursions sur le canal d'Elbląg dont l'une des curiosités est de voir, sur une portion de son parcours, les bateaux tractés sur la terre ferme et hissés sur des rails. La traversée jusqu'à la ville d'**Ostróda**, dotée d'un beau château teutonique, ne dure pas moins de 11 heures qui peuvent s'avérer à la longue fastidieuses. C'est pourquoi il est recommandé de se concentrer sur la partie du parcours qui traverse les cinq écluses les plus spectaculaires. Ralliez Olsztyn entouré par de vastes forêts, qui rendent le séjour dans la capitale de la région Warmie-Mazurie très agréable. Elle est traversée par les pittoresques gorges de la rivière Łyna que domine la silhouette de sa forteresse médiévale.

Jour 7

Si vous poursuivez votre route plus à l'est, à l'exception de **Reszel**, petit bourg gothique où il fait bon séjourner, les villes ne présentent guère d'intérêt. Quelques kilomètres plus loin, le sanctuaire baroque de **Święta Lipka** est le lieu de l'un des pèlerinages les plus populaires de Pologne. 20 km à l'est, **Kętrzyn** abrite un autre château des chevaliers teutoniques et constitue une base pour la découverte du Repaire du Loup, le quartier général d'Hitler d'où il supervisait les opérations militaires sur le front est. Le site n'est plus qu'une ville fortifiée fantôme à la lisière des lacs de Mazurie qui s'étendent à l'Est.

Les ports de **Giżycko, Węgorzewo** et **Mikołajki** attirent l'été la foule des plaisanciers venus naviguer sur les lacs dont certains sont devenus des réserves naturelles. Les forêts alentour dissimulent aussi des sentiers de randonnée réputés.

Jour 8

70 km plus à l'est vous fait rentrer dans les territoires les plus extrêmes de la Pologne. Encore peu explorés des touristes, ils recèlent lacs et forêts profondes autour des villes de **Suwałki** et de **Augustów**. Le canal du même nom offre d'extraordinaires circuits de découverte en canoë.

Le conseil de Bib

Pour la visite de **Gdańsk,** faites halte au camping Orlinek et prenez les transports en commun qui passent à proximité.

Pologne

Aires de service & de stationnement

Gawrych-ruda

Hôtel-Restaurant Bachus – *Gawrych Ruda 44B*
087/5639259 – *Ouv. tte l'année* – P *10.*
Payant.
Stationnement : 8 €/j.
Loisirs : Services : WC

Giżycko

Bauernhof Lange – *Pieczonki 26* – *087/4282386*
– *Ouv. tte l'année* – P *5.*
.
Stationnement : 5 €/j.
Loisirs : Services : WC

Miłomłyn

Bauernhof Mazur – *ul. Twarda 28A* – *089/6473133*
– *Ouv. tte l'année* – P *5.*
Payant.
Stationnement : 5 €/j.
Loisirs : Services : WC

Campings

Gdańsk

Orlinek
Sobieszewo Orle - ul. Lazurowa 5
058/3080739
Juin-sept. 3,2 ha
Loisirs : (plage) aire de sports
Services : sèche-linge
Transports en commun pour centre-ville.

Jurata

WZW Jantar
ul. Wojska Polskiego
058/6754285
De mi-mai à fin sept. 1,5 ha
Loisirs : discothèque (plage) canoë/kayak, aire de sports
Services : cafétéria

Łeba

Ambre
ul. Nadmorska 9A
059/8662472
Mai-sept. 2,8 ha
Loisirs : (plage) aire de sports
Services : cafétéria

Malbork

Nogat
ul. Parkowa 3
055/2722413
Avr.-oct. 1 ha
Loisirs : (plan d'eau) aire de sports
Services : cafétéria

Olsztyn

Ukiel
ul. Poranna 6
089/5222766
De mi-avr.à mi-oct. 4 ha
Loisirs : (plan d'eau) aire de sports
Services :

Węgorzewo

Rusalka
ul. Leśna 2
087/4272191
Mai-sept. 1 ha
Loisirs : (plan d'eau) aire de sports
Services :

Zawory

Tamowa
Zawory 47A
058/6842535
Mai-sept. 1 ha
Loisirs : (plan d'eau) aire de sports, canoë
Services :

Les bonnes **adresses** de Bib

Augustów

Albatros
Ul. Mostowa 3 - ✆ 087 643 21 23 - 15 PLN.
Cuisine polonaise classique avec des portions copieuses dans un cadre cependant un peu vieillot.

Gdańsk

Turystyczny » Bar Mleczny Wiesława Zwierzycka
Ul. Szeroka 8/10 - lun.-vend. 8h-18h, w.-end 9h-16h - 15 PLN.
Les Polonais se pressent nombreux dans cet établissement providentiel où manger sans trop bourse délier est possible. Ambiance jaune canari-vert perruche pour cet authentique « bar à lait », reliquat de l'ancien régime communiste, à honorer désormais tel un monument historique.

Restauracja Kresowa
Ul. Ogarna 12 - ✆ 058 301 66 53 - 12h-23h - 65 PLN.
Ce « restaurant des confins » est l'endroit à ne pas manquer si vous souhaitez découvrir les plats typiques de Lituanie et d'Ukraine et la gastronomie traditionnelle arménienne, juive et caucasienne. Vous serez accueilli à bras ouverts par la propriétaire russe Tatiana, qui saura vous conseiller et vous faire apprécier ses plats. Réservez en saison.

Restauracja Kubicki
Ul. Wartka 5 - ✆ 058 301 00 50 - 12h-22h (0h en été).
Sur le quai, de fait, le plus vieux restaurant de la ville à l'activité ininterrompue depuis 1918. Ambiance feutrée et temps suspendu dans cette grande salle à dominantes pourpre et or flanquée latéralement de deux plus petites salles de couleur vert pomme. Cuisine traditionnelle sommaire mais aussi moins onéreuse que le cadre raffiné ne le laisserait supposer. Ne vous y présentez pas trop tard (hors saison à 21h30).

Grycan
Ul. Długa 73 - 10h-20h.
Les amateurs de délices glacés fondront de plaisir dans l'antre du Häagen Dazs polonais.

Gdynia

Restauracja w Ogrodach
Ul. Władysława IV 49- ✆ 058 781 53 77 - www.wogrodach.pl - lun.-vend. 11h-22h, w.-end 13h-22h - 40 PLN.
On sera libre d'apprécier la décoration de cette adresse, un tantinet trop sophistiquée, mais pas question de rester insensible à la simple mais excellente cuisine élaborée avec soin à partir de produits frais et pour des prix fort raisonnables.

Cafe Strych
Plac Kaszubski 7b - ✆ 058 620 30 38 - www.cafestrych.pl - 14h-1h.
Un café hors du commun, sis dans une ancienne maison de marin au toit escarpé (d'où son nom qui signifie « grenier »). La décoration est faite de mobilier ancien en bois et métal. Des concerts sont organisés régulièrement. En été, une terrasse se déploie dans le jardin.

Giżycko

Karczma Pod Złotą Rybką
Ul. Olsztyńska 15 - ✆ 087 428 55 10 - www.mazury.info.pl/zlota - 35 PLN.
Ce petit restaurant qui ne paie pas de mine s'est fait une spécialité du poisson de lac. Et la carte en français permet de donner libre cours à ses fantasmes gastronomiques. Soupe de poisson, poisson au poids, frit ou en sauce, et une grosse assiette de 5 poissons de lac avec sandre et anguille.

Leba

Karczma Kaszubianka
Ul. Kościuszki 28 - 12h-0h - 60 PLN.
Une salle sombre, pas trop désagréable si l'on parvient à supporter « l'avant-fond » musical. Fish & chips (*Smażalnie*) en terrasse extérieure.

Malbork

Pizzeria D.M. Patrzałkowie
Ul. Kościuszki 25 - ✆ 055 272 39 91 -11h-21h - 25 PLN.
Au tout début de la rue, une salle lumineuse décorée de vieilles photos du Marienburg d'autrefois où se rassasier de moelleuses pizzas.

Olsztyn

Świeże Zupy
Ul. Św. Barbary 1 - dim.-jeu. 11h-22h (0h vend.-sam.).
Une adresse très prisée des locaux qui viennent à toute heure de la journée pour se délecter d'une savoureuse soupe maison.

Sopot

Bar Przystań
Al. Wojska Polskiego 11 - ✆ 058 555 06 61 - www.barprzystan.pl - 11h-23h - 25 PLN.
Au sud de la promenade littorale, ce resto-plage constitue une véritable institution sopotienne. Un long vaisseau échoué dans le sable où l'on vient passer la commande et éventuellement s'installer, doublé d'une large terrasse d'où l'on peut contempler la mer et les bateaux de pêche. Au menu (en anglais), des spécialités de poisson pour ce « fast-food » de la mer.

Au cœur de la grande **Pologne**

➲Départ de Varsovie
➲6 jours
500 km
Carte Michelin n° 720

Palais de la Culture et des Sciences de Varsovie

Jours 1 & 2

La capitale de la Pologne est en mutation permanente depuis quelques années. Les gratte-ciel côtoient aujourd'hui les immeubles communistes. Tout semble ici aller très vite. Des traces de l'ancien régime survivent toujours dans les atmosphères, les comportements et dans l'architecture, mais le mode de vie occidental prend peu à peu le dessus. La ville recèle aussi des accents d'Orient. L'ensemble donne un mélange des plus… exotiques. Parcourez la Vieille Ville, admirez sa superbe reconstruction effectuée à l'issue de la dernière guerre. Flânez dans les rues entre les maisons des 17e et 18e s. L'endroit, certes touristique, prend un autre visage à la nuit tombée. Visitez le Musée historique et, depuis le château, dirigez-vous vers la Nouvelle Ville par la Voie Royale qui ralliait jadis la résidence d'été des souverains dans le parc Łazienki au sud de la ville. Dans le centre, le palais de la Culture est le symbole de **Varsovie**. Arpentez la place Konstytuczi ornée d'immenses lampadaires et faites un crochet par le Musée national et le musée de l'Armée. Au nord de la ville, on découvre les traces du quartier juif décimé par les nazis. Visitez la synagogue Nożyk, recueillez-vous devant les vestiges du mur du ghetto. Une visite à l'institut historique et au cimetière juif, l'un des plus grands d'Europe, vous relateront l'histoire tragique de cette communauté qui était l'une des plus importantes d'Europe en 1939.

La présence de vastes et paisibles parcs est sans conteste l'un des principaux agréments de Varsovie. Un peu à l'écart, à la sortie ouest de Varsovie, le parc naturel de Kampinos (38 000 ha) est le lieu idéal où fuir l'agitation de la ville et où les habitants aiment à se reposer les jours de congé. Le parc a développé avec succès une politique de réintroduction et de protection d'espèces menacées : castors, lynx, élans… que vous pourrez admirer dans les environs du village de Dziekanów-Lesny.

Jour 3

Toruń est peut-être l'une des villes les plus agréables de Pologne. Petite, préservée, on s'y promène entre des constructions gothiques où domine la brique rouge. Flâ-

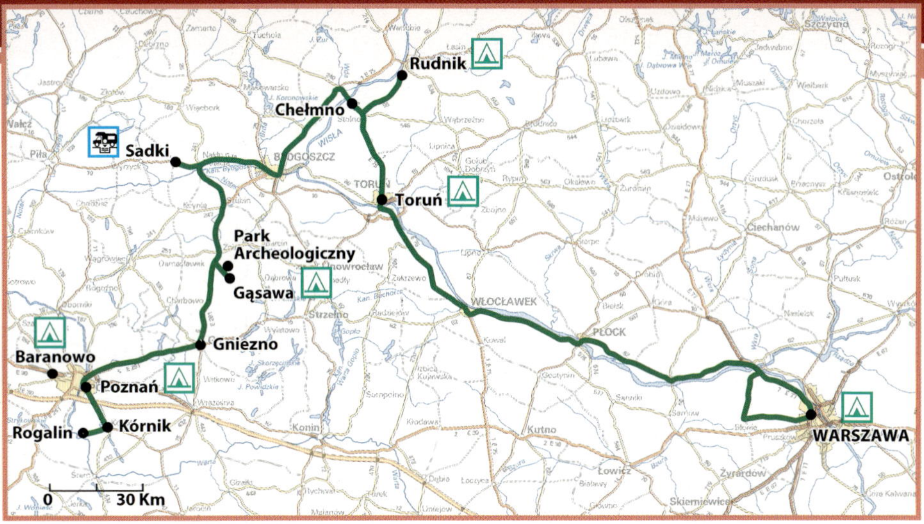

nez autour du Rynek et de son imposant hôtel de ville, sur les rives de la Vistule. La cité hanséatique se parcourt à pied et si une journée suffit à en faire le tour, vous y passerez une nuit paisible à l'abri de ses remparts.

Le conseil de Bib

Le pain d'épice de Toruń : La recette du Piernik Toruński, attestée dès le 14e s. et longtemps restée secrète, n'a été dévoilée qu'en 1725. Miel et épices en sont les principaux ingrédients. De formes variées ouvragées avec soin (personnages, bâtiments), les pains tirent leur goût et leur craquant d'une longue maturation en cave. C'est un cadeau de choix que l'on retrouvait jadis aussi bien dans les dots des jeunes filles que dans les présents offerts aux rois.

Jour 4

Consacrez une demi-journée à la visite de **Chełmno**, petite cité prospère au temps de la Hanse et aux fortifications intactes, située à une trentaine de kilomètres sur la route de Gdańsk.

Dirigez-vous ensuite vers le site archéologique de **Biskupin**, surnommée la Pompéi polonaise. Vous apprendrez les rudiments de la vie au Néolithique. Un peu plus loin, **Gniezno** abrite un sanctuaire consacré à saint Adalbert dont la vie est racontée par les bas-reliefs d'une immense porte de bronze. Entre Gniezno et Poznań, la réserve archéologique d'**Ostrów Lednicki** permet de voir les vestiges du palais lacustre du premier souverain polonais. Dirigez-vous ensuite vers **Poznań**.

Jours 5 & 6

Berceau de l'État polonais au 10e s., Poznań est aujourd'hui une ville jeune et animée, célèbres pour ses foires commerciales héritées du Moyen Âge. Ne loupez pas la cérémonie des douze coups de midi au pied de l'hôtel de ville. Promenez-vous dans les ruelles étroites du Rynek. Autour de son imposant hôtel de ville, les façades des maisons baroques et classiques ont été restaurées après la dernière guerre. Prenez le temps de découvrir ses rues étroites et ses nombreuses églises. Deux jours suffisent pour l'apprécier pleinement. Consacrez une journée à la découverte des châteaux de **Kórnik** et de **Rogalin** tout proches. S'il vous reste un peu de temps, poussez jusqu'à **Kalisz**, certainement la plus vieille ville de Pologne et rendez une visite au château de **Gołuchów** blotti au milieu de son parc, et au palais de chasse d'**Antonin**, situés à proximité.

Pologne

Campings

Baranowo

Turist-Camp
Przeźmierowo, ul. Nad jeziorem
061/8142812
www.camping30.webon.pl
Avr.-oct. 4,5 ha
Loisirs : (plage) aire de sports
Services : cafétéria

Gąsawa

LTL Camping
Drewno 23
060/8231278
Permanent 2 ha
Loisirs jeux pour adultes (plan d'eau)
Services : : cafétéria, pizzeria, brasserie

Poznań

Malta
ul. Krańcowa 98
061/8766155
www.posir.poznan.pl
Permanent 3 ha
Loisirs : aire de sports
Services : cafétéria
Transports en commun pour le centre-ville.

Strzeszynek
ul. Koszalińska 15
061/8483129
camping111.strzeszynek@op.pl
Mai-sept. 3 ha
Loisirs : (plan d'eau) aire de sports
Services :
Transports en commun pour le centre-ville.

Rudnik

Rudnik-Grudziądz
ul. Zalesna 1
056/4622581
Mai-sept. 2 ha
Loisirs : jeux pour adultes, discothèque (plan d'eau) aire de sports
Services : brasserie, cafétéria

Toruń

Tramp
ul. Kujawska 14
056/6547187
tramp@mosir.torun.pl . www.tramp.mosir.torun.pl
Mai-sept. 2,6 ha
Services : cafétéria

Warszawa/Varsovie

WOK
ul. Odrębna 16
022/6127951
www.campingwok.warszawa.pl
De mi-avr.à mi-sept. 0,5 ha
Loisirs :
Services : sèche-linge cafétéria
Transports en commun pour le centre-ville.

Astur
ul. Bitwy Warszawskiej 1920 r.15/17
022/8233748
Avr.-sept. 0,7 ha
Services : cafétéria
Transports en commun pour le centre-ville.

Les bonnes **adresses** de Bib

Warszawa/Varsovie

Bazyliszek
RSM 1/3 - ✆ 022 831 18 41 - 12h-0h - 70 PLN.
Ce restaurant de tradition familiale séculaire propose un large choix de spécialités polonaises dans des salles décorées par thème. Réservez plutôt une table avec vue sur la place et faites-vous expliquer la légende du dragon qui figure en enseigne.

Piwna Kompania
Podwale 25 - ✆ 022 635 63 14 - www.podwale25.pl - lun.-vend. 11h-1h, w.-end 12h-1h - 40 PLN.
Cette immense taverne populaire affiche de loin le meilleur rapport quantité-prix de la Vieille Ville. Cuisine traditionnelle familiale servie dans de très généreuses proportions. Le soir, éviter la salle du fond, extrêmement bruyante.

U Fukiera
RSM 27 - ✆ 022 831 10 13 - www.ufukiera.pl - 12h-dernier client - 100 PLN.
Ce restaurant très renommé, récemment rénové, est installé dans l'hôtel particulier où les Fugger, célèbres banquiers bavarois, faisaient commerce de vin. Il se compose de trois majesteuses salles éclairées aux chandeliers et d'une superbe cour intérieure. Carte sophistiquée et service impeccable.

Chłopskie Jadło
Plac Konstytucji 1 - ✆ 022 339 17 17 - www.chlopskiejadlo.pl - 12h-0h - 50 PLN.
Cette « cuisine paysanne » est sans conteste LE restaurant à ne pas manquer. La nourriture est excellentissime et les portions, énormes, sont servies avec de larges miches de pain frais posées à même les grandes tables en bois. Tous les plats sont succulents, les *placki* (galettes de pommes de terre) et le *smalec* (lard, spécialité de la maison) en tête. Le service est rapide et l'atmosphère extrêmement conviviale. Réservation indispensable.

U Hopfera Pierogi Świata
Ul. Krakowskie Przedmieście 53 - ✆ 022 828 73 52 - www.przystanekmuranow.pl - 11h-dernier client - 35 PLN.
Un charmant petit restaurant dédié exclusivement et avec savoir-faire à la spécialité nationale des *pierogi* (raviolis fourrés). La carte est en français.

Wedel
Ul. Szpitalna 8 - lun.-sam. 8h-22h, dim. 12h-20h.
Le temple du célèbre chocolatier varsovien sert les meilleurs chocolats chauds de la ville et des petits-déjeuners copieux et succulents, à des prix raisonnables. Salle non-fumeurs.

Cepelia
Ul. Marszałkowska 99/101 - au coin de Al. Jerozolimskie - lun.-vend. 10h-19h, sam. 10h-14h.
Les boutiques Cepelia proposent une large sélection d'objets artisanaux en bois, de céramiques, linge de maison et costumes folkloriques, ainsi que les fameux œufs et petites boîtes en bois peint multicolores.

Skarby Smaku
Ul. Hoża 43/49.
Produits traditionnels biologiques réalisés maison (fromages, pains au gingembre de Toruń, gâteaux arboricoles de Podlachie, etc.), présentés dans un décor chaleureux de cuisine ancienne. Paniers-cadeaux.

Poznań

Cymes
Ul. Woźna 2/3 - ✆ 061 851 66 38 - mar.-dim. 13h-0h, lun. 16h-0h - 30 PLN.
Minuscule restaurant de spécialités juives, simple, généreux et joliment décoré. On sert, sur des tables de bois, hareng, *gefilte fisch* ou encore un délicieux steak hongrois au lard.

Ptasie Radio
Ul. Kościuszki 74/3 - ✆ 061 853 64 51 - 8h-2h - 20 PLN.
Sous le signe des oiseaux, l'endroit évoque une cabane dans les arbres aux couleurs pastel. On y savoure salades et tartes salées ou sucrées et il n'est pas rare qu'on y oublie le temps jusqu'à l'heure du thé.

Toruń

Czarna Oberża
Ul. Rabiańska 9 - ✆ 056 621 09 63 - 11h-0h - 15 PLN.
Dans une ambiance rustique au mobilier et à la déco de bois, ce self propose une solide cuisine polonaise à des prix défiant toute concurrence. Accueil plus que sympathique et, si la carte est en polonais, on peut toujours choisir ses plats de visu.

Manekin
Stary Rynek 16 - ✆ 056 621 05 04 - lun.-jeu. 10h-23h, w.-end 10h-0h - 30 PLN.
Un restaurant populaire au succès mérité où les crêpes sont reines. Pas moins de 40 recettes salées et sucrées. Aux beaux jours, une terrasse dressée sur le Rynek permet de manger au cœur de l'animation de la ville. Carte en polonais.

Emporium
Ul. Piekary 28 - ✆ 056 657 61 08 - www.emporium.torun.com.pl - juil.-août : lun.-vend. 10h-18h, sam. 10h-16h, dim. 10h-16h.
Pain d'épice et t-shirts à l'effigie de Copernic et de ses théories.

La **Pologne du Sud**

Départ de Wroclaw
7 jours
610 km
Carte Michelin n° 720

Maisons de bois à Chocholow

Jours 1 & 2

Wrocław réserve de belles surprises. La capitale de la Basse Silésie vous retiendra bien au moins deux jours. Ils ne seront pas de trop pour arpenter son Rynek bordé de maisons superbement restaurées, pour flâner dans ses rues animées tout au long de l'année par les nombreux étudiants qui peuplent la ville. Promenez-vous le long des quais de l'Oder, explorez **Ostrów Tumski**, cette ancienne île où se dressent encore aujourd'hui cathédrale et églises. Parcs et espaces verts vous permettront de souffler un peu tandis que les enfants seront charmés par son zoo rendu célèbre à travers le pays par une émission de télévision.

Jour 3

Découvrez la région des Karkonosze et arpentez la ville de **Jelenia Góra** et la station de ski de **Karpacz**. Randonnées et découverte de la nature sont au programme à moins de 100 km de Wrocław. Arrêtez-vous en chemin pour visiter les églises en bois classées par l'Unesco de **Jawor** et de **Świdnica**. Le pays de Kłodzko vous réserve des balades au cœur des monts Tabulaires et de leurs paysages découpés. La grotte de l'Ours et les souterrains de la forteresse de **Kłodzko** vous emmèneront dans les profondeurs de la terre. Continuez votre itinéraire par la ville de **Paczków** que certains considèrent comme le Carcassonne polonais. Avant de vous rendre à Cracovie faites un crochet par la paisible ville d'**Opole** dans les environs de laquelle se répartissent une dizaine d'églises en bois aux fresques du 14e s. remises au jour. Afin de vous rendre au plus vite à Cracovie empruntez l'autoroute E40.

Jours 4 & 5

Cracovie est une ville médiévale paisible, l'une des rares en Pologne à être sortie intacte de la guerre. Si vous avez peu de temps, concentrez-vous sur le centre ancien autour du Rynek et de la halle aux Draps, sur les bâtiments de la fameuse université Jagellonne et la visite du château de Wawel et de sa cathédrale, panthéon des rois polonais. Passez au moins une soirée dans le quartier juif de Kazimierz. Si vous pouvez y séjourner plus longtemps ou si un premier séjour bref vous a donné envie d'en découvrir plus, vous pouvez consacrer plus de temps à l'exploration de ses musées, ses monuments

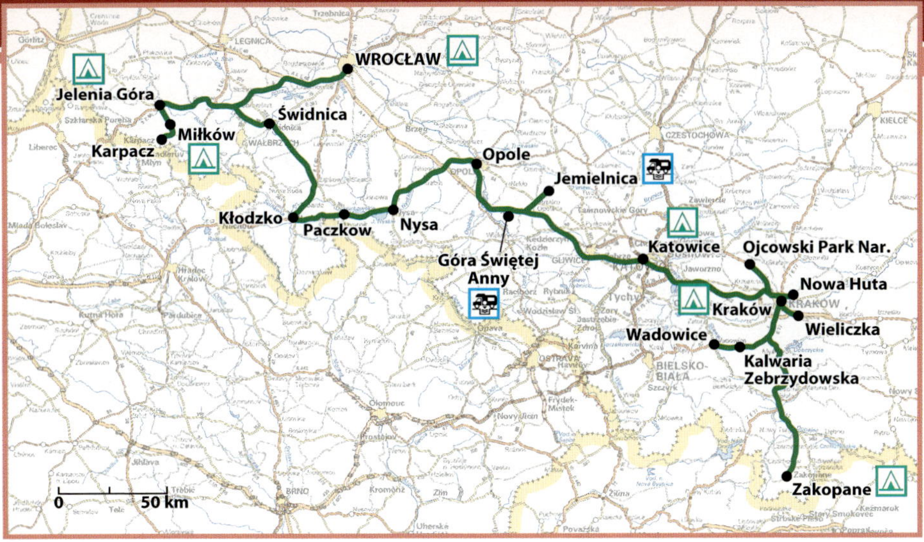

et savourer pleinement l'ambiance de ses rues. Cracovie se découvre à pied, surtout la Vieille Ville entourée par les Planty et Kazimierz.

Jour 6

Rendez-vous au sud dans la tentaculaire mine de sel de **Wieliczka**. Son origine remonte au 13e s. Il en reste un vaste réseau de galeries d'une longueur de 300 km et dont certaines s'enfoncent jusqu'à 327 m de profondeur.

Puis poussez à l'ouest jusqu'au tristement célèbre camp d'**Auschwitz**, premier camp d'extermination. Plus d'un million d'êtres humains de 28 nationalités, pour la plupart juifs, y ont péri.

Dans la proche banlieue, le site de **Zwierzyniec** vous réserve de belles balades dans un cadre champêtre parsemé de tertres anciens et à 10 km à l'est de Cracovie, vous pourrez visiter Nowa Huta, ville socialiste créée de toutes pièces autour d'un village qui possède toujours son monastère cistercien ainsi qu'une église moderne, l'Arche. À 15 km au nord-ouest, parcourez l'impressionnant **Parc naturel d'Ojców** où les roches calcaires créent des paysages tourmentés et encaissés.

Le conseil de Bib

La règle de la priorité à droite ne s'applique pas toujours ! Elle est indiquée sur les panneaux routiers.

Jour 7

Partez pour le sud à la découverte des régions alpestres comme les Tatras autour de **Zakopane**, sans oublier de faire un détour par **Kalwaria Zebrzydowska**, haut lieu de pèlerinage et par **Wadowice**, ville natale de Karol Wojtyla plus connu sous le nom de Jean-Paul II. Cette région a conservé des traditions fortes qui se déclinent en architecture, folklore et artisanat. Les randonnées, souvent au cœur de Parcs naturels, sont bien balisées et accessibles à tous les niveaux.

Aires de service & de stationnement

Góra Świętej Anny

Parking Najem Pokoi – *ul. Strzelecka 2A*
077/4615406 – Ouv. tte l'année – P 60.
Payant.
Stationnement : 6 €/j.
Loisirs : Services :

Jemielnica

Restauracja Eka - An der Ecke – *ul. Strzelecka 60*
077/4632351 – Ouv. tte l'année sf. fin août – P 4.
Borne artisanale.
Stationnement : autorisé
Loisirs : Services :

Campings

Jelenia Góra

Auto Camping Park
ul. Sudecka 42
075/7524525
www.camping.karkonosz.pl
Permanent 1,3 ha
Loisirs : aire de sports
Services :

Miłków

Wiśniowa Polana
069/2430135
www.camping-milkow.karkonosz.pl
Mai-sept. 1,1 ha (80 empl.)
Loisirs (plan d'eau) aire de sports
Services : : brasserie, cafétéria

Katowice

Camping de Katowice
ul.Murckowska 6
032/2555388
Mai-sept. 1,5 ha
Loisirs : (plan d'eau) aire de sports
Services : cafétéria

Wrocław

Stadion
ul. Paderewskiego 35
071/3484651
Déb. mai à mi-oct. 2,5 ha
Loisirs : aire de sports
Services : cafétéria

Kraków/Cracovie

Krakowianka
ul. Żywiecka-Boczna 2
012/2681135
www.krakowianka.com.pl
Mai-sept. 6 ha
Loisirs : aire de sports
Services : cafétéria
Transports en commun pour le centre-ville

Clepardia
ul. Pachońskiego 28A
012/4159672
www.clepardia.pl
De mi-avr.à mi-oct. 1,3 ha
Loisirs :
Services : brasserie
Transports en commun pour le centre-ville

Zakopane

Harenda
os. Harenda 51B
018/2014700
www.harenda.tatrynet.pl
Mai-oct. 1,5 ha
Loisirs : aire de sports
Services : cafétéria

Ustup
ul. Ustup k/5
018/2063667
www.camping.ustup.com
Mai-sept. 0,8 ha
Loisirs :
Services :

Les bonnes **adresses** de Bib

Jelenia Góra

Kaligrafia
Dans les caves de l'hôtel de ville – ✆ 075 645 00 55 - 12h-0h - 25 PLN.
Dans de superbes caves voûtées, une cuisine créative qui fait la part belle aux viandes et aux poissons. Le soir c'est plutôt l'ambiance d'un pub.

Kurna Chata
Pl. Ratuszowy 23/24 - ✆ 075 642 58 50 - 15 PLN.
Excellente cuisine polonaise très bon marché sous les arcades du Rynek.

Quirino
Pl. Piastowski 23 à Cieplice - ✆ 075 755 02 50 - 13h-23h -50 PLN.
En plein centre, un restaurant aux airs de bar à vin. Cuisine polonaise fine.

Kłodzko

Pan Tadeusz
Ul. Grottgera 7 - ✆ 074 867 02 16 - 40 PLN.
Sans aucun doute le meilleur restaurant de la ville. Dans un cadre très cosy, une excellente cuisine, où se côtoient les influences italienne et hongroise, servie avec la plus grande prévenance. Les portions sont gargantuesques et les desserts succulents.

W Ratuszu
Pl. B. Chrobrego 3 - ✆ 074 865 81 45 - www.wratuszu.pl - 40 PLN.
Dans le bâtiment de l'hôtel de ville, une grande salle aux boiseries sombres et aux chaises tendues de velours bleu. La cuisine, raffinée, joue la carte de l'inventivité : porc sauce raisin ou bœuf à la portugaise (brochettes au fromage). C'est délicieux et fort bien servi.

Opole

Maska
Rynek 4 - ✆ 077 453 92 67 - 25 PLN.
Une excellente cuisine polonaise inventive servie en terrasse ou dans une adorable salle voûtée dont les murs artistiquement écaillés laissent apparaître des fresques.

Starka
Ul. Ostrówek 19 - ✆ 077 453 12 14 - 35 PLN.
Perché au-dessus de l'Oder, ce restaurant, bien fourni en bières et cocktails, propose une cuisine polonaise raffinée. Quelques spécialités à la demande dont le jambonneau et l'oie à la polonaise.

Wrocław

Bistrot Parisien
Ul. Nożownicza 7 - lun.-sam. 10h-1h, dim. 11h-23h - 20 PLN.
Des bouquins de Balzac, Boris Vian et Malraux s'entassent derrière les vitrines et donnent le ton du lieu. Ce repaire francophone et francophile sert de copieux plats hexagonaux (salades, crêpes).

Kurna Chata
Ul. Odrzańska 7 - ✆ 071 341 06 68 - lun.-vend. 10h-0h, w.-end 12h-0h - 20 PLN.
Dans un décor rustique aux airs de ferme, on sert une solide cuisine traditionnelle des plus abordables. La clientèle est variée et de tous âges.

Mleczarnia
Ul. Włodkowica 5 - 8h-4h.
Un parquet aux lames patinées, des photos rétros aux murs et des tables en bois, ce grand café tout en profondeur évoque les années 30. Calme en journée, on peut y déguster de délicieuses pâtisseries maison.

Gospoda Wrocławska
Ul. Sukiennice 7 - ✆ 071 342 74 60 - 12h-0h - 50 PLN.
Dans une ruelle du Rynek. Une déco sans doute un peu trop médiévalisante mais avec tous les classiques de la cuisine polonaise (cochon rôti et spécialité de soupe au sang…). Dans une autre salle, on sert poissons frais et produits de la mer avec le même soin.

Marché couvert
Ul. Piaskowa 6 - 16h-1h.
Cette halle marchande majoritairement alimentaire donne un aperçu des marchés de l'époque communiste dans une ambiance très authentique.

Stare Jatki
Ul. Stare Jatki.
20 boutiques d'artistes et de créateurs occupent les maisons de la rue des Anciennes-Boucheries et proposent des articles de qualité : papiers, fournitures d'artistes, vêtements en lin, verrerie, peinture, poterie, sculpture ou bijouterie fantaisie.

Zakopane

Gazdowo Kuźnia
Ul. Krupówki 1 - ✆ 018 201 72 01 - 40 PLN.
La salle ressemble à un magasin d'antiquités ou à un Skansen ! Côté gastronomie, pas de surprise, mais de traditionnels plats montagnards des plus parfumés et goûteux.

Karcma Zapiecek
Ul. Krupówki 43 - 11h-23h - 40 PLN.
Pour ceux qui veulent se plonger dans l'atmosphère d'une « koliba ». Le palais et les oreilles sont alimentés de saveurs et de notes folkloriques.

Hongrie

Nom local : *Magyar Köztársaság* **Capitale :** *Budapest* **Superficie :** *93 032 km²*
Population : *9,98 millions d'habitants* **Monnaie :** *Forint hongrois (1 € = 269,54 HUF)*

M. Chaput / MICHELIN

Nichée au cœur de l'Europe centrale, la Hongrie se trouve à égale distance de l'océan Atlantique, de l'Oural, de la Méditerranée et de la mer Baltique. Elle partage 2 266 km de frontière avec sept pays. Cette situation géographique centrale explique pour partie les particularités si attachantes de cette contrée métissée.

Longue de 530 km, large de 270 km, la Hongrie se parcourt aisément d'un bout à l'autre. Vous aurez alors une impression d'exotisme et de déjà vu. Car elle est un pays riche d'inspirations diverses. Vous y retrouverez parfois pêle-mêle des vestiges romains (visibles au Musée national de Budapest), des édifices de style roman (l'abbaye cistercienne de Bélapátfalva près du massif de Bükk), style renaissance (au musée du château de Buda), de l'art gothique (à Eger), du baroque très présent dans les villes et quelques restes de la période turque comme l'église-mosquée à Pécs. Cette fructueuse diversité de l'âme hongroise s'incarne tout aussi bien dans la gastronomie épicée et généreuse que dans les arts (citons juste le prix Nobel de littérature Imre Kertész, les compositeurs de musique Liszt, Bartók et Kodály) sans oublier le folklore tsigane et le thermalisme, véritable rituel.

Les reliefs magyars sont verdoyants et doux. Seuls 2 % du territoire sont à plus de 400 m d'altitude. C'est au nord et au nord-est que s'élèvent des montagnes dont le plus haut sommet – le mont Kékes dépasse à peine 1000 m. La Hongrie n'a pas de frontières naturelles autres que quatre cours d'eau dont le magnifique Danube, l'Ipoly au nord, la Drave et la Mura au sud. À l'ouest du Danube, s'étend la basse Transdanubie, couverte de forêts et de pâturages. C'est dans cette région que se trouve le lac Balaton, lieu de villégiature très prisé, qui est le plus grand d'Europe centrale. À l'est du Danube, la Grande Plaine ou « puszta » est une prairie dédiée à l'agriculture et à l'élevage. Elle réunit deux parcs nationaux issus de l'ancienne steppe : l'Hortobágy (80 000 ha) et Bugac (16 000 ha).

RECOMMANDATIONS

DOCUMENTS OBLIGATOIRES

✓ Permis de conduire rose de l'UE
✓ Permis de conduire international (recommandé seulement)
✓ Certificat d'immatriculation du véhicule ou certificat de location
✓ Plaque d'identification nationale
✓ Justificatif d'assurance (carte verte)
✓ Passeport (recommandé seulement)
✓ Procuration en cas d'utilisation du véhicule appartenant à un tiers

VITESSES LIMITES

✓ En agglomérations urbaines : 50
✓ Sur routes : 90
✓ Sur routes à chaussées séparées : 110
✓ Sur autoroutes : 130
✓ Ces vitesses limites sont réduites par temps de pluie

CONTRÔLES

Les limitations de vitesse sont fréquemment contrôlées. Tout comme le taux d'alcool qui doit impérativement être de 0. Les sanctions vont de l'amende (à payer sur-le-champ) à la confiscation du permis de conduire.

RÉGLEMENTATIONS

✓ Vignette autoroutière, en vente auprès des bureaux de poste, des bureaux de douane, ainsi que des garages et stations-service. Montant annuel : 37200 HUF
✓ Taux maximum d'alcool toléré dans le sang : 0 g
✓ Âge minimum des enfants admis à l'avant : 12 ans
✓ Siège enfant, réhausseur ou système de retenue adapté et homologué obligatoire jusqu'à 12 ans ou 1,50 m
✓ Âge minimum du conducteur : 17 ans
✓ Port de la ceinture de sécurité obligatoire à l'avant et à l'arrière
✓ Allumage des feux de croisement obligatoire (jour et nuit) hors agglomération toute l'année
✓ Pneus cloutés interdits
✓ Triangle de présignalisation obligatoire
✓ Trousse de premiers secours obligatoire
✓ Extincteur recommandé
✓ Jeu d'ampoules de rechange obligatoire
✓ Gilet de sécurité fluorescent recommandé

URGENCES

✓ Téléphone incendie et ambulance : 112
✓ Téléphone Police : 110

Au secours ! *Segítség !* / **Hôpital** *Kórház* / **Police** *Rendőrség*

Pour téléphoner en Hongrie

Composer le 00 + 36 (code du pays) + code de la ville + numéro du correspondant

LEXIQUE

MOTS USUELS

Oui **Igen** / *Non* **Nem** / *Bonjour* **Jó napot** / *Bonsoir* **Jó estét** / *Salut* **Szia** / *Au revoir* **Viszlát** / *S'il vous plaît* **Kérem** / *Merci (beaucoup)* **Köszönöm (szépen)** / *Excusez-moi* **Bocsánat** / *Santé !* **Egészségére !** / *Manger* **Enni** / *Boire* **Iszik** / *Toilettes* **Klozett** /

DIRECTIONS & TRANSPORTS

À droite **Jobbra** / *À gauche* **Balra** / *Entrée* **Bejárat** / *Sortie* **Kijárat** / *Autoroute* **Autópálya** / *Route* **Út** / *Ville* **Város** / *Station-service* **Benzinkút** / *Essence* **Benzin** /

PREMIERS CONTACTS

Je voudrais… **Kérek egy…** / *Où se trouve… ?* **Tudja merre van a… ?** / *Parlez-vous français ?* **Beszél franciául ?** / *Je ne comprends pas* **Nem értem** / *Pouvez-vous m'aider ?* **Tudna segíteni, kérem ?** / *Combien ça coûte ?* **Mennyibe kerül ?**

Budapest, entre l'orient et la « puszta »

➲Départ de Budapest
➲7 jours
805 km
Carte Michelin N° 732

M. Chaput / MICHELIN

Jours 1 & 2

Budapest est un creuset dans lequel se fondent des cultures différentes et dont les empreintes toujours vivantes font partie du patrimoine national. C'est une ville originale où se mêlent les parfums de l'Orient et de l'Occident. Car c'est bien sûr la ville des bains, réminiscences de l'époque romaine et de l'occupation turque. Budapest représente aussi une des vitrines de l'Art nouveau ou du style Sécession qui connut son âge d'or au tournant du 19e s. À Budapest, la danse et la musique sont reines, que ce soit la musique classique avec Liszt, Kodály, Bartók, l'opérette avec Lehár ou la musique tzigane, sans oublier le jazz et le rock. Il faut savourer l'atmosphère des légendaires pâtisseries-salons de thé (à **Pest** : Gerbeaud, Múvész, à **Buda** : Ruszwurm, Angelika) ou des anciens cafés littéraires. Consacrez le premier jour à la visite de Buda : Budavári palota (le Palais royal) et le Magyar Nemzeti Galéria, musée dédié à l'art hongrois. La visite du vieux quartier autour du château (Várnegyed) vous ravira. Arrêtez-vous devant l'église Mathias (Mátyás templom) et n'oubliez pas de déambuler dans les rues aux façades colorées (Táncsis Mihály utca, Fortuna utca, Úri utca). Le lendemain, rendez vous à Pest pour faire un tour au Musée national hongrois (Magyar Nemzeti Múzeumaa) puis vous perdre dans les ruelles animées de ce quartier. La promenade est très agréable entre le pont Margit Hid et le pont Ersébet Hid.

Jour 3

Direction **Eger** en passant par le massif des **Mátra**, un des lieux d'excursion les plus prisés de Hongrie : cures thermales, tourisme et chasse sont les activités dominantes de la région. Belle ville, séduisante, installée au creux des très beaux massifs montagneux qui la protègent des vents du nord et lui offrent un climat qui plaît à la vigne, telle se présente Eger. La réputation du vin qui rend fort, l'egri bikavér ou « sang de taureau », n'est plus à faire. Le 18e s. sera le siècle de la renaissance d'Eger qui prendra alors son visage actuel de ville baroque. Un visage qui charme tout visiteur.

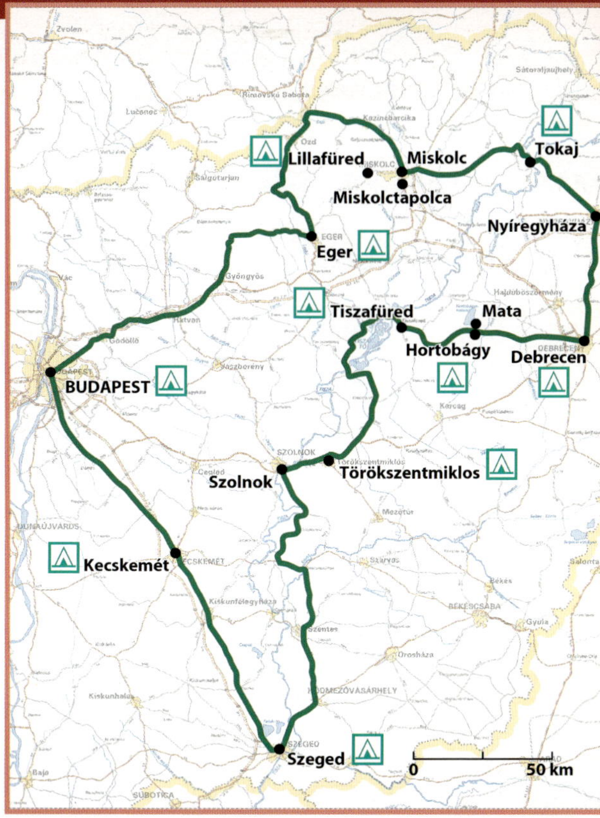

Jour 4

Partez pour **Miskolc** en contournant le massif des Mátra par **Ózd** et la frontière slovaque, région sauvage et un peu hors du temps. De Miskolc, un petit train conduit à **Lillafüred**. Il traverse l'ouest de la ville et serpente dans la forêt. Vous découvririez les charbonniers qui fabriquent le charbon de bois. Lillafüred est un endroit curieux situé au confluent de deux vallées, la Szinva et la Garadna. Pensez à vous rendre à **Miskolctapolca**, une des seules stations thermales où les thermes sont aménagés dans une grotte.

Jour 5

Encore plus à l'est, rejoignez **Tokaj**, petit bourg modeste dont le vin doit sa réputation à sa qualité exceptionnelle. Le plus connu des vins est aujourd'hui le *tokaji aszú* auquel une préparation spéciale confère un goût particulier. Poursuivez votre périple en rejoignant **Debrecen** et la « puszta » ou se situe le parc national d'**Hortobágy**, plus vaste steppe d'Europe centrale, puis rendez vous à **Tiszafüred** pour ses eaux thermales.

Jour 6

En empruntant la vallée de la **Tisza**, regagnez au sud **Szeged**, ville frontière où se rejoignent trois pays, la Hongrie, la Roumanie et la Serbie. Szeged est une belle et agréable ville, un petit Paris, déroulant boulevards et avenues, étalant places, squares, parcs et jardins, arrosée par la Tisza.

Jour 7

Sur le chemin de retour à Budapest, entre Danube et Tisza, au cœur de l'immense « puszta », faite halte à **Kecskemét**, la ville qui chante ! « La plus jolie cité du monde » pour Brahms et la patrie bien-aimée de Zoltán Kodály. L'été, les champs de paprika colorent et animent la campagne environnante. Réputée pour son foie gras, elle est aussi connue pour ses alcools, dont l'eau-de-vie d'abricot ou *barackpálinka*. La visite des distilleries Zwack est recommandée, la consommation modérée et surtout sans reprendre la route ensuite.

Le conseil de Bib

Privilégiez le stationnement en camping et prenez les transports en commun car la circulation est difficile à Budapest.

Hongrie

Campings

Budapest

Zugligeti «Niche» Camping
Zugligeti ut 101 - Pest
06/1-2008346
camping.niche@t-online.hu . www.campingniche.hu
Permanent 2 ha (200 empl.)
Loisirs diurne mur d'escalade
Services : : brasserie, self service, snack
Accès difficile pour les grands camping-cars.

Debrecen

Dorcas
Erdöspuszta
06/52-541028
dorcascenter@debrecen.com
Mai-sept. 5,4 ha (80 empl.)
Loisirs poneys aire de sports, bateaux à pédales, barbecue
Services : : brasserie

Eger

Tulipan Camping
Szépasszonyvölgy
06/36-410580
info@hotelrubinia.hu
Mi-avr.-oct. (40 empl.)
Loisirs :
Services :

Hortobágy

Puszta
06/52-369300
baranyais@freemail.hu
Mai-sept. 1,8 ha (80 empl.)
Loisirs : aire de sports
Services :

Kecskemét

Auto's Kemping
Csabai Géza, 5
06/76-329398
De mi-avr. à mi-oct. 3 ha (300 empl.)
Loisirs : parc aquatique
Services :

Lillafüred

Lillafüred Camping
Erzsébet Sétàny 39
06/46-333146
kovatt@lillacamp.hu
Mai-sept. 2 ha (40 empl.)
Loisirs :
Services :

Szeged

Sziksósfürdö
Széksósi
06/62-463029
sziksos@tvnetwork.hu
Mai-sept. 3 ha (250 empl.)
Loisirs : jeux pour adultes aire de sports, barbecue, bateaux à pédales, canoës, trampoline
Services : brasserie, snack

Tiszafüred

Thermal-Strand-Camping
Weg 33
06/59-352911
thermalcamping@vipmail.hu
Avr.-oct. 1,5 ha (140 empl.)
Loisirs : aire de sports, beachvolley, barbecue
Services : brasserie, snack

Tokaj

Tiszavirág
PF 27
06/47-352626
tiszavir@freemail.hu
Avr.-mi-oct. 1,4 ha (60 empl.)
Loisirs :
Services : brasserie, snack

Törökszentmiklós

Strandfürdö Camping
Wesselény ut. 49
06/56-394350
Mai-sept. 1 ha (30 empl.)
Loisirs : barbecue
Services :

Les bonnes **adresses** de Bib

Budapest

Fatâl

Pest V., Váci utca, 67 - ℘ 266 2607.

On y fait la queue sans doute pour son cadre et son originalité. Pour le décor : une cave voûtée en longueur, grandes tablées communes, ambiance rustique et conviviale. Pour la cuisine : les plats (copieux et consistants) sont servis sur des planches en bois (*fatál* en hongrois) ou directement dans des poêles. Une adresse qui joue la carte de portions gargantuesques.

Bagolyvár

Allatkertí ut, 2 - ℘ (01) 468 3110.

Une annexe du Gundel voisin, mais à des prix nettement plus abordables. Belle salle au plafond en bois. Cuisine traditionnelle avec une recherche certaine dans l'élaboration des plats. Exclusivement tenu par des femmes, en salle comme aux fourneaux. Le soir, un joueur de cymbalum bercera votre dîner.

Gellért

Kelenhegyi u., 4-6 - Autobus nos 7 et 86, tramways nos 18, 19, 47 et 49 - ℘ 466 6166 - 6h-18h.

Le plus somptueux entre tous, avec sa merveilleuse décoration Art déco. Classé monument historique, il fait partie de l'hôtel Gellért. Ses eaux chaudes (37°c), légèrement acides et radioactives, conviennent parfaitement aux rhumatismes. La piscine intérieure, avec ses colonnes de marbre et ses têtes de lion d'où l'eau jaillit, vaut à elle seule le déplacement. Le grand bassin extérieur, construit en 1918 est la première piscine à vague d'Europe centrale.

Vásárcsarnok (Marché central)

Vámház krt. 1-3, ℘ 217 6067. Ouvert le lundi de 6 h à 17 h, du mardi au vendredi de 6 h à 18 h et samedi de 6 h à 14 h.

Célèbre marché couvert dans ces halles inaugurées en 1897 et magnifiquement rénovées. Le rez-de-chaussée est occupé par des magasins d'alimentation (boucheries-charcuteries, fruits et légumes avec leurs guirlandes de paprika, d'ail et d'oignons, foie gras et salamis, vins et alcools). À l'étage, la galerie rassemble de nombreux stands d'artisanat local. En plus de la broderie (grand choix de nappes et serviettes), quelques-uns sont à citer : Játék (K 10) pour ses jouets en bois ; Fajka Erzsébet (K 15), objets en verre et jeux d'échecs en bois ; Forrayné Ancsa (K 16/A), magnifiques compositions de fleurs séchées, vins à déguster au verre (K 23).

Gerbeaud

Pest V., Vörösmarty tér 7.

Le plus célèbre salon de thé, acheté en 1884 par Émile Gerbeaud, confiseur suisse renommé. Son portrait décore l'une des salles. Très fréquenté par les touristes du monde entier. Une institution. Terrasse en été.

Baja

Véndió Vendéglő

Petőfi-sziget, Március u., 1 - ℘ 74/424 544.

Sur la petite île tranquille de Petőfi-sziget, restaurant avec une large terrasse. Spécialités de poisson.

Debrecen

Flaska Söröző

Miklós u., 4 - ℘ 52/414 582.

Dans une cave voûtée, un petit restaurant de quartier, fréquenté principalement par les « locaux ». Très bon marché. Peut-être la meilleure adresse.

Eger

Ködmön Csárda

Szépasszony-völgy - ℘ 36/413 172 .

Dans la « vallée de la Belle Femme », qui regroupe de nombreux restaurants et caves à vins, grande auberge traditionnelle proposant de nombreux plats et vins hongrois. Musique et danses folkloriques. Très touristique l'été.

Szeged

Botond Restaurant

Széchenyi tér, 13 - ℘ 62/420 435.

Accueil chaleureux. Bonne cuisine, spécialités hongroises.

Kecskemét

Mágnás

Csongrádi u., 2 - ℘ 76/417 640.

Un peu à l'écart du centre, un restaurant au décor soigné. Spécialité : la cuisse de cerf. Grand choix de vins hongrois.

Miskolc

Krupla József

Széchenyi u. 78.

L'un des plus vieux restaurants de la ville. Plusieurs salles : une à l'étage au décor médiéval (lances, lustres en fer et cheminée centrale), et au sous-sol, de longues caves plus populaires avec tables et bancs en bois. Un coup de cœur !

Hongrie occidentale et le lac Balaton

➲Départ de Budapest
➲8 jours
835 km
Carte Michelin N° 732

Les bains à Héviz

Jours 1 & 2

Départ comme le circuit 36 de **Budapest**, la « perle du Danube » mais cap au sud pour Pécs, via **Kalocsa** capitale du paprika doux dont la culture s'étend sur plus de 3 000 ha autour de la ville. Faut-il y voir l'origine du goût des femmes de Kalocsa pour l'ornementation florale qui s'exprime dans les peintures murales et les broderies que vous aurez plaisir à contempler et peut-être à acheter ? Vous aurez l'occasion d'apprécier la qualité et la finesse de leur travail notamment à la Maison d'art populaire régional. Poursuivez jusqu'à **Baja** qui réunit dans une parfaite harmonie différentes ethnies. Populations d'origine serbe, croate, allemande, tzigane, et hongroise bien sûr cohabitent sans problème.

Jour 3

Vous voila arrivé à Pécs. Comme un parfum d'Orient, la ville vous offre une ambiance méditerranéenne. Ancienne cité turque, la mosquée devenue basilique en est le fleuron. Les fondations datent du 11e s. et son aspect actuel du 19e. Un peu plus loin, dans la rue du Chanoine, vous pourrez apprécier deux peintres natifs de la ville auxquels les musées rendent hommage : Vasarely, l'inventeur du « op'art » (pour optical art) et Mihály Tivadar Kosztka, dont Picasso aurait dit en découvrant son œuvre « je ne savais pas qu'avec moi, il y avait un autre grand peintre dans ce siècle ». Les coteaux qui bordent la ville ont favorisé la culture de la vigne et la production de vins réputés. C'est dans les caves qui se superposent sur cinq niveaux sous le centre-ville que s'affine le vin pétillant de la région. À partir du début du mois de septembre, Pécs est en fête en hommage à Bacchus.

Jours 4 & 5

Deux jours ne seront pas de trop pour découvrir le **lac Balaton**, le plus grand lac d'Europe. Il s'étire sur une longueur de 77 km. Sa largeur varie de 1,5 km à hauteur de la presqu'île de Tihany à 14 km dans sa partie la plus ouverte. La surface exposée au soleil explique en partie la température relativement élevée de l'eau proche de 25 °C). La rive nord et la rive sud

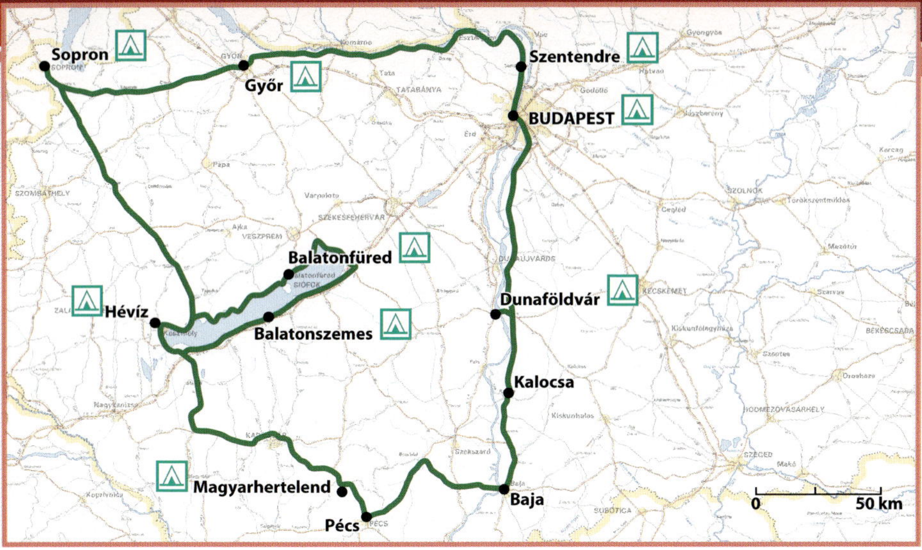

sont très différentes. La région du Balaton, qui a joué un rôle essentiel dans le développement du tourisme en Hongrie, en est toujours un des moteurs essentiels. Après Budapest, c'est la zone la plus visitée du pays. Durant le régime communiste, le lac Balaton permettait aux familles allemandes de l'Ouest et de l'Est de se retrouver facilement. Aujourd'hui les vacanciers qui souhaitent se reposer, se relaxer, faire du sport, etc., c'est-à-dire tout simplement profiter de leur temps libre, trouvent autour du lac quelque 130 plages et des services de toute nature à des prix variés. De plus, le lac n'est pas le seul centre d'intérêt de la région, l'arrière-pays est agréable et pittoresque.

Jour 6

Entre Budapest et le lac Balaton, le **lac de Velence** et à l'extrémité ouest de la mer intérieure le **Kis-Balaton** (Petit Balaton) sont deux paradis pour les écologistes et les amis de la nature.
Ne quittez pas la région sans faire une halte à **Hévíz** et profitez du bien être de ces eaux thermales (à découvrir impérativement).

Jour 7

Direction le nord et la ville de **Sopron** appelée aussi la petite Prague dont presque toutes les curiosités sont situées au centre, à l'intérieur de la partie appelée « vieille ville ». Elle a gardé presque tous les bâtiments de son histoire. Ceux qui ont été endommagés pendant la Seconde Guerre mondiale ont été restaurés grâce à un homme, Endre Gatsk, qui travailla un demi-siècle à la remise en état du patrimoine architectural de Sopron et à sa conservation. À Sopron, l'architecture médiévale se mêle au baroque, et des dimensions que l'on dirait réduites lui confèrent un charme particulier. N'oubliez pas de déguster un des vins produits dans la région de Sopron. Pour vous faire une idée, goûtez un soproni cabernet sauvignon.

Jour 8

Retour sur Budapest en longeant le Danube que vous rejoindrez à **Győr**, la ville des trois rivières, située au confluent d'un bras du Danube, le Mosoni-Duna, et des rivières Rába et Rábca. Ces eaux vivantes ne sont pas étrangères à son charme, d'autant qu'elles baignent les parties basses de la vieille ville, le véritable centre d'intérêt. Juste avant Budapest, arrêtez-vous à **Szentendre** à l'allure de village romantique, véritable Barbizon hongrois. Szentendre, c'est aussi un lieu de détente et de loisirs, où l'on vient pour se reposer au bord du Danube, s'adonner à la pratique du canoë ou profiter de la plage aménagée.

Campings

Balatonfüred

Füred
Széchenyi u.24
06/87-580241
De mi-avr. à mi-oct. 24 ha (944 empl.)
Loisirs : diurne (en été) jeux pour adultes (plan d'eau) aire de sports, bateaux, canoës, cours de planche à voile et de ski nautique
Services : sèche-linge pizzeria, brasserie, snack

Balatonszemes

Balatontourist Campsite Lido
Ady E. u. 8
06/84-360112
lido@balatontourist.hu
De mi-mai à déb. sept. 2 ha (180 empl.)
Loisirs : diurne jeux pour adultes (plan d'eau) barbecue
Services :

Budapest

Római
Szentendrei ut 189
06/1-3887167
romaicamping@message.hu
Permanent 7,2 ha (250 empl.)
Loisirs : beach-volley, barbecue
Services : sèche-linge

Haller
Haller 27
06/20-3674274
info@hallercamping.hu . www.hallercamping.hu
Déb. mai-sept. 0,6 ha (40 empl.)
Loisirs :
Services :
Dans le centre-ville

Dunaföldvár

Kék-Duna
Hösök Tere 23
06/75-541107
postmaster@camping-gyogyfurdo.axelero.net
Permanent 0,2 ha (30 empl.)
Loisirs :
Services :

Győr

Pihenö
Dunasor 1
06/96-523008
www.piheno.hu
Permanent 1,2 ha (40 empl.)
Loisirs : jacuzzi jeux pour adultes aire de sports, beach-volley, barbecue, séances de cinéma
Services : cafétéria, brasserie

Hévíz

Castrum
06/83-343198
camping@hevizcastrum.axelero.hu
Permanent 3 ha (243 empl.)
Loisirs : diurne
Services :

Magyarhertelend

Forrás
Bokreta u. 105
06/72-521110
bojtheforras@freemail.hu
Mai-sept. 2 ha (80 empl.)
Loisirs : beach-volley, barbecue
Services :

Sopron

Castrum Kemping Pension
Fürdó Sor 59-61
06/99-339124
castrum.sopron-balf@t-online.hu
Permanent 0,8 ha (68 empl.)
Loisirs : aire de sports
Services : snack

Szentendre

Papsziget
Papsziget 1
06/26-310697
De mi-avr.à sept. 3,5 ha (122 empl.)
Loisirs : diurne jeux pour adultes aire de sports, mur d'escalade, barbecue
Services : snack, brasserie, pizzeria

Les bonnes **adresses** de Bib

Budapest

Fészek Klub

Kertész utca, 36 - ✆ 322 6043.

Oie, foie gras, grattons d'oie, poissons du lac Balaton et plats italiens sont servis dans un patio à l'italienne frais et ombragé. La salle à manger est plus austère.

Paris-Texas Kávéház

Ráday u., 22 - ✆ 36-1/218 0570.

Une adresse sympathique pour déjeuner ou dîner à petits prix et copieusement. Plats végétariens et italiens (pizzas, etc.) sont servis dans un décor « rétro » de bistrot parisien 1900. En été installez-vous en terrasse sur la rue, l'une des plus vivantes de la ville.

Széchenyi

Allatkerti Körut, 11 - ✆ 363 3210 - bains thermaux : lun.-sam. 6h-19h. Piscine : dim. 6h-17h.

Décoration rococo. En plein hiver, alors que les bassins sont entourés de glaces ou de neige, on peut s'y baigner tout en disputant une partie d'échecs dans les bassins extérieurs à 38°c, ambiance d'un autre temps dû à la vapeur qui se dégage. Atmosphère populaire.

Folkart Centrum

Váci utca, 58 - ✆ 36-1/318 5840 - 10h-19h.

Une boutique d'artisanat qui ne sacrifie pas à la facilité commerciale en respectant une vraie démarche de qualité. Sa très belle sélection de créations textiles en témoigne : linge de maison en lin, blouses brodées et vêtements pour enfants, dont de ravissants manteaux en flanelle.

Herend Porcelain Manufactory

József Nádor tér, 11 - ✆ 317 2622 - lun.-ven. 10h-18h, sam. 10h-13h.

Cette boutique est la vitrine budapestoise de la fameuse manufacture de porcelaine de Herend : les pièces que vous y découvrirez sont autant d'idées de cadeau dont la qualité honore le savoir-faire hongrois.

Muvész Kávéház

Buda VI., Andrássy út, 29 - ✆ 352 1337.

Ce café 1900 est situé face à l'Opéra, sur les « Champs-Élysées budapestois ». Colonnes en marbre, miroirs, lustres... Vous dégusterez de goûteuses pâtisseries typiques dans un charmant décor « rétro ».

Ruszwurm Cukrászda

Buda I., Szentháromság utca, 7 - ✆ 375 5284.

Avec sa décoration Biedermayer et ses spécialités de *kremes*, c'est l'un des plus anciens salons de thé hongrois. C'est aussi l'un des plus fréquentés : Budapestois et touristes attendent patiemment qu'une table se libère dans la charmante petite salle dont le décor – inchangé depuis 1827 ! – évoque un boudoir. Entre nostalgie et gourmandise...

Győr

Várkapu Vendéglõ

Bécsi Kapu tér, 7 - ✆ 96/328 685.

Dans le centre-ville, restaurant avec terrasse sur une petite place piétonne. Décor simple et un peu vieillot (photos et lithographies d'animaux). Spécialités hongroises.

Hévíz

Magyar Csárda

Tavirózsa u. 1 - ✆ 83/343 271.

Dans une petite rue où se succèdent une demi-douzaine de restaurants (vous avez donc le choix), auberge à la réputation établie. La cuisine est cependant moyenne. Spécialités hongroises.

Pécs

Cellarium Étterem

Hunyadi u., 2 - ✆ 72/314 453.

Situé à côté de la mosquée, ce restaurant est installé dans une grande cave joliment décorée datant de la période turque. Spécialités hongroises et belle carte des vins.

Sopron

Gambrinus

3 Fő tér - ✆ 303497175.

Dans la vieille ville, au rez-de-chaussée de la maison Gambrinus, tant en terrasse qu'à l'intérieur, on vous servira repas ou consommations à toute heure du jour. Plats consistants.

Szentendre

Aranysárkány Vendéglo

Alkotmány u., 1 - ✆ 26/301 479 - fermé 20 déc.-15 janv.

Dans une ruelle montante. Les plats sont délicieux, les prix raisonnables. Le cerf aux myrtilles, le foie gras grillé, l'agneau à l'estragon sont un régal !

Zamárdi

Kocsi Csárda

Siófoki u. - ✆ 84/349 010.

Sur la route 7, grande auberge traditionnelle avec plats hongrois et musique folklorique.

Roumanie

Nom local : *România* **Capitale :** *Bucarest* **Population :** *21,49 millions d'habitants*
Superficie : *238 340 km²* **Monnaie :** *Leu, pl. Lei (1 € = 4,28390 RON)*

À égale distance entre l'Atlantique et l'Oural, la Roumanie est un pays riverain de la mer Noire, traversé par le Danube et la chaîne des Carpates. En raison du contraste marqué des saisons, le voyage prendra des aspects différents selon la période choisie. Le printemps et l'automne passent en coup de vent, tandis que l'hiver et l'été, souvent extrêmes, jouent les prolongations. C'est donc à priori d'avril à novembre que vous profiterez le mieux du pays.

Le mot « transition » résume à lui seul la Roumanie d'aujourd'hui et s'applique à tous les secteurs de la société, à l'économie comme aux mentalités. Un séjour, aussi bref soit-il, suffit pour ressentir la métamorphose en cours. Le pays conserve un attachement profond à la religion et aux riches traditions d'un monde rural archaïque, mais ô combien vivant, tout en déployant une formidable énergie pour atteindre un mode de vie occidental parfois fantasmé.

Ce peuple aguerri et hospitalier, cette terre de contrastes et de contradictions vous passionneront. Prise en tenaille entre plusieurs puissances aux intérêts antagonistes, ce territoire fut à maintes reprises utilisé comme champ de bataille par le royaume de Hongrie, les empires autrichien, ottoman, puis russe. Difficile dans ces conditions de se forger un destin. Cramponnés à leurs origines dace et latine, les Roumains ont ainsi dû attendre la seconde moitié du 19ᵉ s. pour être enfin reconnus comme une nation à part entière.

Bien des édifices témoignent encore de ce croisement des cultures qui fécondèrent la Roumanie. Les amateurs d'histoire et de belles pierres admireront la variété de l'architecture villageoise, les citadelles daces, les ruines grecques, les églises fortifiées saxonnes, les monastères peints, l'influence colorée de l'Empire austro-hongrois, le style Brâncoveanu, la Sécession transylvaine ou les édifices communistes. Le pays vous réserve bien d'autres surprises.

RECOMMANDATIONS

DOCUMENTS OBLIGATOIRES

✓ Permis de conduire rose de l'UE
✓ Permis de conduire international (recommandé seulement)
✓ Certificat d'immatriculation du véhicule ou certificat de location
✓ Plaque d'identification nationale
✓ Justificatif d'assurance (carte verte)
✓ Passeport
✓ Procuration en cas d'utilisation du véhicule appartenant à un tiers

VITESSES LIMITES

✓ En agglomérations urbaines : 50
✓ Sur routes : 90
✓ Sur autoroutes : 130
Ces vitesses limites sont réduites par temps de pluie

URGENCES

✓ Téléphone police : 955
✓ Téléphone pompiers : 981
✓ Téléphone médecin d'urgence : 975
✓ Le numéro d'urgence européen 112 est valable en Roumanie
Hôpital **Spital** / *Police* **Poliţie**

RÉGLEMENTATIONS

✓ Vignette autoroutière. En vente auprès des bureaux de poste, des services des automobiles, des bureaux de douane, ainsi que des garages et stations d'essence. Montant annuel : 28 €
✓ Taux maximum d'alcool toléré dans le sang : 0 g
✓ Âge minimum des enfants admis à l'avant : 12 ans
✓ Âge minimum du conducteur : 18 ans
✓ Port de la ceinture de sécurité obligatoire à l'avant et à l'arrière
✓ Pneus cloutés interdits
✓ Triangle de présignalisation obligatoire
✓ Trousse de premiers secours obligatoire
✓ Extincteur recommandé
✓ Gilet de sécurité fluorescent recommandé

Pour téléphoner en Roumanie

Depuis la France et l'étranger : ✆ 00 40, puis l'indicatif du département sans le 0 initial, puis le numéro de votre correspondant

LEXIQUE

MOTS USUELS

Oui **Da** / *Non* **Nu** / *Bonjour (dans la journée)* **Bună ziua** / *Bonjour (le matin)* **Bună dimineaţa** / *Bonsoir* **Bună seara** / *Au revoir* **La revedere** / *S'il vous plaît* **Vă rog** / *Merci* **Mulţumesc** / *Excusez-moi* **Scuzaţi-mă** / *Santé !* **Noroc !** / *Manger* **Mânca** / *Boire* **Bea** / *Toilettes* **Toalete**

DIRECTIONS & TRANSPORTS

La droite **Dreapta** / *La gauche* **Stânga** / *Tout droit* **Drept înainte** / *Entrée* **Intrare** / *Sortie* **Ieşire** / *Autoroute* **Autostradă** / *Route* **Drum** / *Ville* **Oraş** / *Station-service* **Benzinărie** / *Essence* **Benzina**

PREMIERS CONTACTS

Je voudrais... **Aş vrea să...** / *Où se trouve...?* **Unde este...?** / *Parlez-vous français ?* **Vorbiţi francez ?** / *Je ne comprends pas* **Nu înţeleg** / *Pouvez-vous m'aider ?* **M-aţi putea ajuta ?** / *Combien ça coûte ?* **Cât costă ?**

Roumanie

7 jours - **7 ambiances**

➲ Départ de Bucarest
➲ 7 jours
740 km
Carte Michelin n° 738

Grand-Place de Sibiu

Jour 1

À **Bucarest**, commencez par la visite de l'immense palais du Parlement, symbole gênant, devenu attraction. Pour apprécier la démesure des dimensions de l'ex-Maison du Peuple, restée inachevée, il faut en faire le tour à pied. Élevée sur un promontoire entre 1984 et 1989, elle a nécessité le travail de 400 architectes, de 20 000 ouvriers et a entraîné la ruine du pays. En dépit des commentaires blasés des guides et de l'aspect lacunaire de la visite, car seule une infime partie est accessible au public, la découverte des lieux s'avère intéressante. Du balcon, évaluez les dégâts causés sur le quartier par cette construction et glissez-vous derrière le décor en visitant le monastère Antim. Un tour par la cour princière, au Hanul lui Manuc (caravansérail du 19e s.) et au musée d'Histoire vous fera remonter le temps. Puis, dans le quartier Lipscani, flânez sans craindre les voitures. Les façades délabrées ou rénovées cachent quelques trésors comme l'église Stavropoleos.

Jour 2

Après une promenade dans le parc Cişmigiu, entamez la remontée de la **Calea Victoriei** bordée de belles bâtisses. Puis, les collections roumaines du musée d'Art vous occuperont un bon moment, avant de poursuivre plus au nord. Au-delà du palais Cantacuzino, l'avenue débouche sur une place disproportionnée. De l'autre côté, ne manquez surtout pas le passionnant musée du Paysan roumain. Enfin, prenez le frais sous les arbres des rues chic autour de la strada Paris, ou au bord de l'eau, au musée du Village.

Jour 3

Prenez la E 60 en direction de la **vallée de la Prahova** qui serpente entre les monts Bucegi, à l'ouest, et Baiului, à l'est. Elle pourrait être nommée « vallée royale », car le roi Carol Ier y résida, dans le formidable château de Peleş à **Sinaia**, tout de pierre, de bois et de matériaux précieux. Le souverain entraîna à sa suite la haute société locale. Désormais vous rencontrerez surtout des randonneurs et des skieurs. Ils affluent tout au long de l'année pour profiter des spectaculaires reliefs et des forêts. Ne vous hasardez pas au plus profond de celles-ci car vous pourriez croiser ours, loups ou lynx. Ainsi, à **Buşteni** le téléphérique fait prendre de la hauteur et transporte ses voyageurs jusqu'à la cabane Babele, point de départ d'un long circuit pédestre. Profitez de votre fin de journée et de votre nuit à Braşov et ses environs.

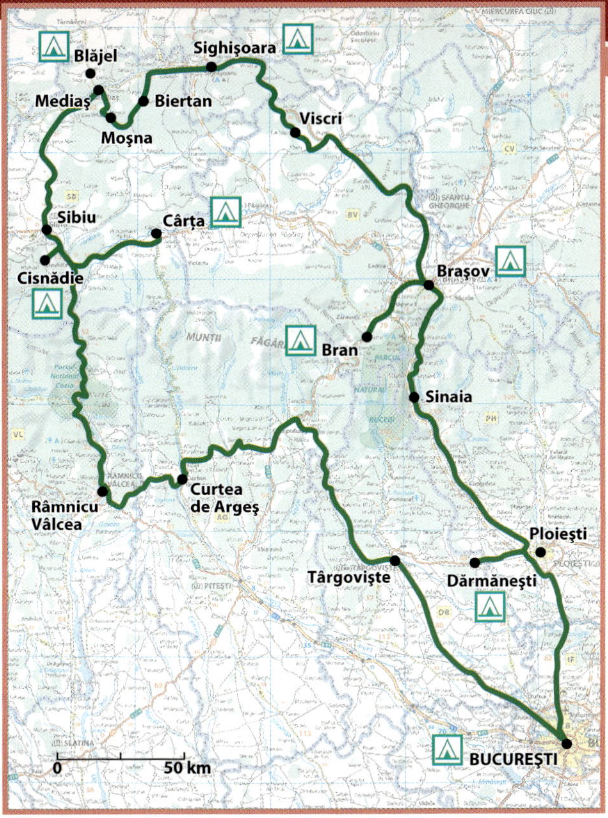

Jour 4

À **Braşov**, le vieux quartier coloré autour de la Piaţa Sfatului et de l'église Noire mérite bien quelques heures. Zigzaguez ensuite entre la citadelle de Prejmer, l'église fortifiée de **Viscri** et Odorheiu Secuiesc, la magyarophone. Faites votre halte au camping de la cité médiévale de **Sighişoara**. La citadelle historique de cette dernière, d'allure très allemande, est sans conteste l'un des joyaux de la Transylvanie. L'unité architecturale à taille humaine et l'atmosphère paisible conjuguent leurs atouts pour vous retenir. Vous prendrez plaisir à flâner dans ces ruelles calmes.

Jour 5

La jolie route 14 qui traverse les collines de Sighişoara à Sibiu invite à de multiples étapes et détours. Ainsi le superbe village de **Biertan** est largement ouvert au tourisme. Juchée sur une colline et entourée d'une double enceinte, l'église-halle (1493-1522) fut la dernière de ce type construite en Roumanie, avec ses trois nefs de hauteurs identiques. À l'intérieur, vous remarquerez la chaire en pierre sculptée, les fines nervures des voûtes et, surtout, le retable peint (1524). Vous pouvez ensuite vous arrêter aux citadelles de **Moşna**, **Băgaciu** et **Boian**, à la belle cité de **Mediaş** et à l'église de **Slimnic**.

Jour 6

Une journée permet de découvrir tranquillement **Sibiu** la Saxonne, ses places charmantes, ses musées Brukenthal et Dumbrava.

La cité a la réputation d'être la plus belle du pays, un titre qui n'est certes pas usurpé. Une ville haute et une ville basse enchevêtrées avec bonheur, des ruelles bordées de vieilles façades aux teintes pastel, des toits de tuiles rouges percés de lucarnes délicatement ourlées, une atmosphère particulière… Tout contribue à la séduction qu'exerce Sibiu sur le visiteur.

Jour 7

Prenez la E 81 vers **Râmnicu Vâlcea** en vous arrêtant dans les monastères de la vallée de l'Olt. De là, revenez vers Bucarest via les anciennes capitales. **Curtea de Argeş** aligne ses beaux trésors orthodoxes et valaques. Passé Câmpulung, vient **Târgovişte** et sa cour princière bien conservée.

Roumanie

Campings

Blăjel

Camping de Blăjel
Str. Tudorvladimirescu 87/89
40 (0)269 851079
jo_stijnen2@hotmail.com
D'avr. à fin-sept. 0,5 ha (15 empl.)
Loisirs : (petite piscine)
Services :
Transports en commun à proximité du camping.

Bran

Vampirecamping
Str. Sohodol 77C
40 (0)268 238430
info@vampirecamping.com
D'avr. à fin-oct. 3 ha (200 empl.)
Loisirs : Excursions organisées (juil. à mi-août)
Services : snack, pizzeria

Braşov

Complex Darte
Calea Bucuresti 285
40 (0)268 339967
camp.dirste@deltanet.ro
De mi-avr. à mi-oct. (260 empl.)
Services :

Bucureşti/Bucarest

Casa Alba
Aleea Privghetorilor 103/Padurea B
40 (0)212 304525
info@casaalba.ro
Permanent (40 empl.)
Services :
Transports en commun pour le centre-ville.

Cârţa

De Oude Wilg
Str. Prundului 311
40 (0)723 186343
de_oude_wilg@yahoo.com
Permanent 1 ha (30 empl.)
Loisirs : canoë
Services : sèche-linge
Transports en commun à 300 m.

Cisnădie

Ananas
Str. Cimitirului 32
40 (0)269 566 066
De mi-mai à fin-sept. 1 ha (30 empl.)
Loisirs : (centre équestre)
Services :
Transports en commun proche du camping.

Dărmăneşti

Trotus Valley
Calea Trotusului 272
40 (0)234 374 705
De mi-avr. à mi-oct. 1 ha (60 empl.)
Services : Barbecue collectif

Sighişoara

Central
Str. 1 Decembrie 1918, 30A
40 (0)265 771 946
cristub@club.sigedu.ro . www.camping-central-sighisoara.ro
D'avr. à fin-sept (20 empl.)
Loisirs :
Services :
Petit camping au centre-ville

Le conseil de Bib

Si vous avez des difficultés pour stationner, n'hésitez pas à demander aux habitants, ils se feront un plaisir de vous indiquer un lieu sûr, voire de vous inviter chez eux. De nombreuses auberges ou tables d'hôtes chez l'habitant offrent aussi la possibilité de faire halte sur leur parking.

Les bonnes **adresses** de Bib

Braşov

Taverna Sarbului

Str. Republicii nr. 55 (au fond de la cour).

Cette taverne serbe à l'ambiance animée par les célèbres fanfares de Goran Bregović propose des spécialités roumaines, serbes et hongroises dans une atmosphère chaleureuse. Vous pourrez y déguster notamment de délicieuses saucisses paysannes aux haricots blancs ou un fromage très épicé. Vin en carafe.

Bucureşti /Bucarest

Burebista

Calea Moşilor nr. 195 - ✆ 210 9704 - 12h-0h.

Le décor en bois et les peaux de bêtes annoncent la couleur : ici vous êtes en territoire carnivore. Les classiques plats roumains et le gibier sont bien préparés et servis en portions généreuses.

Caru' cu Bere

Str. Stavropoleos nr. 3 - ✆ 313 7560 - 9h-0h.

Le décor vaut à lui seul les nombreux essais qu'il faut en général tenter avant d'obtenir une table libre. Sous les boiseries et les vitraux néogothiques de ce lieu historique, vous dégusterez une bonne cuisine roumaine à des « tarifs démocratiques ». Le menu du jour et les excellents papanaşi sont particulièrement intéressants.

Crem Caff e Royal

B-dul Lascăr Catargiu nr. 2 - ✆ 312 9111 - lun.-vend. 8h-0h, sam.- dim. 9h-0h.

La superbe maison du peintre Petraşcu est devenue un lieu recherché : café, vinothèque, bar à cigares.

Artisanat

Il est plus intéressant de faire ses achats auprès des artisans lors de votre périple à travers le pays. À Bucarest, les meilleures boutiques se trouvent au musée du Village (Şos. Kiseleff nr. 28 - ✆ 222 9106 - 9h-19h, lun. 10h-17h) et au musée du Paysan roumain (Şos. Kiseleff nr. 3 - ✆ 650 53 60 - mar.-dim. 10h-18h). Vous y trouverez un grand choix de livres, de vêtements, d'objets en bois, d'icônes et de céramiques, à des prix très élevés.

Ateliers-verreries

La rue « des selliers » abrite divers magasins d'artisanat du verre : Coman Design (Str. Şelari nr. 18 - ✆ 312 1151 - lun.-vend. 9h-19h), Sticerom (Str. Şelari nr. 9 - ✆ 314 9492 - lun.-sam. 9h-18h, sam. 15h).

Marché

Piaţa Obor – Quartier Obor (métro : Obor) -

En général ouvert tous les jours. Cet immense marché-bazar, en travaux pour quelques années, est le plus grand de la ville. Une « visite » de ce labyrinthe de vêtements made in China, de quincaillerie, de fruits et légumes odorants, est une vraie plongée dans le Bucarest populaire. Dans le même genre, voyez les petits marchés de quartier : Piaţa Traian (Calea Călăraşilor/Str. Traian), Piaţa HaralambieBotescu (Str. Berzei).

Curtea de Argeş

Confarg

Str. Negru Voda nr. 5 - ✆ 728 020 - www.confarg.ro.

Le bâtiment n'est pas beau, mais la cuisine roumaine attire tous les mariages de la ville.

Crama Basarabilor

B-dul Basarabilor nr. 2.

Au début de la rue principale, grande terrasse en été, salle à l'étage tout en bois et carte roumaine classique. Préparations et service inégaux.

Sinaia

Bucegi

B-dul Caril I - ✆ 313 202.

Une adresse sans prétention pour déguster des classiques locaux.

Smart

Str. Theodor Aman nr. 16 - ✆ 312 288.

Dans un décor moderne-folklorique réussi, on vous sert une cuisine roumaine correcte.

Târgovişte

Belvedere

Str. Al. I. Cuza - ✆ 212 726 - 12h-0h.

Outre le décor chaleureux, on apprécie ici la qualité du service, les portions généreuses et le menu varié : spécialités roumaines ou internationales, pizzas, salades, belle carte de desserts et de vins, à des tarifs très abordables. La salle à l'étage est souvent bondée. Dommage que la musique soit si forte.

Roumanie

Entre plaine et mer

➲ *Départ de Constanța*
➲ *9 jours*
495 km
Carte Michelin n° 738

Casino de Constanța

Jour 1

Le petit centre historique de **Constanța** donne sur les flots et le port depuis sa péninsule surélevée. Populaire, tellement méditerranéen, un peu oriental, il se parcourt avec nonchalance. Ruines antiques, mosquées et façades du 19e s. s'enchaînent. Au musée national d'Histoire et d'Archéologie, vous pourrez admirer, entre autres, de belles pièces grecques et romaines, ainsi que Glycon, sculpté au 3e s., divinité protectrice énigmatique, aujourd'hui symbole de la ville.

Jour 2

Mangalia, l'autre ville du littoral, est aussi le deuxième port roumain. Dans son centre animé, on retrouve quelques vestiges de son ancêtre, Callatis. Fondée par les Grecs au 6e s. av. J.-C., cette cité prospéra grâce aux échanges commerciaux en temps de paix, puis déclina au fil des conflits, au point de disparaître au 7e s. Elle connut un nouvel essor au 16e s. sous le nom de Mangalia. Dans les années 50, la ville était prisée des curistes qui venaient pour la thalassothérapie et les eaux sulfureuses.

Jour 3

La route vous permet ensuite de quitter Mangalia pour partir à la découverte d'une région oubliée. À **Adamclisi**, un monument et un musée rappellent le passage de Trajan. Plus loin, l'église blanche du monastère **Sf. Andrei** (St-André) apparaît au milieu d'une clairière, qui abrite également une grotte, considérée comme le premier lieu de culte de Roumanie. Elle aurait servi de retraite au saint apôtre André. Après la visite, prenez la belle route 223 en direction de Cernavodă. Elle longe sporadiquement le Danube à travers les collines, les vignobles et des bourgs très modestes comme Dunăreni et Aliman. Revenez vers **Constanța** par la route 22 C.

Jour 4

La E 87 vous mène à **Histria**, la plus ancienne cité antique du pays et la mieux conservée. Un affichage en anglais et en roumain décrit les différentes ruines : thermes et place dallée de l'époque romaine, mur grec, magasins. Via Sinoie 28 et Baia, vous parvenez au village de pêcheurs lipovènes de **Jurilovca**, au bord du lac Razim. Les collines nues et la citadelle d'Enisala dominent de grandes

étendues de roseaux annonçant le delta. Après un écart par **Babadag** la musulmane (à voir musée et mosquée), ralliez Murighiol ou Dunavăţu de Jos pour passer la nuit au sein de ces paysages de tourbière.

Jour 5

Laissez votre camping-car à **Murighiol** pour explorer le bras sud du Danube à **Sf. Gheorghe**, en reliant cette localité du bout du monde en ferry ou en sillonnant les environs en barque. La bourgade de 1 000 habitants est isolée entre le débouché du Danube dans la mer Noire et une interminable plage. De jolies maisons aux porches byzantins s'organisent autour de rues sableuses. L'absence d'édifice remarquable oblige à se concentrer sur la vie de la population et de la faune : pêcheurs, vaches errantes, cigognes attentives. Vous dégusterez chez l'habitant de délicieux plats de poisson.

Jour 6

Gagnez **Tulcea**, porte d'entrée du delta. Musées, agences, commerces et restaurants tout est là pour la découverte des lieux. Si le centre-ville aligne ses blocs sans originalité, les collines alentour comptent de vastes bourgs, noyés dans la verdure. Le Danube, dont la ville épouse les courbes, prend ici un dernier élan avant de s'éparpiller en éventail dans sa course vers la mer. Les berges ont été aménagées en large quai-promenade (Str. Portului ou Faleza Dunării) où il fait bon regarder le ballet des embarcations en tout genre.

Jours 7 & 8

Vous pourrez prévoir deux jours pour naviguer sur le bras de **Sulina**. Devant vos yeux, l'agglomération oubliée déroule ses maisons urbaines et traditionnelles, ses usines, sa vaste église et ses grues rouillées. Le vent soulève la poussière et balaye quelques jolies façades, souvenirs d'un passé plus glorieux. Un kilomètre de piste mène à la mer, à travers une étendue de sable où affleure une herbe drue et salée que broutent les vaches et les chevaux.

Jour 9

De retour à Tulcea, suivez la route 22 où collines en terrasses, petits monastères et vestiges antiques se succèdent. Franchissez le Danube en bac à Smârdan, pour rejoindre **Brăila**, la cité de Panaït Istraţi. Son opulence passée s'affiche sur les belles demeures qui bordent ses rues endormies. Au 19e s., les négociants de toute l'Europe se croisaient ici, s'enrichissaient grâce aux céréales de la plaine de Munténie et exploitaient des esclaves rom. Les axes pavés, mi-urbains, mi-ruraux, autour de la piaţa Traian et de la strada Eminescu réservent des surprises aux promeneurs. Sur la place, une horloge bleue voisine avec l'église des St-Archanges, aménagée dans une ancienne mosquée.

Roumanie

Campings

Brăila

Donaris
DN 21
40 (0) 239 626919
casadonaris@yahoo.com
De mi-mai à fin-sept. 1,2 ha (50 empl.)
Services :

Mangalia

Popas Zodiac
Gala Galaction 49 - Statiuna Jupiter
40 (0) 241 731404
sperantacar@hotmail.com
De mi-avr. à fin-oct. 2 ha (400 empl.)
Loisirs : (plage)
Services :

Murighiol

Camping Lac Murighiol
Rte de Tulcea
40 (0) 788 41210678
contact@campinglacmurighiol.ro
www.campinglacmurighiol.ro
Permanent (40 empl.)
Loisirs : Visite du delta en bateau.
Services :
La découverte du delta en bateau avec Octavian, maître des lieux.

Le conseil de Bib

Les routes principales sont en général de bonne qualité mais le réseau secondaire est parfois très dégradé. Attention aux nombreuses ornières ainsi qu'aux bordures qui peuvent être dangereuses.

Năvodari

Popas Hanul Piratilor
Mamaia - Sat
40 (0) 241 831702
Permanent5 ha (2000 empl.)
Loisirs : (plage)
Services :

GPM Holidays
DN 68 - Mamaia
40 (0)241 831002
gpm_camping@yahoo.com
De mai à fin-sept. 5 ha (600 empl.)
Loisirs : snack (plage)
Services :

© Lili et Octavian Glodian
Camping Lac Murighiol

Les bonnes **adresses** de Bib

Brăila

Casa Bolta Rece

Str. Rece nr. 10 - ✆ 212 255 - 8h-0h.

La maison est belle (style traditionnel) et le jardin agréable. Vous y savourerez peut-être d'excellents sarmale ou papanaşi, mais le service peut s'avérer en dessous de tout.

Casa Lavric

Str. Sf. Atanasie nr. 21 - ✆ 229 960 - 12h-0h (lun. 15h).

Maison ocre, terrasse fleurie, cette adresse recherchée propose des spécialités locales et internationales.

Constanța

Q's Inn

B-dul Ferdinand nr. 7.

Tout est là pour composer un excellent repas à emporter, de l'entrée au dessert. Vaste choix (cuisine locale de qualité), serviettes et couverts fournis.

Amster's

B-dul Tomis nr. 55 - ✆ 511 499 - 10h-24h.

Vous choisissez parmi des préparations de poulet et de pâtes, dans une ambiance et un décor de pub.

Casa Ţărănească

Str. Negru Vodă 9 - ✆ 665 606 - 12h-0h.

Le décor pseudo-rustique de la « maison paysanne » sonne faux. Mais sa carte de spécialités roumaines est une rareté à Constanța.

On plonge

Portul Tomis - ✆ 0729 006 832 - 10h30-0h.

Derrière des vitres bleues qui évoquent un aquarium, on contemple le port tout en dégustant des plats de poissons corrects.

Achats : La strada Ştefan cel Mare est le grand axe commercial de Constanța. Le Tomis Mall y rassemble les enseignes connues. En continuant, vous trouverez un grand supermarché (Mega Image), une vinothèque (nr. 72) et, à l'écart, le marché et son ambiance bien plus pittoresque.

Tulcea

Delta du Danube

Les pensions du delta proposent le gîte et le couvert (souvent d'excellente qualité) et acceptent le stationnement des camping-cars. Il faut compter avec eux car il existe peu de restaurants. À Tulcea, ravitaillez-vous dans les supermarchés, marchés ou au Simigerie – Pâtisserie (Str. Babadag - près de Trident) où l'on fait la queue pour acheter les covrigi, plăcinte et börek sortant du four.

Le conseil de Bib

ORNITHOLOGIE : à l'aide de jumelles, vous pourrez observer plusieurs espèces durant vos déplacements dans le delta. Pour une observation sérieuse, préférez les mois de mai, juin et octobre, périodes des migrations, et faites-vous conduire (pêcheur, agence) dans les sites autorisés.

Pêche : le permis s'achète à Tulcea. Informations sur les saisons de pêche, les zones autorisées, les excursions sur www.turism.ro.

Roumanie

Le grand Ouest

➲ *Départ de Timişoara*
➲ *8 jours*
1 055 km
Carte Michelin n° 738

Cluj-Napoca et ses clochers

Jour 1

Célèbre pour avoir joué un rôle décisif au cours de la révolution de 1989, **Timişoara**, la « Petite Vienne », est une cité dynamique en plein essor économique, à la fois universitaire et cosmopolite. Aussi nommée la « ville des roses » pour ses nombreux jardins, elle s'emploie à mettre en valeur son superbe centre historique, dont les immeubles baroques et Sécession occupent le territoire de la forteresse impériale, construite par les Autrichiens au 18e s.

Jour 2

Par les routes 6 et 68 A, vous rejoignez **Deva** et sa citadelle. Celle-ci culmine à 371 m sur une colline aujourd'hui classée réserve naturelle. Plus au sud, à **Hunedoara**, se dresse un spectaculaire château. Avant d'emprunter le pont de bois au-dessus de la Cerna, vers la porte percée dans une tour massive, détaillez la façade de l'édifice et, notamment, la superbe série de poivrières. Poursuivez votre chemin sur la route de **Haţeg** qui traverse une campagne souriante et vallonnée puis jusqu'à l'originale petite église de **Densuş**, construite avec les pierres de la cité romaine voisine.

Jour 3

Il faut prendre le temps de quitter la route 7 (dir. Alba Iulia) pour apprécier les plus beaux vestiges du royaume des Daces, au sud d'**Orăştie**. Avant d'entamer cette balade, sachez que ces sites, aujourd'hui classés au patrimoine mondial de l'Unesco, sont difficiles d'accès. Les plus courageux peuvent gagner à pied Sarmizegetusa Regia (4h30 de marche environ). Fondée au 1er s. av. J.-C., cette cité nichée à 1 200 m d'altitude fut la capitale de Decebal. La route 7 continue vers **Sebeş**, petite cité saxonne dont l'église évangélique abrite un retable du 16e s. La journée s'achève à **Alba Iulia**, qui occupe une place particulière dans le cœur des Roumains : ici fut proclamée l'unification du pays, le 1er décembre 1918.

Jour 4

Les petites routes de l'est des Apuseni traversent de charmants villages et paysages : Ighiu, Teiuş, monastère de Râmeţ, Aiud. Puis, une fois les gorges de Vălişoara dépassées, vous atteignez la vallée bucolique de Rimetea où il fait bon s'arrêter pour la nuit.

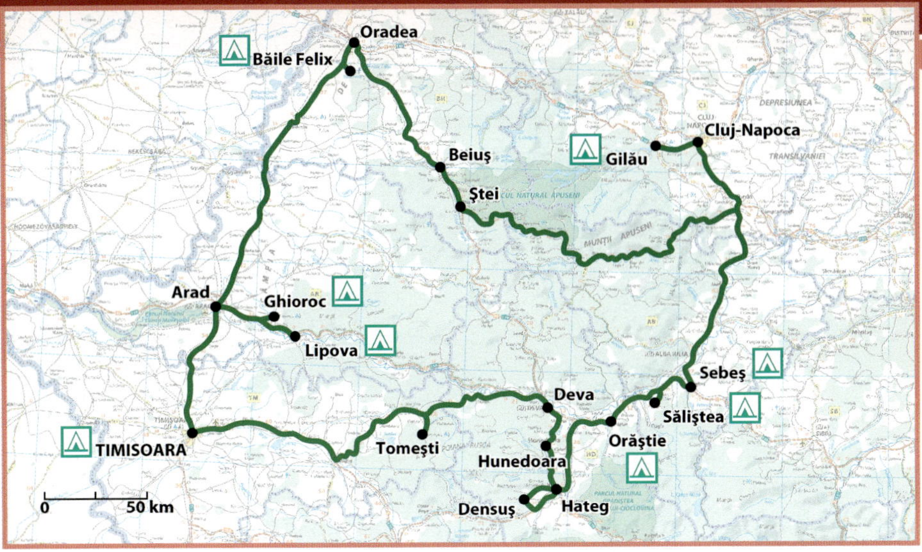

Jour 5

Après cette halte enchantée, faites un aller-retour vers **Cluj-Napoca**, phare économique, universitaire et culturel, favorisé par Matei Corvin, roi de Hongrie, puis par les Habsbourg. Malgré un premier moment de consternation provoqué par le bruit et la circulation, Cluj se révèle sous son véritable visage : celui d'une ville animée dont le centre historique recèle nombre de trésors. Parmi eux, la cathédrale St-Michel, symbole et cœur de la cité où fut baptisé Matei Corvin. Église-halle, c'est-à-dire dont les trois nefs sont de même hauteur, ce sanctuaire donne une impression de grandeur à laquelle contribue l'austérité du décor intérieur.

Jours 6 & 7

En suivant les routes 75 et 76 le long de la vallée de l'Arieş, vous pénétrez dans le pays des Moţi. Le musée de Lupşa est une bonne introduction à cette région d'élevage où des fermes isolées égaient un superbe paysage de montagnes. Autour de **Beiuş**, qui accueille les foires locales, des églises en bois se dressent dans chaque hameau. Pour la plupart construites par des charpentiers locaux au 18e s., elles furent souvent décorées par un peintre itinérant originaire de Valachie, David Zugravul. Un détour par le plateau de Padiş, paradis des spéléologues, permet d'admirer de spectaculaires formations karstiques. À Pietroasa, la route s'arrête pour laisser la place à un sentier forestier. Difficilement praticable en voiture, il remonte la vallée d'un torrent, affluent du Criş Noir. Il faut être un marcheur expérimenté – et mieux vaut partir accompagné – pour découvrir les environs. Gouffres, avens, canyons et grottes, telle la citadelle de Ponor où se dissimule une rivière souterraine, composent un paysage tourmenté, rendu plus inquiétant par d'épaisses forêts. Ainsi s'explique pourquoi les Apucènes se sont révélés des refuges inexpugnables pour les révoltés qui y luttèrent jadis.

Jour 8

Quittez les Apucènes par la E 79 en direction d'**Oradea**. La cité multiethnique s'offre à vous avec ses édifices baroques et ses innombrables façades nées de l'imagination florissante des architectes des années 1900. La vaste place de l'Union constitue l'un des plus beaux ensembles architecturaux du pays. Deux monuments en particulier attirent l'attention : la baroque église de la Lune et le Palais de l'Aigle noir, immense ensemble Art nouveau au décor polychrome et aux ondulations audacieuses. Un arrêt s'impose pour profiter des bains chauds de la station thermale de **Băile Felix**. Regagnez ensuite **Timişoara** via **Arad** par les routes 79 et 69.

Roumanie

Campings

Sânmartin

Apollo
Accès : 10 km au sud d'Oradea par E 79.
40 (0)740 391 879
contact@campingapollo.ro
www.campingapollo.ro
Permanent 1 ha (30 empl.)
Loisirs :
Services :

Ghioroc

Camping Route Roemenie
Sat Minis 298
40 (0)257 461 359
sharon.rose@dntar.ro
D'avr. à fin-sept. 0,5 ha (14 empl.)
Loisirs : (plan d'eau)
Services :
Petit camping géré par un couple hollandais.

Gilău

Eldorado
DN 1 - E 60
40 (0) 264 371 688
info@campingeldorado.com
De mi-avr. à mi-oct.
Loisirs : Promenades guidées en juillet et août
Services : sèche-linge

Lipova

Camping Baile Lipova
Str. Lugojului 50
40 (0)257 563 139
www.baile.lipova.dntar.ro
Permanent (50 empl.)
Loisirs :
Services :

Orăştie

Aurel Vlaicu
Str. Principala 155
40 (0)254 245 541
aurelvlaicu@email.ro .
www.campingaurelvlaicu.lx.ro
De mi-avr. à fin-sept. 0,7 ha (40 empl.)
Loisirs :
Services : sèche-linge
Transports en commun proche du camping.

Timişoara

International
Aleea Padurea Verde 6
40 (0)256 208 925
campinginternational@yahoo.com
Permanent 4,5 ha (100 empl.)
Loisirs : tennis de table
Services : lave-vaisselle
Transports en commun à proximité du camping.

Săliştea

Salisteanca
Strada Baii 13
40 (0)269 553 121
iulian_parau@yahoo.com
De mi-avr. à fin-oct. 0,2 ha (15 empl.)
Loisirs : (centre équestre), excursions organisées 2 fois par semaine de juin à sept.
Services :

Sebeş

Poarta Oilor
Str. M. Eminescu 573 - Garbova
40 (0)258 748 001
Permanent 4 ha (30 empl.)
Loisirs : trampoline
Services : sèche-linge snack

Les bonnes **adresses** de Bib

Arad

Manhattan

P-ţa A. Iancu nr. 9 - tlj 10h-0h.

Salle agréable, service stylé, belle carte de vins et cuisine magyaro-roumaine ou franco-italienne au choix. Le gulaş, délicieux, est accompagné d'une polenta merveilleuse de finesse.

Cluj-Napoca

Casa Ardeleană

B-dul 21 Decembrie 1989 nr. 5 (à l'entrée du centre commercial Sora en sous-sol) - tlj 12h-0h.

Installée dans un sous-sol au décor plus rustique que nature et à l'agréable mobilier peint, la « Maison Transylvaine » propose des plats traditionnels, mijotés au four à bois. Une sympathique adresse, à deux pas du centre.

Ursus

Piaţa Unirii nr. 19 - tlj 9h-22h.

Dans un dédale d'immenses salles, ce restaurant populaire a pris pour emblème une des marques de bière les plus populaires du pays. Spécialités locales et portions généreuses, à défaut de raffinement.

Oradea

Taverna

Str. Mihai Eminescu nr. 2 - tlj 9h-1h.

En sous-sol, plats traditionnels hongrois et roumains. Menu du jour au déjeuner.

La Sabia Haiducului

P-ţa Regele Ferdinand nr. 3 - tlj 12h-23h.

Dans une cave voûtée, spécialités de grillades et de brochettes accompagnées de sauces relevées propres à séduire un haïdouk (bandit de grand chemin au temps de l'Empire ottoman)…

Timişoara

The Tunnel

Str. Mărăşeşti nr. 12.

Grande taverne dans une cave voûtée. Spécialités roumaines et menu du jour.

Stradivarius

P-ţa Unirii – tlj 9h-0h.

Petite restauration et plats du jour dans une ambiance jeune et animée.

Karadorde

Str. Gheorge Lazăr nr. 2.

Près de l'église serbe, en sous-sol, un restaurant serbe où vous pourrez déguster les emblématiques čevapčici, rouleaux de viande hachée passés au grill. Des spécialités plus raffinées sont disponibles sur commande (4h).

LLoyd

P-ţa Victoriei nr. 2.

Cette brasserie a investi une vaste salle au décor Art nouveau (vitraux, lustres, miroirs) à dominante verte, au pied du palais du même nom. Cuisine italo-magyaro-roumaine et service professionnel.

Bega

Str. Proclamaţia de Timişoara - lun.-vend. 9h-20h, sam. 9h-19h.

Un peu de tout sur cinq niveaux, y compris, au rez-de-chaussée, un kiosque proposant quelques titres de la presse française (pas toujours très récents).

Portugal

Nom local : *Portuguesa* **Capitale :** *Lisbonne*
Population : *10,60 millions d'habitants* **Superficie :** *88 944 km²* **Monnaie :** *Euro*

Niché dans la pointe sud-ouest de la péninsule ibérique, le Portugal offre un tableau bigarré de paysages. Des vallées verdoyantes du nord aux vastes plaines dorées du sud, du charme rustique de ses vieux villages à l'enchantement de la capitale, vivante et moderne, c'est un pays accueillant et très agréable à visiter.

Avec plus de 800 km de plages ouvertes sur l'Atlantique, on ne s'étonne pas que les Portugais aient été les premiers Européens à se lancer à la conquête du nouveau monde. L'immense empire portugais comprenait des colonies aux quatre coins de la planète, de l'Amérique du sud à l'Asie. Le riche patrimoine architectural du pays témoigne de ce passé glorieux.

Le Portugal vous séduira par la vivacité de ses traditions, dont la généreuse gastronomie de terroir, l'artisanat varié et les nombreuses manifestations folkloriques tout au long de l'année. C'est au nord du pays que les coutumes sont les plus préservées. Dans cette région à la végétation luxuriante, les vignes grimpantes de la vallée du Douro forment un paysage unique – tout comme son célèbre vin… de Porto.

Les montagnes de la région centrale des Beiras font la transition entre le nord humide et le sud sec, tandis que la zone proche de Lisbonne concentre les monuments les plus extraordinaires du pays. Au-delà des rives du Tage, de vastes étendues et des villages éclatants de blanc couvre près d'un tiers de la superficie du pays. À l'extrémité sud du Portugal, l'Algarve recèle quelques-unes des plus belles plages de l'Europe : le contraste entre les magnifiques falaises et la mer turquoise créent un panorama d'une extraordinaire beauté.

Si le Portugal dispose d'un climat relativement doux, il y a de grandes différences entre les régions. Il pleut beaucoup au nord même en été, et l'hiver peut être très rigoureux dans cette partie du territoire. L'automne et le printemps sont les meilleures saisons pour visiter le pays.

R. Juge / MICHELIN

RECOMMANDATIONS

DOCUMENTS OBLIGATOIRES

✓ Permis de conduire rose de l'UE
✓ Permis de conduire international (recommandé seulement)
✓ Certificat d'immatriculation ou certificat de location
✓ Plaque d'identification nationale
✓ Justificatif d'assurance (carte verte)
✓ Passeport (recommandé seulement)
✓ Procuration en cas d'utilisation du véhicule appartenant à un tiers (recommandée seulement)

VITESSES LIMITES

✓ En agglomérations urbaines : 50 km/h
✓ Sur routes : 90 km/h
✓ Sur autoroutes : 120 km/h
✓ Ces vitesses limites sont réduites par temps de pluie

FANGIO !

Une grande prudence est recommandée car les Portugais roulent à vive allure. Attention aux enfants qui gambadent dans les rues et aux habitants dans les rues le soir qui rendent la circulation difficile.

Pour téléphoner au Portugal

00 351 + indicatif régional sans le 0 + numéro de l'abonné. Il faut composer l'intégralité du numéro, avec l'indicatif régional, soit 9 chiffres où que vous soyez.

RÉGLEMENTATIONS

✓ Taux maximum d'alcool toléré dans le sang : 0,49 g
✓ Siège enfant, rehausseur ou système de retenue adapté et homologué obligatoire jusqu'à 12 ans ou 1,50 m
✓ Âge minimum du conducteur : 18 ans
✓ Port de la ceinture de sécurité obligatoire à l'avant et à l'arrière
✓ Allumage des feux de croisement obligatoire (jour et nuit) pour les deux-roues toute l'année
✓ Pneus cloutés interdits
✓ Triangle de présignalisation obligatoire
✓ Trousse de premiers secours recommandée
✓ Extincteur recommandé
✓ Gilet de sécurité fluorescent obligatoire

URGENCES

✓ Téléphone incendie et ambulance : 112
✓ Téléphone Police : 110

Au secours ! **Socorro !** / *C'est une urgence* **É uma emergência** / *Hôpital* **Hospital** / *Médecin* **Médico** / *Pharmacie* **Farmácia** / *Police* **Polícia**

LEXIQUE

MOTS USUELS

Oui **Sim** / *Non* **Não** / *Bonjour* **Bom dia** / *Bonsoir* **Boa noite** / *Salut* **Olá** / *Au revoir* **Adeus** / *S'il vous plaît* **Por favor** / *Merci (beaucoup)* **(muito) Obrigado/a (h/f)** / *Excusez-moi* **Desculpe** / *D'accord* **Tudo bem** / *Santé !* **Saúde !**/ *Manger* **Comer** / *Boire* **Beber** / *Toilettes* **Casa de banho** / *Restaurant* **Restaurante** / *Office de tourisme* **Posto de turismo** / *Argent* **Dinheiro**

DIRECTIONS & TRANSPORTS

Où se trouve… ? **Onde fica… ?** / *À droite* **À direita** / *À gauche* **À esquerda** / *Tout droit* **Em frente** / *Près de* **Perto de** / *Entrée* **Entrada** / *Sortie* **Saída** / *Route* **Estrada** / *Rue* **Rua** / *Autoroute* **Auto-estrada** / *Ville* **Cidade** / *Village* **Aldeia** / *Station-service* **Posto de gasolina** / *Essence* **Gasolina** / *GPL* **Gás** / *Diesel* **Gasóleo**

PREMIERS CONTACTS

Je voudrais… **Eu queria…** / *Parlez-vous français ?* **Você fala francês ?** / *Je ne comprends pas* **Eu não entendo** / *Pouvez-vous m'aider ?* **Você poderia me ajudar ?** / *Combien ça coûte ?* **Quanto custa ?** / *L'addition, SVP ?* **A conta, por favor** / *Je cherche…* **Eu procuro…** / *C'est trop cher* **É muito caro** /

De Lisbonne à l'Alentejo, au-delà du **Tage**

➲Départ de Lisbonne
➲7 jours
775 km
Carte Michelin n° 733

B. Brillion / MICHELIN

Dans le quartier de l'Alfama à Lisbonne

Jours 1 & 2

Ville dynamique, créative, méditerranéenne, où se mêlent affaires et culture ; lieu fascinant où il fait bon se perdre… deux jours à **Lisbonne** (« Lijboa » prononcé à la portugaise) vous permettront de découvrir les quartiers de la Baixa, de l'Alfama, de Belém, du Chiado et du Barrio Alto. L'Alfama se découvre, en flânant à travers le dédale de ruelles, et de préférence le matin, pendant les marchés de la rua de São Pedro et de la rua dos Remédios. Vous pourrez également visiter le musée de l'Azulejo, la fondation Calouste-Gulbenkian ou les jardins du palais des marquis de Fronteira. La ville du fado et de la « saudade » (état d'âme mélancolique) conserve une intéressante vie de quartier et vous incitera à la flânerie et à la rêverie. Lisbonne est une ville faite pour le promeneur. N'hésitez pas à affronter les escaliers biscornus, à sillonner les rues pentues ou transversales, ni à entrer dans les courettes. Une multitude de terrasses de cafés ou de restaurants offrent autant de haltes possibles où vous dégusterez *pastel de nata* et *vinho verde*.

Avant le plat choisi, on vous apportera très souvent des petits hors-d'œuvre *(acepipes)*. Attention, ils ne sont pas offerts en guise de bienvenue, mais sont inclus dans l'addition lorsqu'ils sont consommés. Si vous n'en voulez pas, dites-le simplement quand le serveur les disposera.

Le conseil de Bib

◗ Faites halte au camping de Lisbonne. Transports en commun à partir du camping pour le centre-ville.

Jour 3

Atmosphère tout autre lors d'une étape à **Sintra**, véritable havre de paix entre parcs romantiques et exubérants palais perdus dans la serra. Remontez encore au nord en longeant la côte, vous traverserez des villages de pêcheurs comme **Ericeira**. Puis poursuivez jusqu'à **Peniche**. Second port de pêche du Portugal, c'est aussi un centre de construction navale et de conserveries de poisson. Vous y dégusterez des poissons et des crustacés d'une grande fraîcheur, et si le temps ne vous est pas compté c'est de là que vous embarquerez pour l'île de **Berlenga**, archipel granitique classé réserve naturelle.

Jour 4

Avant de vous diriger sur l'Alentejo, faites halte à **Óbidos** qui a su conserver son cachet et son charme de ville médiévale, malgré l'afflux des touristes. Le tour des remparts à pied constitue une promenade très agréable, qui offre de belles perspectives sur cette cité compacte et bien restaurée. De **Santarem**, centre taurin et équestre réputé, capitale de la tauromachie portugaise, avec Vila Franca de Xira, la ville s'anime lors des grandes « feiras » et des « touradas ».

Jour 5

Joignez le Haut-Alentejo en suivant la vallée du Tage d'ouest en est. D'abord, les rives du Tage, domaine des taureaux et des petits villages ensoleillés, bordées de localités intéressantes : **Alpiarça**, **Chamusca** et **Golegal**. Le petit château d'**Almourol**, à l'ouest de Constância, est un château de conte de fées, hérissé de tours et de créneaux qui se dresse au milieu du Tage sur un îlot rocheux couvert d'arbres et de cactus. Vous vous arrêterez à **Abrantes** pour admirer cette belle ville blanche aux maisons soulignées de jaune. On y déguste la « palha de abrantes », une délicieuse pâtisserie aux œufs dont les filaments rappellent des cheveux dorés.

Puis, en s'éloignant du bord du fleuve, vers l'est, le paysage devient plus vallonné : on est dans l'Alentejo, « au-delà du Tage ». En s'approchant de la frontière castillane, les cités **Castelo de Vide**, **Marvão**, **Portalegre**, vous inciteront à faire étape. Ses villages médiévaux fortifiés surveillant naguère l'Espagne toute proche offrent des panoramas exceptionnels sur la plaine ou la montagne.

Jour 6

Continuez votre périple par **Elvas**, **Vila Viçosa** et **Estremoz**. Et, pour finir en beauté, l'une des plus belles cités du Portugal, **Évora**, précieux témoignage du mélange des influences médiévale, Renaissance, mauresque. La capitale de l'Alentejo a été déclarée patrimoine mondial par l'Unesco. Sa voisine fortifiée et de blanche vêtue **Monsaraz** est aussi d'une rare beauté. De ce nid perché, vous pourrez assister au coucher et au lever du soleil sur la campagne environnante.

Jour 7

De ces confins, redescendez vers **Beja**, perchée sur une colline. De là, ralliez la côte Atlantique, de **Comporta** à **Setúbal**, pour découvrir la côte Alentejane et l'estuaire du Sado, aujourd'hui une réserve naturelle. À Setúbal, arpentez l'agréable quartier ancien dont les ruelles étroites et en partie piétonnes contrastent avec les larges avenues de la ville moderne.

Portugal

Aires de service & de stationnement

Óbidos

Aire d'Óbidos – ***À l'entrée de la ville – 0962/800916 – Ouv. tte l'année – 15.***
Payant 2 €.
Stationnement : illimité. 6 €/j.
Services :

Campings

Abrantes

Parque de campismo de Castelo do Bode
Martinchel
0241/849262
Permanent 5 ha
Loisirs : aire de sports, barbecue
Services : snack

Beja

Parque de campismo municipal de Beja
Av. Vasco da Gama
0284/311911
Permanent 1 ha (180 empl.)
Loisirs :
Services : snack

Ericeira

Parque de campismo de Mil Regos
EN247, km 49,4
0261/862706
Permanent 18 ha
Loisirs : diurne (plage) aire de sports
Services : brasserie, snack

Évora

Orbitur Évora
Estrada de Alcáçovas (EN380) - Herdade Esparragosa
0266/705190
Permanent 3,3 ha
Loisirs : aire de sports
Services : snack
Proche du centre-ville.

Lisboa/Lisbonne

Parque municipal de campismo de Monsanto
Estrada da Circunvalação
0217/628200
Permanent 36 ha (180 empl.)
Loisirs : aire de sports, barbecue
Services : self service, brasserie
Transports en commun pour le centre-ville (forfait).

Peniche

Peniche Praia
Estrada Marginal Norte - EN114
0262/783460
Permanent 1,5 ha
Loisirs : diurne (petite piscine) (plage) barbecue
Services : sèche-linge brasserie, snack

Porto Covo

Parque de Porto Covo Oliveira Alves
EN554
0269/905136
Permanent 3,3 ha (270 empl.)
Loisirs : jeux pour adultes (plage)
Services : brasserie, snack

Setúbal

Parque de campismo do Outão
Estrada da Figueirinha (EN10-4)
0265/238318
Permanent 3,6 ha
Loisirs : (plage) aire de sports, barbecue
Services : brasserie, snack

Les bonnes **adresses** de Bib

Beja

A Pipa

R. da Moeda, 8 - ✆ 284 32 70 43 - fermé dim. et j. fériés en août - 12/20 €.

Non loin de la praça da República, une taverne typique de la région avec ses murs passés à la chaux et son décor rustique. Sous de larges voûtes en brique, vous dégusterez des grillades qui mettent le porc de l'Alentejo à l'honneur. Atmosphère chaleureuse.

Évora

São Luís

R. do Segeiro, 30-32 - ✆ 266 74 15 85 - fermé dim.

Une jolie adresse cachée non loin de la praça 1° de Maio, dans une maison ancienne. Parti pris de simplicité et d'authenticité avec nappes drapant les tables, rideaux en gros tissu, assiettes en grès brun, photos de *touradas* et objets paysans aux murs, musique alentejane en fond sonore… Dans l'assiette, des recettes d'hier à base d'herbes sauvages (soupe aux épinards) et d'excellentes viandes. Portions raisonnables et accueil prévenant.

Lisboa/Lisbonne

Casa do Alentejo

R. das Portas de Santo Antão, 58 - ✆ 213 40 51 40.

Dans ce lieu atypique, un escalier dessert les salons, le fumoir et le restaurant, dont les murs sont tapissés d'azulejos évoquant les travaux des champs dans l'Alentejo. La cuisine, copieuse et rustique, comprend des plats du jour et des classiques tels que le porc aux palourdes ou les *migas* (beignets de pain au saindoux). Le dimanche après-midi, bal et concert.

Mesa de Frades

R. dos Remédios, 139 A - ✆ 218 87 14 52 - fermé lun.

Cette ancienne chapelle vous accueille dans ses murs ornés d'azulejos anciens pour savourer une cuisine brésilienne ou typiquement portugaise. Sa terrasse idéalement située vous permettra d'observer la vie du quartier. Fado les mar., merc. et vend.

Via Graça

R. Damasceno Monteiro, 9 B - ✆ 218 87 08 30 - fermé sam. midi et dim. midi.

Situé en contrebas du belvédère de Nossa Senhora do Monte, ce restaurant raffiné au décor contemporain offre de magnifiques vues sur le château São Jorge et le centre-ville. Cuisine traditionnelle portugaise. Une bonne adresse pour une soirée intime.

Antiga Confeitaria de Belém - Fábrica dos Pastéis de Belém

R. de Belém, 84/8 - 8h-23h30.

Les petits gâteaux de Belém, appelés *pastéis de nata*, attirent en masse les Lisboètes et les touristes gourmands. C'est ici que ces petits flans sont fabriqués (la recette originale est jalousement gardée) dans les anciens fours qui leur donnent ce goût tant apprécié. Vous pouvez en emporter par boîtes de six ou bien les déguster chauds sur place dans une des salles décorées d'azulejos. Une institution à Lisbonne.

Pavilhão Chinês

R. Dom Pedro V, 89 - lun.-sam. 18h-2h, dim. 21h-2h.

Ancienne épicerie transformée depuis 1986 en bar, dont les murs sont couverts de vitrines exposant une abondante collection d'objets en tout genre : soldats de plomb, gravures contemporaines, céramiques humoristiques, maquettes d'avions de guerre. Vous pourrez également faire une partie de billard dans la salle du fond.

Adega do Machado

R. do Norte, 91 - ✆ 213 22 46 40 - mar.-dim. 20h-3h.

Bon spectacle folklorique en début de soirée, suivi de fado de Lisbonne ou de Coimbra, dans cette maison fondée en 1937.

Óbidos

A Ilustre Casa de Ramiro

R. Porta do Vale - ✆ 262 95 91 94 - fermé janv., jeu. midi et vend. midi.

Cuisine traditionnelle soignée dans une ancienne maison rustique située à l'extérieur des remparts.

Setúbal

O Beco

Largo da Misericórdia, 24 - ✆ 265 52 46 17 - fermé dim. soir et mar. - 14 €.

Au cœur de la vieille ville, une taverne plutôt chic qui propose une cuisine portugaise classique.

Tróia Cruze

R. das Barrocas, 34 - ✆ 265 22 84 82/962 40 59 33.

Embarquez à la rencontre des dauphins à bord d'un *galeão do sal*, bateau à voile en bois qui transportait jadis le sel jusqu'à Lisbonne.

Sintra

Cantinho de São Pedro

Praça Dom Fernando II, 18 - ✆ 219 23 02 67 - 15/20 €.

Cachée dans une venelle pavée de São Pedro, une bonne table à prix doux. Carte alléchante : porc à l'alentejane, truite à la mode de Sintra, tournedos aux morilles…

Admirer le Minho, le Trás-os-Montes et la **vallée du Douro**

➲ *Départ de Porto*
➲ *7 jours*
790 km
Carte Michelin n° 733

La Ribeira et les quais

M. Chaput/ MICHELIN

Jour 1

Malgré des apparences de ville austère et industrieuse, **Porto** se révèle une cité attachante avec son vieux quartier médiéval pittoresque, ses quais agréables le long du Douro. Le quartier de la cathédrale et de la praça de Batalha sont très animés. C'est surtout à pied et durant l'intersaison que la cité révèle le mieux ses charmes, à travers ses ruelles labyrinthiques et ses parcs à l'atmosphère romantique. Mais loin de se reposer sur les acquis du passé, Porto multiplie aujourd'hui les succès. Son centre historique, rénové avec goût, a été inscrit au patrimoine mondial de l'Unesco. La ville s'est enrichie d'un beau musée d'Art contemporain et d'un audacieux complexe dédié à la musique.

Jour 2

Direction le nord en longeant la côte, vous rejoignerez la nature exubérante du Minho et ses vignes omniprésentes qui en font une zone de tourisme rural fort appréciée. Faites un détour par le berceau historique du pays, dont le principal centre religieux, **Braga**, surnommée la « Rome » du Portugal, couverte d'églises et de couvents; les clochers y tintent en permanence. Dans les environs, ne manquez pas le sanctuaire de **Bom Jesus do Monte**. Puis regagnez **Guimarães**, première capitale du Portugal. Son centre historique médiéval, ensemble architectural homogène réhabilité dans les règles de l'art, a été classé au patrimoine mondial de l'Unesco en 2001. En regagnant la côte, passez par **Barcelos**, chaque jeudi matin s'y tient un marché agricole et artisanal, un des plus importants du Portugal.

Jours 3 & 4

La suite de notre circuit vous fait découvrir **Viana do Castelo**, où la rivière Lima rencontre l'Océan. Sa vieille ville foisonne de belles demeures manuélines ou Renaissance ; ses rues piétonnes et commerçantes convergent sur une grande place entourée de monuments du 16e s. N'oubliez pas de vous rendre au belvédère de Santa Luzia. Une échappée jusqu'à la frontière espagnole vous permet de longer la côte Atlantique puis le Parque Nacional de Peneda-Gerês avant de rejoindre les villes de **Ponte da Barca** et **Ponte de Lima**, actif centre viticole.

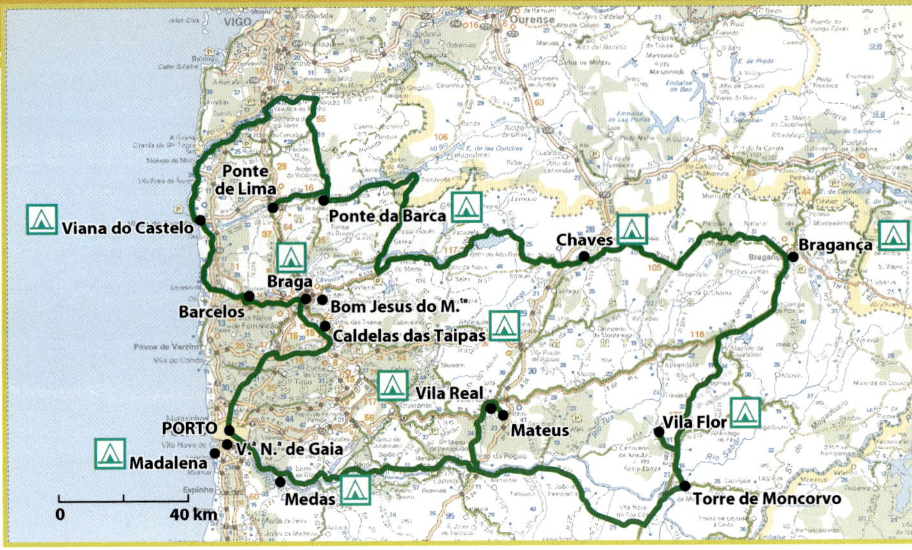

Jour 5

Un autre crochet en Espagne au bord du **barrage de Lindoso** puis par la OU 312 et N 308-1 rejoignez la haute vallée du Cávado et la ville fortifiée de **Chaves**. Ville fraîche et discrète, Chaves garde un cachet ancien avec son donjon autour duquel se pressent de pittoresques maisons blanches. Elle forme une agréable station thermale, connue pour son pont romain qui enjambe le Tâmega et son délicieux jambon fumé « presunto ». Poursuivez jusqu'à **Bragança** dont la superbe cité médiévale domine la ville nouvelle. Il se dégage de la vieille ville aux ruelles pavées, tranquilles et fleuries, une atmosphère presque désuète. C'est un excellent point de départ pour la découverte du tout proche parc naturel de Montesinho.

Jours 6 & 7

Direction la vallée du Douro. Vous verrez de nombreux barrages sur le fleuve, dans des paysages à consonance désertique. À partir de Torre de Moncorvo, les vignobles du porto prennent place tout le long de la vallée. Stoppez à **Vila Real**, qui est sans grand relief malgré les nombreuses demeures praticiennes des 16e et 18e s. qui l'agrémentent afin de visiter le magnifique manoir de **Mateus**, bijou de l'architecture baroque. Vous pouvez organiser une excursion dans le parc naturel d'Alvão. De Vila Real à Porto s'étend la basse vallée, celle où est conçu le vinho verde.

Le conseil de Bib

Au Portugal, la majeure partie des autoroutes sont payantes, mais quelques tronçons sont libres de péage.

M. Chaput/ Michelin

Bom Jesus de Monte

Campings

Braga

Parque da Ponte
Parque São João da Ponte (EN101, km 1)
0253/273355
Permanent 2 ha
Loisirs :
Services : brasserie, snack

Bragança

Parque de campismo do Sabor
Estrada de Rabal (EN103-7, km 6)
0273/322633
Mai-sept. 11 ha (550 empl.)
Loisirs :
Services : cafétéria

Caldelas das Taipas

Parque de campismo de Caldas das Taipas
Avenida Rosas Guimarães
0253/576274
Juin-sept. 1,5 ha (52 empl.)
Loisirs : (plan d'eau) aire de sports
Services : brasserie

Chaves

Quinta do Rebentão
EN2, km 5.5 - Vila Nova de Veiga
0276/322733
Janv.-nov. 3,5 ha (100 empl.)
Loisirs : barbecue
Services : sèche-linge brasserie, snack

Madalena

Orbitur Madalena
Rua de Cerro 608 - Praia da Madalena
0227/122520
Permanent 24 ha (1000 empl.)
Loisirs : diurne discothèque (plage) aire de sports
Services : brasserie, snack

Medas

Parque das Medas
Lugar do Gavinho - Gondomar (EN108, km 25)
0224/760162
Permanent 6 ha
Loisirs : diurne discothèque, jeux pour adultes (plan d'eau) aire de sports
Services : brasserie, snack

Ponte da Barca

Entre Ambos Os Rios
Dans le Parque Nacional do Peneda-Gerês (EN203)
0258/588361
De mi-mai à sept. 5 ha (115 empl.)
Loisirs : (plan d'eau) barbecue
Services : snack

Viana do Castelo

Orbitur Viana do Castelo
Rua Diogo Álvares - Darque
0258/322167
Permanent 3 ha (225 empl.)
Loisirs : diurne (plage)
Services : brasserie, snack

Vila Flor

Parque de campismo de Vila Flor
Barragem do Peneireiro (EN1148, km 2)
0278/512350
Permanent 5 ha (300 empl.)
Loisirs : diurne (plan d'eau) aire de sports, barbecue
Services : snack, brasserie

Vila Real

Parque de campismo de Vila Real
Rua Dr. Manuel Cardona - Quinta da Carreira (IP4, km 98)
0259/324724
Mars-nov. 2 ha (200 empl.)
Loisirs : (plan d'eau) aire de sports, barbecue
Services : brasserie, snack

Les bonnes **adresses** de Bib

Barcelos

Marché

Le **marché** de Barcelos, le jeudi matin, est l'un des plus grands et des plus anciens du Portugal. Il se tient sur le **campo da República**, vaste esplanade située au centre de la ville. Très animé, il présente deux parties distinctes : d'un côté, les paysans vendant leurs produits (poules et coqs vivants, montagnes de choux et autres légumes, fleurs...), de l'autre, tout l'artisanat qui déborde largement des frontières régionales : céramique, vannerie, linge de maison en lin brodé à la main, articles en cuir, harnais et, évidemment, d'innombrables coqs peints, de toutes tailles. Façonné en terre cuite par les potiers de Barcelos, le coq, longtemps symbole de la région, est devenu l'emblème touristique du Portugal.

Braga

Inácio

Campo das Hortas, 4 - ✆ 253 61 32 35 - fermé à Noël, Pâques, 2 sem. en sept. et mar. - 21/34 €.

Savoir-faire et tradition font la réputation et le prestige de ce restaurant typique. Spécialités régionales. Service soigné.

Guimaraes

El Rei D. Alfonso

Praça de S. Tiago, 20 - ✆ 253 41 90 96 - fermé dim. - 13/20 €.

Dès les premiers beaux jours, le restaurant dispose ses tables sur la ravissante praça de São Tiago. Dans ce décor historique, vous savourerez d'autant mieux la simplicité de la cuisine régionale : apéritif copieux (pain frotté à l'ail, charcuterie locale et melon vert, crème de thon maison), le *caldo verde* (la soupe au chou émincé) et les différentes recettes de morue.

Oliveira do Douro

Estalagem Porto Antigo

Porto Antigo - Cinfães (juste après le pont sur le Douro, entre Ribadouro et Oliveira do Douro) - ✆ 255 56 01 50 - 5/25 €.

Installé au bord de l'eau, cet hôtel de charme, qui héberge aussi un centre d'entraînement nautique, propose dans une belle salle à la décoration claire et au parquet de bois une cuisine soignée et goûteuse. On y dîne face au fleuve, dans un cadre enchanteur.

Porto

Filha da Mãe Preta

Cais de Ribeira, 40 - ✆ 222 05 55 15 - fermé dim. - 15/20 €.

Parmi tous les restaurants à touristes qui fleurissent sur le quai de la Ribeira, celui-ci se distingue par une cuisine simple, mais de caractère : morue, calamars farcis (spécialité de la maison), tripes à la mode de Porto ou rognons à la mode du Minho. Vous ne trouverez pas plus pittoresque dans toute la ville.

Arroz de Forno

R. Mouzinho da Silveira, 203 - ✆ 222 00 74 65 - arrozdefornoclix.pt - fermé dim. - 14/20 €.

Sur la très grise artère menant au fleuve, ce vaste restaurant sur deux étages affiche une décoration contemporaine en pierre et bois brut qui contraste avec sa carte spécialisée dans les plats traditionnels du Douro. Ceux-ci sont servis dans des cocottes en terre cuite brune, accompagnés de riz. Demi-doses conseillées, c'est très copieux !

D. Tonho

Cais da Ribeira, 13-15 - ✆ 222 00 43 07.

Installé à l'étage d'une maison ancienne restaurée avec une certaine classe, ce restaurant qui appartient au chanteur Rui Veloso sert de bons petits plats traditionnels : *posta mirandesa* (pièce de bœuf), chevreau au four, morue grillée, tripes à la mode de Porto. Belle vue sur le Douro.

Confeitaria Império

R. Santa Catarina, 149-151 - ✆ 222 00 55 95.

Cette confiserie située dans la partie piétonne de la rua Santa Catarina, axe commerçant incontournable, reste un classique du genre avec son salon de thé où l'on peut déguster la spécialité locale : le *pão de Ló* (sorte de génoise).

A Pérola do Bolhão

R. Formosa, 279.

Une épicerie fine qui mérite un détour, ne serait-ce que pour sa façade délicieusement rétro. Ses étalages à l'ancienne vous transporteront au temps des colonies avec leurs produits exotiques, leurs épices, le café du Brésil et les fruits secs. Une enseigne intemporelle.

Casa Oriental

Campo dos Mártires da Patria.

Ici, on ne vend que de la morue : séchée et salée, elle pend en devanture d'une enseigne rendue mythique par une célèbre carte postale en noir et blanc. Une adresse 100 % portugaise.

Vinologia

R. S. João, 46 - ✆ 222 05 24 68 - 14h-0h, dim. 18h-0h.

S'il est un lieu idéal pour s'initier aux portos, c'est bien dans ce bar à vins-vinothèque. Plus de 200 variétés (30 à 40 marques et des petits producteurs), à emporter ou à déguster sur place. Conseils et explications très amicales de Jean-Philippe Duhard, amateur français éclairé et passionné. Vins exceptionnels et dégustations thématiques hebdomadaires.

Les douceurs de **l'Algarve**

➲ Départ de Faro
➲ 7 jours
460 km
Carte Michelin n° 733

Paysage de l'Algarve

W. Buss/ MICHELIN

Son nom vient de l'arabe *El Gharb* qui signifie « ouest » ; c'était en effet la contrée la plus occidentale des territoires conquis par les Arabes. Cette région, séparée de l'Alentejo par des collines schisteuses, ressemble à un jardin : les fleurs se mêlent aux cultures et aux vergers. Les villages rassemblent des maisons éblouissantes de blancheur.

Jour 1

Porte de la région sud de l'Algarve, **Faro** occupe le point le plus méridional du Portugal. Séparé de l'Océan par une lagune, Faro semble trop loin des plages pour retenir les touristes qui à peine arrivés, se pressent vers d'autres stations balnéaires. La capitale de l'Algarve, cité étonnamment tranquille, constitue pourtant une halte agréable. Sa vieille ville devient la nuit un véritable décor de théâtre où il fait bon flâner. Dans la journée vous pourrez choisir entre les plages du cordon littoral, accessibles en bateau ou avec votre véhicule ou les collines de la serra do Caldeirão. L'arrière-pays de Faro ne manque pas de charme avec des paysages plantés de figuiers, d'amandiers et d'orangers : vous pourrez faire plusieurs haltes pour découvrir les jardins du palais d'Estói, les ruines de Milreu ou la magnifique église de Sao Lourenço.

Jour 2

Après la visite de Faro, un itinéraire jusqu'au cap **St-Vincent** vous offre des vues splendides sur la côte Atlantique, tour à tour escarpée et bordée de belles plages. Passez à **Albufeira**, la station balnéaire la plus courue de l'Algarve. Pourtant le vieux village est loin d'avoir rendu l'âme. Prenez les chemins de traverse : non seulement vous éviterez la foule de touristes qui se pressent dans les restaurants et les bars du centre, mais vous découvrirez les charmantes ruelles, intactes et désertes, de l'ancien village de pêcheurs.

Jour 3

Continuez sur **Portimão**.Tapi au fond de sa baie naturelle, ce port de pêche et de commerce animé est également une cité industrielle, spécialisée dans la construction navale et la conserverie de thons et de sardines. Victime du succès de sa très belle plage, praia da Rocha, la ville a été défigurée par les constructions modernes.

Jour 4

Faites ensuite étape à **Lagos**, une cité tranquille bordée de superbes criques. Poursuivez jusqu'au cap de Saint-vincent, pointe sud-ouest de l'Europe qui domine l'océan de 75 m. Vues impressionnantes sur les falaises qui s'étirent au nord et sur la **pointe de Sagres.** Vous pouvez la parcourir en camping-car mais il est plus agréable de s'y promener à pied. La pointe est occupée par la forteresse qui, érigée au 16e s., fut très endommagée par le tremblement de terre de 1755. Elle a été récemment restaurée.

Jour 5

Hasardez-vous sur les chemins vicinaux qui embaument le ciste : pour rejoindre les falaises du littoral, vous traverserez des paysages sauvages et déserts alternant entre pâturages irlandais et garrigue. Du cap, la côte ouest est restée plus sauvage, avec de belles plages et des villages ou petits ports de pêche qui ont gardé un certain cachet : **Vila do Bispo**, **Arrifana**, **Aljezur**. Prenez garde aux courants parfois violents sur l'océan atlantique.

Jour 6

Du beau village blanc d'**Odeceixe**, prenez vers l'est, à travers l'arrière-pays. La **serra de Monchique** est un havre de fraîcheur, avec de jolis points de vue sur la région. À côté, la **serra do Caldeirão** est parsemée de cités à la physionomie traditionnelle. **Silves**, du fait de sa situation à l'intérieur des terres, sur les contreforts de la serra de Monchique, a conservé son authenticité avec ses rues pavées et pentues. **Alte** avec ses maisons blanches aux ruelles étroites et sinueuses s'accrochent aux versants d'une hauteur de la serra. **Loulé** conserve quelques pans de la muraille de son château maure. Vous y trouverez un bel artisanat. **Saõ Brás de Alportel** est une petite ville tranquille, située sur une hauteur et peuplée de maisons blanches surmontées de leurs cheminées typiques. Enfin, de **Mértola** à **Vila Real de Santo António**, le long de la vallée du Guadiana, c'est un parcours bucolique, entre sérénité et tradition.

Jour 7

La petite ville de **Tavira**, dont le patrimoine a été préservé, ravira les touristes à la recherche d'un peu de calme et de beauté. La ville est une invitation à ralentir le pas pour découvrir çà et là les maisons blanches aux portes ornées de moucharabiehs, héritage des Maures, les typiques cheminées de l'Algarve et, surtout, les gracieuses toitures à quatre pans retroussés, dites « de tesouro ». Le parc naturel de la ria Formosa prend fin à **Manta Rota**, près de Cacela Velha. La région de Tavira offre donc, comme celle de Faro, le paysage d'une lagune séparée de l'océan par un cordon littoral, où s'étirent de belles plages accessibles en bateau.

Aires de **service** & de **stationnement**

Altura

Aire d'Altura – *Rua de Alagoa - parking de la plage – ouv. tte l'année* – P
Borne artisanale. Gratuit.
Stationnement : autorisé.
Loisirs :
Services :

Caldas de Monchique

Parque Rural Vale da Carrasqueira – *Barracão 190 (EN266 entre Portimão et Monchique) – 0282/911502 – Ouv. tte l'année* – P *14.*
Payant 12.5€.
Stationnement : illimité.
Loisirs :
Services : WC sèche-linge

Campings

Albufeira

Albufeira
Estrada de Ferreiras (EN395)
0289/587629
Permanent 19 ha (980 empl.)
Loisirs : diurne discothèque, jeux pour adultes (plage) aire de sports
Services : sèche-linge brasserie, self-service, cafétéria, pizzeria

Aljezur

Parque de campismo do Serrão
Herdade do Serrão (EN120)
0282/990220
Permanent 10 ha (800 empl.)
Loisirs : diurne jeux pour adultes barbecue, aire de sports
Services : brasserie, self-service, snack

Ferragudo

Ferragudo
EN125, direction Ferragudo
0282/461121
Permanent 14 ha (1400 empl.)
Loisirs : (plage)
Services : brasserie

Lagos

Turiscampo
EN125 - Espiche/ Praia da Luz
0282/789265
Permanent 7,2 ha (300 empl.)
Loisirs : aire de sports
Services : M sèche-linge brasserie, snack

Odeceixe

São Miguel
EN120
0282/947145
Permanent 7,5 ha (400 empl.)
Loisirs : jeux pour adultes aire de sports, barbecue
Services :

Olhão

Parque de campismo de Olhão
Apartado 300 - Pinheiros de Marim (EN125)
0289/700300
Permanent 10 ha (400 empl.)
Loisirs : diurne discothèque, jeux pour adultes aire de sports, barbecue
Services : sèche-linge snack, brasserie

Sagres

Orbitur Sagres
Cerro das Moitas (EN268)
0282/624371
Permanent 6,7 ha (546 empl.)
Loisirs : diurne
Services : snack, brasserie

Les bonnes **adresses** de Bib

Albufeira

O Zuca
Travessa do Malpique, 6 - ✆ 289 58 87 68 - fermé merc. - 15/20 €.
Un des rares restaurants d'Albufeira qui ne soit pas touristique, juste derrière le largo Eng. Duarte Pacheco. Très apprécié des habitants. Le week-end : plat du jour à emporter. Un lieu authentique aux prix tout à fait raisonnables et à l'atmosphère familiale. Cuisine simple.

A Tralha
R. João de Deus, 1 - ✆ 289 58 78 41 - été : 10h-13h, 15h-23h ; hiver : 10h-13h, 15h-19h.
En face de l'office du tourisme, la plus belle boutique de décoration d'Albufeira. Dans de très beaux volumes anciens, elle cultive raffinement et belles matières : artisanat de qualité, mobilier, vaisselle, luminaire, linge de maison (très beaux tissages en lin), bijoux, vêtements et accessoires de mode.

Faro

Chalavar
R. Infante Dom Enrique, 120 - ✆ 289 82 24 45 - fermé dim. - 8/14 €.
Ce restaurant convivial, tenu par un pêcheur, offre des plats simples et copieux à déguster près de la grande cheminée. Les amateurs de sardines et de maquereaux grillés seront comblés.

V.I.V.M.A.R.
R. Comandante Francisco Manuel, 8 - ✆ 919 18 40 00 - fermé dim. - env. 10 €.
Sur le bord de mer, au pied des remparts de la vieille ville, le restaurant populaire de l'Associação dos Viveiristas e Mariscadores da Ria Formosa (l'Association des marins pêcheurs de Ria Formosa). Les produits passent directement du pêcheur au consommateur. Carte qui varie selon la pêche du jour.

Pontinha
R. Pé da Cruz, 5 - ✆ 289 82 06 49 - fermé dim. - 9/16 €.
Derrière la zone piétonne, sur la praça da Liberdade, un restaurant simple proposant un large choix de plats et de spécialités locales comme la *cataplana*, le riz aux fruits de mer et les différentes recettes de morue. Plutôt réservée aux groupes, la salle du premier étage avec son plafond typique en roseaux et poutres apparentes est la plus agréable. Accueil chaleureux.

Loja da Agricultura Associada
R. Comandante Francisco Manuel, 39 - ✆ 289 81 66 63 - fermé w.-end.
Une halte gourmande pour découvrir les spécialités de l'Algarve : gâteaux aux figues et aux amandes, eau-de-vie de Monchique, vins de la région de Lagos, etc.

Lagos

Adega Marina
Av. dos Descobrimento, 35 - ✆ 282 76 42 84 - 8/14 €.
En face de la marina, une vaste salle aux faux airs de taverne munichoise où l'on déguste sur de longues tables en bois des spécialités portugaises à prix très raisonnables. Service affairé.

Restaurante O Pescador
R. Gil Eanes, 6 - ✆ 282 76 70 28 - fermé dim. de sept. à mars - 12/18 €.
Dans une petite rue tranquille, une adresse plébiscitée par les habitants de Lagos pour sa cuisine simple mais pleine de fraîcheur. Excellente *cataplana* de poisson à savourer sur la terrasse ensoleillée.

Olhão

Casa de Pasto Algarve
Praça Patrão Joaquim Lopes, 18-20 - ✆ 289 70 24 70 - fermé dim. en été - env. 15 €.
Un restaurant populaire sur une placette précédant le front de mer. On y déguste en toute simplicité des filets d'espadon, de la raie ou du riz à la marinière. Préférez la terrasse à la salle, plutôt quelconque.

Portimão

Dona Barca
Largo da Barca - ✆ 282 48 41 89 - fermé dim. en hiver.
Sous une tonnelle fleurie, on déguste sur de grandes tablées des plats de poissons grillés dans la cour, notamment des petites sardines à la fraîcheur irréprochable. Accueil chaleureux.

Casa dos Arcos
Estrada Velha - ✆ 282 91 10 71 - 9h-19h ; visite de l'usine - r. Calouste Gulbenkian - lun.-vend. 9h-12h, 14h-17h.
Dans cette petite boutique à l'entrée du village on fabrique depuis cinq générations de jolies chaises romaines de toutes tailles en bois d'aulne.

Tavira

Bica
R. Alm. Cândido dos Reis, 22 - ✆ 281 32 38 43 - fermé sam. sf été.
Si vous recherchez une cuisine locale à petits prix, attablez-vous dans ce restaurant simple mais bon et typique. Sa carte ne vous décevra pas : poulet frit d'Algarve, poulpe frit, anguille grillée. Posté dans une rue parallèle aux quais, il dispose ses tables de plein air dans la petite ruelle attenante.

Contrastes des **Beiras**

➲ *Départ de Coimbra*
➲ *7 jours*
610 km
Carte Michelin n° 733

Plage de Nazaré

Jour 1

Dominée par la tour de sa vieille université, **Coimbra**, ancienne capitale du Portugal, s'accroche au versant verdoyant d'une colline baignée par le large Mondego. Elle a souvent inspiré les poètes, qui la consacrèrent « cité des arts et des lettres du pays ». Bien que Coimbra se soit considérablement étendue ces dernières décennies, on distingue bien, dans le centre, la ville haute (a Alta), quartier universitaire et épiscopal, de la ville basse (a Baixa), où abondent les commerces et les espaces verts. Il vous faudra presque trois heures pour parcourir la vieille ville et l'université. De cette cité attachante, où il fait bon vivre, plusieurs échappées vers la mer ou la forêt sont possibles. À 19 km au nord, découvrez la station thermale de **Luso**. Ses eaux sont utilisées dans le traitement des affections rénales. L'eau minérale est l'une des plus consommées au Portugal.

Jour 2

Les Beiras présentent de forts contrastes. La partie littorale est bordée de vastes plages et de villages de pêcheurs. **Figueira da Foz,** outre son port de pêche (sardine et morue) et ses chantiers navals, est l'une des stations balnéaires les plus fréquentées du Portugal. **Aveiro** est connu pour sa lagune et ses bateaux très colorés, les *moliceiros*, qui voguent sur les canaux de la ville.

Jours 3 & 4

Plus au centre, **Viseu** est à la fois une vieille ville au cachet ancien et un centre artisanal et agricole encore important. La ville, au centre historique bien conservé, abrite le beau musée Grão Vasco, est renommée pour son école de peinture de la Renaissance. Elle peut aussi constituer une sympathique étape gastronomique. Des spécialités régionales comme le chevreau grillé (*cabrito assado*) ou les délicieuses sucreries locales à base d'œuf (*bolos de amor, papos de anjo, travesseiros de ovos moles, castanhas de ovos*) raviront les gourmets. Plus on s'éloigne de l'Atlantique, plus la densité de la population diminue. À l'extrême orient, une ligne de forteresses datant du 12e s. part de **Guarda** (« la gardienne »), ville la plus haute du pays (1 000 m) et se poursuit jusqu'à Castelo Branco.

Elle révèle l'importance stratégique et la splendeur médiévale de ces villes frontalières avec l'Espagne. Au cœur de la région, la serra da Estrela (ou « montagne de l'étoile ») est la plus haute chaîne du Portugal continental. Randonneurs et skieurs y trouveront leur bonheur.

Jour 5

Castelo Branco, ancienne place forte dominée par les ruines d'un château des templiers, le « Château blanc », a subi maintes invasions, dont celle des troupes napoléoniennes en 1807. La capitale de la Beira, Baixa règne sur une large plaine peuplée de « quintas » où sont produits le fromage, le miel, l'huile d'olive et le liège dont elle tire sa prospérité. Par la A 23, projetez-vous vers **Tomar** et **Fátima**. La ville de Tomar s'étend au pied d'une colline boisée que coiffe un château fort du 12e s. construit par l'ordre des Templiers. Le château abrite le couvent du Christ, un joyau classé au patrimoine mondial de l'Unesco. Il figure parmi les plus grands monuments manuélins du pays avec le monastère des Jerónimos de Lisbonne et celui de Batalha. 30 km plus loin vous arrivez à Fátima, devenu le plus grand sanctuaire catholique du pays et l'un des plus importants au monde. Des milliers de pèlerins s'y rassemblent.

Le conseil de Bib

Au Portugal, le stationnement des camping-cars est autorisé voire toléré sur de nombreux sites en bord de mer.

Jour 6

Dans une ville ne présentant guère d'intérêt, se dresse le monastère de **Batalha**. La gerbe rose doré de son architecture, qui figure parmi les chefs-d'œuvre de l'art gothique et de l'art manuélin, apparaît dans un jaillissement de gâbles, de pinacles, de contreforts, de clochetons et de colonnettes. Au même titre que le monastère d'**Alcobaça** tout proche, il est inscrit au patrimoine mondial de l'Unesco. La petite ville d'Alcobaça mérite elle aussi une visite. Entouré par une campagne fertile, ce petit centre de commerce agricole (fruits et cultures maraîchères) produit du vin et une liqueur de cerise griotte réputée : la « ginginha ».

Jour 7

Retour en bord de mer à **Nazaré** qui bénéficie d'un site exceptionnel : une belle plage de sable dessinant une courbe ample, dominée sur sa droite par une falaise abrupte qui offre une longue perspective sur la côte d'Estremadura. Exceptionnel aussi, le monde qui afflue dans cette station balnéaire. Regagnez Coimbra via **Leiria** ou si vous avez encore du temps rendez-vous à Lisbonne.

Portugal

Aires de **service** & de **stationnement**

Batalha

Aire de Batalha – *Rua da Cerca Conventual – Ouv. tte l'année* – P
Borne eurorelais. Gratuit.
Stationnement : autorisé.
Services :

Fátima

Aire de Fátima – *Rua do Imaculado Coração de Maria (près du Sanctuaire) – Ouv. tte l'année* – P *10.*
Gratuit.
Stationnement : autorisé.
Services :

Lorvão

Aire de Lorvão – *Centre-ville – Ouv. tte l'année* – P
Borne artisanale. Gratuit.
Stationnement : autorisé.
Loisirs :
Services :
Petit village de montagne à une trentaine de kilomètres de Coimbra.

Campings

Aveiro

Orbitur São Jacinto
EN327, km 20 - São Jacinto
0234/838284
Fév.-oct. 2,5 ha (250 empl.)
Loisirs : diurne
Services : brasserie, snack

Coimbra

Coimbra
Rua da Escola, Alto do Areeiro - Santo António dos Olivais
0239/086902
Permanent 7 ha (700 empl.)
Loisirs : jeux pour adultes
Services :

Figueira da Foz

Orbitur Gala
EN109, km 4 - Gala
0233/431492
Permanent 6,4 ha (488 empl.)
Loisirs : jeux pour adultes (plage)
Services : snack, brasserie

Fundão

Fundatur
Quinta do Convento
0275/753118
Permanent 2,5 ha (150 empl.)
Loisirs : j barbecue
Services : snack, brasserie

Guarda

Parque de Campismo Municipal da Guarda
Avenida Estádio Municipal
0271/221200
Permanent 2,5 ha (135 empl.)
Loisirs : barbecue
Services :

Nazaré

Vale Paraíso
EN242
0262/561800
Permanent 8,3 ha (500 empl.)
Loisirs : aire de sports
Services : sèche-linge snack, brasserie

São Pedro do Sul

Parque de Campismo Natural da Fraguinha
Coelheira - Candal
0232/790576
Permanent 4,8 ha (30 empl.)
Loisirs : diurne ()
Services : snack, brasserie

Les bonnes **adresses** de Bib

Aveiro

Centenário
Largo do Mercado, 9-10 - ✆ 234 42 27 98 - 12/20 €.
Face à la halle du marché aux poissons entièrement réhabilitée, le « Centenaire » arbore à l'intérieur une décoration très design, derrière une façade assez banale. Sa cuisine raffinée surprend avec des plats qui échappent aux traditionnels poncifs de la table portugaise. Excellent rapport qualité-prix.

Batalha

Dom Duarte
Praça D. João 1º, 5 - ✆ 244 76 63 26 - env. 15 €.
Donnant sur la vaste place du monastère, cet établissement, aménagé au 1er étage d'une boulangerie, est idéal pour apprécier un tournedos aux champignons et à la crème onctueuse *(tornedo a chefe)* ou un faux-filet grillé.

Castelo Branco

Retiro do Caçador
R. Ruivo Godinho, 15-17 - ✆ 272 34 30 50 - 10/15 €.
Accrochées aux murs, les têtes empaillées de sangliers plantent le décor : une adresse populaire et toujours animée, où les spécialités de gibiers sont servies dans des plats en terre cuite. Excellent rapport qualité-prix et accueil très aimable.

Coimbra

Snack-bar Daniel Sun
R. da Louça, 50-52 - ✆ 934 83 09 76 - fermé dim.
Ce petit bar niché dans une ruelle tout près de la praça 8 de Maio ne « paie pas de mine » mais demeure très authentique. Comme les habitués, vous vous installerez au comptoir ou à l'étage, et choisirez les plats en vitrine entre salade de poulpe, moules, morue frites et charcuterie.

Café Santa Cruz
Praça 8 de Maio - ✆ 239 83 36 17 - été : 8h-2h ; hiver : 8h-0h - fermé dim.
On se doit de faire une halte dans ce café magnifique, véritable institution de Coimbra. Il fait littéralement partie de l'église Santa Cruz puisqu'il occupe une ancienne chapelle. On prend ainsi son café sous de superbes voûtes nervurées, installé dans des sièges en cuir patiné et clouté, tandis qu'un vieux ventilateur brasse tranquillement l'air.

Guarda

Casas do Bragal
João Bragal de Baixo (à 5 km du centre, direction Pinhel) - ✆ 271 96 38 96 - fermé mar. et merc. midi, du 1er au 15 janv. et du 1er au 15 août - 20/30 €.
Une adresse gastronomique dans la campagne environnant Guarda, au bout d'un chemin de terre. La salle, décorée de tableaux contemporains et percée d'une immense baie, ouvre sur un beau paysage de champs délimités par des murets en pierre et parsemés de chênes. Vaste choix de poissons et de viandes, dont le savel, pêché dans le Haut-Douro, et le veau certifié « Mirandesa ».

Luso

Lourenços
R. Emídio Navarro, 3-7 (Edificio Oasis) - ✆ 231 93 94 74 - fermé merc. - 13/22 €.
Une grande salle traditionnelle installée en surplomb de la rue principale, d'où l'on appréciera la plaisante langueur qui habite la station. Le restaurant propose un large éventail de spécialités du pays : poulpe au vinaigre, riz aux fruits de mer, poulet au vin rouge et l'inévitable *bacalhau*.

Nazaré

A Tasquinha
R. Adrião Batalha, 54 - ✆ 262 55 19 45 - fermé lun. - 10/15 €.
Touristes de passage intrigués et inconditionnels attendent patiemment dans la rue : ce petit restaurant qui ne désemplit jamais sert une bonne cuisine familiale sur de grandes tables rustiques.

Tomar

Restaurante Beira-Rio
R. Alexandre Herculano, 1-3 - ✆ 249 31 28 06 - fermé lun. - 8/13 €.
Une vieille adresse fréquentée par les habitants. Cuisine traditionnelle à déguster face à l'îlot verdoyant et à sa roue de moulin tournant sans fin. Soupe de haricots verts, morue à la crème, agneau rôti, poulet au porto et brochette de lotte.

Viseu

Muralha da Sé
Adro da Sé, 24 - ✆ 232 43 77 77 - fermé dim. soir et lun. - 20/32 €.
Au pied de l'église da Misericórdia, dans une salle rustique avec poutres apparentes, ou bien sur la terrasse donnant sur un angle de l'adro da Sé, vous dégusterez une cuisine savoureuse et fruitée : *picanha* (viande rouge grillée) à l'ananas, *pargo* (pagre, poisson voisin de la daurade) au beurre, chevreau braisé, assiette de fromages aux fruits.

Pastelaria Capuchinha
Praça da República, 18 - ✆ 232 43 57 10 - 7h30-20h30.
Il y a souvent foule dans cette appétissante pâtisserie qui croule sous les énormes gâteaux.

Espagne

Nom local : *España* Capitale : *Madrid*
Population : *45,11 millions d'habitants* Superficie : *504 783 km²* Monnaie : *Euro*

Corrida, flamenco, bar à tapas... derrière les clichés qui s'imposent quand on évoque l'Espagne se cache un pays complexe qui possède quatre langues officielles et des paysages plus différenciés qu'aucun autre pays d'Europe. S'il existe un malentendu à l'égard de ce pays aux différences saisissantes, c'est sans doute parce que les Espagnols sont eux-mêmes tiraillés entre deux Espagne, traditionnelle et moderne, sobre et exubérante, à l'image des actrices du cinéaste Pedro Almodóvar. Il convient de prendre le temps de parcourir l'Espagne pour découvrir ses côtes, tourmentées sur l'Atlantique avec les falaises abruptes de Galice, chaudes et cristallines sur la Méditerranée, atteindre les sommets des Pyrénées ou de la sierra Nevada, contempler le plateau castillan ou les vastes oliveraies andalouses, s'enfoncer dans les campagnes solitaires du centre, la Meseta, ou dans les villes trépidantes.

Le pays le plus visité dans le monde, après la France est aussi un pays de contrastes architecturaux. L'Espagne a amassé tout au long des siècles de splendides œuvres d'art : de belles églises romanes, d'impressionnantes cathédrales gothiques, des sanctuaires baroques à couper le souffle, d'étonnants monuments hispano-musulmans, de magnifiques châteaux, de somptueuses peintures et sculptures.

On pourrait résumer en trois mots son climat : lumineux, sec et tempéré mais ce serait négliger nombre de nuances propres à chaque région. Des neiges de la sierra Nevada aux printemps délicieux des Baléares en passant par l'aridité de l'Estrémadure.

Les traditions espagnoles demeurent vivaces et chacun participe intensément aux fêtes, célébrées tout au long de l'année. Renseignez-vous sur le calendrier des festivités et si le cœur vous en dit joignez-vous aux Sanfermines de Pampelune, Fallas de Valence, fêtes de Noël à Madrid, au pélerinage à Huelva, carnaval de Cadix, à la Semaine sainte à Séville.

RECOMMANDATIONS

DOCUMENTS OBLIGATOIRES

✓ Permis de conduire rose de l'UE
✓ Permis de conduire international (recommandé seulement)
✓ Certificat d'immatriculation du véhicule ou certificat de location
✓ Plaque d'identification nationale
✓ Justificatif d'assurance (carte verte)
✓ Passeport (recommandé seulement)
✓ Procuration en cas d'utilisation du véhicule appartenant à un tiers

VITESSES LIMITES

✓ En agglomérations urbaines : 50
✓ Sur routes : 90
✓ Sur autoroutes : 120
✓ Ces vitesses limites sont réduites par temps de pluie

PORTABLES

L'usage d'un téléphone portable (y compris l'oreillette) est interdit au volant

Pour appeler l'Espagne

Composer le 00 suivi du 34 (indicatif du pays), puis le numéro du correspondant à 9 chiffres

RÉGLEMENTATIONS

✓ Taux maximum d'alcool toléré dans le sang : 0.5 g
✓ Siège enfant, rehausseur ou système de retenue adapté et homologué obligatoire jusqu'à 12 ans et 1,50 m
✓ Âge minimum du conducteur : 18 ans
✓ Port de la ceinture de sécurité obligatoire à l'avant et à l'arrière
✓ Allumage des feux de croisement obligatoire (jour et nuit) pour les deux-roues toute l'année
✓ Pneus cloutés admis avec réglementation toute l'année, sur routes enneigées
✓ Deux triangles de présignalisation obligatoires (1 seul triangle pour les véhicules étrangers)
✓ Trousse de premier-secours recommandée
✓ Extincteur recommandé
✓ Jeu d'ampoules de rechange obligatoire
✓ Gilet de sécurité fluorescent obligatoire

URGENCES

✓ Téléphone incendie et ambulance : 112
✓ Téléphone Police : 110

Au secours ! **¡Socorro !** / *C'est une urgence* **Es una emergencia** / *Hôpital* **Hospital** / *Médecin* **Médico** / *Pharmacie* **Farmacia** / *Police* **Policía**

LEXIQUE

MOTS USUELS

Oui **Sí** / *Non* **No** / *Bonjour* **Buenos días** / *Bonsoir* **Buenas tardes** *ou* **noches** / *Salut* **Hola** / *Au revoir* **Hasta luego** / *S'il vous plaît* **Por favor** / *Merci (beaucoup)* **(muchas) Gracias** / *Excusez-moi* **Perdone** / *D'accord* **De acuerdo** / *Santé !* **¡Salud !** / *Manger* **Comer** / *Boire* **Beber** / *Toilettes* **Los servicios** / *Restaurant* **Restaurante** / *Office de tourisme* **Oficina de turismo** / *Argent* **Dinero**

DIRECTIONS & TRANSPORTS

Où se trouve… ? **¿Dónde está…?** / *À droite* **A la derecha** / *À gauche* **A la izquierda** / *Tout droit* **Todo recto** / *Près de* **Cerca de** / *Entrée* **Entrada** / *Sortie* **Salida** / *Route* **Carretera** / *Rue* **Calle** / *Autoroute* **Autopista** / *Ville* **Ciudad** / *Village* **Pueblo** / *Station-service* **Gasolinera** / *Essence* **Gasolina**

PREMIERS CONTACTS

Je voudrais… **Quiero…** / *Parlez-vous français ?* **¿Habla francés?** / *Je ne comprends pas* **No entiendo** / *Pouvez-vous m'aider ?* **¿Me puede ayudar?** / *Combien ça coûte ?* **¿Cuánto cuesta?** / *L'addition, SVP ?* **La cuenta, por favor** / *Je cherche…* **Busco…** / *C'est trop cher* **Es muy caro**

Barcelone festive et les trésors de la **Catalogne**

Départ de Barcelone
10 jours
840 km
Carte Michelin n° 574

C. Chapuis / MICHELIN

Gaudi au parc Guell

Jours 1 & 2

Barcelone, deuxième ville d'Espagne vaut assurément à elle seule une longue visite. Il faut découvrir un à un les trésors de la ville, se laisser séduire par l'architecture attachante du modernisme et par les mille et une facettes de l'art contemporain qui s'expose généreusement partout en ville. Il faut prendre le temps de flâner sur les grandes artères commerçantes de part et d'autre du passeig de Gràcia et voir les dernières tendances de la mode dans l'incontournable El Corte Inglès. Ensuite, on appréciera certainement un repos bien mérité au parc Güell au milieu des drôles de créations de Gaudí ou vous irez paresser sur les plages de la Barceloneta. Certains, et ils sont nombreux, ne voudront pas quitter Barcelone sans visiter la fondation Miró et le musée d'Art de la Catalogne à Montjuïc, que l'on peut atteindre depuis la Barceloneta en empruntant un curieux téléphérique. Allez aussi jeter un coup d'œil à l'impressionante Sagrada Familia, à laquelle Gaudí consacra près de quarante ans mais sans pouvoir l'achever. Le soir et fort tard dans la nuit, Barcelone c'est aussi une incomparable atmosphère de fête, à l'image de ce qui se vit sur la célèbre Rambla et dans les bars à tapas aux alentours.

Jour 3

Le circuit se poursuit vers le nord jusqu'à **Empúries**, site archéologique gréco-romain de premier plan. **Castelló d'Empúries** sera la prochaine étape puis vous poursuivrez votre route jusqu'au splendide site recelant les impressionnantes ruines du **monastère Sant Pere de Rodes**.

Jour 4

À **Figueres**, vous vous rendrez à l'extravagant musée Dalí et flânerez dans la vieille ville avant de rejoindre **Gérone**, chef-lieu de la province. Gérone est une ville aux multiples attraits : vous pourrez y visiter la cathédrale gothique, le musée d'Art, les bains arabes ainsi que la collégiale Sant Feliu et le monastère Sant Pere de Galligants.

Jour 5

La suite de notre itinéraire traverse l'une des plus belles régions de l'arrière-pays de la province de Gérone. Cette région possède une grande

variété de paysages et une grande richesse artistique et gastronomique. Passez par **Besalú** qui est l'un des plus beaux petits villages de la Catalogne. Vous continuerez par la N 260, qui passe à côté de l'impressionnante coulée basaltique de 60 m de haut à laquelle s'accroche le village de **Castellfollit de la Roca**. Faites un crochet jusqu'à **Camprodon,** connue pour ses fameux biscuits et son pont médiéval. En poursuivant votre chemin par la C 26, vous atteindrez **Sant Joan de les Abadesses**, où vous serez fasciné par la splendide Descente de croix qui préside l'abside de l'église de son monastère roman. Non loin de là, à **Ripoll**, se trouve un autre joyau de l'art roman, le portail sculpté de la magnifique collégiale Santa Maria.

Jour 6

Prenez la N 152, puis la N 260 en parcourant la comarca pyrénéenne de la Cerdagne, encerclant l'impressionnante serra del Cadí et le parc naturel Cadí Moixeró jusqu'à **La Seu d'Urgell** et rejoignez Lerida en descendant la vallée du Segre.

Jour 7

De Lerida, rendez-vous dans le delta de l'Èbre pour y découvrir ses vins, ses plantations de riz et peut-être aussi faire une excursion en bateau dans le delta.

Jour 8

Tarragone conserve un des ensembles archéologiques romains les plus importants de la péninsule. Vous ne quitterez pas la ville sans vous être promené dans ses rues médiévales et sans avoir visité sa magnifique cathédrale.

Jour 9

Vins et moines sont le binôme indissociable de cette journée qui vous offrira l'occasion de déguster quelques-uns des meilleurs crus de Catalogne, tout en découvrant l'un des ensembles de monastères cisterciens les plus beaux et les plus importants de toute l'Espagne. **Reus** conserve un intéressant ensemble d'édifices modernistes, et doit également sa célébrité à ses fruits secs et à ses confiseries. **Poblet**, fondé en 1151, est à lui seul un véritable musée d'histoire architecturale qui renferme dans le cloître et l'église ses meilleurs exemples. Depuis Poblet, et après la visite de L'Espluga de Francolí, vous rencontrerez la cité médiévale de **Montblanc**, encerclée par ses intemporelles murailles, et arriverez à **Santes Creus**, l'autre grand monastère cistercien de Catalogne.

Jour 10

De retour à Barcelone, faites halte à la moderniste **Sitges**, joyeuse station touristique dont le Museu del Cau Ferrat, résidence du peintre Santiago Rusiñol, mérite une visite.

Espagne

Aires de **service** & de **stationnement**

Barcelone

Parking Forum – *Carrer del Taulat, proche du centre-ville – Ouv. tte l'année – P 120.*
Borne artisanale. Payant.
Stationnement : illimité. 23 €/j.
Services : sèche-linge
Paiement par horodateur, aire surveillée, pratique pour la visite de la ville.

Camprodon

Área en camping – *en camping – 00 34 972740507 – Ouv. tte l'année – P*
Borne artisanale. Payant.
Stationnement : illimité.
Loisirs : Services : WC

Els Muntells

Áera de els Muntells – *Carrer de Canalet – Ouv. tte l'année – P*
Borne artisanale. Gratuit.
Stationnement : autorisé
Services : WC
Agréable village du parc naturel du delta de l'Ebre.

Prades

Áera de Prades – *en camping – P*
Borne artisanale. Payant 3 €.
Stationnement : 7,50 €/j.
Loisirs :
Services : WC

Campings

Aristot

Camping Pont d'Ardaix
Ctra N260, km 210
00 34 973-384098
Permanent 3 ha (100 empl.)
Loisirs : diurne
Services : sèche-linge snack

Banyoles

Camping El Llac
Ctra Circumal.lació de l'Estany
00 34 972-570305
Mi-janv à mi-déc. 6 ha (360 empl.)
Loisirs : (plan d'eau)
Services : sèche-linge snack
Situé au bord d'un agréable plan d'eau.

Mataró

Camping Playasol
Ctra N-II, km 650
00 34 93-7904720
Déb.-mars-nov. 3,8 ha (190 empl.)
Loisirs : (plage)
Services : sèche-linge
snack, pizzeria
Emplacements adaptés aux camping-cars.

Roses

Camping Salatà
Port Reig
00 34 972-256086
Fermé déb.-janv. à déb.-fév. 4 ha (240 empl.)
Loisirs : diurne (plage)
Services : sèche-linge
snack, pizzeria

Sant Llorenç de Montgai

La Noguera
00 34 973420334
Permanent 2,5 ha (110 empl.)
Loisirs : (plage)
Services : sèche-linge

Tarragone

Camping Torre de la Mora
Ctra N340 km 1171
00 34 977-650277
www.torredelamora.com
Mi-mars à oct. 16 ha (450 empl.)
Loisirs: diurne (plage)
Services : sèche-linge
snack
Transports en commun pour le centre-ville.

Les bonnes **adresses** de Bib

Barcelone

El Portalón (Tapas)

Banys Nous, 20 - ✆ 933 021 187 - tlj sf dim. et j. fériés 9h-0h, cuisine 13h-16h, 19h30-22h30 - fermé 15 j. en août - menu 8/10 €, tapas 5/16 €, carte 15 € env.

Une des rares adresses encore authentiques du Barri Gòtic. Dans une vaste salle de pierres apparentes, tapas et plats du jour sont servis sur des petites tables bistrot. Ambiance touristique en salle, mais très catalane au bar.

Els Quatre Gats

Montsió, 3 bis - ✆ 933 024 140 - 25/35 € - tlj sf dim. 17h-2h.

Symbole de la Barcelone moderniste et bohème, ce café classique, réalisé par Puig i Cadafalch, fut le rendez-vous des artistes tels que Picasso, Casas et Utrillo. Formule du midi intéressante.

La Boqueria

Rambla, 91.

Marché central installé dans un bâtiment en verre et fer de la fin du 19e s. On y trouvera les denrées d'excellente qualité, les plus variées de Barcelone.

Mercat deSant Antoni

Comte d'Urgell, 1.

Installé à l'extérieur du marché municipal du même nom, il n'ouvre que le dimanche matin. Indispensable pour les amateurs de vieux magazines, journaux d'époque, bandes dessinées, timbres-poste et toutes sortes de livres hors catalogue, à des prix très attractifs.

Blanes

Terrasans

Ample, 1 - ✆ 972 330 081 - tapas 1/15 - 7h-1h.

Taverne prestigieuse où l'on vient autant prendre son petit-déjeuner que des tapas à midi. Terrasse ombragée dans un patio paisible.

Cambrils

Macarrilla

Barques, 14 - ✆ 977 36 08 14 -fermé mar., de mi-fév. à fin fév., de mi-nov. à fin nov.

Restaurant central tenu en toute simplicité par une famille. Sa salle qui jouit d'une entrée indépendante est bien aménagée et séparée du bar. Une bonne adresse pour goûter un bon repas en se détendant.

Camprodon

Cal Xec

Isaac Albèniz, 1 - ✆ 972 740 357.

En entrant dans cette charcuterie, vous ressentirez immédiatement le désir de déguster ses produits qui embaument dans toute la maison. Ouverte depuis 1870, elle n'a eu de cesse d'accroître sa renommée et ses amateurs, grâce à la qualité de son *fuet* (saucisson sec), de ses saucisses, de ses *botifarres*, boudins catalans, et de ses *chorizos*.

Castello d'Empuries

Portal de la Gallada

Pere Estany, 14 - ✆ 972 250 152 - tlj 13h-16h, 19h30-23h ; fermé le mar. hors saison.

Spécialités de grillades dans une jolie bâtisse du 12e s. dotée d'une terrasse superbe embrassant une partie du parc naturel dels Aigüamolls.

Gerone

Le Bistrot

Pujada Sant Domènec, 4 - ✆ 972 218 803 - tlj 13h-16h, 19h-1h.

Le restaurant est doté d'une agréable terrasse à l'intersection des deux escaliers menant à l'église Sant Martí Sacosta. Savoureux plats de viande et poisson mais peu de plats froids l'été.

Lérida

L'Esmolet

Pl. de Ricard Vinyes, 3 - ✆ 973 221 812.

Bar à tapas chaleureux à la déco tout en bois, où les habitants aiment se retrouver autour de grandes tartines frottées à la tomate.

Salou

Albatros

Brusel.les, 60 - ✆ 977 385 070 – fermé 2-20 janv., dim. soir et lun. sf j. fériés.

Le propriétaire est aux fourneaux ! La salle du restaurant ne cesse de gagner en confort comme la cuisine qui ne cesse de s'améliorer et dont vous savourerez les recettes élaborées. Terrasse animée les nuits d'été.

Tarragone

El Tiberi

Martu d'Adenyà, 5 - ✆ 977 235 403 - fermé dim. soir., lun. - 10,16/71 €.

Belle sélection de spécialités catalanes salées et sucrées présentées sur un grand buffet, dans un décor champêtre. Excellent rapport qualité-prix.

Les originalités du **Pays basque** et de la **Navarre**

➲ Départ de Saint-Sébastien
➲ 8 jours
450 km
Carte Michelin n° 573

Musée Guggenheim à Bilbao

OT Espagne

Ce parcours combine la côte du Guipúzcoa et celle de Biscaye avant de vous entraîner vers les pittoresques villages de l'intérieur, les localités du chemin de St-Jacques et de belles capitales provinciales. Ce voyage présente également de grands attraits pour les gastronomes.

Jour 1

La magnifique baie de **St-Sébastien** est considérée comme l'un des plus beaux sites d'Espagne, et ses tapas comme les meilleures du pays. Après avoir bien profité de l'une et des autres, suivez la côte basque, ponctuée d'innombrables petits ports, jusqu'à **Guernica** et son musée de la Paix, puis **Bilbao**.

Jours 2 & 3

Jeune et dynamique, Bilbao n'en finit pas de savourer les fruits de son renouveau. Ici, cœur historique et quartiers contemporains vivent au même rythme. Plongez dans l'animation du quartier historique, encore très populaire avec des sites comme le marché couvert de Ribera. L'après-midi, visitez le Musée diocésain ou le Musée basque puis montez à la basilique de Begoña. En redescendant par les jardins de l'Etxebarria, vous aboutirez non loin de la plaza Nueva. Quant à votre soirée, passez-la dans ce même quartier de l'Arenal : les bonnes adresses et les bars à tapas ne manquent pas. Le deuxième jour, visitez le stupéfiant musée Guggenheim, symbole du nouveau Bilbao, puis flânez le long de la berge aménagée de façon futuriste. De là, le tramway vous permettra de visualiser toute la transformation de l'ancien port de Bilbao, sans vous fatiguer.

Jour 4

Dirigez-vous vers la côte, à **Getxo** (16 km au nord-ouest le long de l'estuaire) pour profiter de ses belles plages et de son vieux port. Descendez en Álava par l'AP-68, non sans vous arrêter au passage au **Monte Santiago** pour voir le mirador del Nervión, et un peu plus bas, les vautours fauves du parc de **Valderejo**.

Jour 5

Filez ensuite plein sud en passant par les salines d'**Añana** pour rejoindre **Vitoria-Gasteiz**, capitale administrative du Pays basque. Une fois visités son centre historique et ses musées, prenez la direction de la Rioja

alavese, au sud. Les bodegas de **Labastida** et le splendide portail de l'église de **Sta María de los Reyes de Laguardia** satisferont tous les appétits.

Jour 6

Poursuivez vers l'est et retrouvez en Navarre le chemin de St-Jacques, à **Viana**. La N 111 vous conduira à **Pampelune** par des étapes incontournables comme **Estella** et **Puente-la-Reina**.

Jour 7

Ancienne capitale du royaume de Navarre, elle a conservé son aspect de vieille cité fortifiée. Ses ruelles étroites tournent autour de petites places à arcades comme la plaza Consistorial et la plaza de los Burgos. Flânez dans le quartier médiéval qui entoure la cathédrale et voyez le musée de Navarre. S'il est une occasion à ne pas manquer pour visiter Pampelune, ce sont bien les fêtes de la St-Firmin organisées chaque année du 6 au 14 juillet ! Vous découvrirez alors l'importance des traditions et le sens inné de la fête qui animent la capitale navarraise pendant ces quelques jours.

Jour 8

Reprenez la route en direction de la frontière française par la N 121A. Elle passe à proximité du parc de Bertiz et par la vallée de la Bidassoa, qui mène à **Fontarrabie**, agréable station balnéaire et port de pêche guipúzcoan, qui conserve un joli quartier ancien. La magnifique route du Jaizkibel vous ramènera à St-Sébastien.

Le conseil de Bib

Certains stationnements nécessitent l'achat d'un ticket en vente dans les bureaux de tabac (*estancos*).

Espagne

Aires de service & de stationnement

Bermeo

Área de la Pergola – ***Itsasoan Galdurakoen Lamera, vers le stade de football – Ouv. tte l'année – P 40.***
Borne artisanale. Gratuit.
Stationnement : 48h maxi.
Services : WC

Donostia-San Sebastián

Área de San Sebastian – ***Berio Pasealekua 2/Paseo de Berio 2, proche de l'université – Ouv. tte l'année – P 40.***
Borne artisanale. Gratuit.
Stationnement : horodateur. 6 €/j.
Services : sèche-linge
Transports en commun pour le centre-ville.

Vitoria-Gasteiz

Área de Vitoria-Gasteiz – ***Portal de Foronda – Ouv. tte l'année – P 25.***
Borne artisanale. Gratuit.
Stationnement : illimité.
Services :
Transports en commun pour le centre-ville.

Campings

Deba

Camping Itxaspe
CN634, km 38
00 34 943-199377
www.campingitxaspe.com
Avr.-sept. 2 ha (30 empl.)
Loisirs : (plage)
Services : snack

Estella / Lizarra

Camping Lizarra
Paraje de Ordoiz s/n
00 34 948-551733
Permanent 5 ha (100 empl.)
Loisirs : diurne mur d'escalade
Services : snack

Haro

Camping de Haro
Av. de Miranda 1
00 34 941-312737
Mi-janv.à mi-déc. 5 ha (125 empl.)
Loisirs :
Services : sèche-linge snack

Logroño

La Playa
Avda. de la Playa
00 34 941252253
Avr.-sept. 1 ha (105 empl.)
Loisirs : (plage)
Services :

Oricáin

Camping Ezcaba
Ctra a Francia, km 2,5
Permanent 4 ha (170 empl.)
– 20 E
Loisirs : pistes, de randonnées pédestres et VTT, balisées depuis le camping
Services :
20 emplacements spéciaux pour camping-cars.

Sunbilla

Ariztigain
Ctra N-121A, km 57, en el Caserio Zubizargana
Permanent 1,9 ha (120 empl.)
Loisirs : (plage)
Services :

Les bonnes **adresses** de Bib

Bilbao

Colmado Ibérico
Alameda de Urquijo, 20 - ✆ 944 436001 - fermé dim. - 10 €.
Grand espace au comptoir bien garni en brochettes et plats rapides. Il comporte une salle de restaurant où l'on sert une carte spécialisée dans les produits ibériques.

Café Iruña
Jardines de Albia - ✆ 944 237 021.
Situé sur une place agréable, ce café fondé en 1903 est devenu l'un des classiques de Bilbao. Sa décoration est surprenante (plafonds et éléments d'inspiration mudéjar). Idéal pour prendre un verre le soir.

Alacena de Victor Montes
Plaza Nueva, 12 - ✆ 944 154 385.
Ce lieu propice aux plaisirs gourmands vend des spécialités du Pays basque et une belle sélection de produits ibériques tels que jambons, foie gras, charcuteries diverses, fromages, anchois, douceurs… La cave répertorie quelques 700 références de vins espagnols et étrangers.

Bermeo

Asador Pelotari
Bizkaiko-Jaurerria, 25 - Bermeo - ✆ 946 881 553 - fermé 15-30 nov. - 8/40 €.
Ouvert en 2005, ce restaurant fait déjà l'unanimité aussi bien auprès des touristes que des locaux. Son décor est particulièrement soigné : photos dédicacées de joueurs de pelote basque et vitraux colorés créant une plaisante lumière. Sa riche carte de poissons et de viandes cuits au bois de chêne vert plaît beaucoup.

Donostia-San Sebastián

Martínez
Abutzuaren 31-13 - ✆ 943 424 965 - fermé 2e quinz. de janv., 2e quinz de juin, jeu. et vend. midi - 10 €.
Affaire familiale, située en plein centre historique. Grâce à la généreuse et appétissante variété de ses tapas, elle est devenu un classique de St-Sébastien.

Saski-Naski
Boulevard, 24 - ✆ 943 422 891 - tlj sf dim. 10h-13h30, 16h-20h ; juil.-août : 10h-20h30.
Le lieu ressemble à une caverne d'Ali Baba. On y trouve le meilleur de l'artisanat régional dont des produits originaux comme le *Makhila*, bâton de marche richement décoré et l'*Argizaiola*, sorte de bougie réservée aux veillées.

Estella

Casa Faustina
Magdalena, 58 - Barindano - ✆ 948 539 493 - 13 €.
Vous ne serez pas déçu par cette petite adresse fort sympathique. Le décor des différentes salles, composé de troncs d'arbres noués, de tableaux et de figurines en terre cuite, surprend. Dans l'assiette, on trouvera une bonne cuisine familiale et on pourra aussi choisir le menu dégustation.

Guernica

Gernika
Industria, 12 - Gernika-Lumo - ✆ 946 250 778 - 9,50/18 €.
D'entrée, cette petite adresse inspire la sympathie. Le décor – murs en pierre, tables bien dressées et belle collection d'horloges anciennes – est chaleureux. Les spécialités basques plaisent au palais. La musique d'ambiance et l'accueil souriant rendent le lieu encore plus agréable.

Logroño

Rioja Unico
Calle Laurel, 11 - ✆ 941 203 938.
Dans un cadre de pierres apparentes sous un beau plafond voûté, ce restaurant est précédé d'un bar à tapas, qui sert sandwichs et tartines toastées.

Pampelona/Pampelune

Museo
San Gregorio 48 - ✆ 948 222 050 - fermé 15-31 juil. - 3,50 € le tapa.
Dans un décor moderne, ce restaurant qui sert *tapas* et *raciones* est apprécié pour la qualité de sa cuisine.

Las Tres Z.Z.Z.
Comedias, 7 - ✆ 948 252 629 ou 948 224 438.
Cette institution locale fabrique des outres à vin artisanales depuis 1873. Vous découvrirez les différentes matières utilisées dans la fabrication des outres, son histoire ainsi que le rituel qui préside à l'utilisation de cet objet culte.

Vitoria-Gasteiz

El Rincón de Luis Mari
Rioja, 14 - ✆ 945 250 127 - fermé mars et sept. - 7,50 €.
Établissement central à caractère familial impeccablement entretenu. Comptoir riche en brochettes et en portions. Ambiance confortable et décontractée.

Gurea
Pl. de la Constitución, 10 - ✆ 945 245 933 - fermé Sem. sainte, 3 sem. en août, lun. soir et mar. - 21/32 €.
Sa façade, aux détails en bois, présente la carte. Le petit hall d'entrée ouvre sur la salle de restaurant de style néo-rustique très soigné.

Faire étape en **Castille** et **León**

➲ Départ de Salamanque
➲ 9 jours
810 km
Carte Michelin n° 575

Nouvelle cathédrale de Salamanque

Des villes au riche passé historique et d'imposants châteaux agrémentent ce circuit qui traverse les terres castillanes. Si vous voyagez pendant la Semaine sainte, vous aurez la chance d'assister aux processions solennelles de **Zamora** et de **Valladolid**.

Jours 1 & 2

Salamanque est une ville universitaire fort animée et riche en monuments romans, gothiques, Renaissance et baroques. Le premier jour, promenez-vous Plaza Mayor et aventurez-vous sur les artères commerçantes des rues de Toro et Zamora, empruntez la rue Prior pour mieux appréhender le quartier historique et enfin la Rúa Mayor pour rejoindre la Plaza Anaya et visiter les deux cathédrales. Le deuxième jour, visitez l'université et le musée. Après le déjeuner, faites quelques pas sur le pont romain et découvrez la Casa Lis (musée d'Art nouveau). Profitez des illuminations nocturnes de la Plaza Mayor. Si vous avez la possibilité de restez une journée supplémentaire, consacrez la aux visites des édifices religieux : le couvent de San Esteban, le couvent de las Dueñas et, après le déjeuner, le couvent de las Ùrsulas. Terminez en prenant un café dans le collège Fonseca. Si vous êtes accompagné d'un enfant, emmenez-le au musée d'Art nouveau, dont l'architecture, les couleurs, l'ambiance musicale et l'exposition de poupées sauront l'intéresser.

Jour 3

Après la visite de Salamanque, rendez-vous à **Zamora**, où vous pourrez admirer le dôme à écailles de la cathédrale et la belle façade du palais épiscopal. Ne manquez pas la rue la plus pittoresque de la ville : la calle Barborraz.

Jour 4

La route vers **Valladolid** traverse **Toro**, dont la collégiale possède un dôme similaire à celui de Zamora et un splendide portail gothique polychrome, et **Tordesillas**, où fut signé le célèbre traité qui consacrait le partage du Nouveau Monde entre l'Espagne et le Portugal. À Valladolid, outre de beaux exemples de l'art isabélin, vous visiterez l'exceptionnel musée national de Sculpture.

Jour 5

Traversez les vastes champs de céréales qui mènent, après

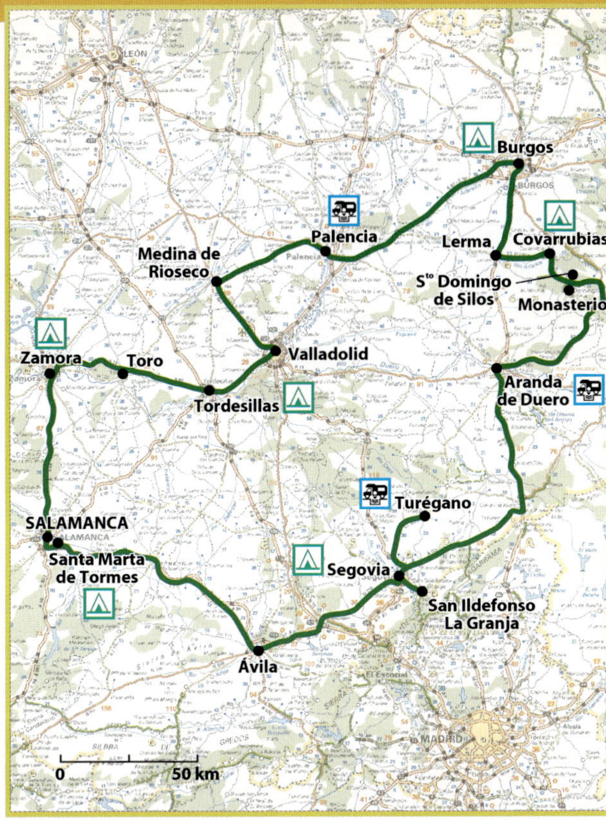

Medina de Rioseco, à **Palencia** et à sa magnifique cathédrale. Gagnez **Burgos**. Si la cathédrale est le joyau incontestable de Burgos, la rivière Arlanzón parvient à séduire de nombreux visiteurs : du pont de Santa María à la passerelle de l'Institut, ses rives aménagées en promenades offrent de beaux accès au centre historique, à ses monuments et à ses places colorées couvertes de terrasses de cafés. Pensez à visiter la Chartreuse de **Miraflores** située à quelques kilomètres de la ville.

Jour 6

Une fois dans la province de Burgos, où se succèdent de jolis villages comme **Lerma** et **Covarrubias**, ne manquez pas de découvrir le monastère de Santo Domingo de Silos, dont le cloître est une œuvre majeure de l'art roman espagnol. De là, en descendant le Duero, vous commencerez par longer une série de châteaux-forteresses qui avaient été construits pour défendre les terres reprises aux Arabes, tels ceux de **Peñaranda de Duero**, **Peñafiel** et **Coca**, qui se distingue des précédents par un style architectural mudéjar. Continuez votre périple jusqu'à **Segovia.**

Jour 7

À Ségovie, découvrez l'aqueduc romain puis entamez la promenade du cœur historique par la rue Cervantès, jusqu'à la Plaza Mayor, en passant par l'église San Martin et le musée d'Art contemporain. L'après-midi, visite de la cathédrale. Le lendemain visitez l'Alcázar puis le musée de la ville. Vous déambulerez l'après-midi du côté nord intra-muros, puis reviendrez le long de la rivière Eresma pour explorer le monastère de El Parral. Terminez par la visite de la chapelle de la Vera-Cruz.

Jour 8

Partez à **San Ildefonso La Granja** pour découvrir le Palais royal et visiter la manufacture du verre. L'après-midi, retour à Ségovie pour apprécier dans la ville basse, entre deux commerces typiques et de belles églises romanes.Avec des enfants (ou pas), visiter l'Alcázar et le domaine royal de Riofrío, qui renferme un musée animalier.

Jour 9

Notre circuit s'achève à **Ávila**, ceinte d'une impressionnante muraille et riche de nombreuses églises et couvents, cette cité entourée de remparts mérite que l'on y fasse étape. À la tombée du jour, la promenade sur les remparts dispense des vues superbes sur la ville, aux toits couverts de nids de cigognes.

Espagne

Aires de service & de stationnement

Aranda de Duero

Área de Aranda de Duero – *c/ Da Ruperta Baraya – Ouv. tte l'année – P 10.*
Borne artisanale. Gratuit.
Stationnement : 48h maxi.
Services :

Palencia

Área de Palencia – *Av. Ponce de Leon 12 – Ouv. tte l'année – P 10.*
Borne artisanale. Gratuit.
Stationnement : 48h maxi.
Loisirs : Services :
Transports en commun pour le centre-ville.

Turégano

Área de Turégano – *Justo al lado del silo – Ouv. tte l'année – P 10.*
Borne artisanale. Gratuit.
Stationnement : 48h maxi.
Loisirs :
Services :

Campings

Burgos

Camping Fuentes Blancas
Cartuja Miraflores
00 34 947-486016
Permanent 4,6 ha (300 empl.)
Loisirs :
Services : snack

Covarrubias

Covarrubias
00 34 947406415
Permanent 2,3 ha (110 empl.)
Loisirs :
Services : snack
Transports en commun à 200 m.

Santa Marta de Tormes

Camping Regio
Ctra Salamanca-Madrid, km 4
00 34 923-138888
Permanent 3 ha (130 empl.)
Loisirs :
Services : snack, pizzeria

Segovia

Camping El Acueducto
Ctra CL. 601 km 112
00 34 921-425000
Avr.-sept. 3 ha (155 empl.)
Loisirs :
Services : snack

Tordesillas

Camping El Astral
Camino de Pollos, 8
00 34 983-770953
Avr.-sept. 3 ha (155 empl.)
Loisirs : diurne
Services : snack, pizzeria

Zamora

Camping Ciudad de Zamora
00 34 980-537295
Avr.-mi-sept. 1 ha (40 empl.)
Loisirs : (petite piscine)
Services : snack

Les bonnes **adresses** de Bib

Avila

Siglo Doce
Plaza de la Catedral, 6 - ✆ 920 252 885 - 11/21 €.
Ce petit restaurant à l'atmosphère rustique est situé sur le côté gauche de la cathédrale. Abrité dans une maison du 12e s., doté de deux salles avec poutres apparentes, cet établissement sans prétention vous proposera différents menus. N'hésitez pas à prendre la spécialité de la maison : le *chuletón de ternera* de Ávila (côte de veau), un régal !

Mesón del Rastro
Plaza del Rastro, 4 - ✆ 920 211 218 - menu 15 €.
De nombreuses spécialités régionales et un grand *comedor* à la décoration traditionnelle pleine de charme. Excellent rapport qualité/prix, pour déjeuner ou dîner.

Taverna de Casa Guillermo
Calle de Lopez Nuñez, 8.
La taverne, gérée par l'Hostal de San Vicente, propose un bon choix de tapas, de *raciones* et de vins, dans un chaleureux décor de brique et de bois.

Burgos

Rincón de España
Nuño Rasura, 11 - ✆ 947 205 955.
En contrebas de la cathédrale, cet établissement offre deux belles terrasses en été. Plats typiques castillans et spécialités cuites au four à bois.

Ponte Vecchio
Vitoria, 111 (Passage) - ✆ 947 225 650.
Ce restaurant italien, avec ses fresques murales sur la Rome antique, est situé dans un superbe cadre. Idéal pour un dîner romantique.

Mesón de los Infantes
Avenida Generalisimo, 2 - ✆ 947 205 982.
Restaurant touristique qui propose toutefois une bonne cuisine traditionnelle, en particulier le cochon rôti et les lentilles médiévales.

Pastelería Alonso de Linaje
Plaza Mayor, 34 et Paseo del Espolon, 20 - ✆ 947 201 065.
Salon de thé un tantinet démodé où l'on trouve les meilleurs « *yemas de Burgos* » et « *camelitos del Cid*.

Palencia

Casa Damian
Calle Ignacio Martinez de Azcoitia, 9 - ✆ 979 744 628.
Véritable institution culinaire de la ville, un rendez-vous traditionnel incontournable.

Salamanque

La Fonda del Arcediano de Medina
Reja, 2 - ✆ 923 215 712.
Lumière tamisée, décoration originale et images collées au plafond caractérisent ce restaurant très apprécié des habitants de Salamanque. Bonne carte des vins en accompagnement des plats de viande.

C. Arzobispo Fonseca
Plaza Fonseca, 4 - ✆ 923 260 270.
Profitez d'une pause historique au sein du Colegio Fonseca, lové dans un fauteuil-club à l'anglaise devant une cheminée d'époque, sous une jolie voûte gothique. Possibilité de tapas.

Segovia

La Fontana
Avenida Fernandez Ladreda, 20 - ✆ 921 461 809.
Situé dans la ville basse, ce bar à tapas, avec son comptoir en zinc doré, ses boiseries et ses lustres en porcelaine, est empreint d'une atmosphère « Belle Époque ».

Duque
Calle Cervantès, 12 - ✆ 921 462 487.
L'ancienne devanture de cet établissement plébiscité par la critique culinaire est la marque d'une tradition perpétuée avec succès. Le cochon de lait est la spécialité du Duque.

SpiaLibros
Plaza San Martín, 4 - ✆ 921 463 421.
Cette superbe boutique de cadeaux propose livres d'art et d'histoire, objets de décoration originaux et bijoux modernes artisanaux.

Valladolid

Covadonga
Zapico, 1 - ✆ 983 330 798.
Le service y est excellent, l'ambiance, familiale et la cuisine, fameuse. La spécialité de la maison est l'agneau de lait.

La Abadia
Calle Guadamacileros, 5 - ✆ 983 330 299.
Les spécialités de viandes (agneau de lait, queue de bœuf au vin rouge, joues et tripes de porc) et de ragoûts ont fait la réputation de ce charmant établissement.

Zamora

El Motin de la Trucha
Calle Carniceros, 2 - ✆ 980 534 168.
Ce bar à tapas se cache dans une très belle cave voûtée. On y mange une charcuterie de qualité.

Restaurant La Posada
Calle Benavente, 2 - ✆ 980 516 474.
Avec ses murs de pierres apparentes, sa cuisine de type brasserie classique, ce restaurant propose un menu du jour économique.

À la découverte de la lumineuse **Madrid** et de ses environs

➲ Départ de Madrid

➲ 10 jours

580 km

Carte Michelin n° 576

Plaza Mayor

DR

Dans les environs de **Madrid** se trouvent des villes d'un grand intérêt touristique, d'importants palais royaux et des paysages superbes comme ceux des sierras de **Gredos** et de **Guadarrama**.

Jours 1 à 3

Partez du Palais royal, en prévoyant un arrêt sous les arbres des jardins de Sabatini. Ensuite visitez l'incontournable musée du Prado, flânez dans le pittoresque quartier de Las Lettras, autour de la plaza de Santa Ana, où vous pourrez déjeuner. Remontez par la plaza de la Villa et finissez l'après-midi en prenant l'apéritif autour de la Plaza Mayor. Le soir, assistez à un spectacle de flamenco. Le deuxième jour, commencez par la visite du couvent des Descalzas Reales, puis déjeunez dans la Vieille Ville. L'après-midi, visitez le musée Thyssen-Bornemisza avant de prendre un bol d'air au parc du Buen Retiro. Terminez la journée et dînez dans les quartiers branchés de Chueca ou Malasaña. Le troisième jour, visitez dès le matin le Centro de Arte Reina Sofía. Partagez l'après-midi entre le Musée archéologique et le musée Lázaro Galdiano, en finissant par du shopping dans le quartier de Salamanca.

Jour 4

Découvrez **Alcalá de Henares**, ville natale de Cervantès, qui renferme le superbe collège de San Ildefonso (ancienne université). Ralliez ensuite **Chinchón**, qui possède une charmante Plaza Mayor, puis Aranjuez, située au cœur d'un verger au bord du Tage. Après la visite du palais et des pavillons et une promenade dans les magnifiques jardins de la résidence royale, continuez jusqu'à **Tolède**, dont la situation dans un méandre fermé du Tage annonce les innombrables beautés qui jalonnent ses rues chargées d'histoire.

Jours 5 & 6

À Tolède, commencez par le monument majeur de la ville, la cathédrale. Puis promenez-vous dans les rues de la Vieille Ville en suivant les traces du Greco : église de Santo Tomé, Maison-musée du Greco, couvent de Santo Domingo el Antiguo. Après le déjeuner, explorez l'ancien quartier juif, qui concentre un grand nombre des monuments de la ville, dont deux anciennes synagogues et un monastère,

San Juan de los Reyes. Terminez par un témoin de la troisième religion historique de la ville, la mosquée del Cristo de la Luz. Le lendemain promenez-vous au musée de la Culture wisigothique et montez sur les tours de l'église de San Ildefonso, qui offrent un superbe panorama sur les toits de la Vieille Ville. Puis gagnez la plaza de Zocodover, l'épicentre de la vie tolédanne, où vous pourrez prendre un agréable déjeuner, avant de visiter le musée de Santa Cruz, remarquable pour son architecture comme pour ses tableaux du Greco. Sortez de la ville fortifiée par la porte de Bisagra et explorez l'hôpital de Tavera. N'oubliez pas, en fin de journée, de faire le tour des cigarrales qui offre de magnifiques panoramas sur la ville dans la lumière du couchant.

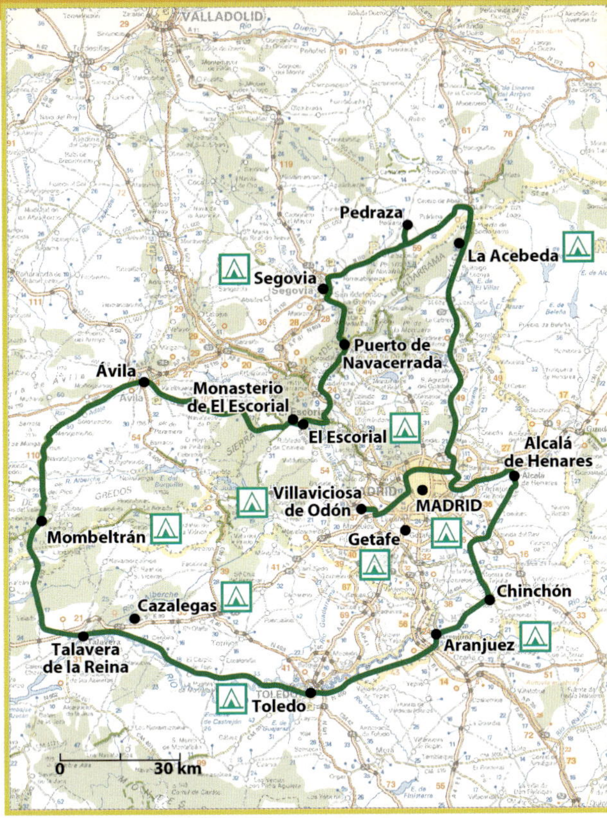

Jour 7

Poursuivez vers **Talavera de la Reina**, connue pour sa céramique, et empruntez une route de montagne pour traverser la sierra de Gredos qui offre de superbes paysages et abrite une grotte intéressante, la cueva del Águila.

Jour 8

Remontez vers **Ávila**, une ville d'églises et de couvents, berceau de sainte Thérèse, qui conserve intactes ses murailles du 11e s. Après la visite de la ville, poursuivez en direction du monastère de l'Escurial, édifice impressionnant dû à Philippe II. Sur le chemin de Ségovie, vous pourrez passer par la Valle de los Caídos (la vallée de « Ceux qui sont tombés »), située dans un site grandiose de la sierra de **Guadarrama**. Ce monument construit dans des conditions effroyables a été érigé en faveur des Franquistes morts durant la terrible guerre civile espagnole. Franco y est aussi enterré. La mémoire des Républicains a en revanche été ignorée jusqu'aux années récentes.

Jour 9

À **Segovia**, vous pourrez visiter l'aqueduc romain, les églises romaines et l'Alcázar. Tout près de la ville, au pied de la sierra de Guadarrama, se trouvent le palais et les splendides jardins de La Granja de San Ildefonso.

Jour 10

Puis le circuit pénètre plus avant dans la sierra et, après avoir traversé le col de **Navacerrada**, descendez vers la vallée jusqu'au monastère de El Paular. Par le col de Navafría, vous arriverez ensuite au charmant village de Pedraza. Avant de reprendre l'autoroute qui vous ramènera à Madrid en traversant le col de **Somosierra**, vous pourrez faire une halte à **Sepúlveda**, située en lisière du fleuve.

Espagne

Campings

Aranjuez

Camping Internacional Aranjuez
Soto del Rebollo s/n
00 34 91-8911395
Permanent 3 ha (170 empl.)
Loisirs : (centre équestre)
Services : sèche-linge snack, pizzeria
Situé au bord d'une rivière.

Cazalegas

Camping de Cazalegas
00 34 925872503
Permanent 1,6 ha (80 empl.)
Loisirs :
Services : snack
Transports en commmun pour centre-ville à 100 m.

El Escorial

Caravaning El Escorial
M-600 km 3,5, Accès : Situé sur la M600, à 3,5 km près de El Valle de Los Caidos. De Madrid, A6 sortie 47 El Escorial-Guadarrama..
00 34 902-014900
Permanent 30 ha (820 empl.)
Loisirs : billard, jeux électroniques, squash
Services : sèche-linge

Getafe

Camping Alpha
A-4 km 12
00 34 916-958069
Permanent 48 ha (310 empl.)
Loisirs :
Services : sèche-linge
Proche de Madrid, accès au centre ville par transports en commun.

La Acebeda

Camping La Acebeda
Junto al pueblo
00 34 918699038
Juin.-sept. 2 ha (35 empl.)
Loisirs : fronton
Services : sèche-linge
Transports en commun au départ du camping.

Madrid

Camping Osuna
Avda de Logroño
00 34 917-410510
Permanent 2,3 ha (100 empl.)
Services :
La meilleure solution pour la visite de la ville, transports en commun à partir du camping.

Mombeltrán

Camping Prados Abiertos
Ctra N502, km 72
00 34 920-386061
Permanent 2 ha (100 empl.)
Loisirs : diurne (centre équestre)
Services :

Segovia

Camping El Acueducto
Ctra CL. 601 km 112
00 34 921-425000
Avr.-sept. 3 ha (155 empl.)
Loisirs : (petite piscine)
Services :
Transports en commun pour centre-ville à 100 m.

Toledo/Tolède

Camping El Greco
Ctra CM4000 km 0,7
00 34 925-220090
Permanent 2,5 ha (150 empl.)
Loisirs : jeux électroniques
Services : sèche-linge
Transports en commun pour le centre-ville.

Villaviciosa de Odón

Camping Arco Iris
M501 km 7,200, Accès : Sur la M40 périphérique Madrid, sortie 36. Le camping est entre Boadilla et Villaviciosa (M501). *00 34 916-160387*
Permanent 5 ha (70 empl.)
Loisirs : jacuzzi
Services : sèche-linge snack, pizzeria
Transports en commun au départ du camping.

Les bonnes **adresses** de Bib

Aranjuez

La Rana Verde

Plaza Santiago Rusiñol. ✆ 918 911 325 - menu à partir de 15 €.

Sur la place, à la sortie des jardins du Palais royal, en bordure du Tage. Spécialités d'asperges et de « grenouilles vertes » (*rana verde*), à goûter dans un cadre bucolique et reposant.

Arenas de San Pedro

El Bodegón

Géré par l'Hosteria los Galayos voisin, ce vaste restaurant sert une cuisine traditionnelle dans de belles salles en pierre et brique, couvertes de photos, de bouteilles de vin et de jambons.

Madrid

La Taberna Miranda

Pl. del Conde de Miranda, 4 - ✆ 915 413 700 - tlj 11h-18h, 19h30-0h30.

Cuisine régionale honnête et traditionnelle, dans le cadre chaleureux d'une taverne, entre barriques vénérables et comptoir de brique. On y goûte par exemple la friture andalouse, les calamars aux champignons ou le boudin noir de León. La terrasse est très agréable pour le déjeuner à la belle saison.

La Bola

C/de la Bola, 5 - ✆ 915 476 930 - tlj sf dim. soir 13h-16h, 20h30-23h30.

Dans une ambiance chaleureuse et animée de taverne traditionnelle, les personnalités en tout genre côtoient les touristes. Cet établissement, fondé en 1880, a forgé sa réputation sur son *cocido madrileño*, probablement le plus célèbre de Madrid.

Maceira

C/Jesús, 7 - ✆ 914 291 584 - tlj sf lun. midi - plat du jour à 6 €.

Un tout petit restaurant à l'ambiance campagnarde, simplement meublé de tables en bois et décoré de jarres en terre. La cuisine de terroir galicienne y est réputée. Le midi, il faut goûter le délicieux *arroz marineiro*, riz aux fruits de mer, suffisamment copieux pour le partager, ou les spécialités de poulpes et de moules. Excellent rapport qualité-prix.

Chocolatería San Ginés

Pasadizo de San Ginés, 5 - ✆ 913 656 546 - Ouvert tte la nuit.

Cette chocolaterie à l'ancienne est une institution madrilène. On y vient pour déguster le plus riche et le plus onctueux des chocolats chauds, dans lequel on trempe de délicieux churros.

Las Carboneras

Pl. del Conde de Miranda, 1 - ✆ 915 428 677 - Spectacle avec une conso 25 €, dîner-spectacle de 50 à 60 €. Spectacle du lun. au jeu. à 21h et 22h30, le vend. et sam. à 20h30 et 23h.

Une simple estrade installée au milieu des tables et un décor modeste sert d'écrin à de jeunes artistes flamenco de talent. Mieux vaut se contenter de la consommation plutôt que de dîner.

Casa Hernanz

C/Toledo, 18 - ✆ 913 665 450.

Le spécialiste de l'espadrille de toutes les façons et de toutes les couleurs. La palette de tons est si large que les adeptes des harmonies en feront leurs délices. Le magasin semble inchangé depuis 50 ans et on y trouve aussi fils et cordelettes en tout genre pour le macramé, ainsi que d'astucieux petits filets de cuisson pour réserver un aliment à part du ragoût.

Monastère de l'Escurial

La Cueva

C/San Antón, 4 - ✆ 918 901 516 - Fermé lun.

Un restaurant à l'ancienne, qui existe depuis la fin du 18e s. On y mange les classiques tapas ou des plats traditionnels espagnols.

Pedraza

El Soportal

Plaza Mayor - ✆ 921 509 826.

Bar-restaurant où il fait bon picorer quelques tapas charcutiers en terrasse. À l'intérieur, les incontournables cochon et agneau de lait rôtis.

Tolède

El Ludeña

Plaza de Magdalena - ✆ 925 223 384 - Ouvert tlj.

Un restaurant de quartier pour déjeuner sans se ruiner. Vous pourrez vous installer dans le petit comedor lambrissé ou dans la cour extérieure si le temps s'y prête. Goûtez aux *cancamusas*, la spécialité maison, un savoureux ragoût de viande à la tomate.

Hierbabuena

Callejón de San José, 17 - ✆ 925 223 924 - tlj sauf dim. soir - 33/45 €.

Les tables de ce restaurant réputé sont élégamment dressées autour d'un petit patio intérieur. L'équipe, jeune et dynamique, propose une cuisine traditionnelle raffinée n'excluant pas certaines innovations.

Achats

Tolède est renommée pour ses nombreux **objets damasquinés** (acier bruni incrusté de fils d'or, d'argent et de cuivre) et pour ses excellentes spécialités culinaires : perdrix en daube et **massepain** (*mazapan*), une sorte de pâte d'amande que l'on trouve dans de nombreuses pâtisseries de la Vieille Ville.

Le **Levant** face à la mer

➲ *Départ de Valence*
➲ *9 jours*
580 km
Carte Michelin n° 577

Danses traditionnelles à Valence

Sur ce circuit qui longe le littoral et pénètre dans les terres des provinces de Valence, d'Alicante et de Murcie, vous rencontrerez d'importantes localités touristiques, de longues plages de sable ; vous traverserez des villages pleins de charme et des villes au riche patrimoine artistique.

Jour 1

À **Valence**, les centres d'intérêt sont nombreux et parfois éloignés les uns des autres. Le premier jour, visitez à pied les quartiers historiques concentrés autour de la cathédrale et du palais du marquis de Dos Aguas. Découvrez ainsi la Lonja, ancienne Bourse de la soie, le collège royal du séminaire du Corpus Christi, et poussez jusqu'au musée des Beaux-Arts ou faites connaissance avec la Cité des Arts et des Sciences.

Jour 2

Découvrez la ville moderniste et ses monuments emblématiques du début du 20e s. : la gare du Nord, le marché central, le marché Colón, la Plaza del Ayuntamiento, la calle de la Paz, etc. Consacrez votre après-midi à la découverte du quartier maritime et portuaire, et des plages.

Jour 3

Après la visite de Valence, regagnez la côte. **El Saler** possède une plage étendue et côtoie le Parc naturel de la Albufera, une grande lagune d'eau douce où on cultive le riz. Puis traversez une succession de stations balnéaires comme **Cullera**, **Gandía**, où se trouve le palais ducal des Borgia, et **Denia**, dominé par un château. De **Jávea** (pittoresque quartier ancien), faire une halte au **cap de la Nao** pour admirer de beaux panoramas ou bien continuer jusqu'à **Calp**, qui se situe à côté de l'impressionnant **Peñón de Ifach**.

Jour 4

Altea, la prochaine étape, avec ses ruelles étroites, est un des plus jolis villages de la région. Longer la côte jusqu'à **Benidorm**, dont les gratte-ciel à quelques mètres des plages offrent une vision surprenante ; tout près de ce Manhattan de villégiature se trouve le parc à thème de Terra Mítica. Le voyage se poursuit par une excursion à travers les terres montagneuses de l'intérieur pour aller visiter **Guadalest**, située dans un site rocheux

impressionnant ; **Alcoy**, qui se trouve au confluent de trois rivières, et, après avoir traversé le col de la Carrasqueta, vous traverserez **Xixona**, village célèbre pour son turón.

Jours 5 & 6

De retour sur la côte, se rendre à **Alicante**, capitale de la Costa Blanca dominée par le château de Santa Bárbara.
Cette ville accueillante, typiquement méditerranéenne, où se mêlent avec bonheur une tranquillité toute provinciale et l'animation d'un grand centre touristique. Étroitement liés, le quartier historique, le port et la plage en font une ville à la géographie urbaine homogène, résolument tournée vers la mer. Deux jours suffisent pour visiter la ville et profiter de sa plage. Prévoyez une journée si vous desirez faire une excursion à l'île de **Tabarca**.

Jour 7

Reprendre l'itinéraire qui traverse plusieurs lieux de villégiature (**Guardamar del Segura**, **Torrevieja**) jusqu'à **Mar Menor**. Cette baie aux eaux peu profondes est fermée par un cordon littoral où se trouve la grande station balnéaire de La **Manga del Mar Menor**. Poursuivez jusqu'à **Carthagène**. Dans la rade se côtoient le port de plaisance et l'arsenal militaire. La ville, séparée des installations portuaires par sa haute enceinte, présente un relief marqué, dominé par la colline où fut érigé le château (de sa terrasse superbe panorama sur la rade et ses environs) et au flanc de laquelle s'accroche le théâtre antique. Dans les rues piétonnes ou sur les quais, touristes et marins en uniforme se mêlent désormais aux familles de « Cartageneros ».

Jour 8

Après la visite de Carthagène, située dans une baie profonde, quitter la côte pour vous rendre à **Murcie**. Les rues piétonnes et les nombreuses petites places lui confèrent une atmosphère de sérénité, à laquelle répond un patrimoine souvent étonnant, dominé par la cathédrale. Baignée de soleil, chaleureuse et accueillante, Murcie se laisse découvrir avec simplicité, visitez sa cathédrale ainsi que le musée Salzillo, consacré à l'illustre sculpteur.

Jour 9

De nouveau sur la route, faire une halte à **Orihuela**, un important centre historique, puis continuer jusqu'à **Elche**, la ville des palmiers. Le trajet par l'autoroute longe **Villena** et son château. La dernière étape du circuit est **Xàtiva**. La ville aux mille fontaines se situe dans une vallée fertile et conserve plusieurs édifices dignes d'intérêt.

Espagne

Aires de service & de stationnement

Carcaixent

Área de Carcaixent – *Glorieta de la Estacion – Ouv. tte l'année –* P
Borne artisanale. Gratuit.
Stationnement : 48h maxi.
Services :

Ibi

Área caravanas y autocaravanas Chambit – *Calle Pedro Valdivia – Ouv. tte l'année – P 20.*
Borne artisanale. Gratuit.
Stationnement : autorisé.
Services :

L'Alfàs del Pi

Camper park Costa Blanca – *Cami dels Alguers, 79 – 00 34 966 868668 – Ouv. tte l'année – P 40.*
Borne artisanale. Payant.
Stationnement : 12 €/j.
Loisirs :
Services : WC

Campings

Crevillent

Inter. Las Palmeras
N 340 km 708
00 34 966680630
Permanent 0,5 ha (45 empl.)
Loisirs : terrain multisports
Services : sèche-linge

Jávea / Xàbia

Camping Jávea
Accès : à partir de la N332 sortie Jávea. Entrer dans Jávea. Au rond-point tout droit. Suivre les panneaux Arenel-Platges et Cap de la Nao.
00 34 9666460507
Permanent 2,8 ha (215 empl.)
Loisirs : diurne terrain multisports (plage)
Services : sèche-linge
Transports en commun à 1 km

La Manga del Mar Menor

Caravaning La Manga
Autovía de La Manga, salida 11
00 34 968-563019
Permanent 32 ha (1050 empl.)
Loisirs : diurne squash (plage)
Services : sèche-linge snack
Transports en commun au départ du camping.

L'Altet

Camping sombra y Sol
00 34 965588010
Permanent 1 ha (110 empl.)
Loisirs :
Services :
Transports en commun à 1 km

Sangonera la Seca

Camping La Paz
N 340, sortie 647
00 34 968893929
Permanent 1,8 ha (90 empl.)
Loisirs : terrain multisports
Services :
Transports en commun à 500 m.

Valencia/Valence

Camping Devesa Gardens
Nazaret-Oliva
00 34 961611136
Permanent 1,6 ha (90 empl.)
Loisirs : (centre équestre)
Services : sèche-linge snack
Transports en commun à 100 m, idéal pour la visite du centre-ville.

Les bonnes **adresses** de Bib

Alacant/Alicante

La Taberna del Gourmet
San Fernando, 10 - ✆ 965 204 233 - 7/24 €.
À proximité de la promenade maritime. La carte comprend plusieurs spécialités de riz, de jambon, de fruits de mer et une grande variété de *montaditos* (petits sandwichs) alignés sur le comptoir. La salle est décorée avec des *azulejos* bleus et des peintures de thèmes marins.

Piripi
Oscar Esplá, 30 - ✆ 965 227 940.
Bon endroit pour déguster tapas et autres en-cas typiques de la région. Variété et qualité au rendez-vous.

Bodega Las Garrafas
Major, 33 - tlj sf dim. 9h-13h, 16h-2h.
Une cave authentique dirigée par un ancien picador qui connut Dalí, Picasso et Hemingway… Décoration éclectique : cloches, casseroles, photos…

Mercado Central
Av. Alfonso X El Sabio - 6h-13h.
Grand marché couvert, avec la boucherie au premier étage et la poissonnerie au sous-sol.

Benidorm

La Cava Aragonesa
Pl. de la Constitución/Calle Santo Domingo - ✆ 965 801 206 - 12h-15h30, 18h45-1h30.
Un endroit authentique au milieu d'une centaine de tours résidentielles. C'est un bar typique avec des jambons suspendus au plafond et un grand choix de tapas.

Calp

El Racó Gallego
Pl. de la Villa, 17 - ✆ 965 838 631 - 20/25 €.
À l'abri de l'enceinte fortifiée de la vieille ville et au calme, la maison dispose d'une agréable terrasse et d'une jolie salle rustique. Excellente cuisine, beaucoup de fruits de mer et poissons. Belle carte de tapas, dont de délicieuses *croquetas caseras.*

Elche

Mesón Casa Antonio
Calle Pere Ibarra, 6 - ✆ 966 610 451 - 10/15 €.
Dans le cœur de la ville, une salle à manger sympathique, avec nappes à carreaux, où l'on sert une cuisine traditionnelle (riz et autres spécialités).

Marché couvert
Près de la basilique - tlj sf dim. 7h-14h.
On y trouve bien entendu des dattes, fruits emblématiques de Elche.

Jávea

Restaurant du Parador
Av. del Mediterráneo, 7 - ✆ 965 790 200 - à partir de 25 €.
Cuisine gastronomique dans un cadre très agréable. La salle à manger donne sur le joli jardin de l'hôtel qui descend en pente vers la mer. Jolie vue depuis la terrasse. La cuisine fait la part belle aux fruits de mer et poissons, avec une excellente *paella marinera*.

Murcia/Murcie

Casa Perela
Calle Ruiperez, 5 - ✆ 968 935 198.
Dans le quartier de la plaza Santa Catalina, dégustez d'excellentes tapas au bar – mention particulière pour *el cochinillo* et *los huevos a la Real Murcia* – dans une bonne ambiance d'habitués.

Valencia/Valence

Las Cuevas
Samaniego, 9 - ✆ 963 917 196 - fermé août - 15/20 €.
Une cave authentique au plafond voûté et aux murs percés de petites fenêtres. On y sert seulement des tapas, élaborées selon la meilleure tradition valencienne : moules, piments farcis, sardines, etc. Ambiance jeune et très animée le week-end.

Palacio de la Bellota
Calle Mosén Femades, 7 - ✆ 963 514 994 - 13h-17h, 20h-1h - 20/30 €.
Au sud de la plaza del Ayuntamiento, dans le quartier animé du cinéma principal, le ton est donné par les jambons suspendus au plafond de la première salle. On goûte ici au fameux *jamón* de Bellota, le fin du fin, mais la maison est également spécialiste des paellas géantes – de 1 000 à 10 000 rations ! Bonne cuisine traditionnelle et clientèle locale variée.

Casa Chimo
Paseo Neptuno, 40 - ✆ 963 712 048 - fermé merc. - réserv. conseillée - 15/29 €.
Une véritable institution située en bord de mer. De nombreuses familles valenciennes se retrouvent autour de la traditionnelle paella. Si vous recherchez un peu de fraîcheur, préférez le salon aux murs couverts d'azulejos.

Turrones Ramos
Sombrerería, 11 (à côté de la plaza Redonda) - fermé w.-end et août - 10h-14h, 17h-20h.
Ce magasin est entièrement dédié à la fabrication du *turrón* artisanal depuis 1890. Essayez également leurs massepains (spécialités à base de pâte d'amandes, de sucre et de blanc d'œuf), vous ne saurez résister devant tant de douceurs…

Périple en **Andalousie**

➲ Départ de Cordoue
➲ 12 jours
725 km
Carte Michelin n° 578

OT Espagne

L'Alhambra

Jours 1 & 2

Cordoue, l'une des trois villes emblématiques de l'Andalousie, mérite que l'on s'y attarde un peu. Cordoue peut toutefois se visiter tranquillement en deux jours, la majorité de ses centres d'intérêt se concentrant autour de la mosquée-cathédrale. Le premier jour, commencez justement par elle, la merveille des merveilles. Baladez-vous ensuite autour et dans le quartier de la Judería. L'après-midi, découvrez l'histoire de Cordoue dans la tour de la Calahorra, puis visitez l'alcázar et ses jardins. Le deuxième jour, commencez la matinée par le Musée archéologique et le musée Torres. L'après-midi, vous visiterez le palais Viana et une ou deux églises ferdinandines (ne manquez pas celle de San Lorenzo).

Jour 3

Explorez les environs immédiats de Cordoue avec une excursion aux ruines de **Medina Azahara** puis au château d'**Almodóvar del Río**. Puis rendez vous à **Écija** signalée par ses tours baroques et apercevez ses nombreux couvents, palais et églises.

Jours 4 à 6

La prochaine étape est **Séville**. Le premier jour, visitez l'alcázar et l'hospice des Vénérables, flânez dans le pittoresque quartier de Santa Cruz le matin, puis promenez-vous dans le parc de María Luisa l'après-midi, en visitant la plaza de España et les deux musées de la plaza de América.

Le lendemain, visitez la cathédrale, l'hospice de la Charité, baladez-vous le long du Guadalquivir avec éventuellement une visite de La Maestranza, puis traversez le fleuve pour une flânerie dans le quartier de Triana.

Pour la dernière journée dans cette superbe ville, commencez par le haut de Séville avec la visite de l'église de San Luis de los Franceses, de l'église de la Macarena et de la Casa de Pilatos. L'après-midi, admirez la chapelle de San José, le palais Lebrija et le musée des Beaux-Arts.

Jour 7

Dirigez-vous vers la mer, mais avant d'y arriver, visiter **Jerez de la Frontera**. Célèbre pour ses vins et ses élevages de chevaux, elle possède également un important patrimoine architectural. **Cadix**, resplendissante sous un ciel limpide, est

une agréable ville maritime du 18e s., avec des édifices aux couleurs vives, de belles places et des monuments intéressants.

Jour 8

Après **Chiclana de la Frontera**, située à côté de l'interminable plage de la Barrosa, continuez jusqu'à **Medina Sidonia** qui a conservé son quartier médiéval et offre de beaux panoramas. Le village aux maisons blanches de **Arcos de la Frontera**, votre prochaine étape, bénéficie d'un site remarquable, au sommet d'un roc entaillé par le Guadalete.

Jour 9

D'Arcos commence le circuit des Villages blancs qui vous conduira jusqu'à **Ronda**, bâtie elle aussi sur un site exceptionnel. Puis, en redescendant vers la mer, vous traverserez de jolis villages de montagne jusqu'à la côte dominée par l'impressionnant rocher de **Gibraltar**. La route côtière en direction de **Malaga** passe par des stations balnéaires très connues (**Estepona**, **Marbella**, **Fuengirola**, **Benalmádena**, etc.). **Malaga**, capitale de la Costa del Sol, possède un intéressant patrimoine historique qui remonte aux temps romains. À noter les vestiges de **Gibralfaro** et la forteresse, qui sont les principaux témoins du système défensif de la Malaka arabe.
Empruntez l'autoroute de l'intérieur qui mène à **Antequera**, point de départ de belles excursions dans la nature. Rejoignez **Grenade**.

Jours 10 &11

Le premier jour, promenez-vous dans le quartier de la cathédrale (avec visite de la cathédrale et de la Chapelle royale) et réservez votre après-midi pour la visite de l'Alhambra (réservation indispensable, s'y prendre bien à l'avance) et du Generalife. Le lendemain, suivez le cours du Darro en vous arrêtant au Bañuelo pour les bains arabes, montez au Sacromonte pour voir les habitations troglodytiques et visitez l'abbatiale, puis redescendez déjeuner dans un *carmen* du quartier de l'Albayzín que vous découvrirez l'après-midi. Si le temps ne vous est pas compté, visitez l'ouest de Grenade avec les églises de San Jerónimo, de San Juan de Dios et la chartreuse.

Jour 12

Se rendre à **Jaén**, la dernière étape. La ville s'étend sur la colline Ste-Catherine, où se dresse une vieille citadelle arabe. Ne pas omettre de visiter la magnifique cathédrale Renaissance et les bains arabes du palais.

Le conseil de Bib

- Pour acheter à l'avance votre ticket d'entrée à l'Alhambra : ✆ 00 3493492375

Espagne

Aires de service & de stationnement

Archidona

Área de Archidona – ***Área pública, à l'entrée du bourg – Ouv. tte l'année – P 12.***
Borne artisanale. Payant.
Stationnement : 48h maxi.
Services :

Gelves

Área de Puerto Gelves – ***Coria del Gelves – 00 34 955761212 – Ouv. tte l'année – P 20.***
Borne artisanale. Payant.
Stationnement : autorisé
Loisirs : Services : WC
Transports en commun pour Séville.

Campings

Almayate Bajo

Camping Almayate Costa
Ctra N340a km 267
00 34 952-556289
www.campingalmayatecosta.com
Mi-mars à fin-sept. 3 ha (230 empl.)
Loisirs : (plage)
Services : sèche-linge snack

Córdoba/Cordoue

Camping M. "El Brillante"
Av. de Brillante 50
00 34 957-403836
Permanent 2,6 ha (140 empl.)
– 40 E
Loisirs :
Services : sèche-linge
40 emplacements spéciaux pour camping-cars, transports en commun pour centre-ville.

Dos Hermanas

Camping Villsom
Ctra N.IV, km 554,8
00 34 95-4720828
Déb.janv. à mi-déc. 2,2 ha (370 empl.)
Loisirs : (petite piscine)
Services : sèche-linge
Transports en commun pour le centre de Séville.

El Puerto de Santa María

Camping Playa Las Dunas
P.M. Playa La Puntilla
00 34 956-872210
Permanent 13 ha (300 empl.)
Loisirs : (plage)
Services : sèche-linge snack

Granada/Grenade

Camping-Motel Sierra Nevada
Avd. Madrid 107
00 34 958-150062
Mars-oct. 2,7 ha (150 empl.)
Loisirs :
Services : sèche-linge
Transports en commun pour le centre de Grenade.

Marbella

Camping Marbella Playa
N340, km 192,8
00 34 95-2833998
Permanent 7 ha (350 empl.)
Loisirs : diurne (excursions organisées) (plage)
Services : sèche-linge snack, pizzeria
Transports en commun pour centre-ville.

Tarifa

Camping Rio Jara
Carretera N340, km 81
00 34 956-680570
Permanent 3 ha (260 empl.)
Loisirs : diurne (excursions organisées) (plage) (centre équestre)
Services : sèche-linge snack, pizzeria

Les bonnes **adresses** de Bib

Cadix

Aurelio
Calle Zorrilla, 1 - ✆ 956 221 031 - fermé lun. sf juil.-sept.
À côté de la plaza de Mina, ce petit établissement spécialisé dans les poissons et les fruits de mer est réputé pour ses tapas. Son seul inconvénient : il est souvent plein.

Casa Rivera
Calle Cristóbal Colón, s/n - fermé w.-end.
Ce petit restaurant propose des tapas au comptoir et un menu au choix à table à 7 € avec entrée, plat, dessert, boisson. La cuisine est faite maison et le menu change tous les jours.

Taberna la Manzanilla
Calle Feduchy, 19 - ✆ 956 285 401 - tlj sf sam. et dim. soir 9h-15h, 18h-22h.
Cette taverne typique qui a ouvert en 1900 permet de déguster du « manzanilla » (vin blanc) à chacune des cinq étapes de son vieillissement. On peut aussi goûter tous les autres vins andalous.

Marchés
Les petits marchés de produits artisanaux sont courants à Cadix. Rendez-vous le dimanche près de l'**arc du Peuple** (Arco del Pópulo) ou tôt le lundi matin au célèbre marché d'**El Piojito,** sur l'av. de la Bahía : vous y trouverez de tout dans une ambiance populaire.

Córdoba/Cordoue

Taberna Los Faroles
Calle Velázquez Bosco, 1 - ✆ 957 485 629 - 10/30 €.
Cette taverne doit son nom aux nombreuses lanternes qui illuminent la nuit son joli patio. On peut y déguster des spécialités régionales comme le *salmorejo* ou la queue de taureau dans une agréable fraîcheur, entouré d'azulejos qui recouvrent les murs.

Gastronomie
Les religieuses du couvent de Santa Isabel ont la réputation d'être d'excellentes pâtissières. Laissez-vous tenter par leurs spécialités et n'hésitez pas à leur acheter des *almendrados* (pâte d'amandes), des *coquitos* (genre de palmiers), des *pasteles cordobeses* (spécialité de Cordoue), ou autres pâtisseries *(calle Almería, 5 - 957 298 403 - 9h-12h45, 17h-19h15).*

Gibraltar

Restaurant Sacarello
57 Irish Town - 10 £.
L'une des adresses les plus chaleureuses de Gibraltar, navigant entre Espagne et Grande-Bretagne. La terrasse donne sur Tuckey's Lane et il y a une salle à l'étage. À l'heure du goûter *(15h30-19h30)*, on y propose des formules *tea time* à partir de 4 £ *(5 €).*

Granada/Grenade

Casa Enrique
Acera del Darro, 8 - ✆ 958 255 008 - fermé dim.
Cette petite taverne fondée en 1870 est devenue l'un des endroits emblématiques de la ville. On y déguste des produits à base de porc ibérique, des fromages du pays et de bonnes conserves.

Chikito
Pl. del Campillo, 9 - ✆ 958 223 364 - fermé merc. - réserv. conseillée - 20/30 €.
Le restaurant et le bar font partie des incontournables aussi bien pour les habitants de Grenade que pour les touristes. Les artistes et les intellectuels des années 30 (comme García Lorca) s'y retrouvaient. Il sert des spécialités locales et un excellent jambon.

La Trastienda
Pl. de Cuchilleros, 11 - ✆ 958 226 995.
Passé la petite porte d'entrée de cet établissement fondé en 1836, on descend deux marches pour arriver dans une vieille épicerie qui conserve son petit comptoir. On peut prendre un excellent chorizo au bar ou consommer des *raciones* en s'installant au fond dans une petite salle très agréable.

Jaén

Mesón Nuyra
Pasaje Nuyra, s/n - ✆ 953 240 763 - 24/30 € - fermé dim. soir et 1re quinz. de juil.
Ce restaurant typique est aménagé dans une grotte, tout près de la calle Nueva. Spécialités de cochon de lait et de filet de bœuf.

Sevilla/Séville

Las Teresas
Calle Santa Teresa, 2 - ✆ 954 213 069.
Cette petite taverne typique, fondée en 1870 et située dans une ruelle pittoresque, est un classique du quartier qui nous transporte au début du 19e s. Grand choix de vins. Les places sont chères, mais cela en vaut la peine.

Bodeguita Romero
Calle Antonio Diaz, 19 - ✆ 954 229 556 - fermé lun. et août.
Près des arènes, on peut y déguster des tapas, *raciones* et sandwichs élaborés à partir de produits soigneusement choisis. Établissement jumeau et plus simple *calle Harinas, 10.*

La Campana
Calle Sierpes, 1 - ✆ 954 223 570 - 8h-22h.
Un grand classique de Séville. On peut goûter des pâtisseries réputées dans toute la ville dans un cadre rococo très agréable. On y trouve autant de Sévillans purs et durs que de touristes.

La **Galice**, au bout de la terre

➲ Départ de La Corogne
➲ 9 jours
915 km
Carte Michelin n° 571

Plage à Portonovo

Ce parcours vous donnera l'occasion de découvrir cette province qui, pour les anciens, était la *Finis Terra* : ses villes magnifiques, ses paysages verts, son littoral jalonné de rías et ses villages pittoresques.

Jour 1

Après la visite de **La Corogne**, de sa muraille antique et de son avenida da Marina bordée de hautes maisons à galeries de verre, prenez la route en direction de **St-Jacques-de-Compostelle**, l'une des plus belles villes d'Espagne, où vous ne pourrez résister à l'émotion qui vous envahira, à l'instar des pèlerins, lorsque vous découvrirez l'impressionnante cathédrale sur la praza do Obradoiro.

Jours 2 & 3

Ce haut lieu de pèlerinage s'appréhende facilement en deux jours, la majorité de ses monuments se concentrant dans la vieille ville. Le premier jour, commencez par le joyau de la ville : la cathédrale et son musée par la rue… Franco! L'après-midi, vous pouvez faire le tour du centre historique depuis la praza do Obradoiro jusqu'au collège de Fonseca. Le deuxième jour, visitez le musée des Pèlerinages et celui du Peuple galicien (éventuellement le centre galicien d'Art contemporain, en face). L'après-midi, promenez-vous dans le parc de l'Alameda puis poursuivez jusqu'à la collégiale de Santa María del Sar. Avant de quitter St-Jacques pour ses alentours, rendez-vous tranquillement au marché, praza de Abastos. Puis filez en direction de la fin de la terre : **Fisterra**. Les pélerins qui souhaitent achever en beauté le chemin de St-Jacques-de-Compostelle rejoignent ce village très typique d'une Espagne ancienne pour y faire brûler leurs godillots. En chemin, vous admirerez les greniers à blé, les plages désertes, le sable blanc, les falaises en à-pics et l'eau souvent glacée…

Jours 4 & 5

Dirigez-vous ensuite dans les Rías Bajas qui sont formées par celle de **Muros** (faites halte à **Castro de Baroña**) et **Noia**, la plus petite, où débouche le Tambre ; la ría d'**Arousa**, estuaire de l'Ulla, séparée de la précédente par la péninsule de **Barbanza** et enfin la ría de **Pontevedra**, dont la spécialité sont les piments verts frits. Bien que restreint, le centre historique de Pontevedra recèle de

beaux édifices, témoins de sa puissance passée. On se perd facilement dans son dédale de petites rues pavées et de places. La cité possède également d'agréables parcs et jardins, des cafés accueillants en hiver et de fraîches terrasses en été, entourée de belles plages, et enfin, la ría de **Vigo**, protégée par les îles **Cíes**. C'est une région privilégiée à laquelle la mer offre ses ressources et où les profondes échancrures de la côte procurent aux navires maints abris sûrs. En saison, les estivants, espagnols pour la plupart, affluent sur ses plages et dans ses stations typiques et luxueuses. Prolongez jusqu'à **Baiona**, station balnéaire animée qui a su conserver un charmant quartier ancien aux maisons blasonnées et aux galeries vitrées.

Jour 6

Prenez ensuite la direction d'**Ourense** et visitez le Pazo de Oca le matin puis le monastère de Carboeiro l'après-midi.

Jour 7

Arrivé à Ourense, après avoir admiré sa belle cathédrale, offrez-vous une excursion aux impressionnantes gorges du **Sil** toutes proches. Remontez ensuite vers **Lugo**, au nord-est, en faisant étape en chemin au monastère Sta María la Real de Oseira, à **Portomarin**, pour son église sauvée des eaux, à **Vilar de Donas** dont l'église conserve d'intéressantes fresques.

Jour 8

Une fois à Lugo, le tour des murailles s'impose, ainsi qu'un tour à la cathédrale, avant de reprendre la route vers la côte des Rías Altas et **Ribadeo**. Non loin de la station balnéaire, à l'ouest, s'étend la belle plage des Cathédrales.

Jour 9

En continuant le long du littoral, vous passerez par **Viveiro** et son cœur historique, par la pointe de l'Estaca de Bares, aux multiples points de vue, par **Ortigueira** puis par le sanctuaire de San Andrés de Teixido, connu pour son pélerinage. Vous parviendrez ainsi à **Ferrol** et à ses plages avant de regagner La Corogne.

Le conseil de Bib

Ne manquez pas de profiter de votre passage en Galice pour goûter les savoureux fruits de mer.

Espagne

Aires de **service** & de **stationnement**

A Coruña/La Corogne

Área de la Coruña – *Puerto de San Pedro de Visma – Ouv. tte l'année – P 12.*
Borne artisanale. Gratuit.
Stationnement : 48h maxi.
Loisirs : Services : WC

Ames

Área de Bertamirans
Av. de la Mahia – Ouv. tte l'année– P
Stationnement : autorisé
Services :

Burela

Área de Burela – *Rua Real, parque de O Campón – Ouv. tte l'année – P 15.*
Borne artisanale. Gratuit.
Stationnement : 48h maxi.
Services :

Monforte de Lemos

Área de Monforte de Lemos – *Edificio Multiusos – Ouv. tte l'année – P 40.*
Borne artisanale. Gratuit.
Stationnement : 48h maxi.
Services :

Campings

Baiona

Camping Bayona Playa
Vigo-Bayonna, km 19 - Sabaris
00 34 986-350035
Permanent 4 ha (500 empl.)
Loisirs : (plage)
Services : sèche-linge snack
En bord de mer, transports en commun pour le centre-ville.

Ponteareas

Camping A Freixa
Ribadetea
00 34 986-640299
Juil.-sept. 1 ha (120 empl.)
Loisirs :
Services :

Santa Uxía de Ribeira

Camping Coroso
Playa de Coroso Apart. 9
Mai-sept. 3 ha (250 empl.)
Loisirs : diurne (excursion organisées) (plage)
Services : pizzeria

Sarria

Camping Vila de Sarria
LU 5602 km 1
00 34 982535467
Permanent 3,5 ha (85 empl.)
Loisirs :
Services : sèche-linge

Villadangos del Páramo

Camping Camino de Santiago
Ctra N120, km 30
00 34 987680253
Permanent 4 ha (100 empl.)
Loisirs : terrain multisports
Services :
Transports en commun à 300 m.

Viveiro

Camping Vivero
Cantarrana s/n
00 34 982-560004
Juin-sept. 1,2 ha (110 empl.)
Loisirs : (plage)
Services :
Transport en commun pour centre-ville.

Les bonnes **adresses** de Bib

Pontevedra

Rianxo
Praza da Leña, 6 - ✆ 986 855 211 - 16/24 € - Menu du jour à 8 €.
Cet établissement dispose d'un bar à tapas à l'entrée et d'une salle à manger au décor rustique au 1er étage. La cuisine est traditionnelle et assez copieuse.

Vigo

La Oca
Purificación Saavedra, 8 (en face du marché de Teis) - ✆ 986 371 255 - fermé sam.-mar. soir, Sem. sainte et 20 j. en août - 25/33 €.
Son emplacement un peu excentré et sa façade vieillissante ne doivent pas vous empêcher d'essayer ce petit restaurant familial qui offre une cuisine galicienne novatrice. Carte créative, avec une petite touche française.

La Cerilla
Rúa Martín Códax, 10 - ✆ 986 433 907 - 15/20 €.
Situé dans la partie moderne de la ville, cet établissement séduit avant tout par la décoration de sa salle à manger (à l'étage) : les lumières douces éclairent les murs en pierre dans un décor feutré. Il propose des tapas et *raciones* originales. La spécialité de la maison : la *cerilla* (allumette), sorte de pomme frite très fine.

Baiona

Mesón Fonte de Zeta
Praza Fonte de Zeta, 5 - ✆ 986 358 214 - fermé en nov. - 20 €.
Cet établissement occupe un édifice de caractère en granit. Situé sur une petite place tranquille de la vieille ville. Dans un décor chaleureux, vous pourrez y déguster une cuisine traditionnelle de qualité, essentiellement à base de poissons et fruits de mer. Agréable terrasse en été.

Ourense

Restaurante Zarampallo
Hermanos Villar, 19 - ✆ 988 230 008 - fermé dim. soir - 30 € - menu du jour à 10 € le midi uniquement.
Cet établissement est à recommander non seulement pour son emplacement dans le centre historique de la ville, mais aussi et surtout pour sa carte de qualité. Cuisine internationale. Il dispose également de chambres fonctionnelles et colorées.

Viveiro

Mesón Imperial
Rúa Pastor Diaz, 66 - ✆ 982 560 117 - menu à 8 € le midi uniquement - tapas et raciones 10 €.
En plein centre, cet établissement vous accueillera dans un décor chaleureux fait de murs en pierre et de tables en bois. Très bonnes *raciones* et carte des vins intéressante.

A Coruña/La Corogne

Adega o Bebedeiro
Ángel Rebollo, 34 - ✆ 981 210 609 - 25 €.
Cet établissement est renommé pour sa carte variée et ses prix accessibles. Le décor, rustique, met la pierre et le bois à l'honneur et le service est très aimable. Il est conseillé de réserver.

Coral
Callejón de la Estacada, 9 - ✆ 981 200 569 - fermé dim. - 25/44 €.
Un restaurant familial qui s'est fait une réputation. Bien situé dans le centre-ville, il offre une excellente cuisine typique dans un joli cadre en pierre et en bois. Sérieux et qualité garantis.

A la Brasa
Juan Florez, 38 - ✆ 981 270 727 - 26 €.
Situé en plein centre, cet établissement comprend un bar à l'entrée et deux agréables salles de restaurant. Il propose une carte complète de cuisine traditionnelle, spécialisée en viandes et en poissons grillés.

St-Jacques-de-Compostelle

A Taberna do Bispo
Bar à tapas - rua do Franco, 37B - ✆ 981 586 045.
Cet établissement est situé dans la rue la plus commerçante du centre. Sur le bar à l'entrée, les tapas et *montaditos* colorés n'offrent que l'embarras du choix. Arrivez tôt si vous souhaitez une place assise.

La Bodeguilla de San Roque
Bar à tapas - San Roque, 13 - ✆ 981 564 379 -4/7,50 €.
Cette maison, spécialisée en charcuterie et omelettes, s'est fait une réputation grâce à la qualité de ses tapas et de ses *raciones*. Bonne carte des vins aussi. Le restaurant est situé à l'étage.

Lugo

A Nosa terra
Rúa Nova, 8 - ✆ 982 229 235 - Menu du jour 8 € le midi uniquement.
Ce restaurant est situé au cœur d'une des rues les plus animées du centre historique. Dans un décor rustique et chaleureux, il propose de bonnes tapas et des plats locaux.

Italie

Nom local : *Italia* **Capitale :** *Rome*
Population : *58,13 millions d'habitants* **Superficie :** *301 263 km²* **Monnaie :** *Euro*

J. Pessina/MICHELIN

Italie : 6 lettres qui évoquent art, soleil, ciel bleu, exubérance latine, la « pasta », les « trattorias », la bonne chère, le « farniente »… L'Italie est un pays magnifique (ça on le sait !), et quand on se lance à sa découverte, on va vraiment de surprises en surprises. D'abord, les Italiens. Il faut dire LES italiens car chaque région constitue un petit État en soi, avec ses particularismes, sa gastronomie et sa mentalité. Les us et coutumes varient sensiblement du nord au sud de la botte. Caractéristique commune : les Latins sont de grands voyageurs, chez eux comme à l'étranger. Ouverts à la nouveauté, ils ont découvert très tôt la qualité des séjours itinérants. Qui ne voit pas en août sur les routes d'Europe des files de « camper » (terme qui désigne le camping-car en italien), de la Bretagne à l'Espagne et même à jusqu'à la Scandinavie ?

Pays dense et très urbain, l'Italie offre des séjours multiples et variés en camping-car, et partout vous trouverez de nombreuses aires de stationnement, dans des endroits pittoresques, et en toute saison. De la Vallée d'Aoste (Cogne et le parc national du Gran Paradiso) à Syracuse en Sicile, le paysage change et enchante. Les montagnes et collines sont omniprésentes, et seule la plaine du Pô offre un cortège de champs et peupliers d'une douceur quasi insolite, avec en toile de fond des hauts sommets toujours présents.

La grande bleue (la Méditerranée) n'est jamais très loin, mais elle se mérite. Petites routes escarpées, tourmentées, impressions vertigineuses… ça y est ! Vous y êtes. Le « Bel paese » se visite en toute saison, mais en août les villes sont assez désertes et les côtes surchargées.

Après votre séjour, vous comprendrez mieux ces grands voyageurs du 19e siècle qui effectuaient LE voyage en Italie comme un véritable parcours initiatique. Le poids de l'histoire, des Étrusques à la Renaissance florentine, du baroque de Rome aux gratte-ciel de Milan et la *dolce vita* ne laissent pas indifférent.

RECOMMANDATIONS

DOCUMENTS OBLIGATOIRES

✓ Permis de conduire rose de l'UE
✓ Permis de conduire international (recommandé seulement)
✓ Certificat d'immatriculation du véhicule ou certificat de location
✓ Plaque d'identification nationale
✓ Justificatif d'assurance (carte verte)
✓ Passeport (recommandé seulement)
✓ Procuration en cas d'utilisation du véhicule appartenant à un tiers

VITESSES LIMITES

✓ En agglomérations urbaines : 50
✓ Sur routes : 90
✓ Sur autoroutes : 130
✓ Ces vitesses limites sont réduites par temps de pluie

CIRCULATION

Des zones à circulation limitée (ZTL) existent. Prêtez attention aux heures autorisées, sous peine d'amendes.

Pour téléphoner en Italie

Composer 00 + 39 + n° du correspondant (avec le 0 pour les téléphones fixes, sans le 0 pour les portables)

RÉGLEMENTATIONS

✓ Taux maximum d'alcool toléré dans le sang : 0,5 g
✓ Âge minimum des enfants admis à l'avant : 12 ans
✓ Siège enfant, rehausseur ou système de retenue adapté et homologué obligatoire jusqu'à 12 ans et 1,50 m
✓ Âge minimum du conducteur : 18 ans
✓ Port de la ceinture de sécurité obligatoire à l'avant et à l'arrière
✓ Allumage des feux de croisement obligatoire (jour et nuit) hors agglomération toute l'année
✓ Pneus cloutés admis avec réglementation du 15 novembre au 15 mars
✓ Vitesse limite pour un véhicule équipé de pneus cloutés : 90 km/h
✓ Triangle de présignalisation obligatoire
✓ Trousse de premiers secours recommandée
✓ Extincteur recommandé
✓ Gilet de sécurité fluorescent obligatoire

URGENCES

✓ Téléphone incendie et ambulance : 112
✓ Téléphone Police : 110

Au secours ! **Aiuto !** / *C'est une urgence* **È un'emergenza** / *Hôpital* **Ospedale** / *Médecin* **Medico** / *Pharmacie* **Farmacia** / *Police* **Polizia**

LEXIQUE

MOTS USUELS

Oui **Sì** / *Non* **No** / *Bonjour* **Buongiorno** / *Bonsoir* **Buonasera** / *Salut* **Ciao** / *Au revoir* **Arrivederci** / *S'il vous plaît* **Per favore** / *Merci (beaucoup)* **(molte) Grazie** / *Excusez-moi* **Scusi** / *D'accord* **Va bene** / *Santé !* **Cin-cin !**// *Manger* **Mangiare** / *Boire* **Bere** / *Toilettes* **Il bagno** / *Restaurant* **Ristorante** / *Office de tourisme* **Ufficio di turismo** / *Argent* **Denaro**

DIRECTIONS & TRANSPORTS

Où se trouve... ? **Dove si trova... ?** / *À droite* **A destra** / *À gauche* **A sinistra** / *Tout droit* **Dritto** / *Près de* **Vicino a** / *Entrée* **Entrata** / *Sortie* **Uscita** / *Route* **Strada** / *Rue* **Via** / *Autoroute* **Autostrada** / *Ville* **Città** / *Village* **Paese** / *Station-service* **Stazione di servizio** / *Essence* **Benzina**

PREMIERS CONTACTS

Je voudrais... **Io vorrei...** / *Parlez-vous français ?* **Parla francese ?** / *Je ne comprends pas* **Non capisco** / *Pouvez-vous m'aider ?* **Potrebbe aiutarmi ?** / *Combien ça coûte ?* **Quanto costa ?** / *L'addition, SVP ?* **Il conto per favore** / *Je cherche...* **Io cerco...** / *C'est trop cher* **È troppo caro**

Virée (gastronomique) au nord de l'Italie

➲ Départ de Courmayeur
➲ 11 jours
795 km
Carte Michelin n° 561

Vue de la terrasse du Duomo à Milan

Jour 1

Notre découverte de l'Italie du Nord commence par **Courmayeur** et le Val d'Aoste. Courmayeur est une station très connue des alpinistes et des skieurs. Par la S 26, prenez la direction de la ville d'**Aoste**, en passant par St-Pierre, point de départ pour la découverte du **Parc national du Grand Paradis**. À la sortie de St-Pierre apparaissent à gauche le **château de Sarre** et la **forteresse d'Aymavilles**. De passage à Aoste, visitez les monuments romains, tous regroupés au centre de la ville. Pour finir la journée, rendez-vous à **Pila** (par la télécabine) où une vue incomparable de 360° sur le mont Blanc et le mont Rose s'offre à vous.

Jours 2 & 3

En suivant la S 26, joignez **Turin**. Pour accueillir les Jeux olympiques d'hiver 2006, Turin a fait de considérables réaménagements qui l'enrichissent de nouveaux atouts et améliorent la vie du visiteur. Ancienne capitale de la maison de Savoie, la ville aux rues bordées d'arcades et à l'architecture baroque est élégante. Elle collectionne les belles boutiques et les cafés de charme aux décors 19e s., où l'on sert sous toutes ses formes l'exquis chocolat turinois. Son patrimoine artistique est impressionnant : le musée égyptien, les collections d'art ancien du palais Madama, l'étonnant musée du Cinéma ou encore la pinacothèque Agnelli dans le Lingotto, l'ancienne usine Fiat transformée par Renzo Piano…

Jours 4 & 5

Avant de vous rendre à **Milan** faites un détour par le Montserrat et faites halte à **Chieri**, pour sa gastronomie et à **Asti** pour ses vins pétillants (spumante). La capitale lombarde offre un large éventail d'activités qui comblera tous les goûts : visites culturelles, shopping, balades dans la ville, spectacles… à la Scala bien sûr. Il est incontournable d'aller y découvrir le Duomo et la Galleria Vittorio Emanuele II adjacente, mais aussi le château des Sforza, les basiliques Sant' Ambrogio et Sant' Eustorgio, les prestigieuses collections des pinacothèques Brera et Ambrosiana. Vous pourrez aussi vous extasier devant les vitrines du Carré de la Mode et flâner, dans le quartier des

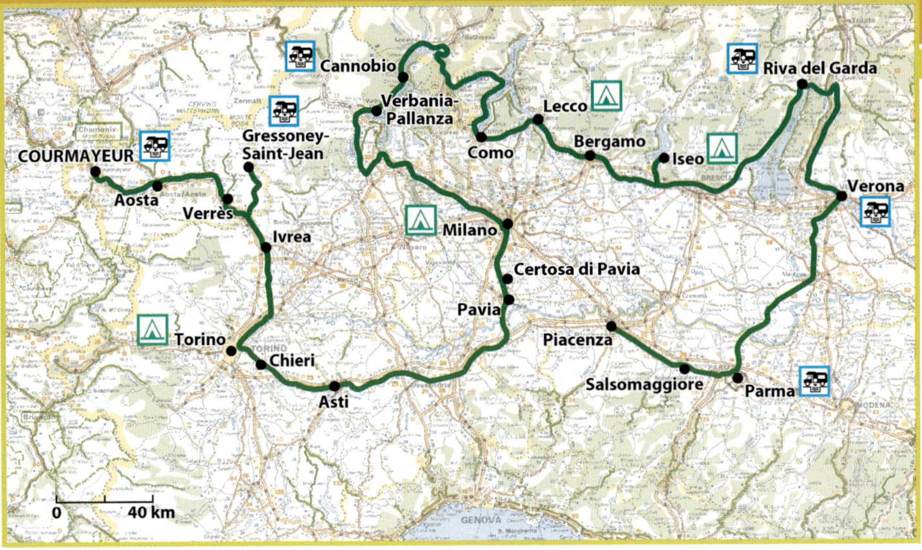

Navigli (les canaux). Reprenez la route (S 33) en direction du nord-ouest pour rejoindre le **lac d'Orta**, un des plus petits lacs de Lombardie où vous apprécierez le Sacro Monte de Varallo. Ensuite vous vous dirigerez vers **le lac Majeur** et ce sera l'occasion de faire halte à **Pallanza** et **Stresa** ou d'entreprendre une excursion sur les **îles Borromées**.

Jour 6

En suivant les rives du lac, vous traverserez de nombreux petits villages typiques de la région. Les croisements sont souvent délicats mais pas impossibles… Après une courte incursion en Suisse par **Locarno** et **Lugano** regagnez le **lac de Côme** que vous aborderez à **Menaggio** en suivant la rive par la S 340. Rendez-vous à **Côme** puis à **Lecco**.

Jour 7

Votre circuit vous entraîne encore plus à l'est, sur les bords du **lac de Garde**, le plus vaste d'Italie, via **Bergame.** Vous arpenterez la ville haute dans son ensemble et en particulier la piazza Vecchia, la chapelle Colleoni et Santa Maria Maggiore ; dans la ville basse, l'Accademia Carrara ou Brescia, ville élégante où il est agréable de se promener, de s'asseoir à une terrasse de café et même de se laisser tenter par quelques achats dans ses jolies et nombreuses boutiques.

Jour 8

En longeant le lac, vous traverserez d'agréables villages comme **Gardone Riviera**, **Gargnano**, **Limone sul Garda**, **Riva del Garda** et **Torbole**.

Jour 9

Direction le sud et la ville de **Vérone**. Le long des places et des rues se fondent des siècles d'histoire où alternent vestiges romains, églises médiévales et palais de style Renaissance. La piazza Bra, reliée au noyau ancien par la pittoresque via Mazzini, en constitue le centre élégant. Si la ville attire en nombre les mélomanes et les amoureux en quête de romantisme, les gourmets seront aussi à la fête car la gastronomie fait ici véritablement partie de l'art de vivre et chaque petit plat s'accompagne d'un des excellents vins produits dans la région.

Jour 10

Avant d'atteindre **Piacenza** (Plaisance) fin de notre escapade, faites étape à **Parme**. Ville de musique, comme en témoigne le joli théâtre Regio, ce fut la patrie de nombreux artistes (parmi lesquels le célèbre chef d'orchestre Arturo Toscanini). Parme possède également une riche tradition gastronomique avec des produits mondialement connus tels que le parmesan ou le jambon… de Parme.

Jour 11

À Piacenza, sur la rive droite du Pô, vous consacrerez vos visites à la piazza dei Cavalli, au Duomo et à la Galerie d'Art moderne Ricci-Oddi.

Italie

Aires de service & de stationnement

Cannobio

Aera Camper – *Via San Rocco* – *00 39 0323-71212 – Ouv. tte l'année.* – *P 25.*
Stationnement : 72h maxi. 12 €/j.
Loisirs : Services :

Courmayeur

Parcheggio Funivia Val Veny – *Piazzale funive Val Veny – Ouv. tte l'année sf gel.* – *P 80.*
Borne artisanale. Gratuit.
Stationnement : autorisé
Loisirs : Services :
Centre-ville à 3 km.

Gressoney-Saint-Jean

Parcheggio P1 – *Tschaval, La Trinité – Ouv. tte l'année* – *P 35.*
Borne artisanale. Payant.
Stationnement : 10 €/j.
Loisirs : Services :

Parma/Parme

Parcheggio Parma Nord – *Via San Leonardo – Ouv. tte l'année* – *P 10.*
Borne artisanale. Gratuit.
Stationnement : autorisé
Services :
Transports en commun pour le centre-ville.

Riva del Garda

Aera dei Riva del Garda – *Via Brione, À 50 m du port de plaisance – Ouv. tte l'année.* – *P 40.*
Borne artisanale. Gratuit.
Stationnement : 48h maxi, horodateur.
Loisirs : Services :
Centre ville à 1 km.

Verona/Vérone

Aera Porta Palio – *Via Gianattilio Dalla Bona – Ouv. tte l'année* – *P 35.*
Borne artisanale. Payant 3 €.
Stationnement : 10 €/j.
Loisirs : Services :
Transports en commun pour centre-ville.

Campings

Iseo

Campeggio Quai
Via Ipp. Antonioli 73
00 39 030-9821610
Avr.-sept. 1,3 ha (83 empl.)
Loisirs :
Services : snack

Lecco

Campeggio Rivabella
Via alla Spiaggia 35
00 39 0341-421143
Fin-avr.-sept. 2,3 ha (60 empl.)
Loisirs : diurne
Services : sandwicherie

Milano/Milan

Campeggio Città di Milano
Via G. Airaghi 61
00 39 0248-207017
Févr.-nov. 50 ha (244 empl.)
Loisirs :
Services : sèche-linge pizzeria
Transports en commun pour le centre-ville

Torino/Turin

Campeggio Villa Rey
Str. S. Martino Superiore 27
00 39 011-8190117
Permanent 1,4 ha (115 empl.)
– 25
Loisirs :
Services : snack
Transports en commun pour centre-ville, à 300 m.

Les bonnes **adresses** de Bib

Bergame

Albergo Il Sole
Via Bartolomeo Colleoni, 1 - ✆ 035 218 238 - fermé jeu. en hiver.
Cette pizzeria, bien située au cœur de la ville haute, possède une salle au décor hétéroclite et un petit jardin. Pizzas et différents plats.

Angelo Mangili
Via Gombito, 8, ville haute - ✆ 035 24 87 74.
Cette épicerie où l'on rentre pour le plaisir des yeux, donne très vite envie de tout acheter : charcuteries, vins, conserves…

Brescia

La Campagnola
Via Val Daone, 25 - ✆ 030 30 06 78 - fermé 10-25 août, lun. soir-mar.
Une authentique trattoria aux saveurs paysannes.

Courmayeur

La Bottega degli Antichi Sapori
Via Porta Praetoria, 63 - ✆ 0165 23 96 66 - lun.-sam. 8h-13h, 15h-19h30.
Fromages, jambons, vins… ce ne sont pas les spécialités qui manquent dans la région d'Aoste. Cette appétissante épicerie vous offre l'embarras du choix et vous pourrez y trouver différents types de pâtes et de sauces.

Milano/Milan

Bottiglieria da Pino
Via Cerva, 14 - ✆ 02 76 00 05 32 - fermé dim., août, dernière sem. déc. et 1re sem. janv.
Malgré son emplacement dans un quartier commercial et financier, cette trattoria classique, d'un autre temps, a su conserver intact son caractère populaire avec une cuisine maternelle et généreuse et des prix corrects. Ouvert uniquement pour le déjeuner.

La Vecchia Latteria
Via dell'Unione, 46 - ✆ 02 48 44 01.
Tout près du Duomo, un restaurant minuscule où, au déjeuner seulement, il est possible de déguster une cuisine savoureuse, essentiellement végétarienne. L'endroit idéal pour goûter une authentique cuisine milanaise.

Garbagnati
Via Dante, 13.
À deux pas de la piazza Duomo, sur la rue piétonne Dante, le lieu rêvé pour un casse-croûte rapide voire un repas plus tranquille. Possibilité d'acheter des plats du jour chauds ou froids en self-service. Ouvert seulement au déjeuner.

Parma/Parme

Antica Osteria Fontana
Via Farini, 24 - ✆ 0521 28 60 37 - fermé dim. et lun., juillet-août.
Une œnothèque-restaurant, pour savourer fromages, charcuteries, ou un plat avec du bon vin.

Gastronomie
Le *Prosciutto di Parma* et le *Parmigiano-Reggiano* sont les deux fleurons de la gastronomie parmesane. Le premier, un jambon de 9 kg, salé à la main, ne demande pas moins de 10 mois de maturation ; le second est un fromage de lait de vaches exclusivement nourries de fourrages locaux. On l'obtient par la cuisson du lait caillé, suivie d'un salage et d'un affinage qui peut aller jusqu'à 24 mois.

Torino/Turin

La Taverna dei Guitti
Via San Dalmazzo, 1 - ✆ 011 53 31 64 - fermé le sam. midi et le dim.
Dans la zone piétonne de la via Garibaldi, ce restaurant sert une cuisine soignée, souvent accompagnée de performances artistiques variées. Au déjeuner, on peut y prendre un plat de pâtes rapide.

Porto di Savona
Piazza Vittorio Veneto, 2 - ✆ 011 81 73 500.
Voici une trattoria typique comme on n'en trouve plus, avec ses murs ornés de vieilles photos de la ville et de célébrités. L'endroit idéal pour s'immerger dans la tradition gastronomique de la région.

Baratti & Milano
Piazza Castello, 29 - ✆ 011 44 07 138.
Inauguré en 1875 comme confiserie, ce café, avec ses élégantes salles Liberty, était l'endroit préféré des dames de la haute société turinoise. Pour le déjeuner, plat unique ou menu léger à déguster dans la très jolie salle.

Marchés
Tous les matins, sauf le dimanche, s'installe sur la **piazza della Repubblica** le plus grand marché à ciel ouvert d'Europe. À deux pas, **Porta Palazzo**, se tient un rendez-vous à ne pas manquer le samedi matin et le deuxième dimanche du mois : le **Balòn**, traditionnel marché aux puces de Turin depuis 1856.

Verona/Vérone

Al Bersagliere
Via Dietro Pallone, 1 - ✆ 045 80 04 824 - fermé dim.
Ce petit restaurant typique vous donne le choix entre la salle dans la cave ou l'une des tables installées dehors.

Venise, Trieste, les Dolomites et le delta du **Pô**

➲ *Départ de Venise*
➲ *12 jours*
930 km
Carte Michelin n° 562

C. Labonne / MICHELIN

Jours 1 & 2

Il est presque superflu de présenter les attraits de **Venise**, tant se promener au hasard de ses pas est déjà une merveilleuse façon de découvrir la ville, même si l'on s'y perd facilement. Le Grand Canal, pour commencer, offre un premier choc et un vrai dépaysement. Par la suite, la place et la basilique Saint-Marc, le palais des Doges, sans oublier le pont des Soupirs suscitent bien d'autres enchantements. Pour découvrir les trésors artistiques de la ville et sa prestigieuse école de peinture, rendez-vous à la Galleria dell'Accademia et au musée Correr. Le beau musée Guggenheim expose des collections d'art moderne. Rentrez aussi dans Santa Maria della Salute, promenez-vous dans les rues tranquilles de l'ancien ghetto... et pour savourer les plaisirs de la plage, passez quelques heures au Lido, à moins que vous ne préfériez une expédition dans les îles de la lagune (Burano, Murano et Torcello).

Jour 3

Détachez-vous de Venise pour découvrir une terre aux charmes mêlés, appartenant à la fois à l'Italie et à l'Europe centrale. À **Trieste**, nous vous conseillons de faire une petite pause dans le célèbre café San Marco, où vous pourrez respirer une atmosphère littéraire et irrédentiste (théorie nationaliste datant de l'unification de l'Italie).

Le conseil de Bib

▶ À partir du camping de Fusina, prenez les navettes fluviales pour vous rendre au cœur de Venise (ponton à 200 m).

Jours 4 & 5

Poursuivez votre itinéraire en direction des Dolomites en passant par **Udine** et **Belluno**, arrêtez-vous à **Cortina d'Ampezzo**, élégante station d'hiver et d'été remarquablement équipée. Vous pourrez, à partir de là, programmer des excursions vous permettant d'apprécier le somptueux décor montagneux qui l'entoure.

Jour 6

Par la R 48, gagnez **Canazei** au pied des chaînes de la

Marmolada, massif le plus élevé des Dolomites. Depuis **Malga Ciapela**, un téléphérique permet d'atteindre 3265 m. Grand angle sur les Dolomites et les Alpes autrichiennes.

Jour 7

Reprenez la route et engagez-vous dans la **Val Gardena/Grödnertal**. C'est une vallée aussi belle que bondée de touristes. On y parle encore une langue née sous l'occupation romaine, le rhéto-roman, ou ladin, dont les sons ne résonnent plus désormais que dans certaines vallées des Dolomites, dans les Grigioni ou les Alpes Carniques. Les artisans de la vallée se consacrent surtout à la sculpture sur bois, comme en témoignent les nombreux jolis magasins des villages les plus célèbres, **Selva**, **Santa Cristina** et **Ortisei**.

Jour 8

Sortant de la vallée, repiquez au sud, direction **Bolzano** pour une halte-découverte de la ville avec le nouveau Musée archéologique où vous pourrez contempler les restes d'un homme du début de l'âge du cuivre découvert en 1991. Vous vous arrêterez ensuite pour détailler les étranges cheminées des fées du Renon, facilement accessibles en véhicule depuis le nord de Bolzano ou en téléphérique de Bolzano à Soprabolzano.

Jour 9

Descendez ensuite à **Trente**, que domine le château du Buon Consiglio décoré des fresques des Mois, et poursuivez votre voyage par Vicence, patrie de Palladio où vous dégusterez la spécialité : la « baccalà alla Vicentina » morue en sauce accompagnée de tranches de polenta, on la sert avec des vins venant des monts Brerici.

Jour 10

Si le temps ne vous est pas compté, séjournez à **Modène**, ville pleine d'atouts qui séduira aussi bien les amateurs d'art que les passionnés de mécanique (Ferrari, Maserati, Bugatti et Lamborghini), sans oublier les gourmets avec sa cuisine succulente. Puis gagnez les riches cités de la plaine jusqu'aux lagunes de l'Adriatique.

Jour 11

Ensuite vous apprécierez, dans une atmosphère toute byzantine, le delta du Pô, **Bologne** la rouge, **Ravenne** et ses mosaïques, **Ferrare**. Dans cette dernière cité, vous contemplerez le Duomo, flânerez dans les rues médiévales, le salon des Mois au Palazzo Schifanoia, le corso Ercole et le Palazzo dei Diamanti.

Jour 12

Avant de retourner vers la lagune vénitienne, faites étape à **Padoue**, ville d'art et de pèlerinage. La chapelle des Scrovegni récemment restaurée, la basilique St-Antoine entre autres, vous laisseront de beaux souvenirs.

Aires de **service** & de **stationnement**

Belluno

Parcheggio Lambioi – *Via dei Dendrofori – Ouv. tte l'année – P 16.*
Borne artisanale.
Stationnement : autorisé
Services :
Paiement par horodateur, centre-ville à 500 m.

Caldaro sulla strada del vino

Aera dei Caldaro – *St. Josef am See – Ouv. tte l'année – P 40.*
Borne artisanale. Payant.
Stationnement : illimité.
Loisirs : Services :

Ferrara/Ferrare

Aera Rampari di San Paolo – *Via Darsena – Ouv. tte l'année – P 24.*
Borne artisanale. Payant 3 €.
Stationnement : 6 €/j.
Services :
Centre-ville à 500 m.

Fiames

Aera Le Tofane – *Ancien aérodrome – Ouv. juin-sept. – P 140.*
Borne artisanale. Gratuit.
Stationnement : 15 €/j.
Loisirs : Services :
Navette pour le centre de Cortina d'Ampezzo

Trieste

Aera dei Trieste – *Via Von Bruck – P 50.*
Borne artisanale. Gratuit.
Stationnement : 72h maxi.
Services :
Navette pour le centre-ville.

Vicenza/Vicence

Parcheggio Bassano – *via Bassano – Ouv. tte l'année – P 6.*
Borne artisanale. Payant.
Stationnement : illimité. 30 €/j.
Services :
Transports en commun pour centre-ville.

Campings

Bologna/Bologne

Campeggio Città di Bologna
Via Romita 12/4a
00 39 0513-25016
Mi-janv.-mi-déc. 6,3 ha (120 empl.)
Loisirs :
Services : sèche-linge snack
Transports en commun pour le centre-ville

Canazei

Campeggio Marmolada
Via Pareda
39 0462-601660
Permanent 3 ha (250 empl.)
Loisirs :
Services : sèche-linge snack

Fusina

Campeggio Fusina
Via Moranzani 79
00 39 041-5470055
Permanent 5,5 ha (275 empl.)
Loisirs : diurne
Services : snack, pizzeria
Navette fluviale pour centre de Venise

Modena/Modène

Campeggio International
Via Cave di Ramo 111
00 39 39 0593-32252
Permanent 2,6 ha (40 empl.)
Loisirs :
Services : sèche-linge

Les bonnes **adresses** de Bib

Bologna/Bologne

Bottega del Vino Olindo Faccioli

Via Altabella, 15/b - ✆ 051 22 31 71 - été : lun.-vend. 18h-1h ; reste de l'année : lun.-sam. 18h-1h - fermé août.

Transmise de père en fils depuis 1924, cette œnothèque propose un choix de 500 vins provenant de toute l'Italie. Installé à une table ou au bar, c'est l'endroit parfait pour découvrir les différents vignobles de la péninsule.

Paolo Atti & Figli

Via Caprarie, 7 - ✆ 051 22 04 25 - lun.-merc., vend. 8h30-13h, 16h30-19h15, sam. et jeu. 8h30-13h.

Une pâtisserie légendaire, fondée en 1880, qui a accueilli dans son décor Liberty Giosuè Carducci et le peintre Morandi. On y trouve aussi une excellente rôtisserie, spécialisée dans les tortellinis.

Ferrara/Ferrare

Antica Trattoria Volano

Viale Volano, 20 - ✆ 0532 76 14 21 - fermé vend.

Cette trattoria chargée d'histoire (elle existe depuis le 18e s. !) concocte aujourd'hui une cuisine typique, traditionnelle de Ferrare. Le décor est simple, mais confortable et authentique, et le service est convivial.

Modena/Modène

Aldina

Via Albinelli, 40 - ✆ 059 23 61 06 - fermé le soir, le dim. et j. fériés ; 10 juil.-31 août.

Très bonne adresse pour faire une pause à midi. On y goûte une cuisine maison dans une atmosphère authentique. Plats copieux.

Achats

Le vinaigre balsamique – Seules, **Modène et Reggio Emilia** fabriquent l'authentique vinaigre balsamique qui doit être certifié « **balsamique traditionnel** ». À l'origine de ce nectar, un long et complexe processus de fabrication explique son prix élevé. Le vinaigre est mis à vieillir dans des tonneaux de bois successifs, chacun d'un bois différent pour lui donner des arômes variés. On estime qu'à partir de 12 ans d'âge, il commence à être un bon cru. Le contenant se réduit au fil du temps, car le vinaigre en s'évaporant devient peu à peu un liquide épais et velouté, dont quelques gouttes à peine suffisent à donner un goût et un parfum inimitables.

Ravenna/Ravenne

Ca' de' Vén

Via C. Ricci, 24 - ✆ 0544 30 163 - fermé lun. - réserv. conseillée.

L'épicerie la plus élégante de Ravenne (1876) est devenue une trattoria-œnothèque renommée. Sur de longues tables en bois, on y sert des plats froids et quelques plats cuisinés, mais surtout des sandwichs et les typiques *piadine romagnole* (sorte de galettes de pain azyme garnies). Très bon choix de vins italiens.

Padova/Padoue

Osteria dal Capo

Via degli Obizzi, 2 - ✆ 049 66 31 05 - fermé dim. et lun. midi.

À deux pas de la cathédrale, cette trattoria traditionnelle propose d'authentiques spécialités de Padoue et de la Vénétie.

Trieste

Ai Fiori

Piazza Hortis, 7 - ✆ 040 30 06 33 - fermé dim., 25 déc. au 1er janv., 1er au 20 juil., 15 jours en août, lun. en juin-juillet.

Géré avec professionnalisme et compétence par toute une famille, ce restaurant sert une cuisine du terroir pleine d'imagination, à prix modérés. Spécialités de poisson.

Venezia/Venise

Vini da Gigio

Fondamenta San Felice, Cannaregio 3628/a - ✆ 041 52 85 140 - fermé lun.-mar. et trois semaines en août.

Ambiance rustique et service informel dans cette *osteria* appréciée des Vénitiens, où vous dégusterez poissons marinés, grillés ou accommodés, ou viandes. Belle carte de vins.

Alla Campana

Calle dei Fabbri, San Marco 4720 - ✆ 041 52 85 170 - fermé dim.

Bistrot typiquement vénitien qui, malgré sa localisation entre le pont Rialto et la place St-Marc, réussit à maintenir une cuisine authentique très appréciable.

Caffè Florian

Piazza San Marco, 55 - ✆ 041 52 05 641 - 10h-24h.

Le Florian est une étape obligée (mais onéreuse) sur la place St-Marc pour ses petits salons du 18e s., ses serveurs d'un autre temps, sa magnifique terrasse, très animée durant la belle saison, et ses concerts de musique classique très appréciés.

Vicenza/Vicence

Al Pestello

Contrà Santo Stefano, 3 - ✆ 0444 32 37 21 - fermé en janv. - réserver.

Dans la salle décorée d'une grande fresque ou sur l'agréable terrasse, vous pourrez choisir parmi les délicieux plats traditionnels proposés sur la carte écrite en dialecte local.

Art, nature et spiritualité en **Toscane** et en **Ombrie**

➲ *Départ de Florence*
➲ *11 jours*
530 km
Carte Michelin n° 562 & 563

Cathédrale de Florence et campanile de Giotto

Jours 1 à 3

Pas moins de trois jours sont nécessaires à la visite de la ville. Prestigieuse cité d'art et vivier de génies, patrie de la langue italienne et berceau de la civilisation humaniste, **Florence** est un tourbillon d'émotions et de sensations. Certes, il faut patienter de longues heures avant de pouvoir contempler la Vénus de Botticelli, la Bataille de San Romano d'Uccello ou le David de Michel-Ange. Certes, il faut encore s'habituer aux rues étroites qui supportent mal une circulation trépidante. Il n'empêche. Le charme florentin opère sans cesse sur les visiteurs. Un charme rehaussé par l'Arno, spectaculaire miroir où se contemple chaque matin la cité des Médicis, gorgée de chefs-d'œuvre propices aux coups de foudre toujours renouvelés. Si le temps vous est compté ne manquez pas quelques incontournables : la piazza del Duomo ; la Galleria degli Uffizi ; le Palazzo vecchio ; les œuvres de Michel-Ange dans la galleria dell'Accademia ; le Museo del Bargello ; S. Lorenzo et les tombeaux des Médicis ; la Galleria Palatina au palazzo Pitti ; les œuvres de Fra Angelico au musée de S. Marco ; les fresques de Ghirlandaio à S. Maria Novella ; les fresques de Masolino, Masaccio et Filippino Lippi dans la chapelle Brancacci, à S. Maria del Carmine ; les fresques de Benozzo Gozzoli au palazzo Medici-Riccardi.

Jour 4

Quittez Florence par le sud-est et la R 69 pour vous rendre à **Arrezo**, votre prochaine étape. Pour tous ceux qui connaissent maintenant Florence, ce séjour à Arezzo permettra de se faire une idée des richesses que cette ville recèle. Les fresques de Piero della Francesca, dans l'église de S. Francesco, valent à elles seules le voyage. Vous pourrez ensuite vous promener sur la piazza Grande, cette « place inclinée » qui rappellera des souvenirs à ceux qui ont vu *La Vie est belle* de Roberto Benigni. Non loin, les villages médiévaux de **Monte San Savino** et **Lucignano** attendent également votre visite.

Jour 5

En route pour **Perugia** (**Pérouse**) n'oubliez pas de faire une halte à **Cortona.** Plantés d'oliviers et de cyprès, Cortona domine le Val di Chiana et le lac de Trasimène, offrant un panorama

inoubliable. Flânez au cœur de la cité médiévale et dégustez une « gelato » en regardant le spectacle de la piazza Republica ou de la piazza Signorelli. Après avoir longé **le lac de Trasimeno** vous arrivez à **Perugia**. Capitale de l'Ombrie, centre industriel et commercial, elle a conservé de nombreux édifices retraçant son riche passé tels sa vieille ville, et de beaux musées.

Jour 6

Avant de poursuivre votre périple vers le sud, faites un crochet par **Assisi**, ville entourée par des remparts qui n'a guère changé depuis le Moyen Âge. Empruntez l'autoroute E 45 et rendez-vous à **Todi**. Perchée dans un joli site cette ville ancienne ne manque pas d'intérêt. Avant de remonter sur **Siena (Sienne)** faites étape à **Orvieto**, riche en monuments.

Jour 7

Sienne, cité d'art mystique et douce, passionnée et généreuse, accueille quelque 300 000 touristes chaque année, avec sa devise « Cor magis tibi Sena pandit » – Sienne t'ouvre encore plus grand son cœur – inscrite sur sa porte Camollia. Ville ocre (couleur terre de Sienne) au relief capricieux, où il est facile de se perdre en voiture, Sienne désoriente avant de fasciner. Accrochées à trois collines d'argile rougeâtre, ses rues serpentent à l'intérieur de remparts d'une ampleur surprenante avant d'aboutir à une merveille : la piazza del Campo. Coup de foudre assuré !

Jour 8

En route pour **Pise** et sa fameuse tour. Vous vous arrêterez à **San Gimignano** avec ses quinze tours féodales, ses places sa basilique et son panorama de la Torre Grossa.

Jour 9

Aujourd'hui, visite de Pise. Vous vous promènerez dans ses ruelles pittoresques et tenterez l'ascension de la célèbre tour.

Jour 10

Poursuivez votre voyage jusqu'à **Lucca (Lucques)** en faisant un petit détour par **Viareggio** pour ses villas Art déco et sa promenade du front de mer.

Jour 11

Lucques signe la fin de votre découverte de la Toscane et de l'Ombrie. La cité est un petit bijou à ne négliger sous aucun prétexte. Au-delà des puissants remparts, témoins de son passé glorieux, vous découvrirez une petite ville médiévale pleine de charme, riche d'un patrimoine architectural exceptionnel, où il fait bon vivre. Les ruelles animées par le va-et-vient incessant des bicyclettes et des passants, les façades d'églises à l'allure de dentelle, les deux tours anciennes rescapées de la centaine qui se dressaient jadis vers le ciel, la jolie place ovale de l'Amphithéâtre aux terrasses accueillantes, donnent envie de s'attarder dans cette ville si sympathique.

Italie

Aires de service & de stationnement

Bastia

Aera di Sosta Camper – *Piazzale delle Poste – Ouv. tte l'année – P 16.*
Borne artisanale. Payant.
Stationnement : autorisé
Services :
Centre-ville à 200 m.

Castiglione del Lago

Aera del Lago – *Viale divisione Partigiani Garibaldi – Ouv. tte l'année – P 40.*
Stationnement : illimité.
Loisirs : Services :
Centre historique à 1 km.

Lucca/Lucques

Aera per camper Il Serchio – *Via del Tiro a Segno, 704 – Ouv. tte l'année – P 70.*
Borne artisanale. Payant.
Stationnement : illimité. 15 €/j.
Loisirs :
Services : sèche-linge
Prix comprenant les services et l'électricité, centre-ville à 800 m.

Aera sosta per Autocaravan – *Via Gaetano Luporini – Ouv. tte l'année – P 30.*
Payant 3 €.
Stationnement : illimité. 10 €/j.
Loisirs : Services :

Montalcino

Fattoria La Crociona – *Loc. Crocedimezzo – 00 39 0577 847133 – Ouv. tte l'année – P 3.*
Borne artisanale.
Stationnement : 24h maxi. 2 €/j.
Services : WC
Accueil chez un vigneron : vente vin, grappa et olives. Centre-ville un peu éloigné (3 km).

Orvieto

Parcheggio Funicolare – *Via della Direttissima – Ouv. tte l'année – P 40.*
Borne artisanale.
Stationnement : 15 €/j.
Loisirs :
Services :

Peccioli

Parcheggio Parco Preistorico – *Via dei Cappuccini, 70-72 – Ouv. tte l'année – P 10.*
Borne artisanale. Payant.
Stationnement : autorisé
Loisirs :
Services : WC

Campings

Arezzo

Villaggio Le Ginestre
Loc. Ruscello 100
00 39 05-75363566
Mi-fév.-déc. 2,2 ha (40 empl.)
– 4
Loisirs :
Services : sèche-linge snack, pizzeria
Emplacements spécifiques pour camping-cars.

Firenze/Florence

Campeggio Michelangelo
V. Michelangiolo 80
00 39 055-6811977
Permanent 4,4 ha (240 empl.)
– 100
Loisirs :
Services : sèche-linge
100 emplacements spécifiques pour camping-cars, transports en commun pour centre-ville

Pisa/Pise

Campeggio Torre Pendente
Viale delle Cascine 86
00 39 050-561704
Avr.-mi-oct. 2,5 ha (220 empl.)
Loisirs : diurne
Services : sèche-linge snack, pizzeria

San Gimignano

Campeggio Il Boschetto di Piemma
Loc. Santa Lucia 38C
00 39 0577-940352
Avr.-deb.-nov. 6,5 ha (95 empl.)
Loisirs :
Services : sèche-linge snack, pizzeria
7 emplacements spécifiques pour camping-cars.

Les bonnes **adresses** de Bib

Arezzo

Antica Osteria l'Agania

V. Mazzini 10 - ✆ 0575 29 53 81 - 12h-15h, 19h-23h - fermé lun. (sf juin-sept.).

Dans une atmosphère simple et familiale, goûtez des plats typiques accompagnés de vins toscans.

Al Canto de'Bacci

Corso Italia 65 - ✆ 0575 35 58 04 - tlj sf lun. et dim. 8h-14h, 16h-20h.

Épicerie fine avec un grand choix de spécialités toscanes : pâtes, fromages, charcuteries, vins. La succursale, piazza Grande, propose vins de qualité et fruits de mer.

Firenze/Florence

Cantinetta dei Verrazzano

V. dei Tavolini 18-20r - ✆ 0552 68 590 - fermé dim.

Quatre atouts pour ce petit établissement raffiné : son four, ses vins, sa pâtisserie et son service continu. On peut y déguster : charcuterie, *panini*, *bruschette*, fromages et gâteaux, accompagnés de vins de la Fattoria di Verrazzano, servis au verre.

Trattoria Anita

V. del Parlascio 2r - ✆ 0552 18 698 - fermé dim., 15 j. en août - réserv. conseillée.

Tout ce qu'il y a de plus simple et familial, voilà comment se présente cette trattoria fréquentée lors du repas de midi par de nombreux ouvriers et employés des alentours, alors que le soir prennent place les touristes et les familles florentines. Les prix restent toujours très modérés.

Trattoria Sostanza-Troia

V. del Porcellana 25r - ✆ 0552 12 691 - fermé sam., dim., août, 10 j. déc. - réserv. conseillée.

Cette trattoria, fondée au milieu du 19e s., occupe son emplacement actuel depuis 1932. Quant au propriétaire, très aimable, il y travaille depuis une cinquantaine d'années : bref, cet endroit est une véritable institution. Cadre simple et cuisine toscane.

Mercato Centrale

Tlj sf dim. 7h-14h.

Marché principal de Florence, abrité par d'imposantes structures en verre et en fer imaginées par Mengoni en 1874. Dans le dédale des produits frais, vous trouverez fruits et légumes, poissons, viandes et volaille, quelques fromagers, charcutiers et boulangers pour d'excellents panini à déguster sur place.

Caffè Ricchi e Ristorante

P.za Santo Spirito 8-9r - ✆ 0552 15 864 - lun.-sam. 19h30-23h, fermé dim., 15 août.

Un des artisans glaciers les plus renommés de Florence. Très animé les jours de marché, il dispose d'une terrasse idéale aux beaux jours.

Pisa/Pise

Hostaria Pizzeria Le Repubbliche Marinare

Vicolo Del Ricciardi 8 - ✆ 0502 20 506 - 12h30-20h - fermé lun. et 7 janv.-7 fév. - réserv. conseillée le soir.

Ce restaurant, où l'on se régale, est un petit havre de paix dans le quartier Sant'Antonio. Jolie terrasse sur une placette. Spécialités de poisson. Goûtez le poisson à la croûte de sel.

Gelateria de'Coltelli

Lungarno Pacinotti 23 - ✆ 0505 41 611.

La boutique ne paye pas de mine, mais au dire des Pisans, c'est LE glacier de la ville !

Perugia/Pérouse

Dal Mi'Cocco

Corso Garibaldi 12 - ✆ 075 57 32 511 - fermé lun., du 15 juil. au 15 août - réserv. conseillée.

« Comme chez des amis », c'est la devise de cet établissement original abrité dans une ancienne étable. Accueilli par un petit verre de vin rouge et salué par un verre de vino santo, vous y dégusterez un menu unique composé de spécialités de la région. Pain et pâtes faits maison.

San Gimignano

Osteria del Carcere

V. del Castello 13 - ✆/fax 0577 94 19 05 - fermé merc., jeu. midi et janv.-mars.

Près de la piazza della Cisterna, ce restaurant au cadre rustique et accueillant vous propose des plats du jour. La viande, particulièrement exquise, provient de la célèbre boucherie de Panzano in Chianti. Vous pourrez l'accompagner en choisissant parmi une bonne sélection de vins et de fromages.

Siena/Sienne

Medio Evo

V. dei Rossi 40 - ✆ 0577 28 03 15 - fermé jeu., janv. et 15-31 juil.

Proche de la piazza del Campo, voyage dans le temps dans ce palais du 13e s. à fenêtres géminées, orné de colonnes et de frises médiévales, avec les antiques saveurs de la cuisine siennoise.

Al Palazzo dela Chigiana

V. di Citta 93-95 - ✆ 0577 28 91 64, fax 0577 27 97 45.

Difficile de résister aux fromages, *porcini* (cèpes), saucissons, mortadelles et autres victuailles, présentes dans la vitrine de cette alléchante boutique.

Périple **romain**

Départ de Rome
10 jours 745 km
Carte Michelin n° 563

Place Ste-Marie de Trastevere

Jour 1

Qui pourrait prétendre avoir été à **Rome** sans avoir vu le Colisée ? C'est donc de ce célèbre monument que vous partirez à la découverte de Rome, pour poursuivre avec les Forums impériaux, et en fond le (trop) visible Vittoriano, qui doit son nom au roi en l'honneur duquel il fut construit : Victor Emmanuel II, premier roi d'Italie. Après avoir grimpé le grand escalier qui mène à la piazza del Campidoglio, marchez jusqu'au quartier du Panthéon avec la délicieuse piazza della Rotonda, et encore un dernier effort pour rejoindre la piazza Navona. Vous avez bien mérité une petite pause... L'Antico Caffè della Pace n'est pas loin, derrière la place. Un conseil : au coucher du soleil, si vous êtes encore dans le coin, retournez admirer les fontaines illuminées, dont celle de Trevi.

Jour 2

Le choix est difficile... et il est impossible de tout voir en deux jours. Si vous êtes passionné par les églises et les musées, optez pour St-Pierre et le Vatican (une visite superficielle nécessite une bonne demi-journée quand même), et si vous préférez le monde antique, partez plutôt à la découverte du Forum romain. Si vous préférez les ambiances encore authentiques, flânez le matin sur le marché de la place Campo di Fiori. L'après-midi, partez de la piazza di Spagna et offrez-vous une promenade le long de l'élégante via dei Condotti suivie de la commerçante via del Corso. Le soir, une promenade dans le Trastevere vous permettra de découvrir un autre quartier de la vieille Rome.

Jour 3

Après ce petit séjour en ville, partez à la découverte du nord de la capitale. Vous longerez la mer par **Civitaveccia** et ses thermes puis **Tarquinia** et sa nécropole étrusque. En vous éloignant de la côte, dirigez-vous vers **Viterbo**, son quartier médiéval vous enchantera.

Jour 4

En direction de **Tivoli**, vous atteindrez le lac de Vico et celui de **Bracciano**, havre de paix où de nombreux Romains viennent le week-end. Prenez le temps de gagner le bourg médiéval d'**Anguillara-Sabiaza**.

Jour 5

Après avoir visité la Ville éternelle (la Capitale du monde pour d'autres amoureux indéfectibles de Rome), votre soif de découverte sera rassasiée et vous penserez être arrivé au bout de vos surprises... Détrompez-vous ! Comment ne pas s'émerveiller à **Tivoli** devant la Villa Adriana, l'un des plus riches ensembles monumentaux de l'Antiquité, qui n'a rien perdu de sa beauté au fil des siècles malgré d'importants pillages ? N'oubliez pas de visiter la Villa d'Este, splendide résidence construite par l'un des princes de l'Église, et dont les somptueux jardins sauront, une fois encore, vous surprendre. Le soir, ne repartez pas sans avoir pris le temps d'admirer la lumière dorée du coucher de soleil sur la campagne romaine.

Jour 6

Via Avezzano, gagnez les Abruzzes et Sulmona qui sera votre point de départ d'une visite au cœur du Parc national le plus ancien d'Italie. **Sulmona**, patrie du poète latin Ovide, est réputée pour ses ateliers d'orfèvrerie. Prenez la S 479, à partir d'Anversa degli Abruzzi, la route s'engage dans les profondes et sinueuses gorges du Sagittarion, puis vous longerez le **lac de Scanno** dominé par la ville du même nom.

Jour 7

Après avoir traversé le parc, dirigez-vous vers **Montecassino** et plus particulièrement à l'abbaye érigée sur le mont Cassin. À partir de là vous amorcez votre retour vers Rome. En chemin vous faites un crochet par l'**abbaye de Casamari** puis vous regagnerez **Anagni**, petite ville d'aspect médiéval qui mérite une visite.

Jour 8

Toujours en remontant sur le nord arrêtez-vous à **Velletri.** Située sur le versant méridional du cratère des monts Albains, au cœur d'une région de vignobles, elle a conservé un agréable centre médiéval. Depuis la place Cairoli où se dresse l'imposante tour du Trivio, s'ouvre un splendide et vaste panorama.

Jour 9

Faites un détour par **Castel Gandolfo** situé sur le rebord du cratère dont le fond est occupé par le lac d'Albano. Le site est connu dans le monde entier comme étant la résidence d'été du souverain pontife. Direction le sud et plus précisément **Anzio** qui forme avec **Nettuno** une agréable station balnéaire.

Jour 10

Pour clore en beauté votre périple romain, longez la côte jusqu'à **Ostia Antica.** Appréciez la richesse des ruines d'Ostia Antica, avec leur splendide cortège de pins maritimes. Perdez-vous dans ces rues et découvrez les thermes ou encore le piazzale delle Corporazioni. Au Lido d'Ostia, la vaste plage grise est très fréquentée par les Romains.

Italie

Aires de service & de stationnement

Albano Laziale

Aera dei Albano Laziale – *Piazza Guerucci – Ouv. tte l'année* – P
Borne artisanale. Gratuit.
Stationnement : illimité.
Services :
À côté de la poste et des terrains de sports.

Anversa degli Abruzzi

La Porta dei Parchi – *Piazza Roma, 1 – Ouv. tte l'année* – P *3.*
Borne artisanale. Payant.
Stationnement : 24h maxi. 10€/j.
Services : WC
Acccueil dans une ferme, centre-ville à 1 km.

Celano

Azienda agrituristica Al Museo – *Via Paduli – Ouv. tte l'année* – P
Borne artisanale. Payant.
Stationnement : 24h maxi.
Accueil à la ferme.

Roma/Rome

Aera Attrezzata LGP Roma – *Via Casilina 700, sortie 18 du périphérique (GRA) suivre Rome centre. – Ouv. tte l'année* – P *130.*
Borne artisanale. Gratuit.
Stationnement : 13 €/j.
Services : sèche-linge
Transports en commun pour le centre-ville (24h/24)

Vitorchiano

Aera Sosta Camper Conventino di Vitorchiano – *Via Manzoni – Ouv. tte l'année* – P *30.*
Gratuit.
Stationnement : illimité.
Loisirs :
Services :
Centre-ville à 200 m

Campings

Cassino

Campeggio Terme Varroniane
Via delle Terme 5
00 39 333-9512974
Permanent 10 ha (200 empl.)
Loisirs :
Services :
Transport en commun à 500 m.

Lido di Castel Fusano

Camping Internazionale di Castelfusano
Via Litoranea, Lido di Ostia
00 39 06 56223304
www. romacamingcastelfusano.it
Permanent 4,5 ha (150 empl.)
Loisirs :
Services pizzeria
Transport en commun proche du camping

Roma/Rome

Campeggio Roma
Via Aurelia 831
00 39 06-6623018
www.ecvacanze.it
Permanent 7 ha (230 empl.)
Loisirs : jacuzzi
Services : sèche-linge snack, pizzeria

Tarquinia

Campeggio Tuscia Tirrenica
Via delle Nereidi
00 39 0766-864294
www.campingtuscia.it
Avr.-sept. 10 ha (480 empl.)
Loisirs :
Services : pizzeria

Les bonnes **adresses** de Bib

Anguillara-Sabazia

Il Grottino da Norina
Via delle Scalette 1 - ✆ 06 99 68 181 - fermé lun. soir, merc., 24 déc.-2 janv., 20 août-10 sept.
Niché dans une grotte de tuf, cet établissement plein de charme avec sa décoration simple, voire spartiate, en parfaite harmonie avec le décor, propose des plats locaux.

Castel Gandolfo

Antico Ristorante Pagnanelli
Via Gramsci 4, ✆ 06 93 60 004 - fermé mardi.
Cuisine traditionnelle et inventive, préparée à base de produits frais de saison provenant de la ferme familiale. Depuis la salle principale du restaurant, belle vue sur le lac d'Albano.

Roma/Rome

Forno di Campo de'Fiori di Bartocci e Roscioli
Piazza Campo dei Fiori, 22 - ✆ 06 68 80 66 62.
Une adresse presque légendaire pour ses en-cas qui ont séduit les palais les plus exigeants. Un lieu idéal pour discuter avec les habitués du coin.

Vecchia Locanda
Vicolo Simibaldi, 2 - ✆ 06 68 80 28 31 - fermé sam. midi, dim., 22 déc.-22 janv.
Établissement intime et soigné, dans une ruelle caractéristique entre le largo Argentina et le Panthéon. Menu varié proposant notamment des pâtes fraîches maison et des *straccetti* de bœuf. Atmosphère typique de la vieille Rome. Tables à l'extérieur en été.

L'Orso 80
Via dell' Orso, 33 - Au nord-ouest de la piazza Navona en direction du Ponte Umberto - ✆ 06 686 49 04 - fermé lun.
Ce restaurant sis dans cette très belle rue qui fourmille d'artisans traditionnels, prépare depuis bientôt 30 ans une cuisine généreuse à base de produits régionaux exigeants. Une très bonne adresse, tenue par un patron d'une grande courtoisie, pour savourer des spécialités italiennes à des prix abordables.

Pizzeria Dar Poeta
Vicolo del Bologna, 45 - ✆ 06 58 80 516.
Une adresse animée, à l'atmosphère rustique, où sont servies des pizzas faites à partir d'une pâte spéciale. Et puis une infinité de *bruschette* et, pour les plus gourmands ou les plus affamés, des pizzas en chausson fourrées de *ricotta* et de Nutella.

Caffè Sant'Eustachio
Piazza Sant'Eustachio, 82 - ✆ 06 68 80 20 48 - 8h30-1h (2h sam.).
On vient ici pour déguster le *gran caffè speciale*, crémeux et parfumé dont le créateur garde précieusement le secret. Comme le breuvage est servi sucré par avance, il est préférable que les amateurs de café amer préviennent les serveurs en déclamant : « amaro ! ».

Mercato di Testaccio
Piazza Testaccio - tous les matins sf dim.
Grand choix de produits de qualité et chaussures de marques dégriffées.

Marché aux puces de Porta Portese
Trastevere - dim. du petit matin jusqu'à 14h.
Il rassemble un peu de tout, ce qui lui a valu le surnom de marché aux puces. Il existe depuis la fin de la Seconde Guerre mondiale après avoir regroupé plusieurs marchés de quartier. Il se développe le long de la via Portuense. On y trouve notamment des vêtements neufs et d'occasion, ainsi que de la brocante, du matériel photographique, des livres et des disques.

Sulmona

Gino
Piazza Plebiscito, 12 - ✆ 0864 52 289. Fermé dim.
Cuisine familiale reposant sur une copieuse gastronomie régionale.

Confetti Pelino
À la sortie de Sulmona en direction de Scanno - Via Stazione Introdacqua, 55 - ✆ 0864 21 00 47.
L'endroit rêvé pour qui se marie, célèbre un baptême, un diplôme ou un anniversaire de mariage. Gage de sérieux, la maison existe depuis le 18e s.

Tarquinia

Arcadia
Via Mazzini, 6 - ✆ 0766 85 55 01 - fermé lun.
Ce restaurant d'une centaine de couverts situé près du centre historique propose d'excellentes spécialités à base de poissons frais.

Viterbo/Viterbe

Antico Caffè Schenardi
Corso Italia, 11-13 - Viterbo - ✆ 0761 34 58 60.
Situé à deux pas de la piazza delle Erbe, ce café historique est l'un des plus beaux cafés d'Italie. Tour à tour restaurant au 16e s., hôtel royal, ce café restructuré au 19e s. affiche une belle élégance d'un grand classicisme avec ses miroirs aux cadres dorés.

Les trésors de la côte **napolitaine** et des **Pouilles**

➲ *Départ de Naples*
➲ *10 jours*
790 km
Carte Michelin n° 564

Port de Naples

Jours 1 & 2

Pour votre première journée à **Naples**, immergez-vous dans l'ambiance inimitable de la cité parthénopéenne en parcourant les rues de Spaccanapoli. Le lendemain, après la visite du Musée archéologique national, prenez le funiculaire pour admirer la ville depuis la chartreuse San Martino. Et partez à la découverte du Lungomare, autrefois tranquille village de pêcheurs, est aujourd'hui un des quartiers les plus vivants de la ville, avec une agréable promenade en bord de mer.

Jour 3

Des fumerolles de **Solfarata** aux thermes de **Castellammare di Stabia**, vous aurez l'occasion de sillonner le golfe de Naples, sans manquer l'incontournable ascension du Vésuve !

Jour 4

Sachant l'étendue et la richesse du site, commencez la visite dès le matin et prévoyez une journée. **Pompéi**, ville somptueuse ensevelie en 79 apr. J.-C. par une énorme éruption du Vésuve, constitue un document capital sur l'Antiquité. Par leur ampleur et leur variété, par la beauté du paysage environnant, les ruines de Pompéi procurent une vision grandiose et émouvante de ce que pouvait être une cité romaine de l'époque impériale. Pompéi a été inscrite sur la liste du Patrimoine mondial de l'Unesco en 1997.

Jour 5

Reprenez la route et allez à **Sorrente** sans oublier de faire la visite de **Castellammare di Stabia**, l'antique ville romaine des eaux minérales et de **Vico Equense**, petite station climatique et balnéaire. **Sorrente**, importante villégiature du Sud de l'Italie, dont les hôtels et les villas se dissimulent au milieu de jardins merveilleusement fleuris, domine une vaste baie. D'exubérantes plantations d'orangers et de citronniers envahissent la ville et la campagne.

L'après-midi n'hésitez pas à faire une excursion sur l'**île de Capri**. Un funiculaire relie le port à Capri (piazza Umberto), d'où partent les bus pour Anacarpi, joli petit bourg où un funiculaire gagne le haut du Monte Solaro, point culminant de l'île à 589 m. Ceux qui préfèrent la marche seront récompensés en cheminant sur la Via Krupp ou le sentier des Fortins. Les vues sont sublimes. Mer turquoise, côtes déchiquetées, au loin

Amalfi et en contre-bas l'ancienne maison de Malaparte (celle du film de Godard, *Le Mépris*).

Jour 6

Poursuivez votre périple sur la côte en longeant le **golfe de Salerno**. Attention, durant la période estivale, les camping-cars ne sont pas autorisés à circuler sur la route de la côte. Découvrez **Amalfi** et son merveilleux site, **Salerno** et son quartier médiéval et enfin **Paestum** dont les temples sont un des plus beaux témoignages de la présence grecque en Italie du Sud. Poursuivez jusqu'au **golfe de Policastro**. Des falaises à pic dans la mer, des jardins en terrasses où s'épanouissent bougainvillées, citronniers, hibiscus, vignes et oliviers. Mais si la mer est omniprésente, les plages n'en demeurent pas moins rares : les plus aventureux gagneront quelques criques isolées par des sentiers escarpés ; les autres se contenteront de plages exiguës (de galets notamment).

Le conseil de Bib

Le trafic napolitain est dense dû à l'étroitesse des rues et à une conception particulière du code de la route.

Jour 7

Il est temps de faire une pause à **Maratea**, station balnéaire de 5 500 habitants aux nombreuses plages et criques, qui dissimule villas et hôtels dans une végétation luxuriante. De la gigantesque statue blanche (22 m de haut) du Rédempteur on bénéficie d'un superbe panorama sur le **golfe de Policastro** et la côte calabraise. Prenez la S 653 et dirigez-vous vers l'intérieur des terres, direction les Pouilles et la côte adriatique.

Jour 8

Avant d'arriver à **Taranto** faites un petit crochet par **Matera** pour découvrir ses habitations troglodytiques, les Sassi, et ses églises rupestres. Passez à Taranto pour son musée national d'Archéologie. Regagnez l'extraordinaire ville de **Lecce**, surnommée « la Florence baroque ». Ne manquez pas la visite du centre historique dont la fameuse place du Duomo et la façade de la basilique Santa Croce.

Jour 9

Longez la côte adriatique en faisant des petites haltes à **Monopoli** et **Polignano a Mare**, deux petits bourgs maritimes d'un très grand charme. À **Bari** seule la vieille ville est digne d'une visite. Pour les amateurs d'art roman, **Bitonto, Trani** et **Barletta** sont quelques-unes des étapes architecturales incontournables.

Jour 10

Regagnez **Naples** et son golfe par la S 90b.

Italie

Aires de service & de stationnement

Margherita di Savoia

Aera di sosta Camper Miami Beach – *zona Cannfesca,3 – Ouv. tte l'année – P 15.*
Borne artisanale. Payant.
Stationnement : 15 €/j.
Services :
Centre-ville à 2 km.

Paestum

Mandette Camper Park – *Via Torre di Mare 30 – 00 39 0828 811118 – Ouv. tte l'année – P 20.*
Payant.
Stationnement : 25 €/j.
Loisirs : Services :
Tarif haute saison avec électricité et douche. Centre ville à 500 m.

Policoro

Parcheggio Bosco Pantano Soprano – *Piazza Siris – Ouv. tte l'année – P*
Borne artisanale. Payant.
Stationnement : autorisé
Loisirs :
Services : WC sèche-linge

Pompei

Aera di sosta di famiglia Ametrano – *Via Antonio Segni 23 – 00 39 081 3339322467 – Ouv. tte l'année – P 20.*
Borne artisanale. Payant.
Stationnement : 15 €/j.
Loisirs :
Services : WC

Campings

Giovinazzo

Campeggio Campofreddo
Loc. Ponte
00 39 080 3942112
De mi-mai à mi-sept. 4 ha (250 empl.)
Loisirs : nocturne (plage)
Services :

Matera

Campeggio Azienda Agritur. Masseria del Pantaleone
C.da Chiancalata 27
00 39 0835-335239
Permanent1,5 ha (30 empl.)
– 15
Loisirs : poneys
Services : pizzeria
Camping à la ferme avec 15 emplacements spécifiques pour camping-cars.

Porto Cesareo

Torre Castiglione Camping
Lit. per Taranto, Torre Lapillo
00 39 0833-565462
De mi-juin à mi-sept. 3,5 ha (320 empl.)
Loisirs : (plage)
Services :
Transports en commun à partir du camping.

Pozzuoli

Campeggio Int. Vulcano Solfatara
Via Solfatara 161
00 39 081-5267413
Fermé mi-janv.-fin-mars 3 ha (120 empl.)
Loisirs :
Services : sèche-linge snack
Transports en commun au départ du camping

Villammare

Compl.Tur.Bungalow Res. e Parco Pisacane
Casella Postale 20
00 39 0973-391541
De mi-juin à mi-sept. 6 ha (92 empl.)
Loisirs : jeux électroniques (plage)
Services : sèche-linge snack

Les bonnes **adresses** de Bib

Bari

Al Sorso Preferito

Via Vito Nicola De Nicolò, 46 - ✆ 080 52 35 747 - fermé merc., dim. soir - réserv. conseillée.

Bien que la clientèle soit nombreuse et les prix modérés, c'est la qualité qui distingue cet établissement, notamment grâce à une rigoureuse sélection des matières premières. On peut y déguster des plats maison traditionnels, aussi bien de poisson que du terroir.

Capri

Pulalli Wine Bar

Piazza Umberto I - Capri - ✆ 081 83 74 108 - fermé mar.

En descendant les escaliers qui longent l'office du tourisme, vous découvrirez les petites tables posées sur la terrasse panoramique de ce joli bar à vins. L'intérieur, moderne et raffiné, est également très agréable. Vous pourrez y consommer d'excellents vins et un large choix de plats, ou simplement un casse-croûte.

Lecce

Trattoria Casareccia-Le-Zie

Via Costadura, 19 - ✆ 0832 24 51 78 - fermé dim. soir et lun., 24 déc.-6 janv., 30 août-15 sept.

Une trattoria d'autrefois, au décor simple et soigné et où l'on vous accueillera avec cordialité. La cuisine consacre une tradition culinaire de plus de soixante ans. Les savoureuses recettes maison sont préparées à la commande, tout en restant à des prix très compétitifs.

Napoli/Naples

Antica pizzeria Da Michele

Via Cesare Sersale, 1/3 - ✆ 081 55 39 204 - fermé dim., 3 semaines en août.

Une adresse populaire et authentique, où les amateurs de pizza se donnent rendez-vous pour savourer, à toute heure, la Margherita ou la Marinara. Queue pratiquement inévitable !

Antica pizzeria D'è Fogliole

Via Giudecca Vecchia, 39 - ✆ 081 28 67 21 - fermé dim.

Au cœur du Spaccanapoli populaire, tout le monde se presse dans cette institution pour goûter à la fameuse pizza frite, spécialité napolitaine à ne pas manquer !

Pizzeria Di Matteo

Via Tribunali, 94 - ✆ 081 45 52 62 - fermé dim.

Il y a quelques années, elle a accueilli Bill Clinton ! Mais d'autres célébrités, parmi lesquelles le grand Mastroianni, avaient déjà auparavant goûté aux délicieuses pizzas préparées dans cet endroit tout simple. Des prix imbattables et un service très rapide. Attention à la tête en montant au 1er étage !

Gino Sorbillo

Via Tribunali, 32 - ✆ 081 44 66 43 - fermé dim., 3 sem. en août.

Comme l'indique le menu, le jeune et enthousiaste Gino vient « d'une vieille famille où l'on est pizzaiolo de père en fils depuis 21 générations » et est considéré, à raison, comme l'une des étoiles montantes de la pizza napolitaine. Dans son établissement typique, on ne mange que des pizzas… mais quelles pizzas !

Scaturchio

Piazza S. Domenico Maggiore, 19 - ✆ 081 55 16 944.

Pour déguster une *sfogliatella riccia* (feuilleté fourré de ricotta, fruits confits et parfumé à la fleur d'oranger) tout juste sortie du four, ou un baba, pâtisserie d'origine étrangère mais très répandue et appréciée dans le « Royaume de Naples ».

Gran Caffè Gambrinus

Via Chiaia, 1/2 - ✆ 081 41 75 82.

Le plus célèbre café napolitain. On croirait presque y entendre résonner les frous-frous des robes à crinoline d'autrefois. Depuis plus de 150 ans, ces salles décorées avec faste sont témoins des principaux événements de l'histoire de Naples.

Raffaele Russo

Via S. Biagio dei Librai, 116.

Une boutique datant des années 30, où l'on achète les fameuses madones servant à décorer la crèche traditionnelle napolitaine.

Pompéi

Snack wine's Todisco

Piazza Schettini, 19 - ✆ 081 85 05 051 - fermé lun.

Une adresse très simple, fréquentée par les riverains, qui propose de bons plats à des prix modestes.

Salerno

Vicolo della Neve

Vicolo della Neve, 24 - ✆ 089 22 57 05 - fermé mer.

Une institution locale, authentique et rustique, au cœur du centre historique, dans une partie investie aujourd'hui par la jeunesse locale. Spécialités de la maison, pizzas et plats traditionnels de la région.

Sorrento

Taverna Azzurra

Via Marina Grande, 166 - fermé lun. en hiver - ✆ 081 87 72 510.

Une adresse courue principalement par les locaux, face au petit port de pêcheurs. Cuisine de poissons et de fruits de mer à la fraîcheur irréprochable, en fonction des arrivages du jour.

Fascinante et sauvage
Sardaigne

➲ *Départ d'Olbia*
➲ *12 jours*
790 km
Carte Michelin n° 366

La côte est de Cagliari

Région âpre et rude entre toutes, la Sardaigne est une île façonnée par le vent qui porte les parfums des fleurs sauvages. En faire le tour est un voyage au cœur d'une nature préservée où les arides maquis et les paysages tourmentés des monts de l'intérieur contrastent avec la douceur des côtes ourlées de plages.

Jour 1

Après une traversée de quelques heures (Livourne-Olbia : 6h), vous débarquez à **Olbia** ou dans le **golfe d'Aranci**. Vous consacrerez une petite visite à Olbia et à son église romane San Simplicio avant de prendre la direction du nord vers **Arzachena** et ses « tombes de géants ». Il s'agit d'un monument funéraire collectif datant de 1800-500 av. J.-C. L'île recèle des centaines de vestiges de ce genre. Après cette leçon d'histoire, pourquoi ne pas faire une courte escapade sur l'archipel de la **Maddalena** (sans camping-car) dont la beauté est préservée grâce à un parc naturel ?

Jours 2 & 3

Modelée par le vent, la Côte d'Émeraude revêt un aspect sauvage. Les collines, où le maquis recouvre le granit, descendent vers la mer aux couleurs et aux transparences d'émeraude. Cette partie orientale de la **Gallura** est aujourd'hui un endroit de rêve pour les amateurs de voile, planche à voile, golf et tennis. Les principaux centres sont **Porto Cervo**, **Cala di Volpe** et **Baia Sardinia**.

Jour 4

En longeant la côte par la S 200, regagnez **Sassari**. Deuxième ville de Sardaigne, Sassari est parfois boudée par les voyageurs car elle n'ouvre pas d'accès à la mer. Elle mérite pourtant que l'on s'y arrête, offrant au visiteur le contraste de ses quartiers modernes, aérés, avec son noyau médiéval, serré autour de la cathédrale. La piazza d'Italia et le corso Vittorio Emanuele II en sont les lieux les plus animés. En fin de journée, dirigez-vous vers **Porto Torres** et faites étape dans les environs.

Jour 5

En vous rendant à **Alghero**, visitez la Necropoli d'Anghelu Ruju qui est composée de 38 hypogées, tombes souterraines, de l'âge du cuivre (3000 avant J.-C.)

et à la Grotta di Nettuno et son **lac Lamarmora.** Long de 100 m, il est l'un des plus grands lacs salés d'Europe. Un site à ne pas manquer. Charmant petit port, **Alghero** est ceinturé par les oliviers, les eucalyptus et les pins parasols. On y pratique comme autrefois la pêche au corail. Ancienne colonie espagnole, on y parle encore le catalan. Une plage de 5 km de long s'étend au nord de la localité.

Jour 6

Direction plein sud vers **Cagliari** sans oublier de faire halte à **Bosa** (visitez son quartier médiéval), **Oristano** et la cité punico-romaine de **Tharros**.

Jour 7

À mi-chemin de Cagliari, faites un crochet par **Barumini** où l'on trouve les vestiges nuragiques (de la période des âges du bronze et du fer) les plus intéressants de Sardaigne. Ce fabuleux site préhistorique est classé au Patrimoine mondial de l'Unesco.

Jour 8

Capitale de l'île, Cagliari est une ville d'aspect moderne, dotée d'un port actif, ayant conservé un cœur ancien à l'intérieur de fortifications élevées au 13e s. par les Pisans. De la Terrazza Umberto I, on jouit d'une vue admirable sur la ville, le port et le golfe. La fête de Sant'Efisio, saint patron de la Sardaigne, est l'une des plus fabuleuses qu'il soit donné de voir en Italie.

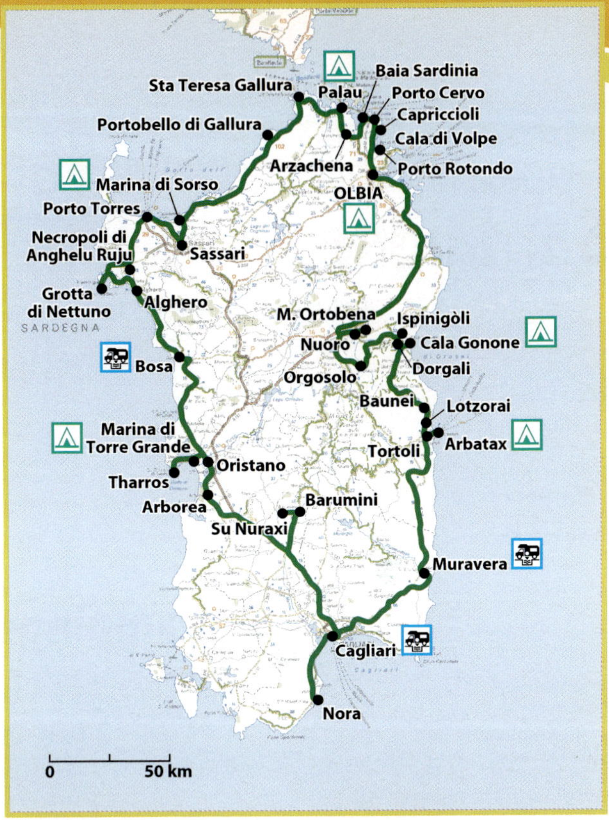

Jours 9 & 10

Ces deux jours seront consacrés à la remontée vers le nord afin de rejoindre la terre sauvage de **La Barbagia** qui fait partie intégrante des monts du Gennargentu et englobe le Supramonte, haut plateau calcaire. Le patrimoine archéologique y est très présent (Tiscali, Mottorra), les paysages sont âpres : forêts denses, cascades, lacs naturels, grandes étendues de vignes. En route, découvrez les villages pleins de charme comme **Arbatax**, **Tortoli**, **Lotzorai** et **Baunei.** Les routes sont en lacet…

Jour 11

Dorgali est la principale localité touristique de La Barbagia. Vous découvrirez la grotte d'Ispinigoli, qui est la 2e du monde par sa hauteur. Vous traverserez de nombreux villages typiques des traditions sardes : **Su Gologone**, **Orgosolo**, **Nuoro** et son musée.

Jour 12

Retour sur Olbia sans oublier de vous arrêtez pour profiter des bienfaits d'un bain dans les eaux si limpide du littoral sarde.

Aires de **service** & de **stationnement**

Bosa

Aera di la cooperativa Costa Blu – *070 374 788 – Ouv. avr.-sept. –* P
Borne artisanale.
Stationnement : autorisé.
Services :

Cagliari

Camper Cagliari Park – *Via Stanislao Caboni 13*
00 39 347 068 2073 – Ouv. tte l'année – P *150.*
Borne artisanale. Payant.
Stationnement : illimité.
Services :
La meilleure solution pour la visite de la ville.

Muravera

Camper Service Luna&Limoni – *Via Giardini*
347 3348765 – Ouv. tte l'année – P *25.*
Borne artisanale. Payant.
Stationnement : illimité. 13.50 €/j.
Loisirs :
Services :

Campings

Arbatax

Campeggio Telis
Porto Frailis
00 39 0782-667140
Permanent 3 ha (164 empl.)
Loisirs nocturne (discothèque) (plage)
Services : snack
Location canoës.

Cala Gonone

Campeggio Cala Gonone
Via Collodi 1
00 39 0784-93165
Avr.-oct. 5 ha (300 empl.)
– 50 E
Loisirs : (plage)
Services : sèche-linge
Emplacements spéciaux pour camping-cars.

Sorso

Campeggio Golfo Dell' Asinara Cristina
Loc. Platamona, 35
00 39 079-310230
www.campingasinara.it
Avr.-mi-oct. 10 ha (350 empl.)
– 40 E
Loisirs :
Services : sèche-linge pizzeria

Marina di Torre Grande

Campeggio Torregrande
Via Stella Maris 8
00 39 0783-22228
Mai-sept. 3 ha (400 empl.)
Loisirs : nocturne (discothèque) (plage)
Services : sèche-linge snack, pizzeria

Olbia

Villaggio Camping Cugnana
Cugnana
00 39 0789-33184 – www.campingcugnana.it
Mai-sept. 5,5 ha (180 empl.)
Loisirs : diurne (excursions organisées)
Services : sèche-linge lave-vaisselle snack, pizzeria

Palau

Campeggio Isola dei Gabbiani
Porto Pollo
00 39 0789-704024
Avr-oct. 18 ha (750 empl.)
Loisirs : diurne nocturne (discothèque) (plage) ponton, location planches à voile et canoës
Services : sèche-linge snack, pizzeria

Les bonnes **adresses** de Bib

Alghero

Rafael

Via Lido, 20 - ✆ 070 95 03 85 - fermé jeu. en basse sais. et fin déc.-fin janv.

Agréable restaurant sur la plage, où les produits de la mer sont naturellement à l'honneur.

Arzachena

Lu Stazzu

Croisement pour Baia Sardinia, route départementale en direction de Porto Cervo - ✆ 0789 82 711 - fermé oct.-Pâques.

Cuisine traditionnelle de la Gallura, à déguster entre les oliviers et les genévriers.

Cagliari

Antico Caffè

Piazza Costituzione, 10/11.

Un incontournable café historique, fréquenté par le passé par de célèbres écrivains (Sibilla Aleramo, Grazia Deledda, D. H. Lawrence, Gabriele D'Annunzio, Salvatore Quasimodo, Elio Vittorini, Beniamino Gigli). Géré aujourd'hui par le ministère de la Culture, c'est un lieu très accueillant. À peine aurez-vous passé la porte que vous serez sous le charme de ce café à l'atmosphère élégante et vivante, que vous soyez de Cagliari, touriste, simple passant, intellectuel, ou homme d'affaires.

Dorgali

Enis

Monte Maccione - 4 km à l'ouest du centre d'Oliena - ✆ 0784 28 83 63 - fermé début nov.-mi-mars.

Un restaurant typique, à l'écart et dans une position panoramique, comprenant également un petit camping. Cuisine régionale.

Maddalena

La Terrazza

Via Villa Glori, 6 - ✆ 0789 73 53 05 - fermé dim. (sf mai-sept.).

Les gérants, Bolonais d'origine, se sont laissés séduire par cette belle terre et sa cuisine savoureuse. Sur la terrasse panoramique qui domine le port, vous pourrez choisir entre de nombreux plats de poisson, frais et de grande qualité, et des plats régionaux.

Porto Cervo

Panino Giusto

Piazzetta Clipper - ✆ 0789 91 259 - fermé nov.-mai.

À l'entrée de Porto Cervo Marina, cette adresse est située face au port de plaisance. À toute heure, plats, salades et panini à déguster à l'extérieur, en contemplant les bateaux amarrés, ou dans la petite salle intérieure, dans le style des pubs anglais.

Tattoo

Liscia di Vacca Alta - 2 km de Porto Cervo - ✆ 0789 91 944 - fermé oct.-mars.

Au milieu des élégantes résidences méditerranéennes aux délicates couleurs pastels, à deux kilomètres de la plage de Liscia di Vacca, sélective s'il en est, une adresse qui permet de « survivre » plus que dignement dans cette enclave mondaine.

La Vecchia Costa

Localité La Punga (5 km au sud-ouest de Porto Cervo direction Arzachena) - ✆ 0789 98 688.

Si vous avez envie d'une bonne pizza, l'endroit est fait pour vous. Et dans l'île du *carasau*, le pain ne peut être que fin et croquant, et d'une taille… respectable ! Étant donné la situation, les prix, plus qu'honnêtes, sont en revanche presque incroyables.

Sassari

Il Senato

Via Alghero, 36 - ✆ 079 27 77 88 - fermé dim. et 2 sem.en août.

Restaurant simple et agréable proposant une cuisine typique.

Terza Spiaggia

Terza Spiaggia

Golfo Aranci - ✆ 0789 46 485 - fermé oct.

Pour déguster un bon sandwich à l'ombre d'un parasol, sur une plage où la mer est d'une clarté sans égale, avec une vue imprenable sur le golfe d'Aranci. À moins que vous ne préfériez un plat à base de poisson ultra-frais (pêché par les propriétaires eux-mêmes), dans la salle toute simple aux allures balnéaires.

Le conseil de Bib

Lors de votre voyage sur les routes de la partie orientale, il vaut mieux ne pas attendre de tomber en panne pour prendre de l'essence car les stations-service n'abondent guère.

Le grand tour de la **Sicile**

➲Départ de Messine
➲12 jours
895 km
Carte Michelin n° 365

Les cratères Silvestri

Jour 1

Vos premiers pas en Sicile se feront à **Messine** où vous apprécierez la piazza Duomo, le Duomo et le Musée régional avec ses œuvres du Caravage. Longez la côte et regagnez **Cefalù**. Charmante petite ville de pêcheurs qui a su développer son activité touristique en tirant parti de son site incomparable et de sa splendide cathédrale. Vous pourrez ensuite vous reposer sur l'une des belles plages à proximité.

Jours 2 & 3

Palerme vous séduira par son parfum oriental et sa beauté éclectique. Après des décennies d'abandon, de spéculations immobilières et de gestion frauduleuse, la ville renaît de ses cendres avec orgueil. Le magnifique centre historique reprend vie, les monuments sont patiemment restaurés, les habitants profitent à nouveau pleinement de leur ville. Consacrez votre première journée à la visite de la chapelle Palatine, l'église de la Martorana, le palais Abatellis et le théâtre Massimo. Le deuxième jour, à quelques kilomètres de Palerme, allez admirer les magnifiques mosaïques du Duomo, la cathédrale de **Monreale**.

Jour 4

Vous longerez le **golfe de Carini** pour atteindre **Ségeste**, avec son superbe temple dorique, et **Erice**, spectaculaire nid d'aigle médiéval. Regagnez **Trapani** et, après avoir visité la ville et plus particulièrement son pittoresque marché aux poissons, dirigez-vous vers le sud en suivant la nationale bordée par les marais salants qui relie Trapani à **Marsala**. En chemin, les ruines de l'ancienne colonie phénicienne de **Mozia** valent la peine que l'on y consacre une demi-journée. Reprenez la route pour arriver à Marsala, où est produit le célèbre vin du même nom. Ne manquez pas l'épave du navire carthaginois conservé dans le Musée archéologique Baglio Anselmi.

Jour 5

Continuez vers le sud-est pour atteindre **Mazara del Vallo**, petit bout de Maghreb avec son port-chenal grouillant de bateaux et de monde. Après une halte dans la charmante ville de **Castelvetrano**, poursuivez vers l'ancienne cité grecque de **Sélinonte**. Prenez ensuite la SS 115 qui, en suivant la côte,

vous conduit aux ruines d'**Eraclea Minoa** avec sa très belle plage.

Jours 6 & 7

Vous êtes arrivés à **Agrigente** et la célèbre vallée des Temples s'offre à vous. Une demi-journée est nécessaire pour parcourir le site archéologique regroupé en deux noyaux distincts. Profitez également du centre historique d'Agrigente et des localités alentour.

Jour 8

Poursuivez le long de la côte sur la SS 115 en faisant une halte à **Gela** pour visiter le Musée archéologique, puis arrêtez-vous à **Raguse**, qui depuis le séisme de 1963 comprend deux centres urbains distincts. La nationale continue jusqu'à **Ispica**, près de laquelle se trouve la falaise du même nom, une faille de plus de 10 km de long parsemée d'habitations troglodytiques et de nécropoles.

Le conseil de Bib

La circulation peut être interdite lors de pics de pollution à Palerme (ou limitée aux véhicules avec pots catalytiques).

Jour 9

En poursuivant sur la SS 115, vous arriverez dans le **Val di Noto**, ensemble de huit villes baroques inscrites au Patrimoine mondial de l'Unesco en 2002. **Noto** en est le petit joyau baroque accroché à un haut plateau. La cathédrale après un effrondrement spectaculaire en 1996 a fait l'objet d'une rénovation longue de sept ans. Reprenez la route de la côte pour voir ou revoir (comme le dit la chanson...) **Syracuse**.

Jour 10

Là, en plus de l'**île d'Ortygie** et du site archéologique, des nombreux palais et lieux dignes d'intérêt, vous pourrez visiter les différents musées de la ville et effectuer une excursion en bateau sur le fleuve Cyane. Ensuite direction **Catane**, ville de l'Etna par excellence.

Jour 11

Après avoir visité Catane qui conserve de précieux témoignages de son passé, tentez l'ascension de l'Etna (si les conditions du volcan vous le permettent), où les Géants forgent, selon la mythologie, des armes pour Héphaïstos, dieu du Feu. Longez ensuite le versant oriental du volcan jusqu'à **Linguaglossa**, le village dont le nom signifie deux fois le mot « langue » et qui évoque la chaleur de son site sur les pentes de l'Etna.

Jour 12

Achevez votre grand tour sicilien par **Taormine**, très prisée depuis toujours. Le centre ne peut se visiter qu'à pied.

Suivez la côte nord-ouest jusqu'à **Messine** pour regagner le continent.

Italie

Aires de **service** & de **stationnement**

Montallegro

Camper stop Torre Salsa – *Siculiana*
00 39 0922 847074 – Ouv. tte l'année – P 20.
Borne artisanale.
Stationnement : 72h. 16 €/j.
Loisirs :
Au bord de plage

Oliveri

Aera attrzzata Azimut – *Lungomare Marinello*
00 39 0941 313019 – Ouv. tte l'année – P 10.
Borne artisanale. Payant.
Stationnement : illimité. 15 €/j.
Loisirs :
Services :

Palermo/Palerme

Freesbee Parking, Idea Vacanze – *Via Imperator Federico 116, Guiseppe di Piazza – 00 39 091542555 – Ouv. tte l'année – P 30.*
Borne artisanale.
Stationnement : 24h maxi. 15 €/j.
Services :
Centre-ville à 3 km, station métro à 400 m.

Siracusa/Syracuse

Parcheggio Von Platen – *Via Augusto Von Platen 38 – Ouv. tte l'année – P 100.*
Stationnement : 15 €/j.
Loisirs :
Services : sèche-linge
Proche de l'ensemble des curiosités de la ville.

Campings

Agrigento/Agrigente

Campeggio Valle dei Templi
Viale Emporium 192
00 39 0922-411115
Permanent 2 ha (180 empl.)
Loisirs :
Services : pizzeria

Catania/Catane

Campeggio Jonio
Via Villini a Mare 2, Ognina, Accès : SS114 au nord de Catania, sortie Ognina.
00 39 095-491139
Permanent 1,2 ha (80 empl.)
Loisirs : diurne (excursions organisées) nocturne (discothèque)
Services : sèche-linge snack, pizzeria

Cefalù

Campeggio Sanfilippo
00 39 0921 420184
De mi-avr. à mi-nov. 1 ha (110 empl.)
Loisirs : (plage)
Services :
Transports en commun pour le centre-ville.

Letojanni

Campeggio Paradise
Via Nazionale 2
00 39 0942-36306
D'avr. à fin-oct. 1,5 ha (350 empl.)
Loisirs : diurne pétanque, beach-volley (plage)
Services : snack, pizzeria
Transports en commun à 200 m.

Mazara del Vallo

Campeggio Sporting Club Village & Camping
C. da Bocca Arena.
00 39 0923-947230
De fin-mars à oct. 60 ha (300 empl.)
Loisirs : (plage)
Services : snack, pizzeria

Punta Secca

Campeggio Capo Scalambri
Via Torre di Mezzo
00 39 0932 915600
Permanent 5 ha (250 empl.)
Loisirs : (plage)
Services :

Les bonnes **adresses** de Bib

Agrigento/Agrigente

Trattoria dei Templi

Via Panoramica dei Templi 15 - ✆ 0922 40 31 10 - fermé dim. (juil.-août), vend. (sept.-juin), 1 sem. en janv.

Une *trattoria* très agréable où s'arrêter après une journée consacrée à la découverte d'un passé fascinant. Vous y serez accueilli chaleureusement et dégusterez, dans une jolie salle rustique, des plats typiquement siciliens à base de poisson.

Stoai

Via Cavaleri Magazzeni 1, Valle dei Templi - ✆ 0922 60 66 23.

L'atmosphère de cet ancien marché couvert, avec ses boutiques et ses arcades, est ressuscitée dans cet espace multimédia qui accueille désormais une foire de l'artisanat d'art ainsi qu'une animation théâtrale *(merc. et sam. soir sur réservation uniquement)*.

Catania/Catane

Da Nino

Via Biondi 19 - ✆ 095 31 13 19 - fermé dim.

Une *trattoria* comme on en trouve de moins en moins… Les tons pastels de la salle ne réchauffent pas l'accueil mais l'essentiel est dans l'assiette et, aux premiers compliments, le patron se dégèle. Il peut être fier : les habitués remplissent l'endroit, se régalant de savoureux *antipasti*, de poissons du jour et de fruits bien mûrs en dessert. Simple et efficace.

Ambasciata del mare

Piazza Duomo 6 - ✆ 095 34 10 03 - fermé lun.

C'est « le » restaurant de poisson de la ville situé juste à côté du marché. On y vient en famille pour un repas savoureux dans un cadre raffiné.

Dagnino

Via Etnea 179 - ✆ 095 31 21 69 - fermé lun.

L'une des meilleures épiceries de la ville où vous trouverez les classiques de la cuisine italienne : fromages, charcuterie, sauces, confitures, miels, biscuits et vins.

Cefalù

La Botte

Via Veterani 6 - ✆ 0921 42 43 15 - fermé lun., janv.

Si vous êtes à la recherche d'une cuisine sicilienne authentique, faite de plats généreux à base de produits frais, cette *trattoria* située en plein centre historique est faite pour vous. Vous y trouverez une gestion de longue tradition familiale et une atmosphère simple et rustique.

Le Petit Tonneau

Via V. Emanuele 49 - ✆ 0921 42 14 47.

En plein centre du quartier médiéval de Cefalù, une superbe œnothèque au style rustique, où vous pouvez aussi bien acheter que déguster des liqueurs et des vins siciliens notamment. Un conseil : prenez le temps de siroter un verre sur le balcon qui domine la marina.

A Lumera

Corso Ruggero 180 - ✆ 0921 92 18 01.

La céramique sicilienne est célèbre pour sa beauté et sa qualité. Vous trouverez dans cette boutique une multitude d'objets en céramique aux formes et aux styles différents, mais tous plus fascinants les uns que les autres. Certains sont des productions maison, d'autres proviennent de Sciacca, Caltagirone et Santo Stefano di Camastra.

Erice

Maria Grammatico

Via Vittorio Emanuele, 14 - ✆ 0923 86 93 90.

Quinze années passées au couvent ont enseigné à la *signora* Maria les secrets et les raffinements de la pâtisserie « religieuse » : gâteaux aux amandes et au massepain, *buccellati* (gâteaux fourrés à la figue, aux amandes, aux noix, aux raisins de Corinthe, et bien d'autres), génoises, bouchées à l'orange et au chocolat…

Messine

Le Due Sorelle

Piazza Municipio 4 - ✆ 090 44 720 - fermé midi le w.-end, août - réserv. conseillée.

Située en plein centre historique, cette ancienne auberge interprète avec imagination la cuisine traditionnelle. En soirée, le poisson est roi, mais les autres grands classiques de la cuisine locale sont également présents.

Palermo/Palerme

Il Mirto e la rosa

Via Principe di Granatelli 30 - ✆ 091 32 43 53 - fermé dim.

Installé dans les vastes salles claires ou en terrasse sur la rue, vous dégusterez ici une cuisine copieuse et originale. Essentiellement végétarienne (*caponatina di melanzane* – ratatouille d'aubergines – servie avec un couscous aux pistaches). Les pizzas sont une réussite.

Ai Vecchietti di Minchiapititto

Piazza Santa Oliva 10 - ✆ 091 58 56 06.

On sert dans cette institution située sur une très agréable place arborée une honnête cuisine sicilienne particulièrement orientée sur les plats de viande.

Teatro Ippogrifo

Vicolo Ragusi 6 (près des Quattro Canti) - ✆ 091 32 91 94 - spectacles à 18h (minimum 20 personnes).

C'est le théâtre de la compagnie de Pina et Nino Cuticchio, membres de la célèbre famille de marionnettistes. Dans la via Bara all'Olivella au n° 38 se trouve leur atelier.

Slovénie

Nom local : *Slovenija* **Capitale :** *Ljubljana* **Population :** *2,03 millions d'habitants*
Superficie : *20 273 km²* **Monnaie :** *Euro*

R. Cabassot/fotolia.com

Depuis plus d'un millénaire, la Slovénie est au contact de quatre cultures : le Nord germanique, les Balkans, la Hongrie et l'Italie. Si ce petit pays rappelle beaucoup l'Autriche, c'est sur son littoral que se discernent les influences italiennes, en particulier vénitiennes. Tous les styles de l'architecture européenne semblent avoir été attirés par les séduisants décors naturels slovènes.

De nombreux villages pittoresques sont encore imprégnés de l'atmosphère des temps anciens. Cette même fascination se dégage des villes historiques comme Celje, Skofja Loka, Kranj, Ptuj et Novo Mesto qui s'offrent au regard dans un décor de montagnes et de forêts.

Car la Slovénie recèle nombre de trésors naturels. Il y a d'abord, au fond du golfe de Trieste, la mer Adriatique qui égrène plages et vieux ports. Vient ensuite le Karst, plateau calcaire où l'eau et le temps ont creusé gouffres et rivières souterraines. Plus au nord, s'étend la Haute-Carniole. On y vient tout particulièrement pour ses lacs glaciaires et pour le manteau neigeux du Triglav qui fait partie d'un parc national englobant la quasi-totalité des Alpes juliennes. À l'est enfin, les collines densément boisées réservent de très agréables surprises au voyageur. Y voisinent des sources thermales, des sanctuaires baroques, des vignes et, à l'orée de la Hongrie, une vaste plaine aux parfums de paprika.

Longtemps absorbées par de grands empires, carolingien puis habsbourgeois, les terres slovènes intègrent le royaume des Serbes et des Croates en 1918. Leur histoire reste ensuite liée à celle de la Yougoslavie, jusqu'au 25 juin 1991, date de l'indépendance de la Slovénie.

Celle-ci relève alors avec succès le défi de la transition vers l'économie de marché, notamment grâce aux secteurs du bois, des communications, de l'automobile et des produits pharmaceutiques. En 2004, le pays entre dans l'Union européenne, puis, le 1er janvier 2007, il adopte l'euro comme monnaie.

RECOMMANDATIONS

DOCUMENTS OBLIGATOIRES

✓ Permis de conduire rose de l'UE
✓ Permis de conduire international (recommandé seulement)
✓ Certificat d'immatriculation du véhicule ou certificat de location
✓ Plaque d'identification nationale
✓ Justificatif d'assurance (carte verte)
✓ Passeport (recommandé seulement)
✓ Procuration en cas d'utilisation du véhicule appartenant à un tiers

VITESSES LIMITES

✓ En agglomérations urbaines : 50
✓ Sur routes : 90
✓ Sur routes à chaussées séparées : 100
✓ Sur autoroutes : 130
Ces vitesses limites sont réduites par temps de pluie

URGENCES

✓ Téléphone police 113
✓ Téléphone pompiers et services de secours 112
Police **Policija** / *Hôpital* **Bolnica** / *Au secours !* **Na pomoč !**

RÉGLEMENTATIONS

✓ Vignette autoroutière en vente auprès des bureaux de poste, des services des automobiles, des bureaux de douane, ainsi que des garages et stations d'essence. Montant annuel : 55 €
✓ Taux maximum d'alcool toléré dans le sang : 0,5 g
✓ Âge minimum des enfants admis à l'avant : 12 ans
✓ Siège enfant, rehausseur ou système de retenue adapté et homologué obligatoire jusqu'à 12 ans
✓ Âge minimum du conducteur : 18 ans
✓ Port de la ceinture de sécurité obligatoire à l'avant et à l'arrière
✓ Allumage des feux de croisement obligatoire (jour et nuit) toute l'année
✓ Pneus cloutés interdits
✓ Triangle de présignalisation obligatoire
✓ Trousse de premiers secours obligatoire
✓ Extincteur recommandé
✓ Gilet de sécurité fluorescent recommandé

Pour téléphoner en Slovénie

Depuis la France et l'étranger : ✆ 00 386, puis le numéro de votre correspondant, sans le 0 initial.

LEXIQUE

MOTS USUELS

Oui **Da** / *Non* **Ne** / *Bonjour (dans la journée)* **Dobro jutro** / *Bonsoir* **Dober večer** / *Salut !* **Živijo !** / *Au revoir* **Nasvidenje** / *S'il vous plaît* **Prosim** / *Merci* **Hvala** / *Excusez-moi* **Oprostite** / *Santé !* **Na zdravje !** / *Manger* **Jesti** / *Boire* **Piti**

DIRECTIONS & TRANSPORTS

À droite **Na desni** / *À gauche* **Na levi** / *Tout droit* **Naravnost** / *Entrée* **Vhod** / *Sortie* **Izhod** / *Autoroute* **Avtocesta** / *Route* **Cesta** / *Ville* **Mesto** / *Essence* **Bencin**

PREMIERS CONTACTS

Je voudrais... **Rad bi...** / *Où se trouve...?* **Kje je... ?** / *Parlez-vous français ?* **Ali govorite francosko ?** / *Je ne comprends pas* **Ne razumem** / *Pouvez-vous m'aider ?* **Mi lahko pomagate?** / *Combien ça coûte ?* **Koliko je to ?**

« Que d'eau ! »

➲ *Départ de Piran*
➲ *9 jours 320 km*
Carte Michelin n° 757

Grottes de Postojna

Jours 1 & 2

Rendez-vous près de la frontière croate afin de visiter trois villes côtières à l'architecture médiévale. La première, **Piran**, conserve un riche patrimoine culturel. La deuxième, **Izola**, entretient une ancienne tradition de pêche. Quant à la dernière, **Koper**, elle offre à la vue des touristes un des centres historiques les plus pittoresques de la presqu'île d'Istrie.

Jour 3

Votre périple vous conduit ensuite vers la région du Karst. Les **grottes de Skocjan** ont été reconnues patrimoine mondial par l'Unesco. Les ruisseaux souterrains de la Reka ont creusé une galerie, créant un décor dentelé. Après avoir, en cataractes, franchi d'étroites gorges, les eaux écumantes de la rivière finissent par disparaître dans un gouffre.

Jour 4

Poursuivez jusqu'à **Lipica**, anciennement Lipizza, près de Trieste. Le petit village doit sa notoriété à son haras vieux de quatre siècles d'où est issue la prestigieuse race des lipizzans. Ces chevaux de selle et de parade se caractérisent par leur intelligence, leur grâce et leur robustesse. Ils sont considérés comme les meilleurs au monde et bénéficient de soins particuliers. Avant de gagner la capitale, faites une halte aux **grottes de Postojna** qui comptent parmi les formations géologiques les plus passionnantes d'Europe. Leurs cavités ont été creusées par la rivière Pivka qui poursuit aujourd'hui son cours à travers une troisième gorge souterraine. La salle de 120 m de long, dite du Grand Dôme, est envahie par des stalagmites et des stalactites dont les formes fantastiques représentent tantôt de massives colonnes, tantôt de fines dentelles calcaires. À **Predjamski grad**, profondément ancré dans le rocher face à l'entrée de la grotte, se dresse un château médiéval qui abrite aujourd'hui une collection d'objets préhistoriques.

Jours 5 & 6

L'élégance de ses bâtiments de style baroque, son atmosphère aristocratique et ses rues bien dessinées donnent à **Ljubljana**, capitale de la Slovénie, toutes les caractéristiques d'une métropole d'Europe centrale. La courbe de la rivière Ljubljancica a déterminé la configura-

tion de la ville médiévale. Sur l'éperon rocheux qui domine le cours d'eau se dresse le château des comtes de Carniola, ancienne place forte construite au 12e s. Souvent rebâti au fil du temps, il offre un beau panorama sur la ville. À ses pieds, s'élève l'**église St-Jacob**. D'abord église paroissiale du plus vieux quartier de la ville, elle devient plus tard possession des jésuites. L'intérieur est richement décoré : autel en marbre, stucages et un intéressant trompe-l'œil. Bordée d'hôtels particuliers baroques et néoclassiques, la place **Mestni Trg** constitue le centre de Ljubljana. On y trouve plusieurs édifices ou monuments remarquables. La Fontaine des rivières de Carniola compte parmi les œuvres du sculpteur italien Francesco Robba que l'on peut admirer en Slovénie et en Croatie. La cathédrale de St-Nicolas a été érigée en 1701 dans le style baroque, d'après les plans du célèbre peintre et architecte Andrea Pozzo. Des peintures murales signées Giulio Giulio décorent son riche intérieur qui abrite de très beaux orgues. Non loin, se trouvent le **palais de l'Archevêché** et le **Seminarium**, doté d'un portail baroque, dont la bibliothèque est somptueusement décorée. De l'autre coté de la rivière, le musée National abrite d'importantes collections d'archéologie, d'anthropologie et d'histoire naturelle.

Jour 7

Quittez **Ljubljana** pour la région des Alpes juliennes et le parc national du Triglav. Première étape à **Bled** et son lac d'origine glaciaire. Celui-ci est dominé par un château, érigé sur un rocher au 11e s. et plusieurs fois reconstruit. Il est aujourd'hui ouvert au public. Sur une île, se dresse l'église baroque **Sveta Marija na Jezeru** (Notre-Dame-du-Lac) et une nécropole slave qui date du 11e s. Au-delà des profondes forêts qui entourent l'étendue d'eau, l'horizon s'ouvre sur les pics neigeux des Alpes surgissant des nuages.

Jour 8

Rendez-vous au cœur du parc (qui s'étend sur près de 900 km^2) pour découvrir le lac de **Bohinj** qui a fait son lit dans une dépression. En certains endroits, les flancs de la montagne semblent se précipiter dans l'eau. La petite rivière Savica s'y jette à l'ouest, le traverse, et continue son cours de l'autre côté sous un nom différent, la Sava Bohinjka.

Jour 9

Il vous faut laisser ce véritable paradis, pour découvrir la vallée de la Soča et ses stations de ski comme **Planina** et **Kranjska Gora.** En été, vous y pratiquerez des activités de plein air.

Slovénie

Campings

Bled

Sava Hoteli Bled, d.d
Kidriceva 10 C
386 (0)4 675 20 00
info@camping-bled.com
www.camping-bled.com
Avr. à mi-oct. 6,5 ha (280 empl.)
Loisirs :
Services : sèche-linge

Bohinjska Bistrica

Danica
Triglavska 60
386 (0)4 572 17 02
info@camp-danica.si
www.camp-danica.si
De mai à fin-sept. 4,5 ha (170 empl.)
Loisirs : (plage)
Services :

Isola / Izola

Belvedere
Dobrava 1a
386 (0)5 660 51 71
belvedere@belvedere.si
Avr. à fin-sept. 2 ha (200 empl.)
Loisirs : (plage)
Services : pizzeria
Transports en commun proche du camping.

Lesce

Sobec
Sobceva cesta 25
386 (0)4 535 37 00
sobec@siol.net
www.sobec.si
De mi-avr. à fin-sept. 16 ha (450 empl.)
Loisirs : diurne (plan d'eau) mur d'escalade
Services : sèche-linge snack

Ljubljana

Ljubljana Resort Hotel & Camping
Dunajska 270
386 (0)1 568 39 13
ljubljana.resort@gpl.si
www.ljubljanaresort.si
Permanent 3 ha (140 empl.)
Loisirs :
Services :
Transports en commun pour le centre historique.

Mojstrana

Kamne
Dovje 9
386 (0)4 589 11 05
campingkamne@telemach.net
http://campingkamne.com
Permanent 1,2 ha (50 empl.)
Loisirs :
Services : sèche-linge

Piran / Pirano

Fiesa
Fiesa 57 B
386 (0)5 674 62 30
kamp.fiesa@gmail.com
www.kamp.fiesa.com
Mai à fin-sept. 1 ha (140 empl.)
Loisirs : (plage)
Services :

Postojna

Pivka jama
Véliki otok 50
386 (0)5 720 39 93
avtokamp.pivka.jama@siol.net
De mi-avr. à fin-oct. 7 ha (250 empl.)
Loisirs :
Services :

Trenta

Kamp Triglav
Trenta 18
386 (0)5 388 93 62
marija.kravanja@siol.net
Mai à fin-sept. 1,5 ha (40 empl.)
Loisirs :
Services :

Croatie

Nom local : *Hrvatska* **Capitale :** *Zagreb* **Population :** *4,49 millions d'habitants*
Superficie : *56 537 km²* **Monnaie :** *Kuna (1 € = 7.23638 HRK)*

C. Barrely/Legrand/Michelin

L'eau est omniprésente en Croatie.

Pour le voyageur en camping-car, la mer est à la fois un enchantement et un supplice : des paysages somptueux, illuminés par des flots qui jouent de toute la palette des bleus ; et la tentation est forte de plonger pour d'interminables bains dans cette fabuleuse transparence. Pourtant l'Adriatique croate ne se laisse pas facilement amadouer car elle a peu de plages à vous offrir et lorsqu'elles existent, elles sont le plus souvent constituées de galets. Le littoral se caractérise aussi par ses 698 îles, 389 îlots et 78 récifs qui s'étirent parallèlement au relief montagneux ! L'un des autres aspects séduisants du pays est sa richesse en espaces naturels protégés, offrant un large éventail de tous ses paysages et permettant à des espèces menacées de proliférer (loups gris, ours, lynx…). Plus du tiers du pays est couvert de forêts.

La Croatie s'est construite comme un trait d'union entre de nombreuses civilisations et cultures : Empire romain d'Orient et d'Occident, Francs et Byzantins, islam et chrétienté. Ajoutons-y Venise, Vienne et la Hongrie qui s'assurèrent, au cours des siècles, la domination sur tout ou partie du pays et vous obtenez la recette, parfois explosive, de l'étonnante diversité de ce carrefour historique et culturel. La Croatie n'a retrouvé la pleine souveraineté sur son territoire qu'en 1998, au terme d'une guerre atroce.

La richesse du patrimoine culturel croate n'a rien à envier à celui de l'Autriche, de la France ou de l'Italie. Qu'il s'agisse de monuments, de peinture, de sculpture, la Croatie ne compte plus ses chefs-d'œuvre romans, baroques, réalistes… Dubrovnik n'est-elle pas la « perle de l'Adriatique » ?

Deux climats cohabitent en Croatie. Le climat méditerranéen du littoral s'oppose au climat continental de l'intérieur du pays. L'originalité du climat croate vient du vent. En hiver, le sirocco et la bora s'invitent en Croatie. L'été est le cœur de la saison touristique et l'affluence risque de rendre moins agréable certaines visites.

RECOMMANDATIONS

DOCUMENTS OBLIGATOIRES

✓ Permis de conduire rose de l'UE (recommandé seulement)
✓ Permis de conduire international
✓ Certificat d'immatriculation du véhicule ou certificat de location
✓ Plaque d'identification nationale
✓ Justificatif d'assurance (carte verte)
✓ Carte d'identité ou passeport
✓ Procuration en cas d'utilisation du véhicule appartenant à un tiers
✓ Il est conseillé de se renseigner auprès des Automobile Clubs pour les détails sur les réglementations locales

VITESSES LIMITES

✓ En agglomérations urbaines : 50
✓ Sur routes : 90
✓ Sur routes à chaussées séparées : 110
✓ Sur autoroutes : 130
✓ Ces vitesses limites sont réduites par temps de pluie

INTERDIT

Le camping « sauvage » est interdit. Les camping-cars doivent obligatoirement séjourner chaque nuit sur un terrain de camping. La police croate fait formellement respecter cette règle (les amendes peuvent varier de 1 000 à 7500 kunas).

RÉGLEMENTATIONS

✓ Taux maximum d'alcool toléré dans le sang : 0 g (loi remise en cause en juin 2008).
✓ Âge minimum des enfants admis à l'avant : 12 ans
✓ Siège enfant, rehausseur ou système de retenue adapté et homologué obligatoire jusqu'à 5 ans
✓ Port de la ceinture de sécurité obligatoire à l'avant et à l'arrière
✓ Allumage des feux de croisement obligatoire (jour et nuit) toute l'année
✓ Pneus cloutés interdits
✓ Triangle de présignalisation obligatoire
✓ Trousse de premiers secours obligatoire
✓ Extincteur recommandé
✓ Jeu d'ampoules de rechange obligatoire
✓ Gilet de sécurité fluorescent obligatoire

URGENCES

✓ SAMU 94
✓ Téléphone Police : 92 Pompiers : 93
✓ Pour un dépannage : 987

Au secours ! **U pomoć !** / *Hôpital* **Bolnica** / *Police* **Policija**

Pour téléphoner de France en Croatie

Composez le 00 puis le 385, indicatif de la Croatie, puis l'indicatif régional sans le 0 initial, enfin le numéro de votre correspondant. Par exemple : Dubrovnik *020* - Pula/Istrie *052* - Split *021* - Vukovar *032* - Zagreb *01*...

LEXIQUE

MOTS USUELS

Oui **Da** / *Non* **Ne** / *Bonjour* **Dobar dan** *ou* **Dobro jutro** / *Bonsoir* **Dobra večer** / *Salut* **Bog** / *Au revoir* **Do viđenja** / *S'il vous plaît* **Molim** / *Merci (beaucoup)* **Hvala (lijepo)** / *Excusez-moi* **Oprostite** *ou* **Ispričavam se** / *Santé !* **Živjeli !** *ou* **Na zdravlje !**/*Manger* **Jesti** / *Boire* **Piti** / *Toilettes* **Nužnik** *ou* **Zahod**

DIRECTIONS & TRANSPORTS

À droite **Desno** / *À gauche* **Lijevo** / *Entrée* **Ulaz** / *Sortie* **Izlaz** / *Autoroute* **Autocesta** / *Route* **Cesta** / *Ville* **Grad** / *Station-service* **Benzinska stanica** / *Essence* **Benzin**

PREMIERS CONTACTS

Je voudrais... **Htio/ Htjela** *(h/f)* **bih...** / *Où se trouve... ?* **Gdje se nalazi?** / *Parlez-vous français ?* **Govorite li francuski ?** / *Je ne comprends pas* **Ne razumijem** / *Pouvez-vous m'aider ?* **Možete li pomoć mene?** / *Combien ça coûte ?* **Koliko košta?**

Istrie, **Kvarner** et arrière-pays montagneux

➲ Départ sde Rijeka
➲ 10 jours
750 km
Carte Michelin n° 757

Parc de Plitvice

Jour 1

Rijeka est le plus grand port de Croatie. Plaque tournante du tourisme adriatique, la ville semble peu attrayante mais il serait dommage de ne pas partir à la découverte de cette cité dynamique qui a conservé quelques vestiges de son passé lorsqu'elle dépendait directement de l'Empire austro-hongrois. À peine est-on sorti de Rijeka que l'on suit un littoral d'autant plus spectaculaire qu'il est doté d'une végétation luxuriante et ponctué de petites cités colorées où l'on doit résister à l'envie de se poser : c'est le cas de **Volosko**, d'**Opatija**, la « Nice de l'Adriatique » avec ses villas fin de siècle, ou encore de Lovran, coincée entre la mer et la haute barrière du mont Učka. Plus au sud, la découverte de la ville perchée de **Labin** (avec son étonnante galerie de mine creusée sous un palais baroque) précédera une baignade bien méritée à **Rabac**.

Jour 2

Vous rejoindrez alors la cité antique de **Pula** dont l'amphithéâtre est un des plus impressionnants du monde romain. Après déjeuner, rejoignez **Fažana**, d'où vous pourrez embarquer pour l'archipel des **Brijuni** ou profiter de la plage.

Jour 3

Nul doute ensuite, que, remontant vers le nord, vous ne tombiez sous le charme de **Rovinj** ! Après une découverte en bateau du beau fjord de **Lim**, vous flânerez dans la vieille cité vénitienne de **Poreč**, et ne manquerez pas de visiter la fabuleuse basilique euphrasienne.

Jour 4

Un petit tour sur la côte slovène vous offrira l'occasion d'une flânerie dans **Piran** et au centre de **Koper/Capodistria** : vous aurez sans doute l'impression d'être alors en Italie ! De retour en Istrie croate, vous visiterez de beaux villages perchés tels que **Grožnjan** et **Motovun**. Vous admirerez les fresques de **Beram**, de **Hum** qui s'enorgueillit d'être la plus petite ville du monde, et dégusterez le célèbre malvoisie, l'huile d'olive et quelques spécialités aux truffes.

Jour 5

Vous rejoindrez alors à nouveau la riviera liburnienne et,

à **Brestova**, embarquement pour **Cres**, petit port plein de charme, puis une baignade à **Valun**, et un arrêt au village-musée d'**Osor** vous conduiront jusqu'à **Veli Lošinj**. Difficile de ne pas tomber amoureux de ce port aussi minuscule que biscornu.

Jour 6

Pourquoi alors ne pas passer sur **Krk** ? Il vous suffit d'aller prendre le ferry à Merag : vous aimerez flâner dans les rues de Krk, comme dans celles de **Baška**. Des balades dans les villages perchés surplombant la mer (comme **Vrbnik**) n'empêcheront ni la dégustation du vin local (žlahtina), ni quelques baignades avant un retour à **Rijeka**, d'autant plus aisé qu'un pont permet de regagner la terre ferme.

Jour 7 & 8

Depuis Rijeka, vous quitterez le littoral pour découvrir les majestueux paysages montagneux du **Gorski Kotar**, avec les sapinières couvrant les massifs du parc national de **Risnjak** : peut-être aurez-vous la chance d'y apercevoir un lynx ou un ours, plus sûrement de superbes points de vue. Descendant **la vallée de la Dobra**, vous atteindrez la petite ville d'**Ogulin** où les eaux disparaissent dans un gouffre impressionnant. Trop chaud ? Les eaux du **lac Sabljaki** vous attendent. Profitez-en car, au terme d'une route agréable, vous atteindrez le parc national des **lacs de Plitvice** où toute baignade est bannie ! La journée suivante sera juste suffisante pour admirer les eaux bleues, vertes ou turquoise de ces seize lacs superposés reliés par des cascades et posés dans un paysage de montagnes boisées… inoubliable !

Jour 9

Un plateau quelque peu aride vous conduira vers **Gospić** : là viendra la récompense avec cette route qui franchissant le massif du **Velebit** découvre soudain, au détour d'un lacet, un somptueux panorama sur la mer ponctuée de ces îles qui font la renommée de l'Adriatique : **Pag** est devant vous et bientôt **Rab** que vous rejoindrez d'un coup de ferry, ne serait-ce que pour admirer la belle ville du même nom, et piquer enfin une tête dans la grande bleue du côté de **Suha Punta**.

Jour 10

De retour sur la terre ferme, après une petite pause à **Senj,** vous découvrirez les riviera de **Novi Vinodolski** et de **Crikvenica** avec, toujours, au large, des vues à couper le souffle sur ces chapelets d'îles posées sur une mer d'un bleu azur.

Le conseil de Bib

- Les véhicules doivent être assurés pour la Croatie (mention HR sur la carte verte). Un complément peut être souscrit à la frontière.

Croatie

Campings

Fažana

Pineta
Perojska cesta b.b.
052/521884
www.club-adriatic.hr
Mai-sept.
Loisirs : (plage) volley-ball de plage
Services : brasserie

Novalja

Straško
Trg Lože 1
053/661226
www.turno.hr
Avr.-sept. 57 ha (400 empl.)
Loisirs : diurne (plage) aire de sports
Services : sèche-linge

Osor

Bijar
Osor b.b.
051/237147
www.camps-cres-losinj.com
Mars-sept. 3,5 ha (49 empl.)
Loisirs : (plage) aire de sports
Services : sèche-linge brasserie

Plitvička Jezera

Korana
Drežnik Grad, Čatrnja b.b.
053/751015
Avr.-oct. 35 ha (550 empl.)
Services : sèche-linge brasserie

Poreč

Zelena Laguna
052/410700
Avr.-sept. 18 ha (688 empl.)
Loisirs : discothèque (plage) aire de sports,beach-volley
Services : brasserie, snack

Pula

Stoja
Stoja 37
052/387144
Mars-oct. 16,7 ha (719 empl.)
Loisirs : (plage) aire de sports, beach-volley
Services :

Punat

Camp Pila
Šetalište Ivana Brusića 2
051/854020
Déb. avr.-mi-oct. 7 ha (250 empl.)
Loisirs : diurne (juin-juil.) nocturne jeux pour adultes, bowling (plage) trampoline, leçons de voile, plongée sous-marine
Services : brasserie, snack, cafétéria

Rabac

Oliva
Rabac b.b.
052/872258
Avr.-sept. 4 ha (465 empl.)
Loisirs : diurne (plage)
Services : pizzeria, brasserie

Rijeka

Preluk
Preluk 1
051/621913
Avr.-oct. 23 ha (95 empl.)
Loisirs : (plage)
Services :

Savudrija

Pineta
Istarska b.b.
052/709550
Avr.-sept. 17 ha (460 empl.)
Loisirs : (plage) beachvolley
Services : sèche-linge brasserie, cafétéria, pizzeria

Les bonnes **adresses** de Bib

Cres

Gostionica Adria

Zazid 7 - ✆ 051 571 520 - plats 40/70 kn.

Cachée par un mur couvert de bougainvillées et de lauriers-rose, une courette où l'on dégustera un risotto aux fruits de mer ou une grillade de poissons. Avis aux moins polyglottes : le patron est fier de montrer ses connaissances en français.

Josipdol

Restaurant Gradina

Senjska cesta (route de Senj) 32 - ✆ 047 581 515 - plats 50/60 kn - poisson 100 kn/kg.

Charcuteries, gibier et grillades sont les spécialités de ce restaurant qui s'enorgueillit de figurer sur la liste des cent meilleurs de Croatie.

Krk

Konoba Šime

A. Mahnića 1 - ✆ 051 220 042 - 30/70 kn.

Une atmosphère médiévale dans la salle et une belle terrasse donnant sur le port, à Mala Vrata. Cuisine simple (calmars et pâtes).

Lovran

Marché (Tržnica)

Côté centre, en face du Kavana Lovran et de la Riječka Banka. Petit marché de charcuteries et de primeurs (et, en saison, de colifichets divers).

Bellavista

Stari Grad 22 - ✆ 091 532 67 65 - 40/70 kn.

Il n'a pas usurpé son nom, ce modeste restaurant qui domine la route et le petit port de pêche de Lovran ! Salades, poissons, pâtes et risotto permettent d'y déjeuner légèrement.

Opatija

Bevanda

Zert 8 - ✆ 051 712 772 - 12h30-0h - poisson 340 kn/kg, agneau 230 kn/kg, plats 60/110 kn.

Sur le port, c'est le restaurant le plus réputé de la ville. Si le décor est assez clinquant, on vient ici d'abord pour la qualité de la cuisine et la fraîcheur des poissons. Belle carte de vins. Pianiste d'ambiance le soir et une grande terrasse en saison.

Plitvice

Lika Kuća

À l'entrée n° 1 - ✆ 751 382/024, avr.-oct. 11h-23h, spécialités 100/110 kn, truite 65 kn, grill 70/140 kn.

Dans un décor imitant une maison traditionnelle de la Lika, ce restaurant sert des spécialités régionales aux visiteurs. Goûtez à l'agneau cuit sous cloche *(pod pekom)*, au jarret de veau (excellent) ou encore au *scripavac*, fromage de la Lika.

Poreč

Konoba Ulixes

Dekumanus 2 - ✆ 052 451 132 - 12h-0h.

Que ce soit dans la belle salle aux pierres apparentes ou dans la très agréable cour à l'ombre d'un olivier, vous y dégusterez des spécialités servies avec amabilité, telles que carpaccio aux truffes ou thon à la sauce aux truffes. Bon choix de vins du pays.

Pula

Barbara

Kandlerova 5 – 30/60 kn.

Un petit bistrot avec une terrasse, au cœur de la ville ancienne. Endroit agréable pour une pause rapide (du moins si les groupes n'envahissent pas la terrasse), devant des calmars ou des sardines grillés.

Omir

Dobricheva 6 – 30/60 kn.

Le restaurant de l'hôtel du même nom propose une cuisine familiale à petit prix. Une bonne adresse pour se rassasier sans se ruiner.

Punat

Ribice

Travnja 95 - ✆ 051 854 123 - dîner seulement.

Quelques tables dans une petite cour ombragée et une minuscule salle voûtée installée dans un ancien cellier : poissons grillés et salades.

Rijeka

Zlatna Školja

Kružna 12a (petite rue en retrait du Korzo) - ✆ 051 213 782 - plats 60/90 kn.

Petite salle décorée façon grotte sous-marine. Spécialités vénitiennes : délicieuses sardines en *saor* (sauce genre escabèche) et spaghettis à l'encre de seiche. Deux tables au centre de la pièce, sont réservées aux non-fumeurs…

Mala galerija

Užarska 25 - 8h30-14h et 16h-20h, sam. 8h30-14h., fermé le dim.

Vous y trouverez des objets en céramique, des bijoux et les fameux *Morčići*, souvenirs en forme de tête de Maure coiffée d'un turban.

La Dalmatie : de **Zadar** à **Dubrovnik**

➲ Départ de Zadar
➲ 12 jours
770km
Carte Michelin n° 757

Vue générale de Dubrovnik

Jour 1

Zadar est une escale incontournable pour les amoureux d'art sacré, mais c'est aussi une ville jeune et vibrante où il fait bon lézarder aux terrasses des cafés. Rejoindre la côte du **Velebit**, dominée par la lourde masse de quelques-uns des plus hauts sommets de Croatie. Gagnez **Gospić** puis descendez vers le sud pour atteindre le parc national de **Paklenica**, en retrait de Starigrad Paklenica. C'est l'un des plus beaux sanctuaires naturels de Croatie : la haute montagne, la randonnée et l'escalade, avec la mer encore toute proche. Reprenez ensuite la route côtière vers Zadar. Au fond du bras de mer, bifurquez en direction d'**Obrovac**, à travers un paysage de collines arides, pour rejoindre la vallée de la Zrmanja. Suivez ensuite la direction de **Knin**. Depuis sa majestueuse forteresse, on aperçoit le plus haut sommet de Croatie, le mont Dinara aux confins de la Bosnie-Herzégovine.

Jour 2

Dirigez-vous ensuite vers **Šibenik** et sa cathédrale, chef-d'œuvre de Georges le Dalmate, avant de prévoir une escale rafraîchissante dans les eaux bouillonnantes du parc national de la **Krka**. La rivière et la montagne s'y marient pour former un paysage exceptionnel.

Jour 3

Si vous êtes passionné de géologie et de paysages originaux, poussez ensuite une pointe jusqu'à l'île de **Murter** où vous embarquerez pour l'archipel des **Kornati**, un autre parc national extraordinaire. Rejoignez **Split** par la route côtière sans oubliez de faire halte à **Trogir**, une ravissante petite ville, posée sur un îlot et riche d'une inestimable cathédrale romane.

Jour 4

Après avoir visité Split, faites le détour par les vestiges de la cité romaine de **Salona**, puis par la citadelle de **Klis**.

Jour 5

Longez la côte jusqu'à Makarska, station balnéaire très prisée, vous pourrez explorer les petits ports alentour et partir à l'assaut du massif du Biokovo : là, si vous êtes sujet au vertige vous ressentirez quelques émotions fortes, mais les panoramas époustouflants

vous en récompenseront ! Redescendez ensuite vers **Podgora** et longez la côte vers le sud pour prendre le ferry vers l'île de **Hvar**.

Jours 6 & 7

Vous filerez directement vers l'ouest, en direction de **Jelsa** et **Vrboska**. Vous adorerez les ruelles de **Hvar** escaladant la montagne à l'assaut de la forteresse, ses quais bordés de cafés, son monastère et l'archipel des **Pakleni**, juste en face, qui vous offre ses criques limpides. Les amateurs de bons vins pousseront la curiosité jusqu'à parcourir la côte sud de l'île, au cœur de vignobles perchés à flanc de montagne.

Jour 8

Retour ensuite vers **Drevnik,** d'où vous reprendrez le bateau pour le continent et continuer vers le sud jusqu'à la petite station de **Gradac** qui déroule une agréable plage de galets pour un bain bien mérité. Vous arrivez dans l'étonnant delta de la **Neretva**, où les amateurs de produits du terroir achèteront les fruits et goûteront les anguilles et cuisses de grenouilles grillées. Le temps est venu ensuite de faire une brève escapade en Bosnie-Herzégovine à **Mostar,** dont le pont médiéval vient d'être reconstruit par l'Unesco. Vous flânerez dans la vieille ville turque, savourerez quelques pâtisseries au miel et achèterez des tissages ou objets en cuivre.

Jours 9 & 10

Avant de joindre **Dubrovnik**, vous traversez l'enclave bosniaque de **Neum**, occasion de faire provision de denrées à bon prix (tabac, notamment...).Si le temps ne vous est pas compté filer vers la presqu'île de **Pelješac**. À **Mali Ston** et **Ston**, vous flânerez au pied de la forteresse, découvrirez les secrets des salines, avant de déguster les fruits de mer les plus réputés du pays. Puis vous atteindrez **Orebić**, ancien fief des valeureux marins et port d'embarquement pour **Korčula**. Du bateau, vous apercevrez les orgueilleux remparts de la ville de Korčula, un Dubrovnik en miniature.

Jour 11

Direction Dubrovnik. En chemin, faites étape au paisible jardin botanique de **Trsteno**. Bien que la forme étroite du sud de la Dalmatie se prête mal aux circuits, n'hésitez pas à remonter l'histoire sur le territoire de la république de **Raguse**. Commencez par le sud, avec son littoral ponctué de plages et les villages du Konavle, autour de **Cavtat**, avant de faire une escapade au Monténégro pour découvrir les bouches de **Kotor**, fjord impressionnant encadrant une splendide ville médiévale.

Jour 12

Revenez ensuite sur vos pas pour finir votre périple dalmate avec la ville fortifiée de **Dubrovnik**, l'un des joyaux du patrimoine architectural mondial.

Croatie

Campings

Dubrovnik

Solitudo
Vatroslava Lisinskog 17
020/448686
Avr.-oct. 5 ha (250 empl.)
Loisirs : diurne (plage) beach-volleyl
Services : Sèche-linge brasserie

Hvar

Vira
Dolac b.b.
021/741803
www.suncanihvar.com
Mai-oct. 11,6 ha (70 empl.)
Loisirs : diurne jeux pour adultes (plage) beach-volley
Services : sèche-linge brasserie, snack

Lozovac

Krka
Skočići 21
022/778495
Avr.-oct. 0,7 ha
Services :

Mlini

Kate
Tupina 1
020/487006
www.campingkate.com
Avr.-oct. 0,7 ha (40 empl.)
Loisirs : (plage)
Services : M sèche-linge brasserie
navettes maritimes pour le port de Dubrovnik

Orebić

Nevio
Dubravica b.b.
020/713100
www.nevio-camping.com
Permanent3 ha (50 empl.)
Loisirs : (plage)
Services : self service

Seget

Seget
Hrvatskih žrtava 121
021/880394
www.kamp-seget.hr
Avr.-oct. 1,6 ha (60 empl.)
Loisirs : (plage)
Services : brasserie, caféteria

Starigrad Paklenica

Plantaža
Put Plantaže 2
023/369188
Permanent 1,2 ha (120 empl.)
Loisirs : (plage)
Services : brasserie

Stobreč

Stobreč - Split
Sv. Lovre 6
021/325426
Avr.-oct. 5 ha (400 empl.)
Loisirs : discothèque (plage) aire de sports, beach-volley, excursions organisées
Services : sèche-linge brasserie, caféteria, pizzeria, snack

Zadar

Borik
Majstora Radovana 7
023/332074
www.camping.hr/borik
Mai-sept. 9,6 ha (87 empl.)
Loisirs : (plage) volleyball de plage
Services : brasserie

Zaostrog

Uvala Borova
021/629033
uvala.borova@gmail.com
Mai-sept. 1,7 ha
Loisirs : (plage)
Services :

Les bonnes **adresses** de Bib

Dubrovnik

Delfin
Lučarica 2 - ✆ 020 426 769 ou 091 52 34 744.
Une adresse sympathique où vous pourrez acheter de bons sandwichs confectionnés avec des produits locaux à partir de 20 kn. Si vous le souhaitez, ils préparent des pique-niques à l'avance. Il suffit d'appeler.

Konoba Penatur
Lučarica 2 - ✆ 020 323 700 - plats 50/95 kn.
Cette taverne populaire entasse quelques tables dans une petite salle donnant à la fois sur l'église St-Blaise et sur la ruelle à l'arrière. La carte propose des produits dalmates de la mer. L'un des restaurants les moins chers de la vieille ville.

Dubrovačka
Sv. Dominika 3 vers la porte Ploče - tlj 9h-22h en été, tlj sf dim. 9h-20h en hiver.
Ambiance chaleureuse dans cette boutique où vous trouverez une sélection de vins dalmates, les produits *Aromatica* à base d'herbes et d'huiles essentielles, des œuvres d'art et des souvenirs de qualité.

Hvar

Bounty
✆ 021 742 565 - poisson 240 kn/kg, 130 kn pour une gregada, plats 40/90 kn.
Un petit restaurant sympathique et pas trop cher, bien placé sur le port de Hvar. Bon accueil.

Korčula

Morski Konjić
Šetaliste Petra Kanavelića - ✆ 020 711 811 - plats 60/90 kn, poissons 120/160 kn le plat, vins locaux 90/130 kn.
Bien situé sur la rive ouest, entre murailles et mer, sous les arbres, c'est un lieu agréable pour goûter à une bonne cuisine de la mer.

Orebić

Restaurant Amfora
Kneza Domagoja 6 - ✆ 020 713 779 - poissons 300 kn/kg, plats 60/100 kn, vins 70/260 kn.
Une terrasse au-dessus de la promenade, pour une cuisine sans surprise. Certains poissons peuvent être chers.

Split

Šperun
Šperun 3 - ✆ 021 346 999.
Salle intime et bien décorée : planchers, tissages et murs de pierre. Carte simple de produits frais. Sardines grillées, plats de poissons (45/360 kn) et vins locaux (70 kn), excellent café (7/10 kn).

Diocletian
Dosud 9 - ✆ 0212 346 683 - plats 30/60 kn.
Ambiance locale garantie dans ce restaurant populaire : salle minuscule et terrasse installée dans le mur sud du palais, dont les fenêtres ménagent une vue sur le port. Carte restreinte, mais plats bon marché et une spécialité : le jambon fumé dalmate.

Šibenik

Ristoran Tinel
Trg Pučkih Kapetana - ✆ 022 331 815.
Une terrasse ombragée au-dessus d'une chapelle, une très belle maison ancienne au décor raffiné mettent en valeur une cuisine variée : goûtez au steak tartare à la dalmate, au poisson à la Tinel ou au bar aux palourdes, le tout accompagné d'un *babić* de Primošten.

Gradska Vijećnica
Trg Republike Hrvatske 3 - ✆ 022 213 605 - plats 65/120 kn.
Face à la cathédrale c'est la plus belle terrasse de la ville ! L'excellente cuisine propose, dans une salle au décor élégant, des fruits de mer et des poissons, pâtes et grillades.

Trogir

Monika
Budislavićeva 12 - crustacés 160 kn/kg, poissons 350/480 kn/kg, plats et grillades 70/100 kn.
Belle carte de spécialités et délicieuses grillades. Service attentif. Terrasse fraîche et fleurie.

Zadar

Restaurant Foša
Foša 2 - ✆ 023 314 421 - fermé vacances de Noël - poissons 340 kn/kg, plats de 38/80 kn.
À gauche de la porte de Terre-Ferme, entre murailles et port de pêche, ce restaurant à la terrasse proche d'une poterne propose une bonne cuisine de poissons et de fruits de mer.

Maraska
Mate Karamana 5 - tlj sf dim. 8h-20h.
Il s'agit de la boutique de la maison mère dont vous pouvez apercevoir les usines de l'autre côté de la Luka. C'est ici que vous trouverez la célèbre liqueur de cerise *maraschino*, qui a fait la réputation de Zadar auprès des cours européennes. Elle est vendue dans une petite bouteille en rafia (*105/135 kn selon la taille*) et accompagne délicieusement les desserts.

Grèce

C. Legrand / MICHELIN

Nom local : *Elliniki Dimokratía* **Capitale :** *Athènes*
Population : *11,04 millions d'habitants* **Superficie :** *131 944 km²* **Monnaie :** *Euro*

Vacances grecques riment a priori avec sites antiques, soleil, plage et parfois croisière… Mais c'est oublier que la Grèce est un pays montagneux, connaissant les rigueurs de l'hiver. Située à proximité du carrefour de l'Europe et de l'Asie, la Grèce est l'extrémité de la péninsule balkanique, dans le sud-est de l'Europe. Son territoire comprend plus de 2 000 îles dans les mers Égée et Ionienne, dont seulement 170 sont habitées. Culminant à 2 917 m au mont Olympe, le pays présente un relief marqué.

La neige est ainsi fréquente en altitude de novembre à avril. Les différences de température peuvent être spectaculaires à mesure que l'on s'élève ou d'un moment à l'autre de la journée. L'été est brûlant et l'hiver est doux sauf en montagne. C'est en septembre que la température de l'eau, chauffée par les mois d'été, est la plus élevée. Ce climat est propice aux vignes et aux emblématiques oliviers. 6 000 espèces végétales s'épanouissent en Grèce, protégées dans 10 parcs nationaux pratiquement inhabités où camping, cueillette et circulation à moteur sont interdits.

La présence conjuguée de la mer et de la montagne, l'importance des presqu'îles et la profondeur de certaines baies donnent à la Grèce une physionomie originale. Ici aucun rivage n'est très loin d'une montagne et la mer semble omniprésente, y compris dans les lieux les plus inattendus. Cette alliance mer et montagne contribue à l'attirance qu'exerce sur le voyageur cette terre aux fabuleux monuments antiques.

Le patrimoine historique et culturel de la Grèce trouve encore tout son écho dans le monde moderne de la littérature, des arts, de la philosophie et de la politique. Il n'est que de citer Alexandre, Aristophane, Aristote, Euclide, Hérodote, Hippocrate, Homère, Périclès, Platon, Socrate pour s'en persuader. Quant à la mythologie grecque, elle imprègne encore beaucoup nos discours.

Heureux qui, comme Ulysse, fera un beau voyage… en camping-car !

RECOMMANDATIONS

DOCUMENTS OBLIGATOIRES

✓ Permis de conduire rose de l'UE
✓ Permis de conduire international (recommandé seulement)
✓ Certificat d'immatriculation du véhicule ou certificat de location
✓ Plaque d'identification nationale
✓ Justificatif d'assurance (carte verte)
✓ Passeport (recommandé seulement)
✓ Procuration en cas d'utilisation du véhicule appartenant à un tiers
✓ Il est conseillé de se renseigner auprès des Automobile Clubs pour les détails sur les réglementations locales

VITESSES LIMITES

✓ En agglomérations urbaines : 50
✓ Sur routes : 90
✓ Sur autoroutes : 120
✓ Ces vitesses limites sont réduites par temps de pluie

URGENCES

✓ Téléphones incendie : 199 et ambulance : 166
✓ Téléphone Police : 100

Police **Astinomia/** *Pharmacie* **To farmakeío** / *Hôpital* **To nosokomeío** / *Médecin* **O giatrós**

RÉGLEMENTATIONS

✓ Taux maximum d'alcool toléré dans le sang : 0.5 g/l
✓ Âge minimum des enfants admis à l'avant : 12 ans
✓ Âge minimum du conducteur : 18 ans
✓ Port de la ceinture de sécurité obligatoire à l'avant et à l'arrière
✓ Pneus cloutés admis sans réglementation
✓ Triangle de présignalisation obligatoire
✓ Trousse de premiers secours obligatoire
✓ Extincteur obligatoire
✓ Gilet de sécurité fluorescent recommandé

À DROITE

Méfiez-vous, il est commun en Grèce d'être doublé par la droite !

Pour téléphoner en Grèce

Composez le 00 30 suivi du numéro de votre correspondant.

LEXIQUE

MOTS USUELS

Oui **Nai** / *Non* **Ohi** / *Bonjour* **Kalimera** / *Bonsoir* **Kalispera** / *Salut* **Yamass** / *Au revoir* **Antio** *ou* **Geia sas** / *S'il vous plaît* **Parakalo** / *Merci* **Efkaristo** / *Excusez-moi* **Signomi** / *D'accord* **Entáxei** / *Où* **Poú**

DIRECTIONS & TRANSPORTS

À droite **Dexiá/** *À gauche* **Aristerá** / *Entrée* **Issodos** / *Sortie* **Exodos** / *Route* **Dromo** / *Ville* **Horio** / *Station-service* **Venzinadiko** / *Essence* **Venziní**

PREMIERS CONTACTS

Où se trouve… ? **Pou inai… ?** / *Parlez-vous français ?* **Milate gallika ?** / *Je ne comprends pas* **Den katalavéno** / *Combien ça coûte ?* **Posso kani?** / *Combien de temps* **Pósi óra**

Au cœur de la spiritualité **grecque**

➲ *Départ d'Athènes*
➲ *8 jours 1230 km*
Carte Michelin n° 737

Caryatides de l'Erechthéion

Durant l'Antiquité, le panthéon grec a inspiré la religion romaine, tandis qu'à l'époque chrétienne l'apôtre Jean rédigea ses œuvres sur l'île de Pátmos et saint Paul a évangélisé le pays. Par la suite, la tradition byzantine, avec ses belles icônes, s'est fortement enracinée dans la Grèce moderne et la spiritualité reste une facette importante du pays.

Jours 1 & 2

Si vous séjournez deux jours à **Athènes**, consacrez le premier à la découverte de l'Acropole suivie d'une longue flânerie dans le quartier de Pláka. Le lendemain, visitez l'extraordinaire Musée archéologique national, puis arpentez l'ancienne Agora et la colline du Céramique. Une troisième journée ? Ne manquez pas alors le remarquable musée Benaki et, tout à côté, le musée d'Art cycladique, où vous attendent d'étonnantes statues d'idoles représentatives de cette civilisation mal connue.

Jour 3

Vous avez largement le temps d'aller à la pointe de l'Attique admirer un coucher de soleil sur le fabuleux temple de Poséidon au cap Sounion. Attention le parking est rapidement engorgé en saison.Ensuite vous consacrerez cette journée à la visite de l'antique sanctuaire d'Appolon à **Delphes** (à 186 km). Son cadre naturel dominant une mer d'oliviers est à la hauteur de ses vestiges antiques et de son riche musée.

Jour 4

Vous êtes en partance pour le monastère d'**Ósios Loukás** (à 36 km), l'un des plus beaux de Grèce. Dans un cirque montagneux, ce lieu harmonieux est décoré de mosaïques splendides. Mettez-vous ensuite en route en direction de **Lamía** puis de **Tríkala** pour rejoindre l'extraordinaire site des **Météores** (à 276 km).

Jour 5

Vous visiterez quelques-uns des sublimes monastères cénobitiques, juchés sur des rochers aux parois vertigineuses, défiant la pesanteur et le temps… Ce haut lieu du tourisme a été déserté par les moines qui sont allés trouver un refuge plus tranquille au **mont Áthos**. Cinq monastères et un couvent seulement sont encore occupés. Une tenue décente est exigée. Après les splendides vues sur la vallée du **Pineiós**, empruntez la route pour **Thessalonique**. Vous atteindrez **Lárisa**, capitale de la Thessalie. Vous longerez la côte, en vous arrêtant à **Dio** (Dion), ville sacrée de la Macédoine antique qui doit son nom à celui de Zeus (Dios). La ville antique vous fera remonter le temps. L'urbanisme est de l'époque romaine, des sanctuaires sont consacrés aux divinités égyptiennes, une mosaïque construite vers 200 apr. J.-C. représente Dionysos, des théâtres et un stade témoignent des manifestations culturelles qui avaient lieu à Dion. Les plages sur la route de Thessalonique vous inciteront à la pause.

Jour 6

Thessalonique, deuxième ville et premier port de Grèce allie modernité aux vestiges épars de plus de 2000 ans d'histoire. Au pied des remparts, dans les ruelles escarpées, vous découvrirez un bel art de vivre. Le musée archéologique est un des plus riches de Grèce, rassemblant des œuvres de Macédoine et de Thrace.

La suite de ce circuit vous conduit à travers les plaines et les vallées fertiles de Macédoine, berceau de la famille d'Alexandre et point de départ de son empire. La presqu'île de Sithonía comporte d'admirables sites naturels : bois de pins maritimes ou parasols, plages de sable fin avec au loin les monastères du mont Áthos…

Jour 7

Au nord de **Kavála**, animée et colorée, se trouvent les imposants vestiges de Philippes (Filippoi), citée fondée par Philippe II de Macédoine, père d'Alexandre, puis agrandie par les Romains. Enfin, vous embarquerez pour la belle île de **Thássos**,qui conserve également des ruines antiques. Retour vers Thessalonique afin de découvrir la Grèce du Nord et son aspect très sauvage, près de la frontière albanaise.

Jour 8

Vous visiterez les tombes macédoniennes de **Lafkádia**, érigées aux 3e s. et 2e s. av. J.-C., puis vous atteindrez les **lacs Préspa** (parc national) où vous pourrez découvrir une faune préservée. Vous séjournerez aux alentours de **Kastoriá**, ville très attachante, construite sur une presqu'île. Regagnez **Pátra** pour la visite du Péloponèse. Le pont suspendu qui relie la ville à la Grèce continentale est le plus long du monde. Le passage entre les deux rives, payant, prend désormais 5 mn, au lieu des 45 mn de ferry.

Le conseil de Bib

- Pour la visite d'Athènes, stationnez au camping de la ville et empruntez les transports en commun.

Grèce

Campings

Athènes/Αθηνα/Athína

Athens
198 Leofor. Athinon
210/5814114
www.campingathens.com.gr
Permanent 1,4 ha (66 empl.)
Loisirs :
Services : sèche-linge
brasserie, snack
Proche du centre ville.

Asproválta

Achilles
Route 2/E90 (Thessaloniki - Kavala), Km 88
23970/22384
Permanent 45 ha (115 empl.)
Loisirs : (plage)
barbecue
Services :

Delphes/Δελφοί / Delfoí

Delphi
Delphi-Itea Road
22650/82209
www.delphicamping.com
Avr.-oct. 2,2 ha (100 empl.)
Loisirs : barbecue
Services :
brasserie
Belle vue sur le golfe de Corinthe.

Gerakiní

Kouyoni
Gerakini (Macedonia)
23710/52226
www.kouyoni.gr
Mai-sept. 20 ha (70 empl.)
Loisirs : nocturne (plage)
barbecue, beachvolley
Services : lave-vaisselle
brasserie, snack

Kalambaka/Καλαμπάκα

Meteora Garden
Odos Ioanninon
24320/75566
Permanent 1 ha (120 empl.)
Loisirs : aire de sports
Services : brasserie,
snack

Καβάλα / Kavála

Batis Multiplex « Camping Terra »
Old National Road Kavala-Thessaloniki (km 4)
2510/245918
www.batis-sa.gr
Permanent 3,3 ha (125 empl.)
Loisirs : nocturne discothèque, jeux pour adultes (plage) aire de sports, trampoline, bateaux à pédales, plongée sous-marine
Services :
brasserie, snack

Litóchoro/Λιτόχωρο

Olympios Zeus
Pláka Litochórou (Macedonia)
23520/22115
olympios@galaxynet.gr . www.olympios-zeus.gr
De mi-avr. à mi-oct. 1,5 ha (100 empl.)
Loisirs : (plage) aire de sports
Services : self-service, pizzeria

Methóni/Μεθώνη

Agiannis
23530/41386
Mai-mi-oct. 20 ha (90 empl.)
Loisirs : (plage)
Services : brasserie, snack

Ouranópoli

Ouranoupoli
Ouranoupolis (Athos)
23770/71171
Fin mai-oct. 1,1 ha (80 empl.)
Loisirs : (plage) aire de sports
Services :

Soúnio

Bacchus
22920/39572
campingbacchus@hotmail.com
Permanent 1,5 ha (60 empl.)
Loisirs : (plage) barbecue, plongée sous-marine
Services : brasserie, snack

Les bonnes **adresses** de Bib

Athènes

Platanos
4 odos Diogenous - fermé dim. soir.
À l'ombre d'un eucalyptus, d'une treille et d'un platane, sur une place à l'écart de l'agitation toute proche, cette taverne que fréquentent quelques habitués auxquels se joignent des touristes isolés est un grand classique de Plaka (au sud-ouest).

Sholarhio to Gerani
14 odos Tripodon (au bas des marches d'odos Epicharmou) - ouvert à midi.
Une treille ombragée, plusieurs salles improbables, des tables sur les balcons (et même s'il le faut de l'autre côté de la place, la maison ne reculant devant rien !) : dans cette maisonnette typique du quartier, vous pourrez déguster de délicieux assortiments de *mezes.*

Xinou
4 odos A. Gerondas (taverne au fond d'une placette, juste derrière O Glikis) - fermé sam. et dim.
Une autre « incontournable » de Plaka, autant pour son jardin que pour sa moussaka, ses spaghettis bolognaise légèrement parfumés à la cannelle et sa musique nostalgique (en soirée).

Tou Psara
16 odos Erehtheos et 12 Erotokritou - ouvert le midi.
Installée sur une placette à la jonction de plusieurs ruelles en escaliers (les tables sont posées où elles peuvent, y compris sur le balcon du voisin !), la plus ancienne taverne de Plaka vous propose dans un cadre de rêve une cuisine délicieuse (ne manquez pas les viandes en sauce). Une des meilleures adresses du quartier.

Lesvos Shop
33 odos Athinas.
Confitures, ouzos, gâteaux secs, vins, miel et fromage à la coupe (ainsi que savons et cosmétiques) : cette boutique avenante, située entre le marché couvert et Monastiráki se veut l'ambassade gourmande des îles égéennes de Lesvos et de Limnos.

Kalambaka

Panellinion
Pl. Dimarheiou.
L'un des trois restaurants de la place. Pour boire un verre ou manger une cuisine simple mais bonne.

Kastraki

Taverne Kosmiki
Rue principale - avant l'église.
Une belle terrasse avec vue sur les Météores, où l'on sert une cuisine plantureuse.

Filoxenia Taverna
Dans le village, sur la route qui monte aux Météores.
Une tonnelle agréable, où l'on déguste *souvlaki* et poulets à la broche.

Kastoriá

Swan
1 odos Thomaidos.
Une adresse accueillante et bon marché où l'on sert d'excellentes truites et grillades de viande, à déguster sous le regard des cygnes et des chats... Certains soirs, le lac exhale une odeur peu agréable.

Mavriotissa
Près du monastère, au bout de la péninsule.
Sur une agréable terrasse ombragée de platanes, on sert poissons et bœuf en sauce. L'endroit est pris d'assaut le week-end par les Kastoriáns.

Kavála

Antonia
Odos Th. Poulidou.
Établissement très prisé des Grecs, pour déguster du poisson.

Larisa

Adamos
9 odos Panos.
Cette taverne du centre-ville existe depuis 1929. On mange à l'intérieur dans une jolie salle, décorée de vieilles photos, ou sur une agréable terrasse installée dans la rue. Spécialités de viandes à la broche.

Ouranópoli

Karidas
Sur le port.
Vaste choix de poissons à des prix raisonnables. On y parle français.

Thessalonique

Ouzeri Agora
5 odos Kapodistriou.
Dans une petite ruelle en retrait de Odos Ionos Dragoumi, vous dégusterez d'excellentes préparations de poissons, la spécialité du lieu.

Icônes
Odos Egnatia.
Entre l'arc de Galère et Saint-Athanase, vous trouverez de nombreuses boutiques spécialisées. Pour tous les prix, de l'ancien au moderne.

Merveilles du **Péloponnèse**

➲Départ de Pátra
➲7 jours
810 km
Carte Michelin n° 737

Fresque de l'époque minoenne

Jour 1

Notre circuit commence par la découverte de **Pátra**, principal port de la côte ionienne, centre industriel, commercial et universitaire dynamique, choisi comme « capitale européenne de la Culture » en 2006. Elle se découvrira à travers ses rues à arcades, ses places ombragées, sa vieille ville, son môle portuaire et ses nombreux cafés qui s'animent en fin de journée.

Jour 2

Gagnez l'isthme de Corinthe puis direction le Sud et la presqu'île de **Méthana**. Peu avant d'arriver à Méthana, beau point de vue sur la ville et le port. Cette station balnéaire est surtout une station thermale dont les eaux chaudes et sulfureuses sont prescrites pour le traitement des rhumatismes et des maladies de la peau. Joignez **Vathi**. Sur la côte ouest de la presqu'île, ce village de pêcheurs et ses tavernes de poissons occupent le fond d'une petite crique. En poursuivant vers le sud par la route qui longe la mer, on parvient à un sentier à travers la végétation (300 m de la route) menant jusqu'aux restes de l'enceinte de l'**acropole de Méthana**.

Jour 3

En suivant le bord de mer, vous arrivez à **Galatàs**, où vous découvrirez de superbes vues sur la rade et l'**île de Póros** séparée de la cité par un étroit bras de mer. Les pins, les oliviers, les citronniers, son doux climat, les côtes bien protégées en font un lieu enchanteur. Poursuivre sur la route côtière en direction d'**Ermióni**. Le chemin qui conduit à Ermióni traverse un paysage assez austère, planté de vénérables oliviers aux troncs torturés, mais offre de fréquentes perspectives sur les îles d'**Hydra** et de **Dokos**. Direction **Lemonodasos** où face à l'île de Póros s'étend une forêt de citronniers, qui donnent fleurs et fruits toute l'année. 30 000 pieds environ couvrent la pente au-dessus de la plage de sable d'Aliki. **Portochéli** (Porto Heli), bourgade de pêcheurs devenue une importante station balnéaire est un point d'embarquement pour l'île de **Spétses**.

Jour 4

Pour joindre **Nauplie** , n'oubliez pas de faire une petite halte aux cratères de Didyma (Spileia Didymis). Arrivé à **Nauplie**,

comment ne pas tomber sous le charme de cette charmante petite cité posée en bordure du golfe de l'Argolide.

Poursuivez votre itinéraire en suivant la côte par Astros, petit centre agricole puis dirigez-vous vers **Leonidio**. Un crochet par l'intérieur des terres et direction Monenvasia, dont l'ancienne citadelle domine la charmante ville basse.

Jour 5

Retour sur nos pas pour rejoindre **Sparte**. Capitale de la Laconie, la cité n'a pourtant rien de commun avec l'austère et belliqueuse Lacédémone qui triompha d'Athènes à l'issue de la guerre du Péloponnèse. Paisible et nonchalante, elle offre le visage d'une ville moderne, reconstruite après 1834 sous le règne du roi Otton, avec des artères rectilignes bordées d'orangers et de palmiers. C'est une étape touristique agréable, au pied du mont Taygète (2 407 m) et au voisinage des ruines de **Mystrás** et du village de **Geráki.** Traversez la Messénie en passant par **Kalamáta**, deuxième ville du Péloponèse, puis **Pýlos**, connue des Français sous le nom de Navarin. Direction plein nord pour Olympie. En route marquez une halte au Palais de **Nestor** et à **Kyparissia** qui offre une belle vue sur la mer Ionienne.

Jour 6

À **Olympie** vous apprécierez à leur juste valeur les ruines antiques, le musée archéologique et le temple de Vassés. D'après la légende, Héraklès, fils de Zeus, aurait fait bâtir l'enceinte sacrée de l'Altis. En fait, il semble que l'institution des jeux remonte au 8e s. av. J.-C. lorsque le roi de Pisa et le législateur de Sparte décidèrent d'organiser des concours sportifs entre les peuples grecs. Les épreuves athlétiques ne duraient que 5 jours, drainaient jusqu'à 200 000 personnes et permettaient une trêve sacrée d'un mois. C'est au Français Pierre Fredy, baron de Coubertin, que l'on doit la renaissance des Jeux dont la dernière manifestation antique eut lieu en l'an 393 et les premiers Jeux Olympiques internationaux furent inaugurés le 5 avril 1896 par le roi de Grèce.

Jour 7

Retour pour Pátra sans oubliez de faire halte à **Chlemoutsi** pour sa forteresse et son panorama.

Le conseil de Bib

Hors saison, le stationnement des camping-cars est toléré sur les parkings dont certains sont à proximité des plages.

Grèce

Campings

Ástros

Astros Camping
Plage de Ástros
27550/51500
De mi-mai à mi-oct. 8 ha (70 empl.)
Loisirs (plage) beachvolley
Services :

Giálova

Navarino Beach
27230/22761
www.navarino-beach.gr
Permanent 1,9 ha (140 empl.)
Loisirs : (plage) beachvolley
Services : brasserie, snack
Emplacements spéciaux pour camping-cars.

Γύθειο / Gýtheio

Gythion Bay
Gythio, Lakonia
27330/22522
www.gythiocamping.gr
Permanent 4 ha (300 empl.)
Loisirs : nocturne jeux pour adultes (plage) aire de sports, beachvolley, windsurf
Services : brasserie, snack

Corinthe/Κόρινθος / Kórinthos

Blue Dolphin
27410/25766
www.camping-blue-dolphin.gr
Avr.-oct. (100 empl.)
Loisirs : jeux pour adultes (plage) barbecue, beachvolley
Services : brasserie

Κυπαρισσία / Kyparissía

Campsite Kyparissia
27610/23491
www.campingkyparissia.com
Avr.-fin oct. 1,8 ha (108 empl.)
Loisirs : (plage) aire de sports, planche à voile
Services : snack, self service

Μυστράς / Mystrás

Castle View
Route nationale, entre Mystras et Sparte
27310/83303
www.castleview.gr
De fin mars à fin oct. 1,2 ha (150 empl.)
Loisirs : randonnées pédestres
Services :

Olympie/Ολυμπία / Olympía

Olympia
26240/22745
Permanent 1,5 ha (240 empl.)
Loisirs :
Services : snack

Petalídi

Petalidi Beach
27220/31154
www.campingpetalidi.gr
Avr.-sept. 1,5 ha (68 empl.)
Loisirs : (plage)
Services : sèche-linge brasserie, snack

Rion

Campsite Rion
Odos Poseidonos 11
2610/991585
De mi-janv. à mi-déc. 4,8 ha (45 empl.)
Loisirs : (plage)
Services : brasserie, snack
Emplacements spéciaux pour camping-cars.

Thermisía

Hydra's Waves
Thermisía/Ermioni
27540/41095
www.camping.gr/hydras-wave
Permanent 3,9 ha (120 empl.)
Loisirs : (plage) windsurf
Services : brasserie, snack

Les bonnes **adresses** de Bib

Corinthe

Tassos
Au centre du village sur la rue conduisant au site.
Taverne typique dont chaque détail vous met dans l'ambiance : *souvlakia* à la braise, bonne humeur des patrons, musique locale.

Paolo
Promenade Poséidon au coin d'odos Kanari.
Restaurant de poissons à la salle largement ouverte sur le golfe et le cap Héraïon.

Epidavros

Tavernes sur la plage à **Néa Epídavros** et sur le port à **Palaia Epídavros** : c'est le cas notamment des restaurants des hôtels **Mike** et **Poséidon** dont les tables sont installées directement sur le quai.

Géfyra

Fotis
Au début de la route du bord de mer.
Un bistrot sans façon pour déguster une pita ou quelques souvlakia bon marché, à l'ombre d'un auvent en toile.

Limanaki
À droite de la route, juste avant le pont.
Une taverne traditionnelle où l'on choisit ses plats en cuisine. Les tables sont dressées sous une tonnelle.

Pâtisserie traditionnelle
Au pied de l'hôtel Minoa, sur la rue principale.
Sablés aux amandes, beignets, etc., que l'on peut emporter ou déguster sur place.

Koskina

Taverna Klimataria.
En direction de Pýrgos, à droite après la station-service, à 700 m.
La taverne de Georges et Glota est accueillante et recommandée par les Olympiens eux-mêmes pour sa cuisine traditionnelle issue des produits locaux : beignets, purée à l'ail et sardines grillées.

Mirakas

Bacchus.
À 2 km d'Olympie, dépassez le site historique et prenez la première route à gauche.
Cette taverne de village propose une cuisine locale agréable. Essayez les beignets d'aubergines, la saucisse *(loukaniko)* ou les brochettes cuites à point. L'endroit est cependant devenu très touristique.

Monemvasia

Matoula
En contrebas de la rue principale.
Les tables sont dressées à l'ombre d'un grand figuier, face à la mer. On vous sert d'excellents plats cuisinés, dont un fromage cuit en cassolette *(saganaki)* et un délicieux agneau *(arni lemonato)* à la sauce citronnée ou des rougets *(barbounia)*.

Nauplie

O Noulis
22 odos Moutsouridou, dans une ruelle à gauche au bout de la rue Papanikolaou.
Taverne tranquille et bien connue des Naupliotes où le plateau de dix *mezes* peut constituer à lui seul un vrai repas. Une adresse sympathique, même si la qualité est parfois fluctuante.

Ta Fanaria
Au coin d'odos Stoïkopoulou et de la petite odos Soutsou.
Cette taverne s'enorgueillit d'avoir le même cuisinier depuis vingt-cinq ans. Si le résultat est convenable, ce sont surtout les tables disposées sous une treille dans la ruelle qui attirent dans ces lieux.

Naftikos Omilos Nafplio
Club nautique de Nauplie, sur le chemin en bord de mer au pied des murailles, au-delà du quai Miaouli.
Ce restaurant en terrasse, outre un cadre exceptionnel qui ouvre sur le golfe d'Argolide (aux beaux jours les tables sont disposées sur les quais), propose une cuisine traditionnelle, un accueil et un service de qualité. Ouvert seulement le soir, réservez ou arrivez avant 21h.

Nektar & Ambrosia
Odos Farmakopoulo, près de l'hôtel King Othon II.
Les boissons des dieux de l'Olympe sont à l'honneur dans cette boutique gourmande où vous trouverez toutes sortes de produits à base de **miel**.

Olympie

Boutique du Musée archéologique
À l'extérieur du musée - tlj sf lun. 10h-16h30.
Elle propose des copies de qualité inspirées de l'art grec ancien et byzantin. Belles pièces en bronze, argent…

Pátra

Mithos
181 Riga Ferreou & Trion Navaron - ✆ 26103 29984 - fermé 3-20 août.
Fleurs fraîchement coupées, musique et photos composent le décor de ce restaurant logé dans une maison du 19e s. Les plats sont cuisinés avec talent par Eleptheria et son personnel. Accueil chaleureux.

Index des localités

Autriche A
Belgique B
Suisse CH
Allemagne D
Danemark DK
Espagne E
Estonie EST
France F
Finlande FIN
Grande-Bretagne GB
Grèce GR
Hongrie H
Croatie HR
Italie I
Irlande IRL
Lituanie LT
Letonie LV
Norvège N
Pays-Bas NL
Portugal P
République Tchèque CS
Pologne PL
Roumanie RO
Suède S
Slovénie SLO
Bosnie Herzégovine BIH
Liechtenstein FL

A

B

C

Index des localités

D

Index des localités

L

Index des localités

Index des localités

Q

R

S

Notes personnelles

Notes personnelles

Notes personnelles

Notes personnelles

Notes personnelles

Notes personnelles

Notes personnelles

Notes personnelles

Notes personnelles

Notes personnelles

Manufacture française des pneumatiques Michelin
Société en commandite par actions au capital de 304 000 000 EUR
Place des Carmes-Déchaux - 63000 Clermont-Ferrand (France)
R.C.S. Clermont-Fd B 855 200 507

Compogravure : Nord Compo, à Villeneuve d'Ascq
Impression et brochage : G. Canale & C. Spa à Borgaro Torinese
Dépôt légal : Janvier 2011
Imprimé en Italie - 01/2011

Sur du papier issu de forêts gérées durablement